JAPÓN

JAPÓN

CONTENIDOS

DESCUBRE 6

EXPLORA TOKIO 78

EXPLORA JAPÓN 146

GUÍA ESENCIAL 326

Izquierda: Barriles de sake en el santuario de Meiji Jingu, Tokio
Página anterior: Santuario Oarai Isosaki, norte de Honshu
Cubierta: Luces de neón en Akihabara, Tokio

DESCUBRE

Las luces brillantes de Nagasaki

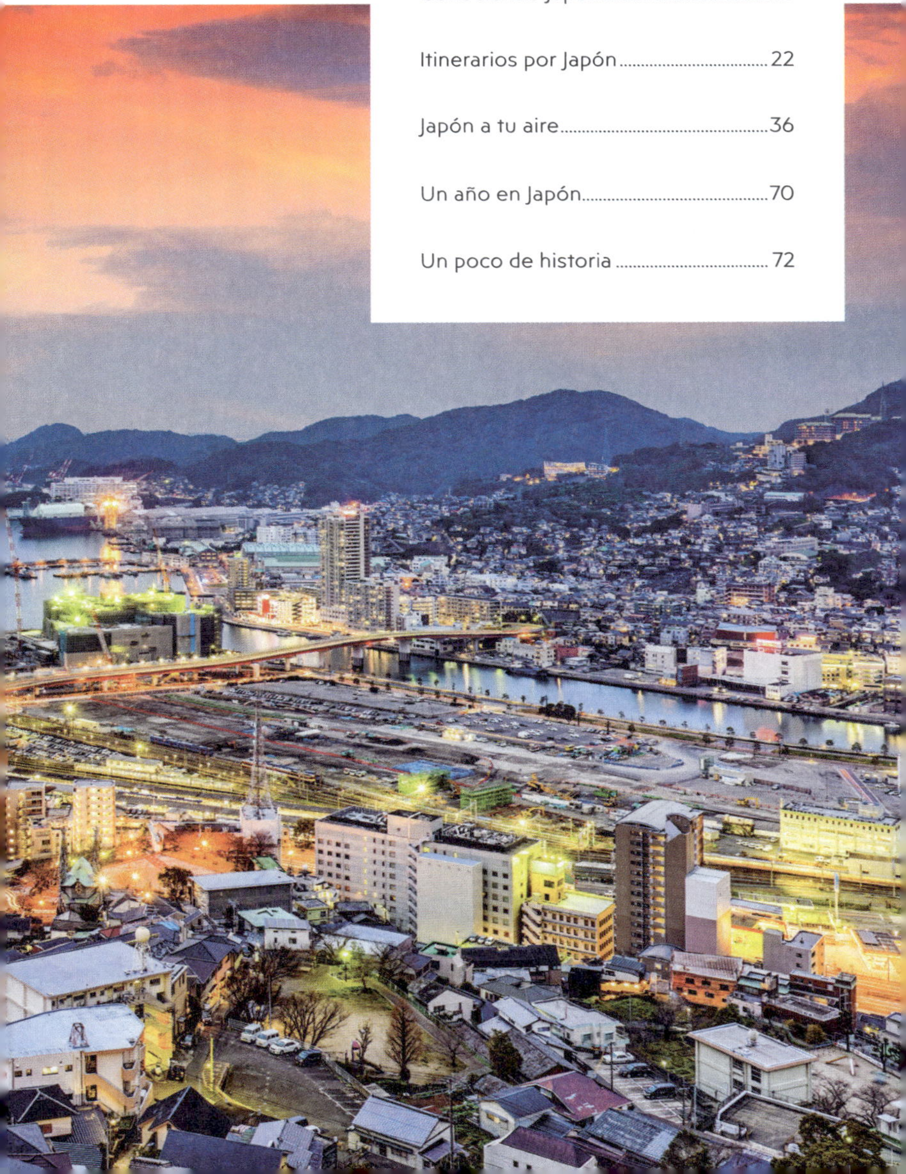

BIENVENIDO A
JAPÓN

Konnichiwa (saludos respetuosos) desde uno de los países más fascinantes del mundo. Japón es lugar de contrastes –sosegados jardines zen, humeantes *onsen* (aguas termales), ciudades bulliciosas y sofisticados trenes bala– y por ello ha cautivado a los visitantes desde hace siglos. Sea cual sea el viaje soñado, la Guía Visual de Japón es una estupenda fuente de inspiración.

1 Buda de piedra en el templo de Eikan-do, Kioto.

2 Luces de neón del frenético Akihabara.

3 Un sabroso plato de *sushi*.

4 Templo de Kiyomizu-dera, en medio de un bosque otoñal.

Formado por miles de islas dispersas, el diverso paisaje de Japón se extiende en una franja de 3.000 km desde el borde de Siberia, en el norte, hasta Okinawa, en el sur. En esta franja de terreno se encuentran las laderas nevadas de Hokkaido, el majestuoso monte Fuji, los bosques de bambú de Arashiyama de Kioto y mucho más. Es una tierra de gran belleza natural, así como de floraciones anuales y racimos de cerezas.

La eficiencia japonesa no es un mito; las principales ciudades del país están entre las urbes más densamente pobladas del planeta, pero funcionan como un reloj. Tokio, la capital, donde todo vive un cambio constante, parece una película de ciencia ficción hecha realidad, con sus locales de *cosplay*, sus cafés de gatos y sus calles iluminadas con neones. Al oeste, la antigua capital de Kioto –ese *yin* cuyo *yang* es Tokio–, con sus santuarios dorados y sus elegantes *geishas*, representa un patrimonio maravilloso y una ciudad cosmopolita. Y no hay que olvidar Osaka, donde sus orgullosos habitantes, su caótico centro y su variada gastronomía se dan cita a la sombra del gigantesco castillo de la ciudad.

Pese a su inigualable red de ferrocarril, que llega a todas partes, Japón puede abrumar con su gran cantidad de lugares para visitar. Por ello, se ha dividido el país en capítulos que incluyen itinerarios detallados, información de expertos locales y mapas exhaustivos que ayudan a planificar una visita perfecta. Tanto si la estancia va a durar unos días como un par de semanas o más tiempo, esta Guía Visual está diseñada para que el viajero vea lo mejor del país nipón. Solo queda disfrutar de la guía y disfrutar de Japón.

POR QUÉ VISITAR
JAPÓN

Hacer un pícnic bajo los cerezos en flor. Explorar tradiciones centenarias. Atravesar espectaculares paisajes a bordo de un tren bala. Hay muchos motivos para amar Japón. He aquí algunas buenas razones para visitarlo.

1 TRENES DE ALTA VELOCIDAD

Cuando Japón inauguró en 1964 el *shinkansen* (tren bala), el resto del mundo se quedó atrás. Avanzando silenciosamente a 320 km/h, el viajero se siente como si estuviera en el futuro.

ALOJARSE EN UN *RYOKAN* 2

Estas casas de huéspedes ofrecen la experiencia de vivir como un japonés, lo que incluye ponerse un *yukata* (kimono sencillo), darse un baño termal y saborear comida casera con un poco de sake.

3 CONVERTIRSE EN *OTAKU*

Cada vez más personas se autodenominan *otaku*, lo que en el pasado fue un término ofensivo para referirse a un fan. Se puede explorar el mundo del manga, el anime y el *cosplay* en Akihabara, Tokio *(p. 118)*.

4 DIVERTIDOS FESTIVALES

No hay que dejarse engañar por su fama de país introvertido; Japón acoge celebraciones muy originales, que incluyen disfraces alocados, desfiles de bailarines y puestos de comida que tientan con sus aromas *(p. 70)*.

5 CASTILLOS MAGNÍFICOS

Desde las imponentes fortalezas del periodo Sengoku (o periodo de los estados en guerra), como el castillo de Kumamoto *(p. 274)*, hasta la elegante torre principal de Himeji-jo *(p. 224)*, los castillos de Japón parecen sacados de un cuento de hadas.

6 SAKE

Elaborado a partir de un arroz de grano grande y *koji* (parecido a la levadura), el sake obtiene su aroma de un proceso de fermentación único. Caliente en invierno o frío en verano, es el remedio perfecto para la sed *(p. 65)*.

KIOTO HISTÓRICO 7

Con 1.600 templos budistas y más lugares declarados patrimonio mundial de la Unesco que cualquier otra ciudad del mundo, ningún apasionado de la cultura debe perderse la majestuosa Kioto *(p.180)*.

FLORACIÓN DE LOS CEREZOS 8

Todas las primaveras, cuando la franja de floración de los cerezos va desplazándose hacia el norte, los japoneses se entregan a uno de sus pasatiempos favoritos desde tiempos inmemoriales: el *hanami*, contemplar las flores.

9 JARDINES ZEN

Hay quien piensa que las piedras representan islas, otros creen que simbolizan obstáculos emocionales. Cada uno puede hallar un significado en estos tranquilos jardines *(p. 48)*.

10 RELAJARSE EN UN *ONSEN*

Japón, una de las regiones con mayor actividad volcánica del mundo, cuenta con numerosas fuentes termales naturales conocidas como *onsen,* ideales para relajarse *(p. 61).*

SABOREAR EL *SUSHI* 11

Este plato se degusta tanto en restaurantes con estrellas Michelin como en económicos locales de barrio. Hay que coger los palillos para probar el mejor *sushi (p. 140).*

NOCHES DE KARAOKE 12

Desde escolares hasta trabajadores trajeados, todos cantan melodías en cabinas insonorizadas. Solo hace falta ponerse unos auriculares y escoger una canción para cantar en compañía.

JAPÓN
EN EL MAPA

Esta guía divide Japón en nueve zonas, cada una diferenciada con un color, como puede verse en el mapa. En las páginas siguientes se amplía la información de cada zona.

OKINAWA

Kyushu

Yakushima

Mar de la China Oriental

Amami

OKINAWA
p. 282

Okinawa

Miyako

Ishigaki

0 km   200   N

Mar de Japón (Mar del Este)

Toyama
Kanazawa
Takayama

Tottori

Izumo

OESTE DE HONSHU
p. 210

KIOTO
p. 180

Nagoya

Hiroshima

Okayama

Osaka

Matsusaka

Kitakyushu

Ube

Takamatsu

Fukuoka

Matsuyama

SHIKOKU
p. 246

Wakayama

Nagasaki

Kumamoto

Kochi

KYUSHU
p. 260

Miyazaki

Kagoshima

0 kilómetros   150   N

Yakushima

Wakkanai

Asahikawa
Kitami
HOKKAIDO
p. 314
Sapporo
Obihiro
Kushiro

Hakodate

Aomori
Hachinohe

Akita
Morioka

**NORTE DE
HONSHU**
p. 294
Tsuruoka
Yamagata
Sendai
Sado
Niigata
Fukushima
Joetsu
Koriyama
Nagano
Utsunomiya
**CENTRO DE
HONSHU**
p. 148
Mito
TOKIO
p. 78
Narita
Yokohama
Shizuoka
Fuji

*O c é a n o
P a c í f i c o*

ESTE DE ASIA

RUSIA

MONGOLIA

COREA
DEL NORTE
COREA
DEL SUR

CHINA

NEPAL
MYANMAR
TAIWÁN
JAPÓN
INDIA
VIETNAM
TAILANDIA
CAMBOYA
FILIPINAS

*Océano
Pacífico*

MALASIA

INDONESIA
PAPÚA NUEVA
GUINEA

CONOCIENDO
JAPÓN

Compuesta por cuatro islas principales –Honshu, Hokkaido, Kyushu y Shikoku– y otras miles más pequeñas, Japón es una tierra de bulliciosas ciudades, pueblos costeros y espectaculares paisajes naturales. Familiarizarse con cada zona ayuda a planear el viaje a este país de contrastes.

TOKIO

PÁGINA 78

La capital de Japón hunde sus raíces en el pasado, pero también es la viva imagen del futuro. Las casas bajas tradicionales conviven con elegantes rascacielos y el histórico parque Ueno está a pocas calles de los neones de Akihabara. Esta ciudad tampoco frena su actividad por la noche, cuando trabajadores y estudiantes se reúnen en los bares y las linternas encendidas en la puerta de acogedores *izakaya* (tabernas) tientan a los transeúntes. En cuanto a gastronomía, los restaurantes de Tokio cuentan con más estrellas Michelin que los de cualquier otra ciudad del mundo, pero también hay muchas casas de comida económica por descubrir.

Lo mejor
Ese incesante bullicio mundialmente famoso

Qué ver
Ginza, parque Ueno y mucho más

Experiencias
Arte ecléctico en el famoso triángulo de arte de Roppongi

CENTRO DE HONSHU

PÁGINA 148

Aunque alberga las encantadoras ciudades de Kamakura y Kanazawa, el centro de Honshu es más famoso por sus sobrecogedores paisajes. Esta asombrosa región, donde se encuentran tanto el monte Fuji como los extensos Alpes japoneses, es el destino perfecto para quienes quieran explorar exteriores majestuosos. Pese a estar bien comunicada, algunas zonas del centro de Honshu se han mantenido lo bastante aisladas como para preservar su estilo de vida, edificios y celebraciones rurales tradicionales, lo que las hace parecer muy alejadas de Tokio.

Lo mejor
Perderse en la naturaleza

Qué ver
Yokohama, Kamakura, monte Fuji y los Cinco Lagos, Takayama, Kanazawa

Experiencias
Ver macacos relajarse en estanques de agua caliente en las afueras de Nagano

KIOTO

PÁGINA 180

Para conocer de verdad Japón se debe pasar un tiempo en su vieja capital imperial, donde se conservan docenas de los monumentos más famosos del país en el interior de una animada ciudad moderna. Kioto es la tierra de las elegantes *geishas* con sus sombrillas, los seductores templos y los altísimos bosques de bambú. La vida aquí sigue ligada al ritmo de la naturaleza. La *Kyo-ryori*, la afamada cocina de Kioto, por ejemplo, aprovecha al máximo la estacionalidad y los exquisitos jardines de la ciudad experimentan la asombrosa transición a lo largo del año, desde las hojas rojas brillantes de los arces en otoño hasta las flores rosas de los cerezos en primavera.

Lo mejor
Visitar templos tradicionales

Qué ver
Castillo Nijo, santuario de Fushimi Inari

Experiencias
Un paseo por el distrito de Gion, revestido de madera

→

OESTE DE HONSHU

El singular dialecto, las calles desordenadas y la magnífica escena gastronómica hacen de Osaka una de las ciudades que no se pueden dejar de lado. Aparte de Osaka, el oeste de Honshu tiene muchos otros atractivos, entre los que se encuentran Himeji-jo y la inquietante Hiroshima, así como algunos de los paisajes más espectaculares del país. El Torii o pórtico de Miyajima, que parece flotar sobre el agua, es de visita obligada. Nara guarda un elegante conjunto de templos y santuarios declarado Patrimonio de la Humanidad por la Unesco y el monte Yoshino es el mejor lugar para pasear cuando brotan las flores rosas de los cerezos.

Lo mejor
Los cerezos en flor

Qué ver
Nara, Osaka, Kobe, Himeji-jo, Parque conmemorativo de la Paz de Hiroshima, isla de Miyajima y Horyu-ji

Experiencias
Ver a las buceadoras buscar perlas en el agua alrededor de la isla de las Perlas de Mikimoto

PÁGINA 246

SHIKOKU

Aislada durante siglos, Shikoku sigue siendo un encantador remanso de paz. Esta isla, la menos explorada de Japón, ofrece un atisbo de cómo era antes el país. La encantadora ciudad de Matsuyama, con su imponente castillo, sus tranvías y su antiguo manantial de agua caliente, es una magnífica base desde la que explorar la isla, aunque los más atrevidos pueden intentar recorrer la célebre ruta de peregrinación que pasa por 88 templos en un recorrido de 1.200 km.

Lo mejor
Su encanto rural

Qué ver
Benesse Art Site Naoshima

Experiencias
Recorrer la histórica ruta de peregrinación de los 88 templos, con la que los peregrinos, vestidos con sus túnicas blancas, creen que se expían las peores faltas

PÁGINA 260

KYUSHU

Volcanes activos, prados ondulados, aguas termales y habitantes hospitalarios se combinan en esta isla para hacerla distinta del resto del archipiélago. La bulliciosa Fukuoka y la hermosa Nagasaki, dos de las metrópolis más cosmopolitas de Japón, exhiben el papel histórico de Kyushu como puerta del país para el resto del mundo. La gastronomía de la isla refleja su diversidad cultural: desde el aceitoso *ramen* Hakata o las crujientes raíces de loto hasta el intenso *shochu*, un aguardiente parecido al vodka elaborado a base de boniatos.

Lo mejor
Los humeantes onsen

Qué ver
Fukuoka, Nagasaki

Experiencias
Remojarse en los manantiales al aire libre de Sakurajima, un volcán activo

PÁGINA 282

OKINAWA

A unos 1.600 km al sur de Tokio se encuentra un paraíso natural. Las límpidas playas de Okinawa, las espectaculares zonas de buceo y el pausado ritmo de vida la han convertido en el destino de vacaciones predilecto de los japoneses. Aunque aquí sería fácil simplemente tumbarse en la arena, las islas merecen una visita más detenida. Naha, la principal ciudad, combina su estilo refinado con las luces de neón. Aquí, las casas tradicionales de tejados rojos de Okinawa, coronadas por leones *sisha* de cerámica, descansan junto a animados bares de karaoke. Fuera de la ciudad se hallan importantes monumentos conmemorativos de la guerra, bosques sagrados y un sinfín de tiendas de artesanía.

Lo mejor
El descanso y el relax

Qué ver
Hermosas playas

Experiencias
El awamori, *la bebida local a base de arroz aromático destilado hasta convertirlo en un licor fuerte*

PÁGINA 294

NORTE DE HONSHU

Esta parte de la isla más grande de Japón está envuelta en mitos y leyendas. Tierra de montañas sagradas, bosques tupidos y animadas tradiciones populares, el norte de Honshu es una escarpada y remota tierra de ensueño. La zona está llena de referencias literarias, sobre todo del poeta de haikus Basho, que narró su intrépida travesía por la región en *Por sendas de montaña*. Ahora, con las facilidades de transporte a la capital, esta región está tan bien comunicada como cualquier otra del país.

Lo mejor
La literatura y la música

Qué ver
Nikko

Experiencias
Un concierto de tambores taiko *en la isla de Sado*

HOKKAIDO

Hokkaido, la más septentrional de las principales islas de Japón y la mayor prefectura del país, es una tierra de fuego y hielo. Caracterizada por sus fértiles llanuras, sus condiciones ideales para esquiar y sus volcanes, esta espectacular isla parece a veces traída de otro mundo. Hakodate, puerta sur de entrada a Hokkaido, destaca por su bien provisto mercado matinal, abastecido de los fértiles mares que rodean la isla, mientras que Sapporo, la capital, es célebre por las trabajadas esculturas de hielo que adornan la ciudad durante su Festival de la Nieve anual.

Lo mejor
Los deportes de invierno

Qué ver
Numerosos parques nacionales

Experiencias
Snowboard en las pistas nevadas del Nisela Ski Resort

1

2

3

4

←

1 Sala de exposición en Intermediatheque.

2 Santuario de Fushimi Inari-taisha.

3 La entrada del complejo comercial Ginza Six.

4 Compradoras a la última en el distrito Harajuku de Tokio.

Japón, una tierra de espectaculares contrastes, recompensa al visitante que puede permitirse el lujo de dedicarle tiempo. Este itinerario es la introducción perfecta para conocer el país.

2 SEMANAS
en Japón

Día 1

Comienza en Tokio subiendo al autobús circular gratuito Metrolink Nihonbashi (*www. hinomaru-bus.co.jp/free-shuttle/nihonbashi*). Bájate en la parada Nihonbashi Muromachi 1-Chome para ver cómo se fabrica papel en Ozu Washi (*www.ozuwashi.net*), y come después en el inmenso salón de Mitsukoshi (*p. 110*). Después pasea hasta el Palacio Imperial (*p. 110*). Si el tiempo lo permite, visita los jardines; de lo contrario, el museo gratuito Intermediatheque es muy entretenido (*www.intermediatheque.jp*). Para cenar, una opción es el Edomae –*sushi* al estilo original de Tokio– en Yoshino Shushi Honten (*3-8-11 Ninonbashi*), seguido de una copa en el bar del último piso del hotel Mandarin Oriental, con vistas a la ciudad (*www.mandarin oriental.com*).

Día 2

Roppongi (*p. 90*), que en su día fue considerado solo como zona de discotecas, se ha convertido rápidamente en un eje cultural. Para ahorrar, compra el bono de transporte ATRo para disfrutar del triángulo de arte de Roppongi; el Museo de Arte Mori, especializado en arte contemporáneo, es la primera parada. Come en Afuri (*www.afuri. com*), famoso por su aromático *ramen*, antes de continuar con el recorrido por el Centro de Arte Nacional y el Museo de Arte Suntory. Quédate en Roppongi al caer la tarde porque no hay lugar mejor para pasar la noche en la ciudad.

Día 3

Empieza conociendo la cara extravagante de Tokio en el animado y atrevido Takeshita-dori, en Harajuku (*p. 94*); abarrotado de *boutiques* de moda y tiendas de época. Tras darte un capricho dulce en Marion Crepes (*www.marion-co.jp*), toma el metro hasta Ikebukuro para sumirte en una dosis de cultura pop en Otome Road. Entra en Animate (*www.animate.co.jp*) y toma un té en Swallowtail, el café del mayordomo (*www.butlers-cape.jp*).

Día 4

Levántate antes del amanecer para visitar el mercado de pescado Toyosu (*p. 138*). Tras asistir a la animada subasta de atún, pasa dos horas contemplando las obras de arte digital del cercano teamLab Planets (*www.teamlab.art/e/planets*) antes de ir al centro comercial de Ginza (*p. 106*). Ginza Six, el complejo comercial más grande del distrito, tiene un teatro tradicional *noh* en el sótano. Reserva si quieres disfrutar de alguna obra aquí (*www.kanze.net*). Después de examinar las tiendas, acude con antelación a Sushi no Midori Ginza (no hay reservas), para una cena inolvidable (*www. sushinomidori.co.jp*).

Día 5

Toma el *shinkansen* hasta Kioto. Tras dos horas y media llegarás a la estación de Kioto (*p. 189*), desde donde deberás abrirte paso hasta el templo To-ji (*p. 189*) para sumergirte en el patrimonio religioso de la ciudad. Tras admirar las 1.001 estatuas de divinidades en el templo Sanjusangen-do (*p. 189*), puedes picar algo en Tsuruki Mochi Hompo Schichijo (*561 Nishino-moncho*). Dirígete al santuario de Fushimi Inari-taisha (*p. 186*), donde un bonito túnel de *torii* te llevará a disfrutar de unas vistas magníficas. Regresa al centro de Kioto para dar un paseo junto al río y cenar en Gyoza Hohei (*p. 195*).

→

Día 6

Sumérgete en el pasado de Kioto visitando el Palacio Imperial *(p. 195)* y conoce su historia mediante una visita gratuita. Dirígete hacia el bullicioso mercado Nishiki para reponer fuerzas antes de emprender el Paseo del Filósofo *(p. 208)*, que acaba en el templo de Nanzen-ji *(p. 194)*, y tómate allí un tradicional *té matcha*. Completa el día con una cata de sake en el Jam Jam+Sake *(p. 192)*.

Día 7

La última mañana en Kioto la puedes pasar en el santuario Kitano Tenman-gu *(p. 198)* y en el resplandeciente Kinkaku-ji *(p. 199)*. Compra una caja *bento* en la estación de Kioto antes de subir al tren hacia Osaka *(p. 218)*. Ya en el centro de Osaka, acércate a la animada zona de Dotonbori para cenar y tomar una copa.

Día 8

Empieza la mañana visitando el castillo de Osaka *(p. 218)*. Para comer, merece la pena que pruebes la anguila marinada en Sumiyaki-Unagi Uoi Tengo *(www.sumiyaki-unagi.*

com) y después sigas conociendo la historia de la ciudad en el templo Shitenno-ji *(p. 221)*, del siglo VI. Al caer el sol, sube a lo más alto del pulcro Conrad Osaka; con sus impresionantes vistas de la ciudad.

Día 9

Empieza el día con la visita al subterráneo Museo Nacional de Arte de Osaka *(p. 219)* y después dirígete hacia Kashiwaya *(https://jp-kashiwaya.com)*, con una estrella Michelin, para comer en un salón de té decorado al estilo tradicional. Luego acércate al peculiar Umeda Sky Building para contemplar las vistas desde el observatorio Kuchu Teien *(p. 220)*. Por la noche, disfruta del encanto retro del distrito Shinsekai, famoso por sus callejones y sus bares antiguos.

Día 10

Pasa el día en Nara *(p. 214)*, a solo una hora en tren desde Osaka. Llévate algo de comer para hacer un pícnic cerca de la estación antes de dirigirte al parque Nara para visitar el templo Todai-ji *(p. 216)* y ver el ciervo sagrado. Tras la

5

1 La puerta oeste en el templo Shitenno-ji de Osaka.

2 Un puesto en el mercado de Nishiki.

3 Señalización colorida en el distrito Shinsekai de Osaka.

4 Museo Marítimo y torre portuaria de Kobe.

5 Benesse House en Benesse Art Site Naoshima.

comida, haz un recorrido por las tiendas y *machiya* (hogares de comerciantes) en el distrito Naramachi, antes de regresar a Osaka.

Día 11

Tras 30 minutos de viaje desde Osaka hasta Kobe *(p. 222)*, sube andando por Kitano-zaka hasta Kitano-cho, entre villas de estilo europeo. Ninguna visita a Kobe estaría completa sin probar su famosa ternera en Steak House Garaku *(www.steakhouse-garaku-kitano.jp)*. Puedes comenzar la tarde probando sake en la Hamafukutsuru Ginjo Brewery *(p. 223)* y pasea después por los alrededores del puerto para admirar el Museo Marítimo. El animado barrio chino de la ciudad es idóneo para cenar.

Día 12

Desde Kobe, toma el *shinkansen* hasta Okayama *(p. 236)*, famoso por su jardín Koraku-en. Termina la mañana en el cercano castillo de Okayama y los museos de la ciudad. Tras comer, toma un ferri al Benesse Art Site Naoshima *(p. 250)*, una isla llena de arte. Pasa la noche en la estilosa

Benesse House disfrutando en la cena de las *kaiseki* (pequeñas bandejas) presentadas con ingenio.

Día 13

Madruga para conocer los museos de Naoshima antes de regresar a Okayama y tomar el *shinkansen* hasta Hiroshima. Come en Okonomiyaki Nagata-ya *(www.nagataya-okonomi.com)*, antes de visitar los monumentos y el museo del Parque Conmemorativo de la Paz de Hiroshima *(p. 228)*. Las ostras son un alimento básico en Hiroshima; puedes probarlas de Kakifune Kanawa *(www.kanawa.co.jp)*.

Día 14

La visión de futuro de Hiroshima queda clara en el Museo de Arte de Hiroshima *(www.hiroshima-museum.jp)* y la torre Orizuru *(www.orizurutower.jp/en)*. Tras comer unos slippery *noodles* en Bakudanya *(2-12 Shintenchi)*, toma un avión o el tren bala de regreso a Tokio. Si te quedan energías, toma algo en algún bar de Shimokitazawa o en los estrechos callejones de Golden Gai *(p. 96)*.

←

① Cruce de Shibuya, uno de los mas ajetreados del mundo.

② La torre Tokio, el segundo edificio más alto de Japón.

③ Limpiando atunes en el mercado de pescado de Toyosu.

④ Clientes en uno de los puestos que flanquean la calle hasta el templo Senso-ji.

5 DÍAS
en Tokio

Día 1

Comienza en el cruce de Shibuya *(p. 92)*, uno de los lugares más emblemáticos de la ciudad. Después de almorzar *ramen* en Ichiran *(en.ichiran.com)*, toma la línea Yamanote hasta Yoyogi y atraviesa el parque Yoyogi *(p. 96)* hasta el santuario Meiji Jingu *(p. 86)*. Recorre las frondosas avenidas antes de seguir hasta Takeshita-dori, en Harajuku *(p. 94)*, el epicentro de la moda juvenil. Por la noche, alquila una cabina de karaoke y canta algunos clásicos; el karaoke Kan de Shibuya *(www.karaokekan.jp)* aparecía en la película *Lost in Translation*.

Día 2

Dirígete hacia el parque Shiba *(p. 118)* y toma el ascensor hasta lo más alto de la torre Tokio *(www.tokyotower.co.jp)*, que ofrece sobrecogedoras vistas. Continúa el paseo por el parque que lleva hasta el templo Zojo-ji, para comer después atún fresco en la cercana Itamae Sushi *(https://itamae.co.jp)*. Disfruta la tarde curioseando en las inmensas tiendas en torno a Ginza: si buscas artículos tradicionales de lujo, ve a Misukoshi; para artículos más modernos ve a Ginza Six *(p. 106)*. Luego, tómate algo en el escondido bar MOD *(3-4-14 Ginza)* antes de disfrutar de un espectáculo de *kabuki* en el teatro Kabuki-za *(p. 114)* o dirígete al cercano Nihonbashi para cenar *unagi* (anguila) en Takashimaya *(p. 110)*.

Día 3

Levántate pronto para ir al mercado de pescado de Toyosu; la subasta de atún arranca a las 5.30 *(p. 138)*. Pasa el resto del día explorando la isla artificial de Odaiba *(p. 145)* y haz una pausa para comer albóndigas de pulpo en el Museo Odaiba Takoyaki *(p. 143)*. Luego recala en el centro comercial Diverci-ty para disfrutar de la variedad de tiendas y la gigantesca estatua de un robot; luego maravíllate con las exposiciones tecnológicas del Museo Nacional de Ciencia Emergente e Innovación *(p. 145)*. Para cenar, ve a la estación de Shin-Toyosu para tomar una barbacoa en Wild Magic - The Rainbow Farm *(www.wildmagic.jp)*.

Día 4

Visita el parque Ueno *(p. 126)* y dedica tiempo al edificio Honkan del Museo Nacional de Tokio *(p. 128)* para conocer el arte japonés. Tras comer en Yamabe Okachimachi *(p. 128)*, toma el metro a Asakusa para visitar el espléndido complejo del templo Senso-ji *(p. 132)*. Luego cruza el río Sumida y visita el Tokyo Skytree *(p. 135)* para gozar de vistas panorámicas de la ciudad antes de volver a la maraña de calles de Asakusa *(p. 133)* para cenar en Nakasei, un restaurante de tempura que lleva abierto desde 1870 *(www.nakasei.biz)*.

Día 5

El *otaku* que cada uno lleva dentro aflora en las tiendas y cafés de manga de Ikebukuro *(p. 142)*, una de las capitales de *cosplay* de Japón. Puedes ir al célebre café de Ikebukuro *(www.butlers-cafe.jp)* y después al centro comercial Sunshine City, que cuenta con un planetario, un ajardinado observatorio y otras atracciones. Más tarde, pasea hasta Jiyukauen Myonichikan para visitar la *Casa del mañana* de Frank Lloyd Wright *(2-31-3 Nishikebukuro)*. Si eres fan del oscarizado director Miyazaki puedes adentrarte en su mundo en el Museo Ghibli *(www.ghibli-museum.jp)*, junto al parque Inokashira, al oeste de Tokio (reserva con antelación).

←

 El moderno paisaje urbano de Yokohama, bajo las luces nocturnas.

2 El famoso Buda gigante de Kamakura.

3 El templo Zenko-ji del siglo VII, en Nagano.

4 De compras en un puesto de pescado del mercado matutino de Wajima.

5 DÍAS
en el centro de Honshu

Día 1

Comienza en la bulliciosa ciudad de Yokohama *(p. 152)* visitando su mundialmente famoso Museo de Arte. Tras admirar las colecciones, zambúllete en las calles del barrio chino para probar *nikuman* (bollos de carne al vapor); Edosei *(192 Yamashitacho)* ofrece los mejores. Después puedes sumarte a la población local para pedir prosperidad en el templo Kantelbyo antes de tomar un autobús hasta los hermosos jardines Sankeien. Regresa a la ciudad para cenar *katsu* en Katsuretsu An *(www.katsuresuan.co.jp)*, antes de dar un paseo por la orilla del mar. Para terminar el día, haz un trayecto en ferri y regálate bellas vistas.

Día 2

Sube a un tren hasta la histórica Kamakura *(p. 154)*, famosa por los templos de sus laderas. Empieza visitando el santuario Tsurugaoka Hachiman-gu y, después, busca la orilla del mar para disfrutar del ambiente costero de la ciudad. Tras comer en alguno de los restaurantes junto al mar, fíjate en el emblemático Gran Buda y refréscate con un poco de *kakigori* (hielo triturado y sirope). Si hace mucho calor, haz el trayecto de 20 minutos en tren desde la estación Hase hasta Enoshima. Las playas de la isla son ideales para una tarde. La especialidad de Enoshima es el *shirasu* (chanquetes); puedes probarlos en Tobiccho Sandoten *(https://tobiccho.com)* antes de regresar a Kamakura.

Día 3

Nagano *(p. 174)* está a casi tres horas en tren de Tokio, por lo que toca madrugar. Haz la primera parada en el templo de Zenko-ji, donde se atraviesa un pasillo oscuro en busca de una supuesta *llave del paraíso*. Después puedes comer fideos *soba* en Uzuraya *(3229 Togakushi)*. Desde Nagano, toma el autobús que lleva en 40 minutos hasta las aguas termales donde se bañan los famosos monos, y luego para en Shibu Onsen para hacer lo propio. De vuelta en Nagano, date un capricho en Fujiya Gohonjin *(www.thefujiyagohonjin. com)* o cena un sabroso *ramen* en Misoya *(1362 Minaminagano)*.

Día 4

Toma temprano un *shinkansen* hasta Kanazawa *(p. 164)*. La ciudad es célebre por el *sushi*, que puedes probar en Honten Kaga Yasuke, cerca de la estación *(www. kagayasuke.com)*. Pasea por el mercado de Omicho, el distrito de *geishas* Higashi-chaya y el magnífico jardín de Kenroku-en para comprender por qué Kanawaza es conocida como la pequeña Kioto. Reserva tiempo para el trayecto de tres horas en autobús a Wajima *(p. 176)*. Dirígete a Wajima Yashio, un *ryokan* con vistas al océano y sabrosos platos para cenar *(www.wajima-yashio.com)*.

Día 5

Wajima es famosa por sus mercados matutinos a lo largo de Asaichi-dori, cerca del puerto. Prueba el exquisito pescado local antes de caminar hasta Wajima Nuri Kaikan *(https://wajimanuri.or.jp/kaikan/file12.html)* para conocer la cerámica lacada de la ciudad. Después, vuelve al mercado para comer marisco en Naruse *(2-16 Kawaimachi)* y pasa la tarde probando sake en Hiyoshi Sake Brewery. Toma el autobús desde Banbacho hasta los arrozales de Shiroyone Senmaida para ver la puesta de sol. Ve con tiempo porque el servicio de autobuses es irregular.

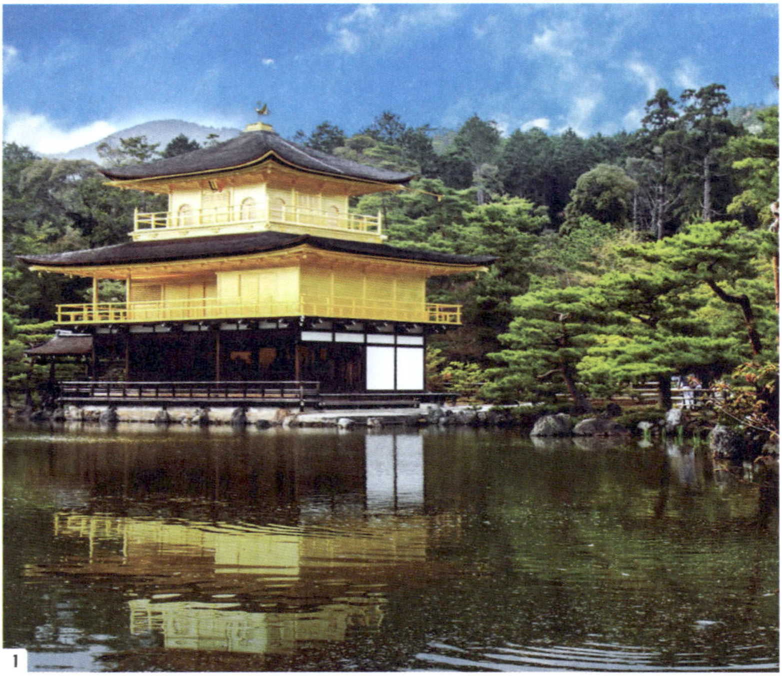

1

2

3

4

←

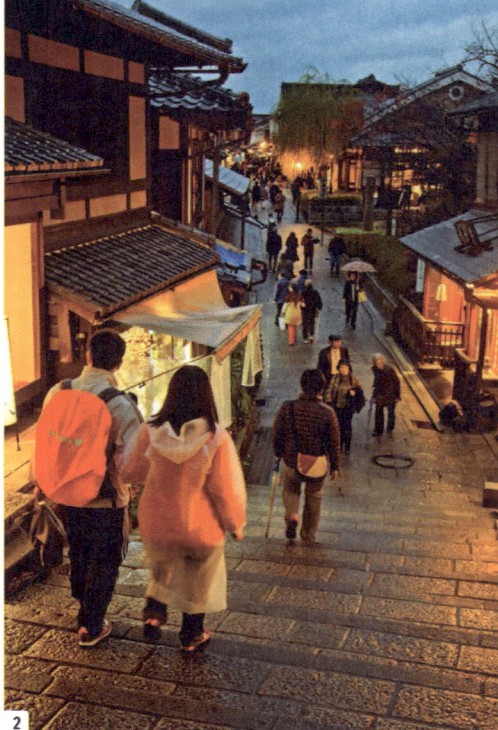

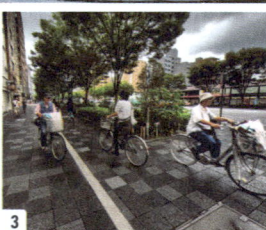

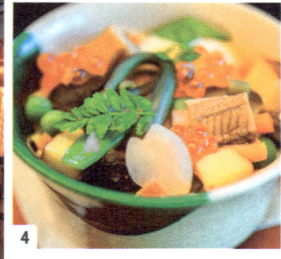

1 El luminoso exterior del templo Kinkaku-ji.

2 El acceso al templo Kiyomizu-dera.

3 Montando en bicicleta por las calles de Kioto.

4 Uno de los deliciosos platos que sirven en Kikunoi.

Con un trazado urbanístico cuadriculado muy fácil de seguir, Kioto es una ciudad ideal para recorrer a pie o en bicicleta. Se pueden alquilar fácilmente vehículos y muchos hoteles ofrecen a sus huéspedes bicicletas gratuitas.

2 DÍAS
en Kioto

Día 1

Mañana Comienza la visita en el templo Ryoan-ji *(p. 200)*. Aunque este complejo de templos es mausoleo de varios emperadores, lo que le ha dado fama es su jardín zen, un lugar ideal para relajarse y reflexionar. El complejo también alberga un restaurante de tofu llamado Ryoanji Seigen-in, al que puedes acudir para comer *shojin-ryori:* cocina budista vegana tradicional.

Tarde El parque que rodea el templo Ryoan-ji está surcado de senderos, muy recomendables para pasear en otoño y primavera. Tras explorarlos, puedes recorrer en bicicleta el corto trayecto hasta el templo dorado Kinkaku-ji *(p. 199)*. Es uno de los lugares más famosos de Japón y su silueta dorada es una escena inolvidable. En Koto, junto al templo, se celebra la ceremonia tradicional del té *(www.teaceremo ny-kyoto.com)*.

Noche Recorre las evocadoras calles del distrito de Gion *(p. 192)*, que cuenta con exclusivos salones de té. Reserva una mesa para cenar en Kikunoi *(htpps:// kikunoi.jp)*. Al mando del famoso chef Yoshihiro Murata, es un restaurante conocido por su *kaiseki*, un menú muy abundante a base de platos tradicionales que él ha redefinido. Completa la noche con una cata en el Jam+Sake Bar *(p. 192)*, a cuyo personal le encanta mostrar los matices de la bebida nacional de Japón.

Día 2

Mañana Dedica la primera parte de la jornada a ver el castillo Nijo-Jo *(p. 184)*, antiguo hogar de los sogunes Tokugawa. Escucha el crujido de los *suelos de ruiseñor*, posiblemente concebidos para proteger a los ocupantes de asesinos que, pretendiendo acercarse en silencio, fueran delatados por el sonido de sus pasos. Una buena alternativa para comer es Hyoto *(www. hyoto.jp)*, que sirve menús *kaiseki* en cajas *bento* y *shabu-shabu* (estofado), en las estaciones de Shijo y Kioto.

Tarde Pedalea hasta el templo Kiyomizu-dera *(p. 191)*, que ofrece vistas magníficas. El acceso al templo por las empinadas y transitadas calles del distrito Higashiyama puede ser divertido, pero es más prudente subir sin bicicleta. Los numerosos comercios y restaurantes de la zona, que llevan siglos atendiendo a visitantes y peregrinos, ofrecen especialidades locales como dulces, encurtidos y cerámica Kiyomizu-yaki.

Noche Devuelve la bicicleta y dirígete al pasadizo Pontocho *(p. 191)*, una de las calles con más ambiente de la ciudad. Discurre paralela a la ribera de grava del río Kamo, un lugar muy frecuentado para pasear de noche. Para cenar, una buena opción es el célebre Kichikichi *(p. 195)*, sede del más aclamado creador de *omurice* de Japón (hay que reservar). Termina el día con una copa en Hello Dolly, un club de jazz conocido por su gran colección de vinilos *(https://hello-dolly.webnode.jp)*.

←

1 Nigatsu-do, parte del histórico templo budista Todai-ji, en Nara.

2 La famosa puerta Otorii del santuario Itsukushima, en la isla Miyajima.

3 Cúpula de la Bomba Atómica, Parque Conmemorativo de la Paz de Hiroshima.

4 Visitantes en el mercado Kuromon Ichiba de Osaka.

5 DÍAS

en el oeste de Honshu

Día 1

Comienza en el majestuoso castillo de Osaka *(p. 218)*; las visitas guiadas muestran la excelente colección de arte y armas. Para comer puedes ir al barrio de Namba, en el sur, y entrar al mercado Kuromon Ichiba, punto de encuentro de amantes de la buena comida. Luego regresa al centro de la ciudad para ver un poco de moda vanguardista en los grandes almacenes Hankyu *(www.hankyu-dept.co.jp)*. Por la noche, un baño en el Spa World *(p. 220)* es la mejor manera de relajarte. Para cenar, dirígete hacia Hozenji Sanpei, un restaurante de *okonomiyaki* en el famoso distrito del canal Dotonbari de Osaka.

Día 2

Un trayecto de una hora en tren te lleva hasta la antigua ciudad de Nara *(p. 214)*. En lugar de abandonar la estación, haz otro breve trayecto en tren hasta el templo Horyu-ji *(p. 232)* para ver el edificio de madera más antiguo de Japón. Regresa a la estación central de Nara para comer *unagi* (anguila) en Edogawa *(43 Shimomi-kadocho)* y, después, pasea por el parque Nara. Unos inmensos guardianes de madera te indican la entrada al templo Todai-ji, donde está el imponente Gran Buda *(p. 216)*; quien atraviesa el hueco que hay detrás de él es agraciado con suerte eterna. Puedes cenar en Kura *(16 Komyoincha)*, un *izakaya* (pub) que está dentro de una tienda de arte tradicional.

Día 3

Tras un trayecto en tren de 2,5 horas desde Nara, visita en Himeji el sobrecogedor castillo Himeji-jo *(p. 224)*, con su torreón y su recinto ajardinado. Recórrelo antes de ir a comer *noodles soba* a Kassui-kan *(68-75 Honmachi)*, en los jardines del castillo.

Después toma un autobús hasta Sosha Ropeway para visitar el templo milenario de Engyo-ji. Más tarde vete a visitar Nada-giku Shuzo *(www.nadagiku.co.up)*, una destilería de sake próxima a la estación de Himeji. Cierra a las 18.00, pero el restaurante, especializado en tofu y *suminabe* (un estofado cocido al carbón) abre hasta las 21.00.

Día 4

Sube al *shinkansen* que lleva a Hiroshima. Aquí, visita en primer lugar el Museo de la Paz de Hiroshima *(p. 228)*, para conocer los detalles del bombardeo atómico que sufrió la ciudad en 1945. Puedes comprar luego una caja de pícnic en Onigiri Nitaya *(www.nitaya.jp)* y comer en algún lugar tranquilo del Parque Conmemorativo de la Paz *(p. 228)*. Tras rendir homenaje a sus monumentos, toma el ferri en el muelle del parque que te lleva en 45 minutos hasta la isla Miyajima *(p. 230)*. Relájate en el *onsen* del Iwaso Ryokan, establecimiento de 160 años de antigüedad, antes de disfrutar de una cena tradicional *(www.iwaso.com)*.

Día 5

Madruga (dependiendo de las mareas) para ver el Otorii del santuario de Itsukushima con la marea alta, cuando parece flotar en el mar. Visita el resto del santuario y deja que el olfato te guíe para llegar hasta Kakiya *(www.kaki-ya.jp)*, donde sirven ostras fritas. Después, disfruta de un instante de sosiego en el cercano templo Daisho-in y completa la ascensión de 90 minutos al monte Misen para contemplar una vista panorámica. Regresa en ferri a Hiroshima a tiempo para cenar en Okonomi Mura *(www.okonomimura.jp)*, donde varios puestos sirven deliciosos *okonomiyaki* (crepes salados).

Si bien el transporte público en la isla es excelente, el mejor modo de visitar Kyushu es en coche, porque permite salirse de los caminos más transitados y seguir rutas alternativas.

7 DÍAS
en Kyushu

Día 1

La moderna ciudad de Fukuoka *(p. 264)* es el punto de partida. La primera parada es la fascinante colección de arte moderno del Museo de Arte Asiático de Fukuoka. La siguiente parada se encuentra en la torre de Fukuoka, a 25 minutos en autobús. Tienes que subir a lo más alto para admirar las vistas y dirigirte después al sur para visitar el interactivo Fukuoka City Science Museum, con numerosas actividades manuales para los niños. Termina el día cenando en uno de los *yatai* (puestos de comida) de Nakasu, una isla en mitad del río que atraviesa el centro de la ciudad.

Día 2

Alquila un coche y conduce durante dos horas hasta Beppu *(p. 271)*. Llega a tiempo para probar el delicioso *toriten* (pollo en tempura) en Toyoken *(www.toyoken-beppu. co.jp)*. Por la tarde, visita una de las zonas de aguas termales de Beppu; una agradable y apartada opción es el manantial de agua termal de Myoban Yunosato, sobre la ciudad. Por la noche, cena en el centro de cocina al vapor Jigoku Mushi Kobo *(5 Furo-*

moto), donde puedes preparar tu propia comida. Después de la cena conduce hasta el observatorio Beppu Yukemuri *(8 Kannawahigashi)* para contemplar las vistas nocturnas de la ciudad.

Día 3

Kurokawa *(p. 276)*, una atractiva ciudad termal, está a menos de dos horas en coche desde Beppu. Pasa el resto de la mañana paseando por el cráter principal del monte Aso *(p. 276)*. Para comer puedes pedir la famosa ternera de Akaushi en Imakin Shokudo *(http://aso-imakin.com)*, en la ciudad de Aso. La tarde es buen momento para elegir entre uno de los numerosos *onsen* que rodean Kurokawa, antes de llegar al bonito Fujiya Ryokan *(6541 Manganji)* a tiempo para cenar.

Día 4

Sal temprano hacia Takachiho *(p. 276)*, una ciudad impregnada de mitología japonesa. Los alrededores ofrecen algunos de los paisajes más espectaculares de la isla. Llega a Kumamoto *(p. 274)* a tiempo para comer en Aoyagi *(http://aoyagi.ne.jp)*, un

1 Puestos de comida *yatai* en la isla Nakasu, en Fukuoka.

2 En barca hacia la cascada de la garganta de Takachiho.

3 Un puente entre las islas Amacusa.

4 El imponente jardín Suizen-ji Joju-en de Kumamoto.

hermoso lugar para disfrutar de la cocina regional. Cruza el río para ver el asombroso castillo negro de Kumamoto antes de realizar el corto trayecto hasta Suizen-ji Joju-en, un jardín extraordinario que recrea otros lugares de Japón. Si tienes ganas de probar algo nuevo, elige para cenar el *basashi* local (*sashimi* de carne de caballo) en Iroha *(p. 277)*, aunque también hay muchas otras especialidades para escoger.

Día 5

Las islas cubiertas de niebla de Amacusa, a menos de dos horas en coche de Kumamoto, acogieron antiguamente a comunidades cristianas clandestinas de Kyushu, expulsadas de la península de Shimabara *(p. 275)*. Puedes averiguar más sobre ellas en el Museo Cristiano de la Ciudad de Amacusa *(19-52 Funenoomachi)*, antes de comer en Yakko Sushi *(76-2 Higashimachi)*. Conduce durante 2,5 horas hasta Nagasaki *(p. 266)* y toma un ferri para coches por el estrecho de Hayasakiseto. Ya en la ciudad, camina hasta Sumibi Yakitori Torimasa Ebisucho *(www.torimasa.net)* para degustar el mejor *yakitori*.

Día 6

Pasa la mañana visitando Dejima en el puerto de Nagasaki, para conocer la influencia holandesa y portuguesa en la ciudad. Sigue este aire cosmopolita con una comida de *champon* –una sopa de fideos al estilo chino– en Shikairou *(4-5 Matsugaemachi)*. Dedica la tarde al emotivo Museo de la Bomba Atómica y al Parque de la Paz, y luego haz en coche el breve trayecto hasta Kagetsu *(p. 267)* para cenar *shippoku*, cocina de fusión. Al oscurecer, aparca el coche en el monte Inasa y disfruta de las vistas de la ciudad.

Día 7

Regresa a Fukuoka por los pueblos alfareros de Saga *(p. 280)*; el mercado matinal de Yobuko ofrece un buen surtido de cerámica a precios bastante asequibles. Ya de vuelta en Fukuoka, devuelve el coche alquilado antes de tomar un "capuchino de hueso de cerdo" en Hakata Issou *(p. 265)*. Después camina hasta el Museo Popular Hakata Machiya *(www.hakatamachiya.com)*, donde puedes disfrutar de una deslumbrante colección de sedas. Por la noche, haz una nueva ruta de *yatai* en la isla de Nakasu, resistiendo la tentación de ir a los mismos puestos que antes.

Palacios imperiales

Durante siglos, el régimen de la familia imperial impulsó la construcción de imponentes edificios por todo el país. Tal vez el ejemplo más famoso sea la villa imperial Katsura *(p. 203)*, construida a principios del siglo XVII. Esta elegante mansión representa lo que comúnmente se entiende como arquitectura japonesa tradicional, pero Bruno Taut, el teórico alemán de la arquitectura, también lo calificó en 1937 como prototipo modernista ideal. Se puede reservar una visita guiada a la villa y otros lugares, entre ellos el Palacio Imperial de Kioto *(p. 195)* y la villa imperial Shugaku-in *(p. 204)*, en la Agencia de Residencias Imperiales *(www.kunaicho.go.jp)*.

La pintoresca villa imperial de Katsura, del periodo Edo ↑

JAPÓN Y LA
ARQUITECTURA

La arquitectura es el reflejo de la cultura y creatividad japonesas. Tanto si se trata de las elegantes pagodas del santuario de Tosho-gu, como del optimismo utópico del movimiento metabolista del siglo XX, los edificios representan su personalidad multifacética.

Montañas modernas

En Roppongi se encuentra una de las maravillas de la ingeniería moderna: la torre Mori. Se trata de un rascacielos innovador que reduce los riesgos que plantean los terremotos con sus 192 amortiguadores sísmicos. Estos elementos están rellenos de un espeso aceite que, cuando la torre empieza a oscilar como consecuencia de los temblores, sirve para mantener el equilibrio de la estructura. Otra maravilla moderna de la capital es el Árbol del Cielo de Tokio (Tokyo Skytree). Concluido en 2012 y diseñado para evocar un pabellón tradicional, se alza a 634 metros. Esta pagoda de última generación es una torre repetidora de señal de TV, pero también tiene un restaurante y plataformas de observación que ofrecen vistas espectaculares de la ciudad.

←

El Tokyo Skytree se eleva de un modo impactante sobre el paisaje urbano

↑ El exterior ondulado del Gimnasio Nacional Yoyogi de Tokio

Parques de posguerra

Construido para los Juegos Olímpicos de Tokio de 1964, el Gimnasio Nacional Yoyogi, en el parque Yoyogi *(p. 96),* fusionó un diseño tradicional con la innovación para simbolizar el renacimiento del país tras la devastación de la Segunda Guerra Mundial. Kenzo Tange, el arquitecto, también diseñó el Museo Conmemorativo de la Paz en el Parque Conmemorativo de la Paz de Hiroshima *(p. 228).* Junto con la cercana Cúpula de la Bomba Atómica, es un conmovedor monumento. Participar en un paseo arquitectónico por Hiroshima ayuda a comprender cómo se ha reconciliado la ciudad con su trágico pasado *(www.oa-hiroshima.org).*

¿QUÉ ERA EL METABOLISMO?

El afán de reconstrucción de las ciudades en el Japón de posguerra generó ideas nuevas sobre la planificación y el diseño urbanísticos. Uno de los movimientos más importantes fue el metabolismo, que nació durante los preparativos para la Conferencia Mundial de Diseño de 1960 de Tokio y propugnaba la idea de que las ciudades modernas se adaptaran a las necesidades de sus habitantes. Esto requería megaestructuras modulares capaces de crecer o menguar según las necesidades. Aunque no tuvieron éxito en su deseo de reconstruir Tokio desde cero, los metabolistas, como Kenzo Tange o Kisho Kurokawa, influyeron mucho en la arquitectura del país. Un ejemplo famoso es la Nakagin Capsule Tower, obra de Kurokawa en Ginza.

Estructuras sagradas

Los santuarios sintoístas son parte importante de la arquitectura de Japón. Entre los elementos que marcan el límite entre los mundos cotidiano y espiritual están las puertas *torii* rojas, las fuentes para abluciones y los *shimenawa,* sogas de rafia con tiras de papel blanco. El santuario de Tosho-gu *(p. 300)* de Nikko simboliza el poder del sogunato Tokugawa. Japón también cuenta con numerosos templos budistas de gran importancia arquitectónica. En Nara *(p. 214)* se pueden ver algunos de los mejores.

←

La pagoda de cinco plantas de la entrada al santuario Tosho-gu de Nikko

JAPÓN EN
INVIERNO

Aunque se suele asociar Japón con la primavera y sus cerezos en flor, el invierno también es un momento estupendo para visitarlo. Con sus magníficas pistas de esquí, sus animados festivales y sus manantiales humeantes, esta estación tiene mucho que ofrecer.

TOP 5 RELAJANTES *ROTENBURO*

Kita Onsen
 kitaonsen.com
Un apartado baño en Tochigi.

Ginzan Onsen
Obanazawa, norte de Honshu
ginzanonsen.jp
Aguas termales iluminadas por la noche.

Yagen Onsen
Península de Shimokita, norte de Honshu
Piscina al aire libre gratuita.

Asahidake Onsen
Higashikawa, Hokkaido
Para mojarse los pies en la cumbre más alta de la isla.

Noboribetsu Onsen
Noboribetsu, Hokkaido
noboribetsu-spa.jp
Diez tipos de baños *onsen*.

Un buen remojón

Sentarse en un *rotenburo* (*onsen* al aire libre) con vistas a un entorno invernal puede ser una experiencia relajante. En Hokkaido, con sus volcanes ardientes, hay más *rotenburo* que en cualquier otra prefectura, pero a lo largo y ancho del país hay muchos otros. En el norte de Honshu hay baños exclusivamente para monos. Los macacos de cara roja se bañan en piscinas de agua caliente en el parque Jigokudani *(p. 174)*.

Laderas de esquí

Agraciado con un paisaje montañoso y con las nevadas más copiosas del mundo, ¿es extraño que Japón cuente con más de 600 estaciones de esquí? Pese a que sus montañas no se pueden comparar con los Alpes o las Rocosas, la zona de Hokkaido ofrece la temporada de esquí con mejor calidad de nieve, donde algunas estaciones llegan a recoger 20 m de nieve al año. Se puede decir que la mejor nieve en polvo está en Niseko *(p. 319),* donde se disfruta de un animado ambiente fuera de las pistas, así como de unas condiciones excelentes para el esquí y el snowboard.

← Practicando snowboard en una pista de Furano, una de las muchas estaciones de Hokkaido

Kotogaume

El *nabemono,* o *nabe* para abreviar, se disfruta en invierno. Este guiso se come tradicionalmente en grupo en torno a un hornillo de gas sobre el que burbujea el plato. Este restaurante de Tokio, propiedad de un antiguo luchador de sumo, es uno de los mejores para saborear *chanko nabe,* la versión que los luchadores de sumo usan para ganar volumen.

🅰️ F4 🅰️ 3-4-4 Kinshi, Sumida, Tokio
📞 (03) 3624-7887 🕐 do

💴 💴 💴

→ Escultura de nieve en el Festival de la Nieve de Sapporo

Escultura de una iglesia, Festival de la Nieve de Sapporo ↑

← Relajándose en un *rotenburo* con vistas a un lago del Parque Nacional Akan-Mashu

¡Llega la nieve!

Japón acumula más nieve que cualquier otro país de su latitud y los japoneses lo celebran a lo grande. El festival de nieve más famoso se celebra en Sapporo *(p. 320),* donde centenares de esculturas hechas de hielo y nieve adornan la ciudad. Hay que verlas por la noche, cuando las esculturas de lugares y personajes famosos se iluminan con neones. Merece la pena entrar en uno de los iglús, o *kamakura,* del festival Yokote Kamakura en Akita para disfrutar de un *mochi* (pastel de arroz), seguido de un *amazake* (sake dulce ligero o sin alcohol).

Noodles

En Japón nunca se está muy lejos de un cuenco de fideos. Hay tres variedades: pasta de trigo *ramen* al estilo chino, *soba* (fideos de trigo sarraceno) y el untuoso *udon* (fideos gruesos de trigo blanco). En el Museo Shin-Yokohama Raumen *(www.raumen.co.jp)* se pueden probar *ramen* de diferentes regiones.

Noodles soba con guarniciones de tempura, un alimento de muchas mesas japonesas

JAPÓN PARA
COMIDISTAS

El menú japonés, que comprende escurridizos *noodles*, estofados copiosos y otros platos exquisitos, se compone de mucho más que *sushi*. Tanto en las callejuelas de Tokio como en los restaurantes elegantes de Kioto, el país ofrece memorables experiencias gastronómicas.

¡Enróllalos!

Hay centenares de sabores y tipos de *sushi* diferentes, pero en su forma más pura se compone de dos ingredientes: arroz y pescado. Los cocineros se entrenan durante toda una vida antes de poder afirmar que dominan este multifacético plato. Se puede tomar una clase de un día, pero merecen la pena los cursos más largos de Tokyo Sushi Academy *(www.sushischool.jp)*.

 CONSEJO DK
Recorrido gastronómico secreto por Tokio

Arigato Food Tours *(arigatojapan.co.jp)* organiza rutas culinarias en las ciudades más importantes de Japón y ayuda al viajero a sumergirse en experiencias gastronómicas totalmente japonesas, como el laberinto de *izakaya* en Tokio, el entorno de *kaiseki* de lujo en Kioto o la temporada de *sakura* en Osaka.

Comer en la calle

El centro de Fukuoka *(p. 264)* está lleno de *yatai*, puestos callejeros que sirven a trabajadores y trasnochadores. Aunque antes había muchos puestos en todo Japón, ahora la mayoría se encuentra en esta bulliciosa ciudad. Hay que dejarse llevar por el olfato y el aroma del cremoso *ramen tonkotsu* para localizar los sitios, o descubrir los mejores puestos con un guía local *(www.getyourguide.com)*.

→

Fritura de las célebres albóndigas de pulpo frito, *takoyaki*, en un *yatai* de Osaka

Especialidades de temporada

¿Visitar Japón en invierno? Los platos de *nabemono* (guiso caliente) aportan el calor necesario. En primavera, un helado de cucurucho es el acompañamiento perfecto para ver los cerezos *(sakura)*. Los *noodles* ligeros refrescan durante el verano, y las setas *matsutake* son un clásico del otoño.

←

Un delicioso cucurucho de helado de flor de cerezo

←

La cena se eleva a la categoría de las bellas artes en Kikunoi, Kioto

Platos exquisitos

El *kaiseki*, un menú degustación que comprende decenas de platos, es la cima de las cenas de lujo en Japón. Aquí se tiene en cuenta todo, desde la vajilla hasta la estacionalidad de los ingredientes. Ninguna visita estaría completa sin probarlo. Puede comerse a buen precio en Tokio, en Kyoto Hyoki *(https://hyoki.jp)*, o darse un homenaje en Kioto, en el caro Kikunoi *(www.kikunoi.jp)*, regentado por un chef de *kaiseki* de tercera generación.

←

Una fuente con varios tipos de *maki-zushi* y sushi

Caminar por las alturas

Calzarse unas botas y adentrarse en las montañas es un pasatiempo popular en Japón y se puede acceder fácilmente a los senderos, muy bien cuidados. Una propuesta muy atractiva es el circuito de tres días por los Alpes japoneses del norte, desde Kamikochi *(p. 175)*. Quienes busquen una experiencia única pueden subir al monte Fuji, que con sus 3.776 m es el pico más alto del país.

→

Senderistas llegando a la cima del monte Fuji

JAPÓN
AL AIRE LIBRE

Aunque Japón es uno de los países con mayor densidad de población del mundo, más del 70% de su territorio es montañoso o boscoso. Un paisaje tan indómito ofrece infinidad de actividades al aire libre: un auténtico paraíso natural para los aventureros.

TOP 3 SENDEROS DEL MONTE FUJI

El monte Fuji se divide en 10 niveles y casi todas las rutas de senderismo arrancan desde el quinto nivel, el lugar más alto al que se puede acceder con un vehículo.

Yoshida
Requiere entre cinco y seis horas desde el quinto nivel y otras tres o cuatro para bajar.

Subashiri
Más de cinco horas para subir desde el quinto nivel y cinco para bajar.

Gotemba
La más larga, de siete a ocho horas desde el quinto nivel, más un descenso de tres horas.

Buceo con tubo en Okinawa

Esta nación insular ofrece infinidad de oportunidades para acercarse a las tortugas de mar, los coloridos peces payaso y las ondulantes rayas. Las islas subtropicales de Okinawa *(p. 282)* proponen algunas de las mejores experiencias, como la cueva Azul de Cabo Maeda, muy popular. Odo Kaigan, cerca de la cueva Gyokusendo *(p. 288)*, es una opción menos concurrida. Ubicada en aguas poco profundas, frente a la playa, este arrecife de coral es perfecto para familias.

→

Las tranquilas aguas del Jardín Marino de Imgya (Okinawa), ideales para practicar esnórquel

Camping en Yakushima

Merece la pena pasar la noche en un entorno de cuento de hadas, entre árboles y rocas musgosas, en esta reserva de la biosfera de la Unesco *(p. 279)*. El Jerry's Camp Site ofrece bicicletas, equipos ligeros de buceo y la posibilidad de practicar la apicultura *(www. eu-guesthouse-in-yakushima. net)*. Se puede aprender más sobre la fauna y flora de Yakushima en una visita privada a pie *(www. yakushimaexperience.com)*.

El centenario y evocador bosque de Yakushima

Surf en Miyazaki

Como es de esperar en un país formado por miles de islas, en Japón abundan las olas. La regularidad de su oleaje durante todo el año ha convertido Miyakazi, en Kyushu, en el paraíso del surfista. Kisakihama, una playa grande al sur de la ciudad, es uno de los sitios más famosos para surfear. Lo mejor es reservar clase en una escuela local de surf para aprender el secreto de surfear. En Shikoku, en torno a Kochi *(p. 254)*, hay muchos lugares para hacer surf, para todos los niveles.

Un surfista preparado para romper olas en la playa de Miyakazi

Pesca con mosca en el Parque Nacional Akan-Mashu de Hokkaido

Pesca con mosca en Hokkaido

Como no podía ser de otra forma en un país que valora el *sushi*, abunda el pescado fresco por todo el país. Se puede pescar en Hokkaido, donde los ríos de aguas cristalinas y los lagos inmaculados albergan salmones y truchas. Uno de los lugares más espectaculares para pescar es el majestuoso Parque Nacional Akan-Mashu *(p. 322)*.

El *shinkansen*, hecho para la velocidad, en la estación Shin-Osaka ↑

JAPÓN
A BUEN PRECIO

Aunque Japón es uno de los países más caros del mundo, se puede llegar muy lejos utilizando transporte público a precio razonable, mientras que la comida rápida barata y las *happy hours* hacen que salir por la noche sea un placer asequible.

Comer barato

Los restaurantes donde se pide a través de máquinas de *vending* son una gran opción. Se insertan unas monedas, se selecciona lo que se desea y la máquina devuelve el cambio y un recibo. Entregando el recibo al personal en el mostrador se obtiene lo elegido. Yoshinoya, la cadena de comida rápida más antigua de Japón, lleva sirviendo *gyudon*, un contundente plato de arroz, ternera y cebolla, desde 1899 *(www.yoshinoya. com).* Si se va de un sitio a otro, comprar la comida en un *conbini* (tienda de alimentación tipo 24 horas) es un magnífico modo de ahorrar yenes.

→

Comiendo *gyudon* en una mesa colectiva de un Yoshinoya, en Tokio

Viajar con inteligencia

Recorrer Japón en autobús no es caro. Los de larga distancia suelen tener asientos reclinables y reposapiés, lo cual es confortable y práctico. Si se viaja de noche, se evita pagar hotel. Los pasajeros de tren ahorradores pueden comprar un Seishun 18, que permite que cualquiera, de cualquier edad, haga trayectos ilimitados durante cinco días, excepto festivos escolares (*www.jreast.co.jp/e/pass/sheishun18.html*). Para quienes quieran viajar más rápido y lejos, el Japan Rail Pass para varios días ofrece trayectos ilimitados en cualquier transporte público, operado por JR, incluido el tren bala (*www.japanrailpass.net*).

← El colorido
autobús
turístico Hato,
de dos pisos

9h nine hours woman Kanda
Una cápsula vanguardista de *descanso inteligente* solo para mujeres.

🏠 2-9-4 Kajicho, Chiyoda, Tokio 101-0044
🌐 ninehours.co.jp

The Millennials Kyoto
La cápsula incluye cerveza y café.

🏠 235 Yamazaki-cho, Nakagyo, Kioto 604-8032
🌐 livelyhotels.com/en/themillennialskyoto

First Cabin Hakata
Cabinas de vuelo de primera clase en tierra.

🏠 3-7-24 Nakasu, Hakata, Fukuoka 810-0801
🌐 first-cabin.jp

Ocio a mejor precio

Las *jiyu-seki* (entradas sin reserva) para los combates de sumo están disponibles a partir de las 8 de la mañana del mismo día. Los asientos no son buenos pero merece la pena seguir todo un día de combates. A veces también hay *hitomaku-mi* (entradas para un solo acto) en oferta para ver *kabuki*. Si se prefiere ser el centro de atención, hay que acudir a un espacio tan japonés como el karaoke. Karaoke Kan y karaoke no Tejutsin son cadenas populares y económicas.

→
El actor Nakamura Baigyoku durante una actuación en el teatro Kabuki-za

La voz de nuestros días

Se puede decir que Haruki Murakami es el novelista actual más famoso de Japón. Los admiradores de *Tokio Blues* (1987) deben visitar DUG en Tokio *(www.dug.co.jp),* el bar de jazz en Shinjuku donde Toru Watanabe bebe whisky con soda. En Hiroshima se puede descubrir dónde se filmó *Drive My Car,* la adaptación cinematográfica de 2021 de un relato corto de Murakami.

Fotograma de la adaptación cinematográfica de 2010 de *Tokio Blues,* de Murakami

JAPÓN EN
LAS LETRAS Y EL CINE

Japón ha sido y es cuna de muchos grandes escritores y cineastas, que han reflejado en sus obras la impresionante naturaleza del país y la singular espiritualidad nipona. Se puede seguir la pista de libros y películas para ver lo que hay detrás de cada historia.

TOP 5 PELÍCULAS JAPONESAS FUNDAMENTALES

***Primavera tardía* (1949)**
La relación entre un padre viudo y su hija.

***Ran* (1985)**
Akira Kurosawa ambienta el rey Lear de Shakespeare en el Japón de los samuráis.

***Tampopo* (1985)**
Comedia sobre una fallida tienda de *ramen.*

***El viaje de Chihiro* (2001)**
Una niña descubre, por arte de magia, el mundo de los espíritus.

***El bosque del luto* (2007)**
Una enfermera y su paciente exploran la pérdida y la memoria en los antiguos bosques de Nara.

Dejarse atrapar

Para muchos, el mayor cineasta japonés es Hayao Miyazaki, cofundador de Studio Ghibli. El popular Museo Ghibli de Tokio *(p. 143)* permite adentrarse en su imaginación. Para vivir una inmersión completa, el parque temático Ghibli en Aichi *(p. 170)* recrea los lugares emblemáticos del estudio. También se puede visitar uno de los emplazamientos que inspiraron los mundos de Miyazaki. Se dice que los baños de *El viaje de Chihiro* están basados en Dogo Onsen Honkan, en Matsuyama *(p. 256).*

Asomarse al pasado

Se cree que *La novela de Genji*, escrita a
principios del siglo XI por Murasaki Shikibu,
una cortesana de la corte imperial, es la
obra de ficción más antigua del mundo.
Puede visitarse la sala donde Shikibu
empezó a escribir este romance histórico
una noche de luna del año 1004 en el
templo Ishiyama-dera de Otsu, cerca de
Kioto. Japón también es origen de otra
forma de arte antiguo, el haiku. Es posible
averiguar más sobre estos concisos
poemas en el Museo Conmemorativo de
Basho, en Tokio *(1-6-3 Tokiwa)*, dedicado al
maestro Matsuo Basho. También se puede
recrear su poema *Por sendas de montaña*
subiendo al monte Haguro *(p. 308)*. Cuando
se recorre el sendero del bosque rodeado de
árboles colosales es fácil comprender cómo
encontró Basho la inspiración para escribir
sus versos meditativos. Al final del viaje,
¿por qué no resumirlo en un haiku?

Pintura de la señora
Murasaki escribiendo *La
novela de Genji* →

←

Un fotograma de *El viaje de Chihiro*,
la película de animación de Hayao
Miyazaki ganadora de un Óscar

Miradas internacionales

Para muchos, *Lost in
Translation* (2003)
muestra a la perfección
qué significa sentirse un
extranjero en Tokio. En el
Bar New York, en lo más
alto del Park Hyatt Tokyo
(p. 89), pueden recrearse
los momentos más icónicos
de la película de Sofia
Coppola. Los admiradores
de Wes Anderson deberían
ir en barca a Gunkanjima
*(www.gunkan-jima.
net/en)*, que sirvió de
inspiración para *Isla de
perros* (2018). Esta isla
industrial abandonada
cerca de Nagasaki aparecía
en la película de James
Bond *SkyFall* (2012).

Scarlett Johansson
y Bill Murray en
Lost in Translation →

←

Visitantes en el
maravilloso Museo
Ghibli de Tokio

Jardines del paraíso

Introducidos en Japón por los monjes budistas durante el periodo Heian, los jardines del paraíso pretenden evocar la Tierra Pura o paraíso budista. Es fácil imaginar a Buda meditando en una isla de uno de los estanques de loto de estos jardines. El del templo Byodo-in, en Uji *(p. 240),* es muy famoso, mientras que el del templo Motsu-ji en Hiraizumi *(p. 306)* se aprovecha del *préstamo del paisaje:* árboles o montañas fuera del jardín que parecen formar parte de él.

IKEBANA

El uso de flores como ofrendas para el templo nació en el siglo VII, pero la ornamentación formal con flores o ikebana no arraigó hasta finales del siglo XV. En la actualidad se considera un arte meditativo. Los adornos florarles deben crearse en silencio para que el creador observe la belleza de la naturaleza y alcance la paz interior.

Salón del Fénix y estanque ↑
del Loto en el jardín del
templo Byodo-in, en Uji

JAPÓN Y LOS
JARDINES

Los jardines de Japón, un reflejo del amor del sintoísmo por la naturaleza y del ideal budista del paraíso, parecen una muestra del cielo en la tierra. Desde pasear por parques al estilo occidental hasta meditar entre las curiosas formaciones rocosas de un jardín zen, hay infinidad de formas de apreciar estos espacios al aire libre.

Jardines zen

Si se desea aumentar la autoconciencia, una manera de hacerlo es buscando un *karesansui* (jardín zen) para concentrarse en una de las piedras que parecen flotar en un mar de grava. Kioto alberga algunos de los mejores ejemplos de este tipo de jardín, entre ellos el del templo Ryoan-ji *(p. 200)* –donde las paredes de barro lisas realzan la disposición abstracta de las piedras y facilitan la meditación– o el del subtemplo Daisen-in *(p. 198).*

 ←

Visitantes inmersos en el ambiente de sosiego del jardín del templo Ryoan-ji, en Kioto

TOP 3 JARDINES DE JAPÓN

Kenroku-en
Este amplio parque de Kanazawa, uno de los tres grandes jardines de Japón, resulta igualmente conmovedor en cualquier época *(p. 165)*.

Kairaku-en
El segundo de los tres grandes jardines, en Mito, ofrece su cara más espectacular cuando sus 3.000 cerezos florecen en febrero y marzo.

Koraku-en
El último de los *tres grandes jardines*. Un pintoresco jardín de paseo en Okayama, inusual por sus grandes extensiones de césped *(p. 236)*.

Jardines de paseo

El paisaje cobra vida en un paseo por uno de estos jardines cuando las vistas se van ocultando y desvelando a cada paso. Suizen-ji Joju-en *(p. 274)* es uno de los mejores del país, mientras que el de la villa imperial Katsura *(p. 203)* reproduce paisajes japoneses famosos. La construcción del Rikugi-en de Tokio *(p. 144)* se basó en célebres poemas.

→

El ondulado paisaje del jardín Suizen-ji Joju-en, en Kumamoto

Jardines del té

Si se quiere ir a una casa del té para asistir a una de sus ceremonias, primero hay que pasar por un *roji*. Flanqueado por musgo aromático, este jardín recuerda a un sendero de montaña que lleva desde la realidad hasta el mundo mágico de la casa del té. Hay que dirigirse al jardín Kenroku-en *(p. 165)* para tomar parte en este ritual único.

←

El aislado entorno de una casa del té

A caballo

El *yabusame* (tiro con arco a caballo), perfeccionado en el siglo XII, consiste en que un arquero al galope por una pista de 255 m dispara una flecha a tres objetivos. Esta proeza se aprecia en el festival Tsurugaoka Hachimangu Reitaisai de Kamakura *(p. 70)* en septiembre. Los visitantes pueden intentar este arte en Ibaraki *(http://experiences. travel.rakuten.com)*.

→

Exhibición del arte del *yabusame* en el festival Reitaisai

JAPÓN Y LOS
SAMURÁIS

Aunque los samuráis son cosa del pasado, la leyenda que envuelve a estos guerreros míticos permanece. Adentrarse en el universo de esta antigua élite militar pasa por visitar sus lugares predilectos o probar a dominar sus destrezas, desde la lucha con la espada hasta el tiro con arco a caballo.

TOP 5 PELÍCULAS DE SAMURÁIS

Los siete samuráis (1954)
Unos campesinos contratan a unos samuráis para luchar contra los bandidos que les roban la cosecha.

Yojimbo (1961)
Un samurái convence a dos señores rivales para que lo contraten.

Harakiri (1962)
La práctica del suicidio ritual, *seppuku,* desata conflictos.

El ocaso del samurái (2002)
Un samurái reacio a luchar se ve obligado a hacerlo.

Rebelión (1967)
Un samurái arriesga la vida para salvar a la esposa de su hijo.

Espada de samurái

Se decía que la espada de un samurái *(katana)* era su alma; solo podían fabricarlas artesanos expertos. Hay una exposición en el Museo de la Espada Japonesa de Tokio *(p. 144),* y demostraciones en el Museo Tradicional de Espadas Seki *(https:// visitseki.jp)*.

→

Modelo con traje de gala de samurái blandiendo una valiosa espada

Apoderarse del castillo

Hay que olvidar el cuento de hadas de Himeji-jo y la opresora estructura de Osaka; la fortaleza todopoderosa es Kumamoto *(p. 274)*. Sin embargo, este castillo no era tan impenetrable como se pensaba: fue saqueado durante la rebelión Satsuma de 1877. Actualmente, aunque el castillo se ha abierto al público tras las labores de reconstrucción por los daños causados por el terremoto de 2016, algunas partes del recinto siguen cerradas.

Las oscuras artes de los ninja se exhiben en la aldea ninja de Koka

↓

↑ Admirando los altos muros de la fortaleza del castillo de Kumamoto

Asesinos silenciosos

Mientras que los samuráis pertenecían a la nobleza militar y vestían armaduras, los ninja eran mercenarios que iban vestidos de negro. Los samuráis miraban por encima del hombro a los ninja, especializados en el espionaje, el sabotaje y la guerra de guerrillas. Se puede aprender más de estos asesinos en la aldea ninja de Koka, donde los más valientes pueden entrenarse en la disciplina ninja *(p. 233)*. También se puede ver entrenar a los expertos en el Museo Ninja de Igaryu *(p. 235)*.

El último samurái

Cuando cambió la forma de hacer la guerra, los samuráis mutaron de arqueros a caballo en diestros espadachines y, finalmente, burócratas de oficina. Su evolución se ve en el Museo Nacional de Tokio *(p. 128)*, que posee una gran colección de espadas y armaduras. Para ahondar más en la historia samurái hay que visitar el Museo Samurái Ninja de Kioto (www.maiko.com/samurai), donde se puede incluso empuñar una espada samurái.

→

Ornamentada estatua de Buda expuesta en el Museo Nacional de Tokio

Para días lluviosos

Cuando el tiempo no acompaña, una opción puede ser un salón de máquinas recreativas. Suelen estar cerca de grandes estaciones de tren. Son un lugar magnífico para que los niños quemen energías. Las grandes compañías de juegos del país, como Sega o Capcom, no dejan de producir juegos nuevos para estos salones, en los que se entretienen por igual pequeños y mayores. Para una salida de familia en un día lluvioso, un buen destino es la isla artificial de Odaiba *(p. 145)*, en Tokio, con salones recreativos, parques temáticos y museos encantados de recibir a los niños.

→

Estatua de la Libertad y puente del Arcoíris de Odaiba

JAPÓN EN
FAMILIA

Japón es un magnífico destino de vacaciones familiares. La gente es amable, la tasa de delincuencia es baja y el transporte público es fácil de utilizar. Con su enorme mezcla de atracciones y actividades, resulta bastante sencillo entretener a los más pequeños.

Mundos de fantasía

El *cosplay* creativo es un divertido modo de presentar a los niños la cultura japonesa. Les encantará vestirse de samurái, ninja, *daimyo* o *geisha* (*www.toei-eigamura.com*) y rememorar el pasado en el épico Toei Kyoto Studio Park. Para una cultura más actual, el Museo Ghibli *(p. 143)* sumerge a los visitantes en el mundo de *Mi vecino Totoro, La princesa Mononoke* y *El viaje de Chihiro*. No hay que perderse el parque Ghibli de Aichi *(p. 170)*, inaugurado en 2022.

Niños jugando sobre el *Autobús gato* en el interactivo Museo Ghibli

Dawn Avatar Robot Café

Este restaurante futurista permite a sus empleados con necesidades específicas manejar los robots camareros a distancia desde sus casas.

🅰F4 🏠 3-8-3 Nihombashi, Chuo, Tokio 🆆 dawn2021. orylab.com

¥ ¥ ¥

Diversión activa

La red de transporte público japonesa, limpia, rápida y asequible, facilita el acceso a las zonas naturales del país. Las montañas de bosques tupidos, el verdor de los arrozales y las límpidas playas son ideales espacios de juego naturales. Se puede llevar a los niños a las laderas de Niseko para esquiar *(p. 319)* o que aprendan a hacer surf *(p. 43)* en las olas de Miyazaki.

← Una familia disfruta de la nieve en las pistas para principiantes de Niseko

Parques temáticos

Los niños pedirán ir a Disneylandia Tokio, hogar de Mickey Mouse y sus amigos. Podrán subir en montañas rusas escalofriantes y hacerse una foto con alguno de los personajes emblemáticos de Disney *(www.tokyodisney resort.jp)*. Si solo se puede ir a uno de los parques, el más impactante es Tokyo Disney Sea, de temática submarina. Si se desea explorar el universo de algunas películas famosas, hay que ir a los Estudios Universal *(p. 220)* de Osaka o, si se busca una experiencia más extravagante, a Huis Ten Bosch, cerca de Nagasaki *(p. 269)*. Este inmenso parque, ubicado en un terreno frente al mar y con la extensión de Mónaco, recrea una ciudad holandesa del siglo XVII, con sus molinos, canales y estrechas casas.

→ Posando ante el emblemático castillo de Disney

Preciosos kimonos

La imagen de una *geiko* ataviada con kimono está asociada a Japón. Para hacerse una idea de lo que es esta inigualable prenda, hay que contemplar las sedas del Museo de Arte Itchiku Kubota *(p. 158)*. Después, se puede diseñar uno en el Centro de la Seda Nagamachi Yuzen *(p. 164)*.

Trío de elegantes mujeres vestidas con coloridos kimonos de seda

JAPÓN Y LA
ARTESANÍA
TRADICIONAL

Respetados como auténticos maestros, los *shokunin* o artesanos de Japón veneran la tradición, la continuidad y la atención a los detalles. Por todo el país se pueden visitar talleres y mercados repletos de cerámica, seda pintada a mano o exquisito papel, e incluso el visitante puede crear diseños propios.

TOP 5 OTRAS ARTESANÍAS

Origami
Plegar papel hasta crear formas inesperadas.

Shodo
El arte de la caligrafía llegó a Japón desde China en el año 600 d. C.

Bonsái
Árboles diminutos, podados cuidadosamente y moldeados a la perfección.

Ikebana
Hermosos ornamentos florales empleados originalmente como ofrendas.

Kodo
Un *arte del refinamiento*, la antigua ceremonia del incienso.

El teñido de la tela

Durante siglos, la rigurosa legislación suntuaria permitía solo a los más ricos vestir determinados colores y tejidos, como la seda. Esta historia se explica en el Museo Little Indigo de Kioto *(www.shindo-shindigo.com)*. Desde Tokushima *(p. 255)* se puede tomar un desvío a la pintoresca población de Mima para visitar un taller de teñido *(https://en.mimakankou.or.jp)*.

Fabricar una hoja de papel

La empresa Genda Shigyo lleva fabricando papel desde el año 771 y está en Kioto desde el año 794. Es posible visitar la antigua tienda para admirar el *mizuhiki*, cordones decorativos de papel. En Ozu Washi, en Tokio *(p. 23)*, cabe la posibilidad de fabricar papel al modo tradicional: se vierte una mezcla de corteza de árbol y agua en un tamiz para, después, filtrarlo hasta fabricar una perfecta hoja de papel.

$\rightarrow$

Un artesano de papel tradicional trabajando en su taller

Haz tu propio lacado

Hecho a base de savia del árbol de la laca, este material es duradero, impermeable y reluciente: el barniz perfecto. El lacado es tan ornamental como resistente. El lugar de nacimiento de esta artesanía, Wajima, es el entorno perfecto para probar a hacer un diseño propio *(p. 176)*. En el taller Wajima Kobo Nagaya se puede grabar un par de palillos chinos y hablar con artesanos experimentados sobre aspectos de su trabajo *(https://wajima-nagaya.jp/en)*.

$\leftarrow$

Plato lacado con incrustaciones de perla

Modela tu pieza de cerámica

En el siglo XVI, las técnicas llegadas de Corea renovaron la industria cerámica de Japón. Kyushu –sobre el estrecho de Corea– ha sido desde entonces la mayor productora de cerámica del país, y las ciudades de la prefectura de Saga *(p. 280)* están llenas de antiguos talleres que pueden visitarse. En Rokuro-za, en Arita, el vistante puede sentarse ante el torno y modelar su propia obra *(1-30-1 Izumiyama)*.

$\leftarrow$

Escurrido a mano de seda recién teñida en un taller textil

$\rightarrow$

Haciendo girar el barro a mano en un taller de cerámica de Kyushu

Una isla de inspiración

Sado, una de las islas con más ambiente del país, está salpicada de aldeas con casas de madera erosionadas por el viento y la sal *(p. 307)*. Pese a su apariencia desolada, la isla ha inspirado algunas de las mejores disciplinas artísticas de Japón, como los tambores *taiko*. Puede hacerse sonar uno de estos enormes tambores en el Centro Taiko de la isla de Sado *(https://tatakokan.jp)*.

→

El paisaje azotado por el viento de la bahía de Senkaku, en la isla de Sado

¿Lo sabías?

Solo 430 de las 6.852 islas de Japón están habitadas.

JAPÓN
FUERA DE LAS RUTAS HABITUALES

Japón no deja de fascinar y cualquier desvío de las rutas principales regala sorpresas dignas de admiración. Lo cierto es que más allá de las rutas turísticas entre Kioto y la capital hay cerca de 7.000 islas por explorar, con infinidad de lugares que ver.

La apartada playa de Kominato, en Chichijima, en las islas Ogasawara ↑

Las Galápagos del este

A unos 1.000 km al sur de Tokio, las islas Ogasawara, protegidas por la Unesco, son un paraíso sin expoliar. Este archipiélago aislado compuesto por más de 30 islas tropicales y subtropicales alberga infinidad de especies endémicas, desde los diminutos picogordos de las Bonin y los escarabajos tigre hasta el zorro volador, un raro murciélago de grandes alas.

Tierra de las buceadoras

La diminuta isla de Hegura, frente a la costa de Ishikawa, es hoy célebre por ser un paraíso para la observación de aves. Sin embargo, en la década de 1960 la hizo mundialmente famosa el antropólogo italiano Fosco Maraini, cuando publicó su libro de fotografía dedicado a las *ama* (mujeres buceadoras) de la isla. La tradición se mantiene durante los meses de verano, cuando las *ama* recogen algas y bucean en busca de delicias locales como caracoles y orejas de mar.

Las célebres *ama* (buceadoras) de la isla de Hegura arrastrando una red

Cristianos clandestinos

Cuando el cristianismo estuvo prohibido a finales del siglo XVI, muchos creyentes huyeron a Amakusa, una serie de islas situadas entre Kumamoto y Nagasaki. Aquí vivió la comunidad en la clandestinidad durante más de 300 años, ocultando su fe bajo la apariencia de budismo. El Museo Cristiano de la ciudad de Amakusa *(p. 35)* exhibe estatuas budistas con crucifijos tallados en la espalda, así como imágenes de la Virgen María de forma que pareciera Kannon, la diosa budista de la misericordia. Pasear en barca por Amakusa permite entender por qué estas islas brumosas fueron el escondite perfecto *(www.seacruise.jp/cruise-english)*.

→

Una de las elegantes iglesias repartidas por las islas Amakusa

Noches extravagantes

Cuando cae la noche se pueden conocer los bares temáticos de Tokio. Bacon, en Shin-Okubo *(03-6821-5193)*, parece una farmacia futurista, con azulejos blancos que reflejan las luces neón. En Science Bar Incubator *(www.incubator.sc)* los camareros van con batas de laboratorio y sirven en vasos de precipitado.

$\longrightarrow$

El futurista interior de Bacon, iluminado con neones azules y morados

JAPÓN
DE NOCHE

Cuando se pone el sol, las calles de Japón se transforman bajo las luces de neón. Desde tradicionales bares de copas hasta coctelerías futuristas, discotecas de música electrónica o eventos con música en directo, la vida nocturna del país es de una impresionante variedad.

¡Japón en directo!

Los amantes de la música van a Tokio para escuchar toda clase de conciertos, desde guitarristas virtuosos hasta ruidosas bandas de punk. Los grandes conciertos se celebran en Shimokitazawa Three *(www.toos.co.jp/3)*, mientras que AKB48 Theater, en Akihabara *(www.akb48.co.jp/theater)*, es el lugar del empalagoso J-Pop. Fuera de la capital, Osaka Muse ofrece ritmos mucho más radicales *(http://osaka.muse-live.com)*.

Un batería de jazz marcando el ritmo en el escenario de un cabaret

Locales nocturnos

Los viejos callejones y soportales del Golden Gai de Tokio albergan algunos de los bares más decadentes *(p. 96)*. Se puede comenzar por Albatross *(www.alba-s.com)*, un legendario local frecuentado por artistas, estudiantes, extranjeros y trabajadores, que charlan hasta bien entrada la noche. En Osaka hay que unirse a los locales en un ambiente *tachinomiya* (bares sin mesas ni sillas), como el Bar Dragon *(p. 221)*. Escondidos entre el paisaje urbano, estos modestos *tachinomiyas* tiene un gran ambiente.

→

Atendiendo en un pequeño bar del distrito de Shibuya, en Tokio

Discotecas

Los admiradores del electro-funk, el tecno y la música house tienen en Japón el destino soñado. El lugar más destacado del distrito Shibuya de Tokio *(p. 100)* es Womb, una enorme discoteca que cuenta con cuatro plantas *(www.womb.co.jp)*, y Art Fandy *(www.artyfarty.jp)* es muy popular en Shinjuku Ni-chom. Se baila hasta el amanecer en el ID Café de Nagoya *(www.idcafe.info)*, y el Club Joule de Osaka *(htpp://club-joule.com)* reúne multitudes.

←

Sound Museum Vision, en el distrito Shibuya de Tokio

 CONSEJO DK
Desde el canal

Las luces y los carteles extravagantes de los innumerables bares y restaurantes del barrio de Dotonbori, en Osaka, se ven mejor de noche. Se puede hacer un crucero nocturno *(www.ipponmatsu.co.jp)* por el canal para hacerse una idea de adónde ir o descubrirlo a pie *(www.magical-trip.com)*, yendo de un *izakaya* a otro.

Locales LGTBIQ+

Se dice que la zona de Ni-chome, en Shinjuku, cuenta con la mayor concentración de bares gais del mundo. OutAsia Travel hace recorridos nocturnos para descubrir los mejores bares de los 300 que hay *(www.outasiatravel.com)*. En Osaka, lo mejor es ir a Frenz Frenzy Rainbow Haven para vivir una noche de karaoke *(8-14 Kamiyamacho)*.

↑
Participantes en lo alto de una carroza en la Marcha del Orgullo de Tokio

Hacer una peregrinación

La rica tradición religiosa de Japón ha dejado el país salpicado de numerosas rutas de peregrinación. La más famosa es la ruta de los 88 templos *(p. 258)*. En esta travesía en torno a Shikoku, los peregrinos siguen un circuito de 1.200 kilómetros trazado como un mandala. Los budistas devotos que lo completan invierten entre cuatro y seis semanas de peregrinaje.

Budistas recorriendo una parte de la ruta de los 88 templos en Shikoku

JAPÓN Y EL
BIENESTAR

Si lo que se busca es descanso y relax, no hay mejor lugar que Japón. Relajarse en aguas termales, probar un *baño de bosque,* hacer una peregrinación o tomar parte en la vida de un templo son algunas de las numerosas formas de disfrutar tranquilamente de lo que ofrece este país.

Estancia en un templo

El budismo ha dejado en el país un profundo sentido de la espiritualidad. Una opción interesante es el alojamiento en un templo. Apartados del mundo, los visitantes pueden integrarse en la calma de una comunidad budista. El sagrado monte Koya *(p. 234)* alberga más de 50 templos en los que alojarse para meditar, probar la tradicional cocina *shojin ryori* (vegana) y darse relajantes baños en aguas termales.

Probar las aguas

Los japoneses afirman que las aguas termales de los numerosísimos *onsen* del país tienen infinidad de propiedades saludables, entre ellas el alivio de la neuralgia y de muchas afecciones de la piel. Para quienes busquen algo más metafísico, un *shinrin-yoku* o *baño de bosque* puede ser la opción. Se dice que esta práctica *new age* baja la tensión y aumenta considerablemente los flujos de energía.

→
Relajándose en un *onsen* al aire libre al ponerse el sol

Encontrar el *ikigai*

Se ha hablado mucho de la contribución al bienestar del concepto japonés de *ikigai*, o razón de ser. Hay actividades que llenan de sentido los días, como la jardinería zen, que puede practicarse en la Universidad de Arte y Diseño de Kioto *(www.jghh.jp/center)*, o el *washoku* (cocina japonesa), que se puede aprender en la Escuela de Cocina Tsukiji de Tokio *(tsukiji-cooking.com)*.

←
Un hombre atiende con delicadeza su jardín

Alimentarse bien

Se ha vinculado la longevidad del país a la dieta japonesa de pescado y alimentos fermentados, lo que ofrece una excelente excusa para comer los deliciosos platos de Japón. En Tokio se puede recibir una clase de cocina en Mayuko's Little Kitchen (www.mayukos littlekitchen. com) para aprender a elaborar platos japoneses, o hacer uno de los viajes gastronómicos de Arigato Travel en Tokio, Osaka, Kioto o Hiroshima *(https://arigatojapan.co.jp)*.

↑
Monjes en la puerta del templo Kongobu-ji, en el monte Koya

→
Un delicioso cuenco de sabroso *ramen* casero

△ **¡A capturarlos todos!**
Japón es el lugar de origen de Pokémon y a los aspirantes a entrenador les encantará visitar el Mega Centro Pokémon de Tokio en Ikebukuro *(p. 142)*. Repleto de objetos promocionales llamativos y coloridos, desde dulces hasta almohadas, es el lugar ideal para los amantes del mundo Pokémon.

▽ **El corazón del** *cosplay*
El *cosplay*, que consiste en disfrazarse de un personaje de cómic, está muy extendido en Japón. Es fácil ver a gente disfrazada, sobre todo en los distritos de Harajuku *(p. 94)*, Ikebukuro *(p. 142)* y Akihabara *(p. 118)* de Tokio. Cualquier amante del manga y del *anime shonen* (dirigido al lector masculino) disfrutará en Akihabara, mientras que Ikebukuro se centra más en los admiradores del *shojo* (dirigido al público femenino).

JAPÓN Y LA
CULTURA POP

Japón es famoso por sus tradiciones milenarias, pero también es la patria de una cultura pop marcadamente futurista. Desde anime estrafalario y bares de karaoke *kitsch* hasta robots inteligentes, la ecléctica cultura del país va por delante del resto del mundo.

△ **El pop** *bubblegum*
Nacido en la década de 1990, el J-pop de Japón –famoso por las melodías pegadizas y los atuendos extravagantes– ha inspirado a muchos cantantes de todo el mundo. Se puede cantar éxitos de AKB48 o SMAP en una cabina de karaoke o visitar el teatro de AKB48 para verlas en acción *(www.akb48. co.jp/theater)*.

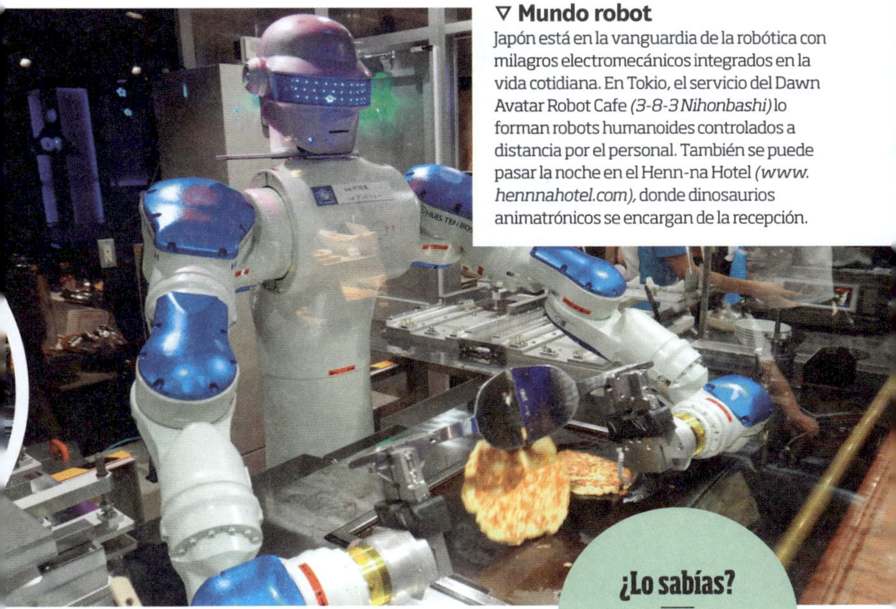

▽ Mundo robot

Japón está en la vanguardia de la robótica con milagros electromecánicos integrados en la vida cotidiana. En Tokio, el servicio del Dawn Avatar Robot Cafe *(3-8-3 Nihonbashi)* lo forman robots humanoides controlados a distancia por el personal. También se puede pasar la noche en el Henn-na Hotel *(www. hennahotel.com),* donde dinosaurios animatrónicos se encargan de la recepción.

¿Lo sabías?

Un sacerdote robot de reciente invención recita salmos en los funerales.

▽ Última moda

Famosa por ser una de las zonas más influyentes en el mundo de la moda, Takeshita-dori, en Harajuku, está repleta de puestos que venden prendas de todo tipo *(p. 94)*. Algunas de las subculturas más llamativas creadas aquí son la terrorífica lolita gótica, los estilos de rock *visual-kei* y la estética inspirada en el rockabilly de la década de 1950. Una vez encontrado el atuendo perfecto, el visitante puede transformarse en un *anime* vivo haciendo uso de un *purikura* (fotomatón) y aplicar algunas de las variadísimas opciones de edición de imagen que ofrecen las máquinas.

△ Fidelidad a un motivo

Japón ha despertado la moda mundial de los cafés de gatos, que cubren todos los gustos. Es posible tomar el té con un amigo minino en el Calico Cat Café *(www.catcafe.jp)* o comer alimentos de temática vampírica en el Vampire Café de Ginza *(6-7-6 Ginza)*. El gigante del *merchandising* Animate tiene varios cafés temáticos en Tokio *(htpp://cafe.animate.co. jp)*. Los locales se dedican cada uno a un *anime* concreto y cambian de tema con regularidad.

Elegir una uva

Aunque la leyenda cuenta que las primeras uvas para vino se cultivaban en Japón en 718 d. C., el vino local no obtuvo reconocimiento en el exterior hasta finales del siglo XX. La uva característica de Japón, *koshu*, se cultiva en las montañas de la prefectura de Yamanashi; en la mayoría de los viñedos se ofrecen visitas guiadas, pero Sadoya *(www.sadoya. co.jp)* y 98 Wines *(www. 98wines.jp)* son los favoritos.

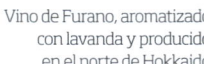

Vino de Furano, aromatizado con lavanda y producido en el norte de Hokkaido

JAPÓN Y SUS
BEBIDAS TÍPICAS

Desde el rico sake hasta la refrescante cerveza, el té *matcha* ceremonial o el penetrante whisky, Japón produce varias bebidas muy apetecibles, a las que se han sumado alternativas sorprendentes de inspiración internacional. Estas son las bebidas imprescindibles.

TOP 5
TÉS DE JAPÓN

Matcha
Hojas de té verde molidas empleadas para todo, desde helados hasta fideos.

Sencha
Mientras que el té verde del *matcha* se cultiva en la sombra, este crece a pleno sol.

Hojicha
Un té verde con menos cafeína que los demás.

Mugicha
El té de cebada helado es célebre en verano.

Genmaicha
Hecho a base de té verde y arroz integral, utilizado para asentar el estómago.

Una buena cerveza

Las cuatro grandes cervezas de Japón –Kirin, Asahi, Sapporo y Suntory– son famosas, así como muchas cervezas artesanas. Para pasar un buen rato en torno al lúpulo se debe visitar el Museo y Jardín de la Cerveza de Sapporo *(p. 320)*, para conocer la historia de la cerveza y probar variedades deliciosas.

En la isla más septentrional de Japón, Sapporo ha hecho del frío un atractivo turístico más

💬 **CONSEJO DK**
**Seguir la ruta
de la sidra**

La sidra japonesa se está
dando a conocer; para probar esta bebida novedosa
en Japón, nada mejor que la
ruta de la sidra en Nigata
(www.pommelier.net).

Bebidas puras

Servidos en bares de todo el
mundo, los whiskies japoneses,
a menudo premiados, son muy
valorados por los aficionados a
esta bebida. Se puede visitar la
destilería y museo de la marca
Suntory Yamazaki ,en Kioto
(www.suntory.com).

↓ La premiada Ichiro, una
de las destilerías más
pequeñas de Japón

↑ Practicando el meticuloso
rito de la ceremonia del té

Té tradicional

Los monjes japoneses llevaron el té a Japón después de viajar a China en el siglo VI. Desde entonces, el té se ha convertido en elemento fundamental de la cultura local. Se toma en todas
partes, desde los cafés informales de Tokio hasta
los jardines de los templos, siguiendo meticulosas
ceremonias *(p. 197)*. Wazuka, cerca de Kioto, es
una hermosa zona de campos cubiertos de plantas de té. Es posible recoger hojas en una de estas
plantaciones para mezclar diferentes tés con dulces japoneses tradicionales en Kyoto Obubu Tea
Farms *(http://obubutea.com)*.

El sake

Servido tradicionalmente
en pequeñas vasijas de
cerámica, el sake es la
bebida nacional de Japón.
Hecho a base de arroz, agua
y levadura y servido a diferentes temperaturas, es el
acompañamiento perfecto
para la comida japonesa.
Hay centenares de destilerías, cada una creadora de
aromas singulares. Pueden
visitarse algunas de las
mejores con Sake Tours
(http://.saketours.com).

→

Barriles de sake
vistosamente
decorados, Tokio

Jugar duro

El romance de Japón con el rugby comenzó a mediados del siglo XIX cuando terminó el aislacionismo, y pronto se hizo habitual en las universidades de élite, pero se convirtió en orgullo nacional gracias a los resultados de la selección. Tras una gran victoria en el último minuto sobre Sudáfrica en 2015, Japón organizó su primera Copa Mundial en 2019 y desde entonces la pasión por el rugby no ha hecho más que aumentar. Asistir a un partido puede ser una buena idea *(www.rugby-japan.jp)*.

→

Los equipos japoneses juegan en la Top League de rugby

JAPÓN Y EL
DEPORTE

El calendario deportivo de Japón combina disciplinas tradicionales como el sumo o el kendo, con deportes occidentales como el béisbol. Mezclarse con la población local para asistir a un partido de béisbol o una velada de sumo permite comprender la intensa pasión con la que se vive el deporte en el país.

Kendo

El kendo, un estilo tradicional de esgrima con espadas hechas de bambú, se remonta a la época samurái. Se puede recibir una clase, visitar una armería o comer con profesionales en alguna visita de las que hace Samurai Trip *(www.samuraitrip07.com)*.

→

Luchadores de kendo con espadas de bambú

Completar una carrera

El béisbol fue importado a Japón desde Estados Unidos a principios del periodo Meiji y, casi de inmediato, se popularizó en los clubes deportivos y en las universidades. En la Segunda Guerra Mundial hubo una escasez de jugadores, ya que se consideraba una influencia perniciosa de los estadounidenses. Ahora es el deporte más practicado y visto en el país. El Museo y Salón de la Fama del Béisbol, ubicado en el Tokyo Dome, estadio de los Yomiuri Giants, exhibe una imponente cantidad de recuerdos (*www.baseball-museum.or.jp/en*). El Shinjuku Batting Centre (*2-21-13 Kabuki-cho*) da la opción de batear algunas pelotas.

← Seguidores de los Yomiuri Giants en el Tokyo Dome

MLB Cafe Saitama
Santuario del béisbol lleno de recuerdos.
📍 **F4** 🏠 **Seibu Dome, 2135 Kamiyamaguchi, Tokorozawa, Saitama**
🌐 **mlbcafe.jp**

The FooTNiK
Un lugar popular para ver fútbol y tomar una copa.
📍 **F4** 🏠 **1-11-22 Ebisu, Shibuya** 🌐 **footnik.com**

No Side Club
Este bar es ideal para los amantes del rugby.
📍 **F4** 🏠 **3-10-22 Takada, Toshima, Tokio**
🌐 **nosideclub.jp**

MUJERES EN EL *RING*

Mientras que muchos deportes tradicionales en Japón son inclusivos en cuanto al género, como el *kyudo* y el *kendo*, el sumo no lo es. Las mujeres no pueden ser luchadoras profesionales ni tampoco pueden subir al cuadrilátero; de hecho, en 2018 se prohibió al personal médico femenino realizar reanimación cardiopulmonar cuando algún luchador se desmayaba en el *ring*. Sin embargo, el sumo está ganando popularidad entre las mujeres jóvenes y algunas luchan por convertirse en profesionales. A medida que crece el interés, incluso Netflix adquirió el documental *Little Miss Sumo,* queda por ver si la Asociación Japonesa de Sumo cambia su reglamento.

↑ Luchadores y un *gyoji* (árbitro) de un combate de sumo tradicional

Sumo, un deporte ritual

Las reglas del sumo son sencillas: el primer luchador que sale del terreno o toca el suelo con alguna parte del cuerpo que no sean los pies, pierde. El Ryogoku Kokugikan de Tokio organiza tres torneos al año y las entradas se ponen a la venta con un mes de antelación (www.sumoor.jp/EnTicket). Para hacerse una idea de la comida en los *heya* –donde viven y entrenan los luchadores– se puede pedir *chanko-nabe* (estofado habitual en la dieta de los luchadores) en un restaurante de Ryogoku (*p. 144*). Muchos están regentados por exluchadores.

Maestros modernos

Los aficionados al arte contemporáneo deben dirigirse al Museo de Arte Mori de Tokio *(p. 90)* o al Centro de Arte Towada *(www. towadaartcenter.com),* en el norte de Honshu. En la Benesse Art Site Naoshima –la *isla del arte* de Japón–, los visitantes pueden caminar entre irregulares esculturas emblemáticas de Yaoyi Kusama y obras de arte en hormigón de Tadao Ando *(p. 250).*

La impresionante *Calabaza* de Yayoi Kusama en la Benesse Art Site Naoshima

JAPÓN PARA LOS
AMANTES DEL ARTE

El arte japonés se exporta desde hace mucho tiempo con gran éxito, pues el mundo aclama desde hace siglos los grabados y serigrafías *ukiyo.* En la actualidad, un buen número de interesantes museos y de artistas contemporáneos innovadores comparten protagonismo con las formas de arte tradicionales.

CONSEJO DK
Una estancia artística

Alojarse en la Benesse House de Naoshima *(p. 250),* la isla dedicada al arte contemporáneo, significa tener a tiro de piedra espacios artísticos muy relevantes de Japón. Y garantiza acceso fuera de horario a las galerías.

Escenas tradicionales

Para comprender cómo fusiona Japón el arte tradicional con el diseño moderno se debe visitar el Museo Nezu de Tokio *(p. 93).* Diseñado por el galardonado arquitecto Kengo Kuma, expone más de 7.400 obras de arte japonesas y del este de Asia, entre las que se encuentran *Irises,* una exquisita serigrafía de Ogata Korin (c. 1701-1705). Otro lugar para ver arte tradicional en la capital es el Museo Nacional de Tokio *(p. 128).* En él, la inolvidable colección de máscaras *noh* ofrece una muestra de una de las formas de arte tradicional más idiosincrásicas de Japón.

Esculturas asombrosas

El Museo al Aire Libre Hakone *(p. 169)* exhibe obras de Rodin, Miró y Picasso, así como una de las colecciones más extensas de obras de Henry Moore. El Museo al Aire Libre Kirishima, en Kyushu, alberga esculturas de Gomely, Turrell, Kapoor y Yayoi Kusama *(www.open-air-museum.org)*.

↑ *Hércules arquero*, de Emil-Antoine Bourdell, en el Museo Hakone

Arte asiático

El ecléctico Museo de Arte Asiático de Fukuoka *(p. 265)* expone obras de algunos de los artistas más atrevidos del continente. La colección, con obras que abarcan desde principios del siglo XX hasta la actualidad, contiene desde óleos tradicionales hasta videoarte. Para empaparse de arte asiático contemporáneo hay que visitar el Museo Lee Ufan, en la Benesse Art Site Naoshima *(p. 250)*.

← Entrada al Museo de Arte Asiático de Fukuoka

Pinturas del mundo flotante

Desde las vistas del monte Fuji de Hokusai hasta los retratos de Utamaro y los paisajes de Hiroshige, el *ukiyo-e* (pinturas del mundo flotante) se ha convertido en una de las formas artísticas más reconocidas e influyentes de Japón, ya que las xilografías inspiraron a los impresionistas.

→ Un grabado *ukiyo-e* del periodo Edo que representa la vida cotidiana

↑ *Irises*, de Ogata Korin (c. 1701-1705), en el Museo Nezu, Tokio

UN AÑO EN JAPÓN

ENERO

△ **Año Nuevo** *(1 ene)* A medianoche, los templos budistas hacen sonar sus campanas 108 veces.
Nanokado Hadaka-mairi *(7 ene)*. Jóvenes en ropa interior suben por una soga rápidamente hasta el templo Enzo-ji en Yanaizu.

FEBRERO

△ **Setsubun** *(7 feb)* Para celebrar el inicio de la primavera se arrojan judías con el fin de ahuyentar el mal y propiciar la buena fortuna.
Festival de la Nieve de Sapporo *(prin feb)*. Grandes esculturas de nieve y hielo toman la ciudad durante una semana.

MAYO

Aoi Matsuri *(15 may)*. En Kioto tiene lugar un magnífico desfile hacia los santuarios de Shimogamo y Kamigamo.
△ **Sanja Matsuri** *(3.er fin de semana)*. El festival más salvaje de Tokio, que comprende desfiles, bailes y música tradicional.

JUNIO

△ **Festival del sembrado del arroz** *(14 jun)*. Los participantes, vestidos con vistosos atuendos tradicionales, plantan semillas en los arrozales de Sumiyoshi Ward, al sur de Osaka.
Chagu-chagu Umakko *(2.º sá)*. Caballos ornamentados desfilan hasta el santuario de Hachiman-gu, en Morioka.

OCTUBRE

Festival de lucha Nada *(14-15 oct)*. En el santuario de Matsubara, en Himeji, hombres con altares portátiles compiten por hacer sonar una campana en el patio.
Festival de Otoño Toshogu *(17 oct)*. Samuráis con armadura escoltan un santuario portátil por Nikko.
△ **Festival del Fuego** *(22 oct)*. En las colinas en torno a Kioto se encienden inmensas fogatas con forma de caracteres de escritura china.

SEPTIEMBRE

△ **Tsurugaoka Hachimangu Reitaisai** *(14-16 sep)*. El desfile de carrozas y arqueros a caballo en el santuario de Hachiman-gu de Kamakura atrae multitudes.
Sumo Autumn Basho *(med sep)*. Tokio celebra un torneo de sumo durante 15 días.

MARZO

△ **Hina Matsuri** (*3 mar*). Familias con hijas pequeñas instalan expositores de elaboradas muñecas que representan a la corte imperial del periodo Heian.

Sumo Spring Basho (*med mar*). Osaka acoge su torneo anual de sumo, con 15 días de enfrentamientos entre los mejores luchadores.

ABRIL

△ **Temporada Sakura** (*prin-fin*). Ornamentos florales de templos y parques por todo el país; la floración de los cerezos se celebra con poesía y literatura clásicas.

Kanamara Matsuri (*1.er do*). En el santuario de Kanayama, en Kawasaki, se saca en procesión un falo de 2 m para rezar por la concepción, los nacimientos y la felicidad conyugal.

Cumpleaños de Buda (*8 abr*). Por todo Japón, los creyentes bañan pequeñas estatuas de Buda y las adornan con flores para señalar su nacimiento.

JULIO

Gion Matsuri (*prin-fin*). El mayor festival de Kioto presenta tradicionales carrozas y trajes.

△ **Tanabata Matsuri** (*7 jul*). Un festival ancestral que se celebra escribiendo buenos deseos en papel y colgándolos de los árboles.

Festival de Rock de Fuji (*último fin semana*). El mayor festival de música al aire libre de Japón.

AGOSTO

△ **Awa-Odori** (*12-15 ago*). La ciudad de Tokushima canta y baila durante cuatro días con sus noches para conmemorar la construcción de su castillo en 1587.

Obon (*13-16 ago*). Budistas de todo el país visitan las tumbas de sus familiares por la festividad de los difuntos, en la que se ejecutan tumultuosas danzas y se encienden linternas para guiar a los muertos.

Festival Daimonji (*16 ago*). En las colinas que rodean Kioto se encienden cinco grandes hogueras para señalar el final de Obon.

NOVIEMBRE

△ **Daimyo Gyoretsu** (*(3 nov*). Hakone acoge la recreación del desfile de un señor feudal por la antigua carretera de Tokaido, entre Edo y Kioto.

Kyokusui-no-Utage (*3 nov*). En el santuario de Jonan-gu de Kioto, poetas ataviados como nobles Heian deben componer un poema de 31 sílabas mientras beben una copa de sake.

DICIEMBRE

Iluminación de Invierno (*prin-fin*). Los adornos luminosos decoran las ciudades de todo el país, desde Sapporo hasta Nagasaki.

△ **Ceremonia Okera Mari** (*31 dic*). En el santuario de Yasaka, en Kioto, los habitantes prenden largas tiras de soga de bambú con llamas sagradas para poder luego encender velas en los altares de sus casas.

UN POCO DE
HISTORIA

La historia de Japón se caracteriza por su aislamiento, tanto geográfico como político, del continente asiático. Cuando ese aislamiento secular concluyó en el siglo XIX, el país abrazó las nuevas tecnologías y en la actualidad es líder mundial en casi todo, desde la moda hasta la robótica.

La aparición de Japón

Los primeros habitantes de Japón llegaron hace más de 40.000 años, seguramente desde el continente a través de puentes terrestres. La sociedad cazadora-recolectora Jomon apareció en torno al año 14.500 a. C. y, desde el año 250 a. C. hasta el 300 d. C. el pueblo yayoi se expandió desde Kyushu hasta Honshu y Shikoku. En el oeste de Japón, entre los años 538 y 710, un clan local –antepasados de la familia imperial– empezó a consolidar su poder. En este periodo llegaron a las islas el budismo y la escritura china y se estableció un sistema legal basado en el confucionismo y el legalismo chino.

1 Antiguo mapa regional de Japón.

2 Viviendas del periodo Yayoi, en el parque Yoshinogari.

3 Murasaki Shikibu, autora de *La novela de Genji*.

4 Una ilustración de la invasión mongola de 1281.

Cronología

300 a. C.-250 d. C.

Llegan a Japón procedentes del continente la agricultura, los metales y la cerámica.

239

La reina Himiko envía un emisario al reino Wei de China.

710

Heijo-kyo (Nara) se convierte en capital de Japón.

794

Heian-kyo (Kioto) se convierte en capital imperial hasta 1868.

823

Kukai, fundador de la escuela budista shingon, es nombrado jefe del templo Toji.

De Nara a Heian

Con el establecimiento de una capital imperial en el año 710, el periodo Nara fue testigo de avances literarios, artísticos, arquitectónicos y religiosos espectaculares. Ese periodo terminó con el traslado de la capital a Heian-kyo (Kioto) en el 794. Allí, las influencias chinas se fusionaron con elementos japoneses en la pintura, la caligrafía, la poesía y la prosa. Tras la caída de la dinastía china Tang en el 907, Japón empezó a distanciarse de su vecina y desarrolló una cultura más específicamente japonesa.

Periodo Kamakura

En 1185, el suntuoso mundo de Heian se despedazó por la lucha entre los clanes Taira y Minaoto. El resultado fue la creación del primer sogunato –el gobierno de guerreros– y el traslado de la corte a Kamakura, cerca de Tokio. En 1274 y 1281, los mongoles realizaron dos tentativas de invasión, frenadas por el mal tiempo, lo que llevó a los japoneses a acuñar el término *kamikaze*: viento divino. En 1333, el sogunato Kamakura se vino abajo cuando el emperador Go-Daigo trató de reafirmar el control imperial.

PERIODOS HISTÓRICOS

Jomon 14.500-300 a. C.
Yayoi 300 a. C.-250 d. C.
Yamato 250-710
Nara 710-794
Heian 794-1185
Kamakura 1185-1333
Muromachi 1333-1568
Momoyama 1568-1603
Tokugawa (Edo) 1603-1868
Meiji 1868-1912
Taisho 1912-1926
Showa 1926-1989
Heisei 1989-2019
Reiwa 2019–actualidad

c. 1000

La cortesana Murasaki Shikibu escribe *La novela de Genji*, seguramente la más antigua del mundo.

1087

El emperador Shirakawa abdica y pasa a ser el primer emperador enclaustrado.

1180-1185

El clan Minamoto derrota al Taira y establece el sogunato de Kamakura.

1274

La primera invasión mongola trata de llegar a tierras de Kyushu.

1333

El sogunato de Kamakura se desintegra.

El periodo de los Estados en guerra

Tras años de guerra civil, el sogunato de Muromachi se alzó victorioso en 1336. Mientras que el de Kamakura había existido en equilibrio con la corte imperial, el de Muromachi se elevó sobre los restos del Gobierno imperial. Hubo rebeliones y, en 1467, estalló la guerra de Onin, lo que dejó Kioto devastada y puso fin efectivo a la autoridad nacional del sogunato. Durante el siglo siguiente, Japón se vio asolada por guerras cada vez más frecuentes entre facciones samuráis autónomas. Nobunaga Oda –un daimio (señor feudal) que se alzó entre los militares de las provincias– se dispuso a unificar la nación, pero murió en 1582 sin haberlo conseguido. El segundo de Nobunaga, un antiguo campesino llamado Hideyoshi Toyotomi, continuó la labor de unificación. Para alcanzarla, se propuso destruir el mayor número posible de castillos y fortificaciones del país y confiscar las armas de los campesinos. A la muerte de Hideyoshi, daimios del este y el oeste del país entraron en disputa y enviaron a sus samuráis, liderados respectivamente por Ieyasu Tokugawa e Ishida Mitsunari, para luchar en Sekigahara. Ieyasu Tokugawa venció en 1600 y el sogunato de Tokugawa se fundó en 1603.

1 El general y estadista Nobunaga Oda.

2 Estatua de Hideyoshi Toyotomi a las afueras de Osaka.

3 El desembarco del capitán de navío Perry.

4 El gran terremoto de Kanto de 1923.

¿Lo sabías?

El linaje de la familia imperial japonesa se remonta oficialmente a la diosa del Sol, Amaterasu.

Cronología

1467
Comienza la devastadora guerra de Onin, que destruyó buena parte de Kioto.

1603
Ieyasu Tokugawa establece el sogunato Tokugawa.

1633
Comienza el *sakoku* (cierre del país). Muchos extranjeros son encarcelados.

1641
Los holandeses y los chinos tienen acceso limitado a Japón para comerciar.

1707
Última erupción del monte Fuji.

4

El periodo Edo y la restauración Meiji

La paz se alcanzó obligando a los daimios a residir cada dos años en Edo (Tokio), nueva sede del sogunato. Aunque Kioto siguió siendo la capital oficial, Edo la eclipsó en buena medida por su envergadura. Japón se aisló del resto del mundo hasta 1853, cuando el capitán de navío Perry, de la Marina estadounidense, desafió el rechazo de Japón a entablar relaciones internacionales. Debilitado por disturbios internos, el sogunato tuvo que acceder a las demandas de Perry. El poder imperial se restauró en 1868 y Japón abrazó enseguida la tecnología occidental con el emperador Meiji. Tokio pasó a ser la capital y sede del emperador, se abolieron los privilegios de los samuráis y en 1885 se nombró primer ministro. Se introdujo el reclutamiento obligatorio para crear una fuerza militar moderna, que demostró ser efectiva en la guerra sino-japonesa de 1894-1895, en la guerra ruso-japonesa de 1904-1905 y en la anexión forzosa de Corea en 1910. En el periodo Taisho apareció la política de partidos, se amplió el derecho de sufragio y se promulgaron nuevas leyes laborales, pero la Primera Guerra Mundial, los Disturbios del Arroz de 1918, el gran terremoto de Kanto de 1923 y las Leyes de Preservación de la Paz acabaron con este impulso liberal.

↑ Retrato del emperador Meiji, fundamental en la modernización de Japón

1854
Se firma el Tratado Kanagawa, entre EE. UU. y Japón.

1894
Comienza la primera guerra sino-japonesa.

1905
Termina la guerra ruso-japonesa con el Tratado de Portsmouth.

1853
El capitán de navío de la Armada de EE. UU., Matthew Perry, atraca en la bahía de Edo.

1868
Se restaura el poder imperial y Tokio pasa a ser capital del país.

La Segunda Guerra Mundial

Tras el fin del periodo Taisho, los oficiales del ala más dura del ejército empezaron a asesinar a los moderados para tratar de influir en las políticas de Japón. Estos militaristas creían que arrebatar tierra a China y Rusia garantizaría el suministro de materias primas y mejoraría la seguridad nacional. Así, en 1937 Japón invadió China. Aunque EE. UU. apoyó a China, no fue hasta 1941 cuando cortó el acceso de Japón al petróleo. Como respuesta, Japón atacó Pearl Harbor, en Hawái, lo que provocó la entrada de EE. UU. en la guerra del Pacífico. Los bombarderos estadounidenses diezmaron las ciudades japonesas, pero el Gobierno militar se negó a rendirse. En agosto de 1945, EE. UU. arrojó bombas atómicas sobre Hiroshima y Nagasaki y la Unión Soviética entró en la guerra. El emperador Hirohito ordenó a su gabinete que pidiera la paz y EE. UU. ocupó Japón.

Una burbuja económica

En 1952, cuando concluyó finalmente la ocupación estadounidense, Japón empezaba a levantarse. Un nuevo ambiente de libertad desató una oleada de creatividad que propició grandes innovaciones en el arte, el cine, la literatura y la arquitectura. El país se aprovechó también de la guerra de Corea, pues abastecía a las

↑ El USS Arizona ardiendo tras el ataque japonés a Pearl Harbor en 1941

Cronología

1932

Jóvenes oficiales de la Marina asesinan al primer ministro e intentan dar un golpe de Estado.

1933

Japón se retira de la Sociedad de Naciones.

1941

Japón entra en la Segunda Guerra Mundial.

1945

EE. UU. lanza dos bombas atómicas sobre Hiroshima y Nagasaki

1964

El *shinkansen* (tren bala) realiza su primer trayecto.

tropas estadounidenses de vehículos y tecnología. Resurgieron la producción industrial y las exportaciones de vehículos y electrónica, entre otros, lo que convirtió a Japón en una de las naciones más ricas del mundo. Sin embargo, en 1992 se produjo un frenazo en seco cuando estalló la burbuja económica que había inflado los precios del mercado inmobiliario y de valores. A continuación vinieron décadas de estancamiento.

Japón en la actualidad

En marzo de 2011, el norte de Honshu sufrió un terremoto de magnitud 9, que a su vez provocó un *tsunami*. La catástrofe dañó la central de Fukushima Daiichi y hubo un escape radiactivo. En 2012, Shinzo Abe, del Partido Liberal Democratico (PLD), fue elegido primer ministro tras prometer poner fin a la deflación, y fue el primer ministro que más tiempo permaneció en el cargo. El PLD mantuvo el poder con Fumio Kishida, que se convirtió en el primer ministro número 100 de Japón en 2021. El envejecimiento de la población, el descenso de la natalidad y la resistencia a la inmigración siguen afectando al crecimiento, pero Japón aún destaca en la escena mundial como anfitriona de grandes eventos, como los Juegos Olímpicos y Paralímpicos de 2020 y el Mundial de Natación de 2023.

1 Tropas japonesas en el desfile de 1939.

2 Monumento Conmemorativo de la Paz de Hiroshima.

3 Un *shinkansen* en Tokio.

4 Personas rezando por las víctimas del terremoto de 2011.

¿Lo sabías?

El retraso medio de un *shinkansen* (tren bala) es de tan solo 30 segundos.

1997
La recesión económica del Sudeste Asiático se extiende a Japón.

1989
Fallece el emperador Hirohito (Showa); Akihito, su hijo, asume sus funciones.

2011
Un gran terremoto y un *tsunami* causan muchas víctimas en la región de Tohoku.

2019
El emperador Naruhito asciende al trono y comienza el periodo Reiwa.

2022
El ex primer ministro Shinzo Abe es asesinado durante un acto de campaña.

EXPLORA
TOKIO

TOKIO
EN EL MAPA

**Esta guía divide Tokio en tres zonas,
como puede verse en el mapa, más otra
dedicada a los alrededores. En las páginas
siguientes se amplía la información de
cada zona.**

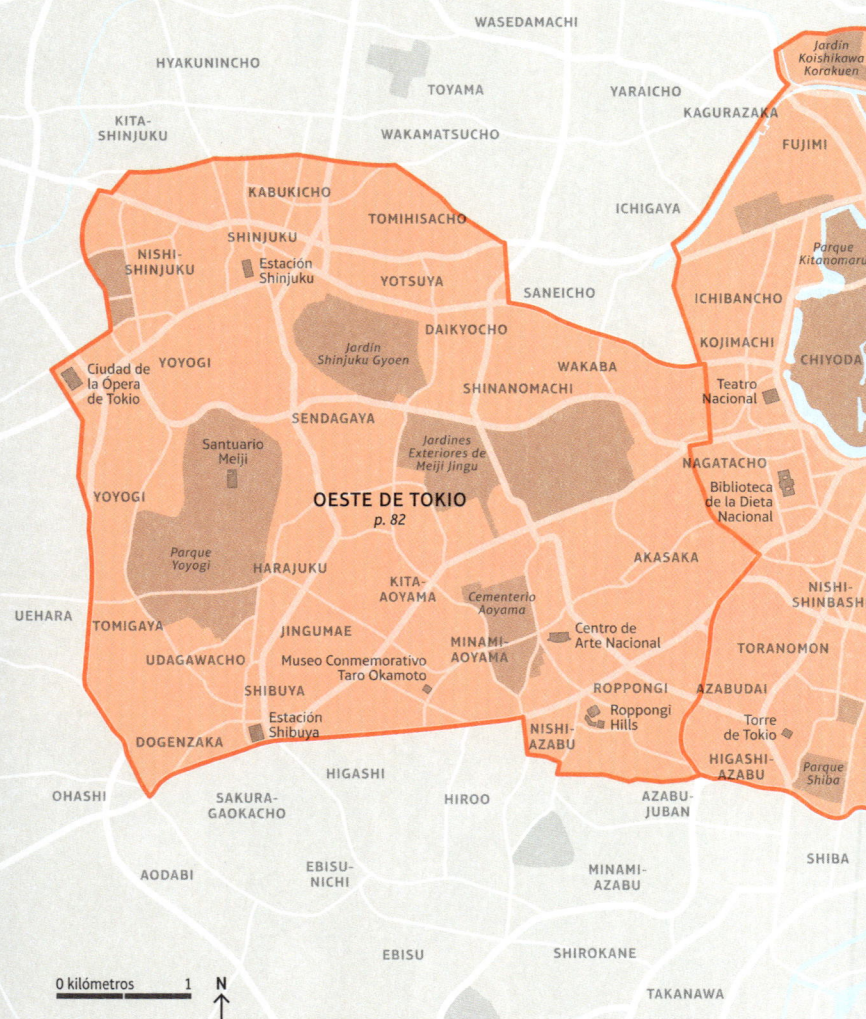

SUGAMO

SENGOKU

OTSUKA

KOHINATA

KASUGA

WASEDAMACHI

HYAKUNINCHO

TOYAMA

YARAICHO

KAGURAZAKA

Jardín Koishikawa Korakuen

KITA-SHINJUKU

WAKAMATSUCHO

ICHIGAYA

FUJIMI

KABUKICHO

TOMIHISACHO

Parque Kitanomaru

SHINJUKU

NISHI-SHINJUKU

Estación Shinjuku

YOTSUYA

SANEICHO

ICHIBANCHO

KOJIMACHI

CHIYODA

DAIKYOCHO

YOYOGI

Jardín Shinjuku Gyoen

WAKABA

Ciudad de la Ópera de Tokio

SHINANOMACHI

Teatro Nacional

SENDAGAYA

Jardines Exteriores de Meiji Jingu

Santuario Meiji

NAGATACHO

OESTE DE TOKIO
p. 82

Biblioteca de la Dieta Nacional

YOYOGI

AKASAKA

NISHI-SHINBASHI

Parque Yoyogi

HARAJUKU

KITA-AOYAMA

Cementerio Aoyama

TORANOMON

UEHARA

TOMIGAYA

JINGUMAE

MINAMI-AOYAMA

Centro de Arte Nacional

AZABUDAI

UDAGAWACHO

Museo Conmemorativo Taro Okamoto

ROPPONGI

Roppongi Hills

Torre de Tokio

SHIBUYA

Estación Shibuya

NISHI-AZABU

HIGASHI-AZABU

DOGENZAKA

HIGASHI

Parque Shiba

OHASHI

SAKURA-GAOKACHO

HIROO

AZABU-JUBAN

SHIBA

AODABI

EBISU-NICHI

MINAMI-AZABU

EBISU

SHIROKANE

TAKANAWA

0 kilómetros   1

N

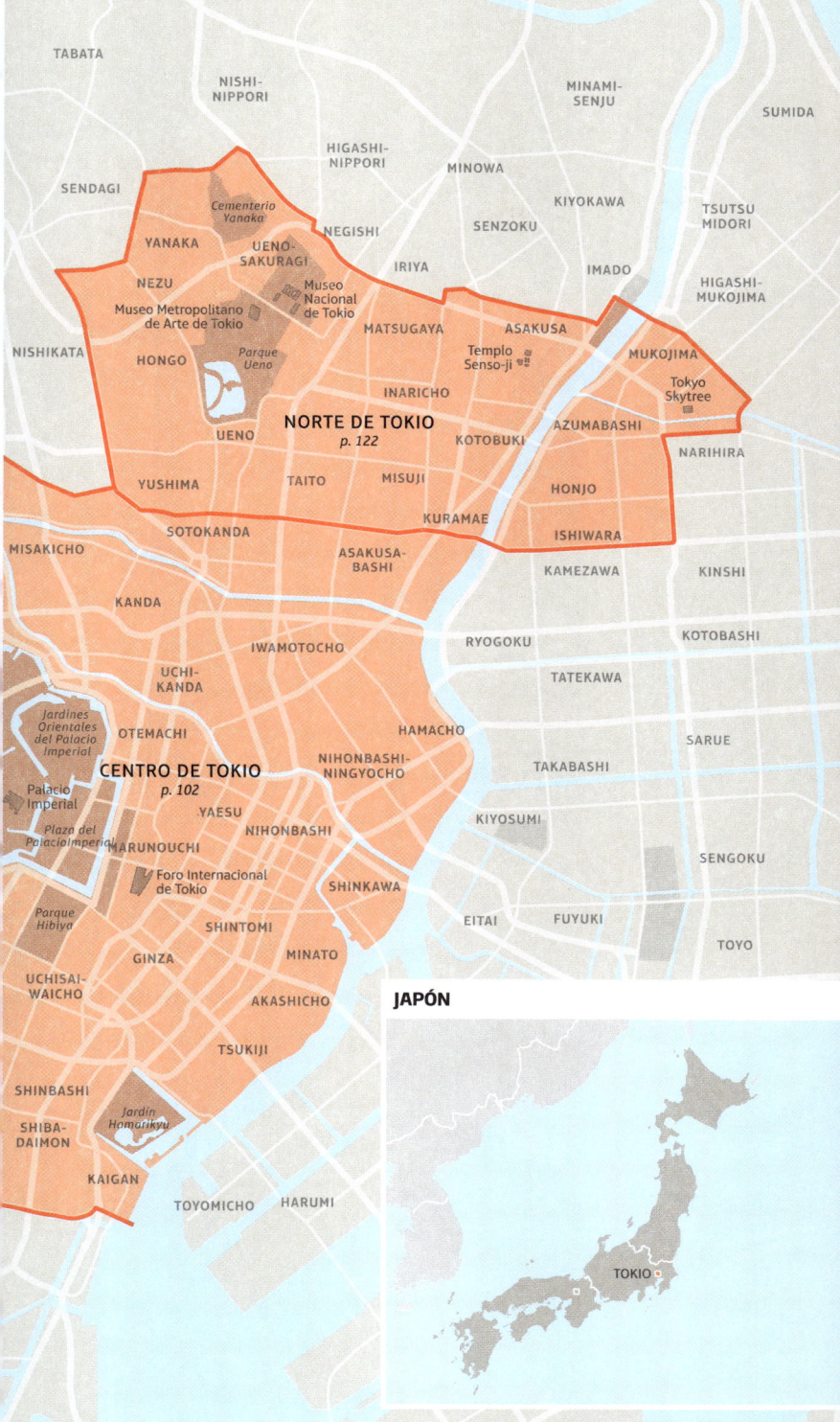

TABATA

NISHI-NIPPORI

HIGASHI-NIPPORI

MINAMI-SENJU

SUMIDA

SENDAGI

MINOWA

KIYOKAWA

TSUTSU MIDORI

Cementerio Yanaka

NEGISHI

SENZOKU

YANAKA

UENO-SAKURAGI

IRIYA

IMADO

HIGASHI-MUKOJIMA

NEZU

Museo Nacional de Tokio

Museo Metropolitano de Arte de Tokio

MATSUGAYA

ASAKUSA

MUKOJIMA

NISHIKATA

HONGO

Parque Ueno

Templo Senso-ji

Tokyo Skytree

NORTE DE TOKIO
p. 122

INARICHO

AZUMABASHI

NARIHIRA

UENO

KOTOBUKI

YUSHIMA

TAITO

MISUJI

HONJO

SOTOKANDA

KURAMAE

ISHIWARA

MISAKICHO

ASAKUSA-BASHI

KAMEZAWA

KINSHI

KANDA

IWAMOTOCHO

RYOGOKU

KOTOBASHI

UCHI-KANDA

TATEKAWA

Jardines Orientales del Palacio Imperial

OTEMACHI

HAMACHO

SARUE

Palacio Imperial

CENTRO DE TOKIO
p. 102

NIHONBASHI-NINGYOCHO

TAKABASHI

Plaza del Palacio Imperial

YAESU

NIHONBASHI

KIYOSUMI

SENGOKU

HARUNOUCHI

Foro Internacional de Tokio

SHINKAWA

Parque Hibiya

SHINTOMI

EITAI

FUYUKI

TOYO

GINZA

MINATO

UCHISAI-WAICHO

AKASHICHO

TSUKIJI

JAPÓN

SHINBASHI

SHIBA-DAIMON

Jardín Hamarikyu

KAIGAN

TOYOMICHO

HARUMI

TOKIO

Escalera mecánica con espejos en el centro comercial Tokyu Plaza Omotesando Harajuku

OESTE DE TOKIO

Shinjuku y Shibuya, los dos barrios más conocidos del oeste de Tokio, separados por tres estaciones en la línea Yamanote, comenzaron a crecer a partir del terremoto de 1923 y de la ampliación, en 1932, de la línea ferroviaria Tokyu Toyoko, entre Tokio y Yokohama. Pese a su corta edad, la zona atesora historias, como la de Hachiko –el perro que esperó a su dueño en el exterior de la estación Shibuya de 1924 a 1935– o la de la ocupación estadounidense del parque Yoyogi –o Washington Heights como se le acabó llamando– entre 1945 y 1964. El parque se hizo mundialmente conocido durante los Juegos Olímpicos de 1964.

Esta zona es el corazón del Tokio moderno: todo vitalidad y energía y de ritmo acelerado, en contraposición con el estilo más tradicional del centro y el norte de Tokio. Cuando el ejército imperial se trasladó a Roppongi en 1890, el área se convirtió en un centro nocturno, y ese carácter se hizo más palpable por la influencia de los expatriados llegados tras la Segunda Guerra Mundial. Todavía hoy el ambiente cosmopolita de sus discotecas, bares y salas de conciertos atrae a los noctámbulos, pero, además, nuevos desarrollos urbanos han hecho que la zona sea muy visitada también durante el día. Shibuya, por su parte, junto con los vecinos Harajuku y Minami-Aoyama, ha sido el epicentro de la moda japonesa juvenil y de la alta costura desde la década de 1980.

OESTE DE TOKIO

Esencial

1. Santuario Meiji Jingu
2. Shinjuku Oeste
3. Roppongi

Lugares de interés

4. Estación Shinjuku
5. Cruce de Shibuya
6. Minami-Aoyama
7. Harajuku
8. Ciudad de la Ópera de Tokio
9. Jardín Shinjuku Gyoen
10. Parque Yoyogi
11. Akasaka

Dónde comer

1. Jidoriya Tsukuda
2. Den

Dónde beber

3. New York Bar
4. Gen Yamamoto
5. Roku Nana

Dónde dormir

6. Parque Sequence Miyashita
7. OMO3 Akasaka

SANTUARIO MEIJI JINGU

明治神宮

B7 **1-1 Yoyogikamizonocho, Shibuya** **Estación Harajuku** **Museo del Tesoro y anexo: 10.00-16.30 vi-mi; recinto interior Naien: amanecer-anochecer diario (los horarios varían según la época del año)** **meijijingu.or.jp**

Para los tokiotas, el recinto del santuario Meiji Jingu es un pulmón verde en el corazón de la ciudad. El santuario sintoísta más importante de Tokio ofrece al visitante sus hermosos espacios, cubiertos por unos 120.000 árboles, y refleja la historia de la familia imperial a través de los objetos expuestos en sus museos.

Construido en 1920, el santuario Meiji Jingu se destruyó durante un bombardeo aéreo sobre Tokio en la Segunda Guerra Mundial, pero se reconstruyó en 1958. Aunque polémico, fue consagrado de nuevo al emperador Meiji (1852-1912), en lugar de a un *kami* (espíritu), contraviniendo la renuncia de la familia imperial a la divinidad en 1946. En el Museo del Tesoro y su anexo (se cobra entrada) se pueden ver objetos pertenecientes a la familia imperial, como espléndidos kimonos, objetos lacados y mobiliario. No hay que perderse el recinto interior (Naien), que dicen fue diseñado por el emperador Meiji para su esposa. Aquí, en el jardín Interior, una casa del té se asoma a un estanque repleto de nenúfares y carpas. A la derecha, una senda lleva al hermoso Minami-ike Shobuda (jardín de los Lirios).

Ofrenda de sake

Una de las vistas más asombrosas del santuario es la inmensa pared de barriles de sake. Aunque están vacíos, tienen un gran significado. Se supone que el sake favorece el contacto con los dioses y en los textos japoneses más antiguos aparece escrito *miki* –la antigua palabra para nombrar el sake– con los caracteres que se usan para escribir *dios* y *vino*. Los santuarios sintoístas ruegan por la prosperidad de las destilerías y, a su vez, estas donan sake a los santuarios para sus rituales y ceremonias.

 LA MEJOR FOTO
Llega la novia
La visita al santuario puede coincidir con una boda tradicional sintoísta. Una foto de la novia con su majestuoso kimono nupcial (tomada desde una respetuosa distancia), mientras camina protegida por una sombrilla y acompañada por una procesión de sacerdotes, es una imagen magnífica.

EL EMPERADOR MEIJI

Tras haber ocupado el trono en 1868 con tan solo 15 años, el emperador Meiji se dispuso a modernizar Japón. Durante su reinado se fundó la Dieta (Asamblea), tuvo lugar la revolución industrial y el país salió victorioso de las guerras que lo enfrentaron a China, Corea y Rusia.

Visitantes haciendo un *harai* (ritual de purificación) antes de entrar en el santuario

→

El inmenso muro de barriles de sake vacíos, marcados con el nombre de las destilerías que los produjeron, en la entrada del santuario

↑ Visitantes junto al Minami-shin Mon, la puerta de acceso al interior del santuario Meiji

❷
SHINJUKU OESTE
西新宿

📍 B5 🚇 Shinjuku 🚆Ⓢ Shinjuku

La mayoría de los rascacielos de Tokio (y parte
de su suelo más caro) se concentra al oeste
de la estación Shinjuku. Cerca de 250.000 personas
acuden aquí todos los días a trabajar. En la planta
superior de muchos hoteles y algunas oficinas hay
restaurantes con vistas.

En 1960 el Gobierno designó Shinjuku como
fukutoshin (segundo corazón de la ciudad); en
1991, cuando el ayuntamiento se trasladó al
impresionante edificio de 48 plantas
proyectado por Kenzo Tange, muchos
empezaron a denominarlo *shin toshin*,
la nueva capital. El edificio fue apodado la
Torre de los Impuestos por su coste: mil
millones de dólares. Más allá de los
rascacielos, esta zona oeste tiene calles muy
originales, como Omoide Yokocho *(https://
en.shinjuku-omoide.com)*, un callejón retro
lleno de acogedores bares y restaurantes.

↑ Mirador del piso 45 del
ayuntamiento de Tokio

¿Lo sabías?
―
3,5 millones de personas
usan cada día la estación
de Shinjuku.

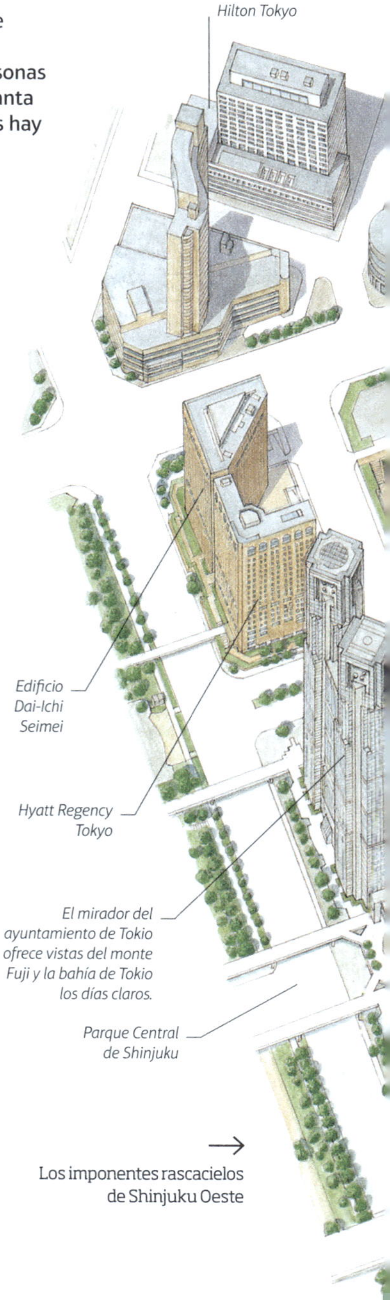

Hilton Tokyo

Edificio
Dai-Ichi
Seimei

Hyatt Regency
Tokyo

El mirador del
ayuntamiento de Tokio
ofrece vistas del monte
Fuji y la bahía de Tokio
los días claros.

Parque Central
de Shinjuku

→
Los imponentes rascacielos
de Shinjuku Oeste

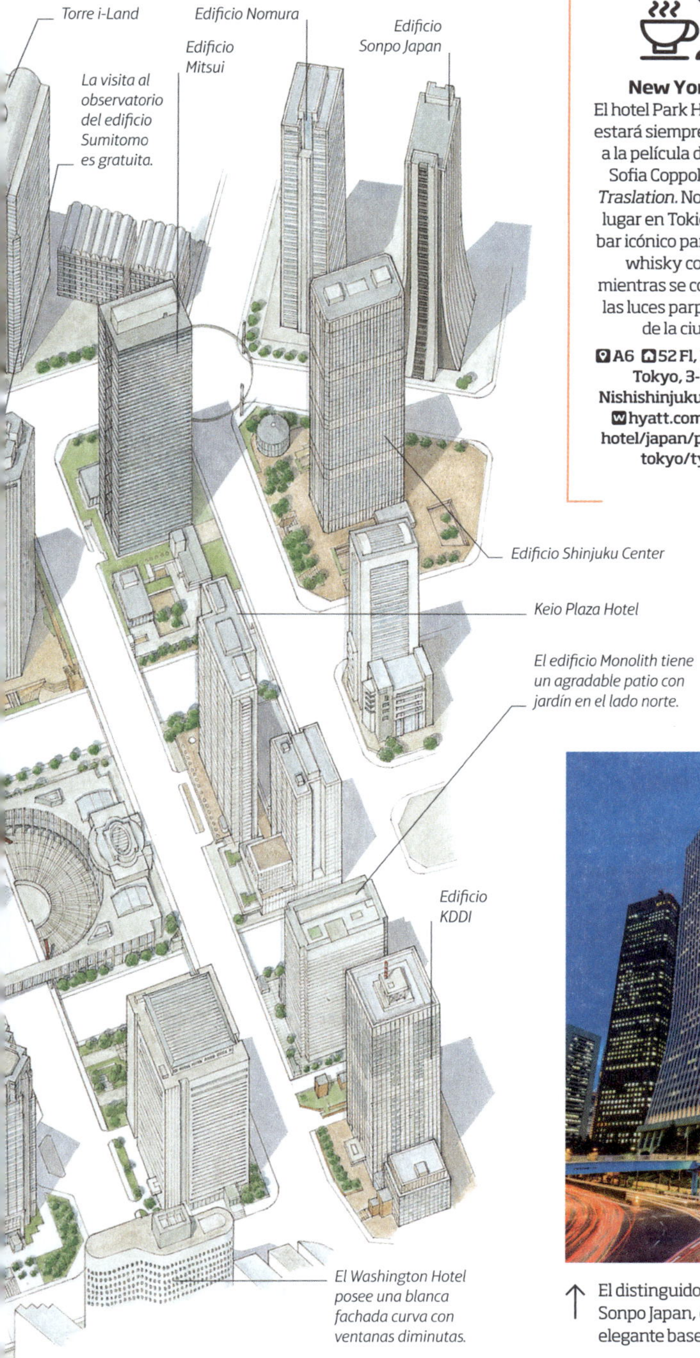
Torre i-Land
Edificio Nomura
Edificio Sonpo Japan
Edificio Mitsui
La visita al observatorio del edificio Sumitomo es gratuita.
Edificio Shinjuku Center
Keio Plaza Hotel
El edificio Monolith tiene un agradable patio con jardín en el lado norte.
Edificio KDDI
El Washington Hotel posee una blanca fachada curva con ventanas diminutas.

Esencial ☆

New York Bar

El hotel Park Hyatt Tokyo estará siempre vinculado a la película de 2003 de Sofia Coppola, *Lost in Traslation*. No hay mejor lugar en Tokio que este bar icónico para pedir un whisky con soda mientras se contemplan las luces parpadeantes de la ciudad.

A6 52 Fl, Park Hyatt Tokyo, 3-7-1-2, Nishishinjuku, Shinjuku hyatt.com/en-US/hotel/japan/park-hyatt tokyo/tyoph

↑ El distinguido edificio Sonpo Japan, con su elegante base curva

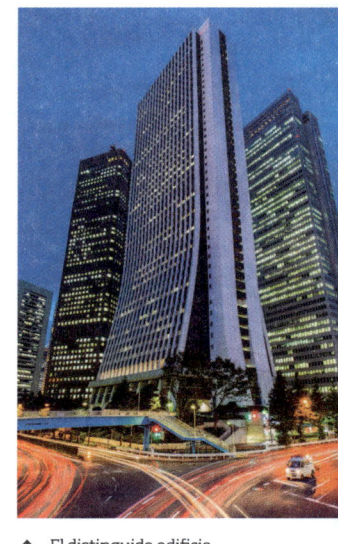

El barrio de Roppongi Hills, con zonas verdes entre edificios

 ❸

ROPPONGI

六本木

E9 Minato Roppongi

Roppongi , tras dejar atrás su fama de barrio disoluto, se ha transformado gracias a tres grandes centros de arte y al gran desarrollo urbano. Hoy a Roppongi acuden los amantes de la cultura, las compras y el entretenimiento, y también los que disfrutan en las discotecas.

①
Roppongi Hills

6-10-1 Roppongi, Minato
W roppongihills.com

Este complejo comercial y residencial abierto en 2003 es uno de los desarrollos urbanísticos mas grandes de este tipo en Japón. Se puede pasar todo el día en este complejo de arquitectura vanguardista gracias a sus restaurantes, cafés, tiendas, museos y otros lugares de ocio. El área está llena de instalaciones de arte al aire libre y zonas verdes, que complementan los espacios artísticos en interiores.

Roppongi Hills tiene un aire cosmopolita, y es una zona de compras y vida nocturna muy popular entre la comunidad extranjera de Tokio.

②
Museo de Arte Mori

Roppongi Hills Mori Tower, 6-10-1 Roppongi, Minato ⊙10.00-22.00 diario (17.00 ju)
W mori.art.museum

El Museo de Arte Mori, en la zona alta de Roppongi Hills y dentro de la torre Mori, es uno de los tres espacios artísticos que componen el "Triangulo del Arte de Roppongi", junto con el Centro Nacional de Arte de Tokio y el Museo de Arte Suntory. Sus exposiciones van rotando constantemente, pero está enfocado a obras contemporáneas y a la vanguardia de posguerra. Muy influyente en la escena artística japonesa, y muy famoso por exponer a los artis-

tas del momento, como Takashi Murakami y Leandro Erlich, la torre Mori tiene varias atracciones más a las que merece la pena ir. En la Mori Arts Center Gallery hay exposiciones itinerantes de corta duración. Tokyo City View y Sky Deck, los dos miradores de la torre, tienen vistas de toda la capital.

_____

③
Santuario Nogi

8-11-27 Akasaka, Minato
⊙6.00-17.00 diario
W nogijinja.or.jp

El santuario Nogi está dedicado al general Nogi Maresuke, un destacado militar del periodo imperial, y a su mujer , Nogi Shizuko. En el funeral del emperador Meiji en 1912, la pareja le demostró su lealtad al realizar el acto ritual suicida del *seppuku* (destripamiento). A pesar de su violento final, el santuario es un lugar tranquilo y hermoso. La casa familiar de los Nogi del siglo XIX aún está en el parque Nogi. Se abre al público la víspera y el aniversario de la muerte del matrimonio, los días 12 y 13 de septiembre; los jardines se pueden visitar todo el año.

Centro Nacional de Arte de Tokio

🏠 **7-22-2 Roppongi, Minato**
🕐 **Los horarios varían, consultar página web**
🌐 **nact.jp**

El Centro Nacional de Arte de Tokio (NACT por sus siglas en inglés) se construyó en 2007 para hacer de Roppongi algo más que una zona nocturna. Kisho Kurokawa se inspiró en olas y colinas para diseñar la fachada de cristal ondulante. Con uno de los espacios de exposición más grandes de Japón, el NACT no tiene colección permanente propia, sino que está dedicada a exposiciones temporales, muestras de asociaciones artísticas y programas educativos.

Tokyo Midtown

🏠 **9-7-1 Akasaka, Minato**
🌐 **tokyo-midtown.com**

Terminado en 2007, este complejo de varias plantas ayudó a que Roppongi se convirtiese en un distrito elegante de compras, entretenimiento y artístico. Al igual que Roppongi Hills, Tokyo Midtown está lleno de tiendas, restaurantes y museos repartidos en los edificios Galleria, Plaza y Midtown Tower, limitando al noreste con el parque Hinokicho, y este sobre unos jardines que pertenecían a los señores del clan Hagi, y que recuerda los tiempos en los que Roppongi estaba lleno de cipreses (hinoki).

Frente al parque está la galería 21_21 Design Sight, una colaboración entre el arquitecto Tadao Ando y el diseñador de moda Issey Miyake, dedicado a enriquecer el día a día con la belleza de un cuidado diseño. Las exposiciones cambian con mucha frecuencia y la tienda del museo es como una galería en sí misma.

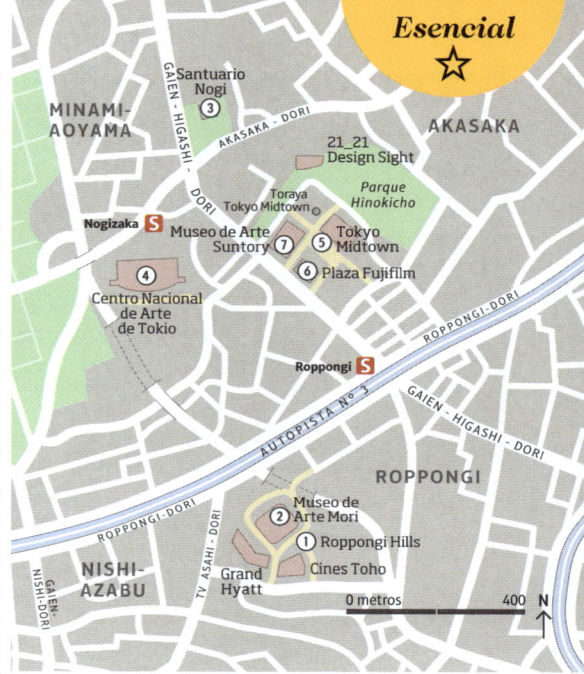

Plaza Fujifilm

🏠 **9-7-3 Akasaka, Minato**
🕐 **10.00-19.00 diario**
🌐 **fujifilmsquare.jp**

Este espacio de la empresa Fuji ofrece la opción de disfrutar de actividades gratis y divertidas en Roppongi. El Photo Salon exhibe fotografías que van del periodo Meiji hasta el presente, y en Touch Fujifilm los visitantes pueden probar cámaras y *gadgets* de última tecnología.

Museo de Arte Suntory

🏠 **Tokyo Midtown Galleria, 9-7-4 Akasaka, Minato** 🕐 **10.00-18.00 mi-lu (hasta 20.00 vi y sá)** 🌐 **suntory.com/sma**

El tercer y último sitio del Triángulo del Arte de Roppongi está dentro del Tokyo Midtown Galleria. En él se muestra la colección de la empresa Suntory, que ha amasado una fortuna destilando whiskys y cervezas.

Expone colecciones de tejidos, lacados, cristales y cerámica.

El museo programa ceremonias del té algunos jueves (consultar página web), en una sala con suelos de tatami. No se puede reservar, las entradas deben adquirirse en el día (desde las 10.00 en la recepción del museo).

Gen Yamamoto
Reservar con antelación para una degustación de cócteles creativos.

📍 **E9** 🏠 **1-6-4 Azabu Juban, Minato**
🌐 **genyamamoto.jp**

Roku Nana
Bar escondido en la azotea con buenas vistas.

📍 **E8** 🏠 **7-16-11 Roppongi, Minato**
🌐 **roku-nana.zetton.co.jp**

↑ Viajeros en el andén de Shinjuku, la estación de tren más concurrida del mundo

LUGARES DE INTERÉS

 4

Estación Shinjuku
新宿駅

📍 B5 🚇 Shinjuku
🚃 S 🚍 Shinjuku

Con una media de más de dos millones de viajeros al día, Shinjuku es la estación de tren más ajetreada del mundo. Algo típico de Tokio es ver los vagones a rebosar de viajeros y durante la hora punta matinal (7.30-9.00) hay personal de la estación en los andenes de las líneas Yamanote y Chuo que empuja a los últimos pasajeros para que quepan en el tren. Además de ser una de las principales estaciones de los sistemas JR y metro, Shinjuku es también el punto de partida de los trenes y autobuses que van a las afueras. El caro precio de la vivienda ha forzado a muchos tokiotas a vivir lejos y una hora de trayecto hasta casa es algo común. En torno a ese fenómeno se ha desarrollado toda una industria, que incluye restaurantes para atender a esa gente que hace largos trayectos a diario.

Resulta fácil perderse en este laberinto de pasillos idénticos, que conectan con centros comerciales, lo que permite pasar un día de compras en Shinjuku sin salir a la superficie.

 5

Cruce de Shibuya
渋谷スクランブル

📍 B9 🚇 2-2-1 Dogenzaka, Shibuya 🚃 S 🚍 Shibuya

Si todo aquel que visita Tokio tuviese que elegir la imagen más icónica de la ciudad, el cruce de Shibuya sería el principal candidato. El cruce peatonal está situado fuera del gran intercambiador de transportes de la estación de Shibuya. En hora punta, más de 2.500 personas lo cruzan a la vez desde cinco direcciones distintas en cuanto el semáforo se pone en verde.

Los jóvenes japoneses vienen aquí a divertirse, y la cantidad ingente de vallas publicitarias, luces de neón e inmensas pantallas de televisión han convertido el cruce en una imagen emblemática de la ciudad. Los cafés y restaurantes que hay en los edificios circundantes y tienen vistas de la intersección suelen estar igual de atestados que el cruce en sí, ya que cientos de personas compiten por un hueco en alguna ventana desde la que poder fotografiar el cruce. Sobre él se alza el mirador de Shibuya Sky que ofrece vistas panorámicas de Tokio.

 6

Minami-Aoyama
南青山

📍 C8 🚇 Minato 🚃 Gaienmae, Omotesando, Nogizaka, Aoyama-itchome

Este barrio frecuentado por artistas, escritores y jóvenes empresarios se ubica entre el cementerio de Aoyama y Shibuya. Aoyama-dori, la ancha calle que lo atraviesa, es famosa por sus *boutiques*.

En Gaien-Nishi-dori se encuentra el **Watari-Um**, conocido también como Museo de Arte Contemporáneo Watari. Las exposiciones, de artistas tanto japoneses como internacionales, varían con bastante regularidad.

 LA MEJOR FOTO
Marea humana

El Café L'Occitane de Shibuya, en el tercer piso, es el lugar perfecto para hacer una foto del cruce de Shibuya, la intersección más transitada del mundo. Se puede tomar un té con tarta junto a la ventana mientras se disfruta de las vistas del caótico cruce.

De vuelta a Aoyama-dori, a la izquierda del cruce con Omotesando se llega al **Museo Nezu,** con su colección de arte japonés, chino y coreano (reservas *online*). A pocas manzanas hay otro museo muy distinto. El **Museo Conmemorativo Taro Okamoto** alberga las peculiares obras de este escultor de la posguerra. Las figuras muestran rostros de factura tosca y cabellos imitando motivos vegetales. A un corto paseo se encuentra Kotto-dori, una calle llena de tiendas de antigüedades con manuscritos, pinturas y porcelana, junto con otros comercios emergentes como *boutiques*, cafés y tiendas.

De vuelta a Aoyama-dori, cerca del cruce de Omotesando con Shibuya, está el blanco y geométrico **edificio Spiral,** también conocido como Centro de Arte Wacoal, que debe su nombre a la rampa en espiral del interior. Diseñado por Fumihiko Maki en 1985, es uno de los lugares más famosos de Minami-Aoyama, pues no hay nada en él que no esté a la moda *(torendi* en japonés), incluida la gente que lo frecuenta. Cuenta con el salón Spiral, usado para exposiciones y actuaciones, un casa de té, un restaurante francés, varias tiendas y un salón de belleza.

Hacia el este a través de la estación de metro de Nogizaka se llega al **cementerio Aoyama,** la primera necrópolis pública de Japón y quizá la más

$\rightarrow$

Una *boutique* de lujo cerca de Omotesando, en Minami-Aoyama

exclusiva. Muchos japoneses de clase alta están aquí enterrados, como el antiguo primer ministro Shigeru Yoshida y el novelista Yukio Mishima. Esta zona tranquila es popular para ver los cerezos en flor.

Watari-Um
◈ 🏠 3-7-6 Jingūmae, Shibuya 🕐 11.00-19.00 ma-do 🖥 watarium.co.jp

Museo Nezu
◈🏠 6-5-1 Minami-Aoyama, Minato 🕐 10.00-17.00 ma-do 🖥 nezu-muse.or.jp/en

Museo Conmemorativo Taro Okamato
◈ 🏠 6-1-19 Minami-Aoyama, Minato 🕐 10.00-18.00 mi-lu 🖥 taro-okamoto.or.jp/en

Edificio Spiral
🏠 5-6-23 Minami-Aoyama, Minato 🖥 spiral.co.jp

Cementerio Aoyama
◈🏠 2-32-2 Minami-Aoyama, Minato 📞 (03) 3401-3652 🕐 Diario

Sequence Miyashita Park
Un estiloso hotel en Shibuya, que tiene desde habitaciones sencillas hasta *suites*.

📍 B8 🏠 6-20-10 Jingumae, Shibuya 🖥 sequencehotels.com/ miyashita-park

¥ ¥ ¥

OMO3 Akasaka
Hotel económico con habitaciones confortables, personal agradable y con visitas por el barrio de Akasaka.

📍 E7 🏠 4-3-2 Akasaka 🖥 hoshinoresorts.com/ en/hotels/omo3 tokyoakasaka

¥ ¥ ¥

❼

Harajuku
原宿

 B7 🚉 **Shibuya** 🚇 **Harajuku**
S **Meiji-jingumae**

Harajuku fue la estación principal de la villa olímpica de Tokio en 1964 y esa concentración de cultura internacional tuvo un gran impacto en la zona y atrajo a la población más joven e innovadora de Tokio. Harajuku es hoy un centro de moda que abarca desde elegantes firmas internacionales a tiendas de ropa de saldo.

Takeshita-dori, un estrecho callejón situado entre Meiji-dori y la estación de Harajuku, es el lugar apropiado si se busca lo último en moda y cultura para adolescentes. Los domingos se abarrota de gente, y los precios varían mucho. Avanzando desde la estación, unos 180 m calle abajo, parte una escalinata que sube desde la izquierda hasta el santuario Togo, fundado por el almirante Togo, quien derrotó a la flota rusa

en la batalla de Tsushima durante la guerra ruso-japonesa. Fue la primera victoria naval en la que un país asiático vencía a un país europeo. El almirante sigue siendo un héroe en Japón, y su santuario cuenta con un bonito jardín con estanque. Unas manzanas al este del santuario, al otro lado de Meiji-dori, se encuentra la **Galería de Diseño Festa.** Esta galería posmoderna se centra en las futuras generaciones de artistas y cuenta con un restaurante de *okonomiyaki* de diseño, Sakuratei.

Al sur discurre paralela a Takeshita-dori **Omotesando,** que con sus amplias aceras arboladas y sus tiendas de Celine, Fendi y Dior ofrece uno de los mejores paseos de Tokio.

Andando desde la estación de Harajuku, justo antes del cruce con Meiji-dori, una calle a la izquierda conduce al **Museo Conmemorativo de Arte Ota,** que exhibe una de las mejores colecciones de grabados *ukiyo-e* (p. 131) de Japón. Entre las obras más

conocidas se cuentan un retrato lleno de vida de un actor de *kabuki* haciendo de superhéroe en el clásico estilo *arogoto,* de Sharaku, y el magnífico programa de una representación *kabuki* conmemorativa de Hiroshige. En la pequeña tienda del museo vende grabados y recuerdos.

Bajando por Meiji-dori a la izquierda se llega a LaForet, meca de la moda Harajuku, con más de 150 tiendas sobre todo de ropa *casual* femenina, aunque también hay firmas exclusivas y marcas locales independientes.

 LA MEJOR FOTO
Japón frente al espejo

Al extravagante Tokyu Plaza Omotesando Harajuku, complejo comercial de muchas plantas en el corazón del barrio, se accede por una escalera mecánica envuelta en espejos *(p. 82).* Al salir hay que fijarse en la imagen desde arriba.

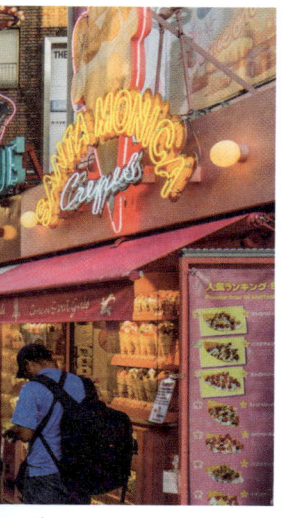

Takeshita-dori, un estrecho callejón entre Meiji-dori y la estación de Harajuku, es el lugar para encontrar lo que está de moda entre los adolescentes. Los domingos atrae a grandes multitudes.

Galería de Diseño Festa

⬛ 3-20-18 Jingumae, Shibuya
🕐 11.00–20.00 diario
Ⓦ designfestagallery.com

Museo Conmemorativo de Arte Ota

♿ ⬛ 1-10-10 Jingūmae, Shibuya 🕐 10.30–17:30 mi–do (en ocasiones ma) 🔲 Consultar para exposiciones y otros detalles Ⓦ ukiyoe-ota-muse.jp

⑧

Ciudad de la Ópera de Tokio

東京オペラシティー

📍 A6 ⬛ 3-20-2 Nishi-Shinjuku, Shinjuku
Ⓜ Hatsudai Ⓦ operacity.jp

Este imponente rascacielos alberga el complejo de música y teatro más impactante de Tokio.

En la primera planta del edificio hay dos auditorios. Uno está destinado sobre todo a música y teatro clásicos japoneses, mientras que el otro, más grande, pone en escena importantes conciertos de ópera. Las representaciones son frecuentes; (consultar el calendario en la web y reservar con antelación).

Sobre los dos auditorios hay 54 plantas, ocupadas sobre todo por oficinas. No obstante, las tres primeras están abiertas al público y cuentan con una galería de arte, restaurantes y tiendas que vale la pena explorar. En la cuarta se encuentra el enorme Centro de Intercomunicaciones NTT (*www.ntticc.or.jp*) un gran centro de arte moderno interactivo. En la planta 53 hay varios bares y restaurantes de lujo, algunos con magníficas vistas de la ciudad.

←

Las luces de neón iluminan Takeshita-dori, en Harajuku

Saliendo de Omotesando, antes del puente peatonal, un estrecho callejón a la izquierda flanqueado por tiendas de diseñadores de moda ofrece una buena visión de la vida residencial en este barrio exclusivo. Cat Street, a la derecha, es un lugar tranquilo ideal para buscar piezas de creadores locales y ropa *vintage*.

Más arriba en la colina, desde el puente peatonal a la izquierda está el complejo Omotesando Hills, diseñado diseñado por Tadao Ando. Este enorme complejo cuenta con *boutiques* como Chloe y tiendas de lujo especializadas, así como tiendas de marcas como UGG Australia. Al otro lado de la calle, en el edificio Louis Vuitton diseñado por Jun Aoki, se halla Espace –una galería de arte que muestra obras innovadoras de arte contemporáneo–. Algo más adelante se eleva el edificio Oak Omotesando, que tiene una impresionante fachada de cristal y alberga marcas de lujo, como Alexander McQueen y Emporio Armani.

EL ESTILO DE HARAJUKU

Harajuku es el lugar al que acuden las adolescentes de Tokio desde mediados de la década de 1990, cuando los miembros de diversas subculturas de moda se congregaban cerca del antiguo Parque Olímpico para ir de compras y dejarse ver. En esa época una revista llamada *FRUiTS* publicaba retratos de jóvenes con un *look* alocado, lo que popularizó la idea de que Tokio era un torbellino de moda adolescente. Marcas importantes, como Uniqlo, se trasladaron al distrito y lo convirtieron en un punto turístico. En 2017 dejó de publicarse la edición impresa de *FRUiTS*, pero esta zona sigue siendo conocida por su vanguardista moda callejera.

←

Sakura en primavera,
en el etéreo jardín
Shinjuku Gyoen

Akasaka
赤坂

Q E7 **☐** Minato **S** Akasaka,
Akasaka-Mitsuke

Con el edificio de la Dieta
(p. 116) y más oficinas del
gobierno al este, Akasaka es el
barrio elegido por los políticos
para hacer vida social. Por la carretera se ven numerosas limu-
sinas que llevan a gente a los
exclusivos locales de la zona.

A unos 180 m desde la estación Akasaka-Mitsuke por Aoyama-dori está el **santuario
Toyokawa Inari,** denominado
también Myogon-ji. Con sus faroles rojos, banderas y docenas
de estatuas de zorros (los tradicionales mensajeros de Inari,
dios sintoísta del arroz), es un
buen lugar para descansar.

Jardín Shinjuku Gyoen
新宿御苑

Q C6 **☐** 11 Naitomachi,
Shinjuku **☐ S** Shinjuku
☐ ma-do; los horarios varían,
consultar detalles en página
web **W** env.go.jp/garden/
shinjukugyoen/english

Como otros jardines japoneses,
Shinjuku Gyoen fue parte de
la residencia de un señor del
periodo Edo. Luego pasó a
pertenecer a la familia imperial
y se convirtió en parque
público poco después de la
Segunda Guerra Mundial.
Desde entonces ha ido
creciendo hasta convertirse
en un conjunto de jardines de
estilos diferentes, entre ellos

inglés, francés y tradicional
japonés. Hay también áreas de
césped ideales para un pícnic
en primavera, disfrutando del
hanami (contemplación de los
cerezos en flor).

Parque Yoyogi
代々木公園

Q A7 **☐** Shibuya
☐ Harajuku, Sangubashi
S Yoyogi-koen

Durante casi tres décadas, el
parque se llenaba cada domingo con actores y bandas
de música, pero a mediados
de la década de 1990 el au-
mento de la delincuencia alte-
ró el ambiente. Aún merece la
pena visitarlo los fines de semana, cuando hay mercadillos
y eventos anuales, como un
festival de comida internacional en el Día de la Tierra. En la
entrada del parque se dejan
ver miembros de las *zoku* (tri-
bus urbanas) que actuaban
aquí, desde punks, góticos y
hippies hasta *break-dancers*.

Los dos estadios olímpicos
de Kenzo Tange –las estructuras más emblemáticas del
parque– se construyeron para
las Olimpiadas de 1964. Ambos se reformaron para los
Juegos Olímpicos de 2020 (ce-
lebrados en 2021), para las
competiciones de balonmano,
así como para el rugby y el
bádminton paralímpicos.
Las impactantes curvas con
forma de concha se lograron
usando cables de acero.

**BEBER EN
GOLDEN GAI**

Situada al norte del
jardín Shinjuku Gyoen, la
zona del Golden Gai
conserva un viejo
encanto cada vez más
difícil de encontrar en la
ciudad moderna. En este
laberinto de callejuelas y
carteles mal iluminados
hay más de 200
minúsculos bares y
restaurantes a elegir.
No hay que acudir muy
pronto; los locales abren
a partir de las 21.00.
Además, no hay prisa
porque la diversión dura
toda la noche.

**TOP
5** **ANIMALES
SIMBÓLICOS**

Zorros
Mensajeros del dios
sintoísta Inari, en los
santuarios hay estatuas.

Grullas
Las grullas representan la
longevidad. El folclore
japonés dice que viven
hasta 1.000 años.

Tanuki
Las esculturas de este
mapache asiático
representan buena suerte.

Gatos
El *Maneki-neko*
(literalmente, el gato que
invita a pasar) trae suerte
y prosperidad.

Koi
Las carpas en Japón
simbolizan la fidelidad y el
matrimonio.

De vuelta a la estación y al otro lado del foso hay un edificio que aparecía en la película de James Bond *Solo se vive dos veces* (1967). Es el lujoso **hotel New Otani**, en cuya planta 17 está el restaurante giratorio THE SKY, con comida china, japonesa y occidental (los comensales eligen los ingredientes y los chefs los preparan en el acto), y vistas de 360°. Hay un jardín japonés del siglo XVII de acceso gratuito. Al oeste está un monumento icónico de Tokio: el **palacio Akasaka** (Casa de invitados del Estado), inspirado en los palacios europeos. Erigido en 1909 como residencia imperial, hoy se usa para huéspedes ilustres.

Al sur de la estación de Akasaka-Mitsuke está el **santuario Hie Jinja**, de 1478. El sogún Ietsuna lo trasladó aquí en el siglo XVII para proteger su castillo. Cada año a mediados de junio se celebra aquí el Sanno Matsuri, con una gran procesión de 50 *mikoshi* (santuarios portátiles) y gente vestida con ropas del periodo Heian (794-1185).

Santuario Toyokawa Inari
📍 1-4-7 Motoakasaka, Minato
🕐 5.30-20.00 diario
🌐 toyokawainari.jp

Hotel New Otani
📍 4-1 Kioicho, Chiyoda
🌐 newotani.co.jp

Palacio de Akasaka
♿ 📍 2-1 Motoakasaka, Minato
🕐 10.00-17.00 ju-ma
🌐 geihinkan.go.jp

Jidoriya Tsukuda
Este *izakaya* de lujo está especializado en *yakitori* a base de pollo de granja originario de Kyushu.

📍 B9 📍 2-6-1 Dogenzaka, Shibuya
🌐 lp.tsukadanojo.jp/jidoriya

¥ ¥ ¥

Den
El chef Zaiyu Hasegawa elabora platos como el pollo frito Dentucky.

📍 C7 📍 2-3-18 Jingumae, Shibuya
🕐 lu y do 🌐 jimbochoden.com

¥ ¥ ¥

Alrededor del santuario Toyokawa Inari hay docenas de estatuas de zorros
↓

UN PASEO
SHINJUKU ESTE

Distancia 2,5 km **Tiempo** 45 minutos
Metro Estación Shinjuku

Shinjuku Este es el lugar donde los tokiotas acuden a divertirse. La zona ha sido un centro de vida nocturna ya desde el periodo Edo, cuando era la primera parada en la vieja carretera de Koshu Kaido a la provincia de Kai (ahora Yamanashi). Desde que se abrió la estación de tren Shinjuku, en 1880, los establecimientos de la zona se han orientado a los trabajadores, principalmente hombres, que vuelven a sus casas. La diversión se concentra en los pequeños bares de Golden Gai y el barrio rojo de Kabukicho. Los espacios de ocio incluyen varias galerías de arte, un santuario y algunos de los mejores almacenes de Tokio. Un paseo al atardecer, cuando comienzan a encenderse los neones, permite disfrutar también de la parte menos conocida de esta zona bulliciosa.

¿Lo sabías?

Pese a su nombre, en Kabukicho jamás se construyó un teatro *kabuki*.

Fácilmente reconocible por su gigantesca pantalla de televisión, el **Studio Alta** *es el punto de encuentro habitual para verse y pasar el rato.*

Seibu-shinjuku

CINECITY SQUARE

OTAKIBASHI-DORI

GINZA-DORI

KABUKICHO

CHUO-DORI

INICIO

MOA 2ND ST

MOA CHU

Studio Alta

LLEGADA

MOA 1

Estación Shinjuku

Café Blue Bottle

El **café Blue Bottle** *es un buen lugar para hacer una parada.*

0 metros   150   N

↑ Anuncios luminosos en el exterior del complejo comercial Studio Alta

Esta manzana de Kabukicho está dominada por el complejo de **salas de cine Toho**, que incluyen una sala IMAX.

En **Kabukicho** florecen hoteles del amor, bares de alterne y salas de pachinko junto a pubs, karaokes, salas de juegos, cafés y restaurantes.

Shinjuku
Este

OESTE
DE TOKIO

Plano de situación
Para más detalles ver p. 84

KABUKI HANAMICHI-DORI

Salas
de cine
Toho

KABUKICHO

SAKURA-DORI

HIGASHI-DORI

KUYAKUSHO-DORI

SHIKI-NO-MICHI

KABUKI HANAMICHI-DORI

*Golden
Gai*

Santuario
Hanazono

Ayuntamiento
de Shinjuku

El **santuario Hanazono**, del siglo XVII, es un sorprendente remanso de tranquilidad en medio de las torres de hormigón.

YASUKUNI-DORI

ST
ST

MOA 4TH ST

MOA 5TH ST

MOA 5TH ST

MEIJI-DORI

YASUKUNI-DORI

SHINJUKU

Libros
Kinokuniya

Isetan

SHINJUKU-DORI

De día, los descuidados callejones de **Golden Gai** (p. 96) tienen poco de dorado (golden). La mayoría de los bares tienen el espacio justo para una barra y una hilera de taburetes.

Los grandes almacenes **Isetan** son de los más importantes de Japón y son conocidos por mostrar nuevos productos y marcar tendencias. Vale la pena visitar el salón-comedor del sótano.

S Shinjuku-
sanchome

SHINJUKU-DORI

MEIJI-DORI

KOSHU-
KAIDO

Libros Kinokuniya ofrece una buena selección de libros extranjeros.

→

La imponente fachada de los grandes almacenes Isetan, santo y seña de Shinjuku

UN PASEO
SHIBUYA

Distancia 3 km **Tiempo** 45 minutos
Metro Estación Shibuya

Shibuya ha sido la *sakariba* (ciudad de la fiesta) para los jóvenes de Tokio desde la década de 1930, cuando la línea de metro Tokyu Toyoko convirtió la zona en una escala fundamental entre la capital y Yokohama. Hoy todavía mantiene ese aire vanguardista y lleno de energía. Aquí se puede encontrar lo último en moda y música, y es donde se celebran las mejores fiestas de Fin de Año y de Halloween. La incesante expansión de Shibuya se ha visto espoleada por la afluencia cada vez mayor de la juventud de la tercera economía mundial. Esta zona, al noroeste de la estación de Shibuya y al sur del parque Yoyogi, es una mezcla de *boutiques* de moda, grandes almacenes elegantes y tiendas de discos. Además de las empresas comerciales, un paseo por la zona muestra un par de museos interesantes y las múltiples facetas del centro cultural Bunkamura. Una vez explorada Shibuya central, se puede visitar Dogen-zaka, un conjunto de calles en cuesta y callejones llenos de locales nocturnos, bares y hoteles del amor.

¿Lo sabías?

El *pachinko* es parecido al *pinball*. El objetivo es recoger bolas de acero que se intercambian por premios.

Bunkamura *es popular por sus conciertos de música rock y clásica, pero también proyecta películas y cuenta con una galería de arte y un teatro.*

INOKASHIRA-DORI

SHOTO

Bunkamura

En **Spotify O-East** *hay música en directo cada noche.*

Spotify O-East

Monumento de Yosano Akiko

El **Monumento de Yosano Akiko** *inmortaliza a la famosa poetisa.*

← El tráfico nocturno en una autovía de Shibuya

Esta **torre del reloj** digital, enfrente de la Oficina Municipal de Shibuya, se divisa desde el parque Yoyogi y los estudios NHK.

El **Humax Pavilion,** con el aspecto de un cohete de dibujos amimados, es uno de los edificios más originales de la zona.

OESTE DE TOKIO

Shibuya

Plano de situación
Para más detalles ver p. 84

Torre del reloj

UDAGAWACHO

KOEN - DORI

JINNAN

Parque Jingu-dori

ORGAN - ZAKA

Tokyu Hands

PENGUIN ST

KOEN-DORI

Parque Miyashita

Tower Records ofrece un buen surtido de música japonesa e internacional.

Tower Records

Humax Pavilion

INOKASHIRA-DORI

SHIBUYA CENTER GAI

KOEN-DORI

MEIJI - DORI

Shibuya Center Gai alberga tiendas, salas de pachinko, restaurantes, y karaokes llenos de estudiantes.

BUNKAMURA-DORI

Shibuya Crossing

INICIO/ LLEGADA

Edificio 109

SHIBUYA

DOGEN - ZAKA

Estatua de Hachiko

Shibuya Mark City

Estación Shibuya

Estación de autobuses Shibuya

La **estatua de Hachiko** *lleva aquí desde 1934 en homenaje al perro que después de la muerte de su dueño lo siguió esperando cada noche durante más de una década.*

DOGENZAKA

TAMAGAWA - DORI

Aunque **Dogen-zaka** *(así llamado por un bandido que se retiró aquí como monje) es un destino para la vida nocturna, también tiene galerías de arte.*

0 metros   200

N

↑ Paseando por el bullicioso centro comercial de Shibuya, Center Gai, con sus luces de neón

El Palacio Imperial, con el puente Nijubashi en primer plano

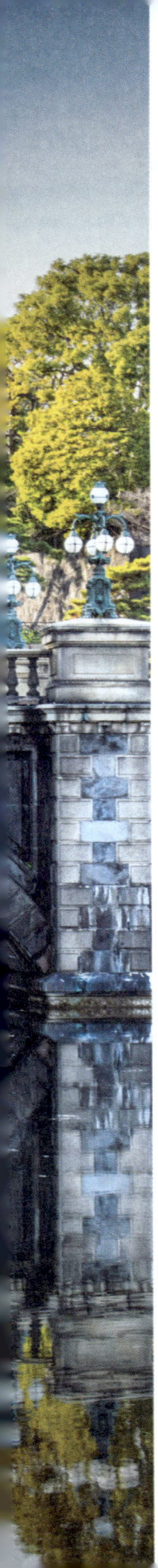

CENTRO DE TOKIO

Situada al norte y al oeste del río Sumida, esta zona ha sido el corazón de Tokio desde que el sogún Ieyasu Tokugawa construyó su castillo y estableció su capital en el lugar donde hoy se eleva el Palacio Imperial. Cuando Ieyasu Tokugawa trasladó aquí su centro militar en 1590, eran tierras cenagosas y marismas. Una vez ocupadas, la zona que pasó a ser Ginza *–lugar plateado–* atrajo a comerciantes y mercaderes. Destruida por una cadena de desastres, como un devastador incendio en 1872, el gran terremoto de Kanto de 1923 y los bombardeos aliados en la Segunda Guerra Mundial, la zona se ha reinventado a sí misma varias veces, pero ha seguido siendo fiel a su historia como centro neurálgico de la ciudad, lo que demuestran tanto el distrito de negocios de Hibiya como el cosmopolita Marunouchi, sede del Foro Internacional de Tokio. Ginza y Nihonbashi todavía conservan la pujanza y prosperidad que tuvieron en el periodo Edo (1603-1868), y ofrecen una mezcla de centros comerciales y lujosas *boutiques*.

CENTRO DE TOKIO

Esencial

1 Ginza
2 Nihonbashi
3 Palacio Imperial

Lugares de interés

4 Barrio de los libros de Jimbocho
5 Foro Internacional de Tokio
6 Teatro Kabuki-za
7 Jardines Hamarikyu
8 Edificio de la Dieta
9 Marunouchi
10 Torre de Tokio
11 Akihabara
12 Parque Kitanomaru
13 Jardín de Koishikawa Korakuen
14 Santuario Yasukuni
15 Santuario Kanda Myojin

Dónde comer

① Takashimaya
② Sushi Shin by Miyakawa
③ Rokurinsha

Dónde dormir

④ Aman Hotel
⑤ The Tokyo Station Hotel
⑥ Hotel Niwa Tokyo

Dónde comprar

⑦ Ginza Six
⑧ Ginza Wako

NORTE DE TOKIO
p. 122

CENTRO DE TOKIO

0 metros 750 N

❶ GINZA

銀座

📍 H7 Ⓜ Chuo Ⓢ Ginza, Yurakucho

Tokio es una de las mejores ciudades del mundo para ir de compras y Ginza es el barrio que justifica esa fama. Minúsculos comercios de artesanía tradicional se dan la mano con tiendas de moda y grandes almacenes enormes para convertir la visita a Ginza en una experiencia sin igual.

El sofisticado barrio de Ginza, con sus avenidas arboladas y sus anchas calles peatonales, tiene un aire más cosmopolita que muchas otras zonas de Tokio. La zona quedó devastada por un incendio en 1872 y el recién restaurado Gobierno imperial encargó al arquitecto irlandés Thomas Waters que reconstruyera Ginza a base de ladrillo rojo, la moda de la época. Desde entonces el barrio nunca se ha estancado y en sus calles se encuentran algunos de los restaurantes más chic y los establecimientos más elegantes de la ciudad, como el colosal Ginza Six, centro comercial dedicado a las últimas tendencias, y Ginza Wako, unos grandes almacenes abiertos en la década de 1940. Conocida como calle de las Marcas, en Chuo-dori hay desde prestigiosos grandes almacenes, como Matsuya, hasta *boutiques* internacionales, como Bulgari, Gucci, Louis Vuitton o Prada.

Ginza Six

Sede de más de 240 almacenes, Ginza Six es el complejo comercial más grande de la zona. En el interior de este mastodóntico edificio se encuentran grandes marcas internacionales, como Céline o Fendi.

📍 H8 Ⓜ 6-10-1 Ginza, Chuo 🕐 10.30-20.30 diario 🌐 ginza6.tokyo

Ginza Wako

Con su característica torre del reloj, Wako es importante en la escena comercial de Ginza desde hace décadas. Conocida por su oferta de relojes, joyas, chocolate y porcelana, es un magnífico lugar para explorar.

📍 H7 Ⓜ 4-5-11 Ginza, Chuo 🕐 11.00-19.00 diario 🌐 wako.co.jp

← Franquicias minoristas de última moda en el vestíbulo de Ginza Six

 LA MEJOR FOTO
Fotos elegantes

Ginza alberga algunos de los edificios más elegantes de Tokio, perfectos para fotografiar, como el edificio V88, la torre del reloj de Wako y el edificio Mikimoto 2, además de la fachada del Ginza Place y el dorado Yamaha Ginza.

↑ Caminando ante el vistoso escaparate de Chanel en Chuo-dori

¿Lo sabías?

Las ventanas irregulares del edificio Mikimoto Ginza2 pretenden imitar la superficie del océano.

El sorprendente exterior de Mikimoto Ginza2, una tienda de cosmética y joyería ↑

UN PASEO
GINZA

Distancia 2 km **Tiempo** 30 minutos
Metro Estación Yurakucho

Desde que en el siglo XIX Thomas Waters reconstruyó la zona en ladrillo rojo, Ginza (p. 106) ha sido el epicentro de las influencias occidentales y de todo lo moderno en Japón y sigue siendo uno de los grandes núcleos comerciales de Tokio. Las tiendecitas de artesanía conviven con galerías de arte, enormes almacenes comerciales y salas de exposiciones, haciendo que la variedad de opciones para comprar sea enorme. Hay que deambular por las arboladas calles de Ginza y tomarse tiempo para entrar en los numerosos grandes almacenes, donde abundan restaurantes que exhiben en sus brillantes expositores todo tipo de exquisiteces tentadoras. Algunos de estos almacenes tienen hasta galería de arte propia.

¿Lo sabías?

Los sábados, domingos y festivos por la tarde, la calle Chuo-dori está cerrada al tráfico.

Los grandes almacenes **Hankyu Men's** ofrecen moda de hombre de firmas japonesas e internacionales.

Estación Yurakucho

Hankyu Men's

INICIO/ LLEGADA

AUTOPISTA TOKIO

Parque Sukiyabashi

SONY-DORI

MIYUKI-DORI

SUKIYA-DORI

SOTOBORI-DORI

KOJUNSHA-DORI

NAMIKI-DORI

NISHI-GOBANGAI-DORI

Namiki-dori está llena de boutiques como Gucci, Tag Heuer, Zegna, Louis Vuitton y Cartier.

0 metros   150   N

↑ Fachada de la tienda de Bulgari en Chuo-dori

Esta zona refleja la influencia parisina, que llegó a Ginza en la década de 1930, con los cafés y las boutiques *francesas*.

Plano de situación
Para más detalles ver p. 104

Mikimoto Ginza2 es la segunda sucursal del barrio de este joyero de perlas de lujo.

La tienda de **Muji** *en Ginza, con varias plantas, es la más grande del mundo. También cuenta con un restaurante y un hotel.*

Los grandes almacenes Matsuya *son otro inmenso comercio donde se vende de todo, desde comida hasta bonsáis.*

El reloj de los **grandes almacenes Wako** *es un símbolo popular en Ginza, y sus escaparates siempre resultan interesantes.*

Los **grandes almacenes Mitsukoshi** *conservan todo su glamur. No hay que perderse los suntuosos kimonos.*

El **cruce Yon-chome**, *intersección principal de Ginza.*

El **edificio San'ai,** *de cristal, reluce especialmente al atardecer, cuando los rótulos de neón titilan en el interior, creando un efecto mágico.*

Mapa labels:
SOTOBORI-DORI
AUTOPISTA TOKIO
YANAGI-DORI
NAMIKI-DORI
Ginza-Itchome
Mikimoto Ginza2
Uniqlo
GINZA
GINZA GAS-TOH-DORI
CHUO-DORI
Muji Ginza
MATSUYA-DORI
NAMIKI-DORI
GINZA RENGA-DORI
GINZA GAS-TOH-DORI
CHUO-DORI
MARRONNIER-DORI
GINZA MIHARA-DORI
Grandes almacenes Matsuya
HARUMI-DORI
Grandes almacenes Wako
MATSUYA-DORI
Grandes almacenes Mitsukoshi
Ginza
Edificio San'ai
HARUMI-DORI
GINZA MIHARA-DORI
AZUMMA-DORI
MIHARA-KOJI
CHUO-DORI
MIYUKI-DORI

El interior del icónico Mikimoto Ginza2 de Tokio, diseñado por el arquitecto Toyo Ito

Takashimaya

La receta de la salsa empleada en la tienda de anguilas Takashimaya no ha variado desde que se abrió en 1875. Es más, este respetable restaurante no sirve cualquier anguila a su distinguida clientela. Solo se encuentra en la cocina el *unagi* de Kyosui, una subespecie de crecimiento lento y con mucho más sabor. También se puede comprar para llevar.

📍 J6 🏠 11-5 Nihonbashikobunachō, Chuo 🕐 do 🌐 takashimaya.info

¥ ¥ ¥

→

Coredo Muromachi iluminada durante la floración primaveral

---

②

NIHONBASHI

日本橋

📍 J6 🏠 Chuo 🚋 🚈 Tokio 🚇 Nihonbashi, Mitsukoshimae
🏛 Bolsa de Tokio: 9.00-16:30 lu-vi; www.jpx.co.jp/english

Nihonbashi, centro mercantil y empresarial de Edo y Meiji Tokio, es el eje comercial tradicional de la ciudad desde hace siglos. Es aquí, en medio de calles y edificios ultramodernos, donde se encuentran algunos de los negocios en activo más antiguos del mundo, incluidos docenas de sedes de bancos, enormes grandes almacenes y comercios tradicionales más sencillos.

El Banco de Japón y la Bolsa de Tokio hacen que Nihonbashi parezca el punto más céntrico de la ciudad. Su nombre procede del célebre puente, inmortalizado en los grabados de Hokusai cuando por él cruzaban grandes comitivas para acudir a la ciudad del sogún. El periodo Edo parece aún vivo y, hasta hoy, Nihonbashi sigue siendo el centro de los artesanos japoneses tradicionales en la ciudad. Fabricantes de kimonos, bordadores e incluso talladores de palillos de madera venden aquí sus mercancías. Mitsukoshi, una antigua tienda de kimonos fundada en 1673, se convirtió en el primer gran almacén japonés; este complejo laberinto es un monumento al consumo. Un añadido nuevo al barrio es Coredo Nihonbashi, un lujoso centro comercial de tres plantas con tiendas de moda y diseño de interiores, así como *delicatessen*, tiendas de dulces, bares y restaurantes.

Aunque en la Bolsa de Tokio las operaciones se informatizaron en 1999, sigue siendo un magnífico lugar para apreciar la importancia del comercio en la capital. Hay una plataforma de observación para visitantes que da al parqué.

¿Lo sabías?

En Japón, las distancias se miden desde el puente de Nihonbashi.

1 El puente de Nihonbashi está decorado con estatuas de animales con poderes simbólicos, como leones y dragones.

2 El vestíbulo principal de Mitsukoshi está presidido por una estatua de la diosa de la Sinceridad.

3 Aunque los cerezos solo se pueden encontrar en Edo Sakura-dori, Nihonbashi celebra la floración del *sakura* con muchos actos, incluidos espectáculos de luces.

1

2

3

3

PALACIO IMPERIAL

皇居

📍 G6 🏠 1-1 Chiyoda, Chiyoda 🚃 Tokio Ⓢ Nijubashi, Otemachi ⏰ Palacio Imperial: 2 ene, 23 feb; Jardines Orientales del Palacio Imperial: los horarios varían, consultar página web para más detalles 🅦 sankan.kunaicho.go.jp

El Palacio Imperial, residencia del emperador de Japón, es un recinto moderno y activo en el corazón de Tokio. En una ciudad donde todo parece estar en estado de cambio permanente, el palacio y su recinto constituyen una línea de continuidad entre la capital y el pasado de Japón.

Tras la restauracion Meiji de 1868, la familia imperial se trasladó de Kioto a Tokio. El castillo de Edo, antigua sede de los sogunes Tokugawa, fue reasignado al emperador y rebautizado como Palacio Imperial. No queda ninguno de los edificios de esa época, pero los fosos, muros, entradas y puestos de centinela atestiguan su pasado militar. La mayor parte del palacio quedó destruida durante la Segunda Guerra Mundial, pero se reconstruyó con el mismo estilo. Entre sus espacios más populares están Nijubashi –dos puentes que forman un acceso al espacio interior del palacio– y los exuberantes Jardines Orientales. En el recinto hay jardines tanto de estilo japonés como occidental y se ven los cimientos del castillo sobre el que se asentó el palacio actual. El palacio solo se puede visitar dos días al año, pero los demas días hay visitas guiadas por el recinto (10.00-13.30, ma-sá; reservas una hora antes de cada visita).

> En una ciudad donde todo parece estar en estado de cambio permanente, el palacio y su recinto constituyen una línea de continuidad.

Una de las entradas a los Jardines Orientales del Palacio Imperial

CONSEJO DK
Poesía en el palacio

Cada Año Nuevo se realiza en el Palacio Imperial una *Utakai Hajime* (lectura de poesía). El primer registro del evento data de 1267. Hoy en día asiste el emperador y se transmite en directo por televisión.

↑ Puestos de venta de libros de segunda mano en el barrio de los libros de Jimbocho

LUGARES DE INTERÉS

④

Barrio de los libros de Jimbocho
神保町古本屋街

📍 G4 🏛 Chiyoda
Ⓢ Jimbocho

Tres de las universidades importantes de Japón –Meiji, Chuo y Nihon– surgieron en esta zona entre las décadas de 1870 y 1880, y con ellas numerosas librerías. Hubo un tiempo en que el 50% de las editoriales de Japón tenían aquí su sede. Aunque solamente las universidades de Meiji y de Nihon permanecen aquí todavía, hay decenas de librerías, incluyendo algunas que venden grabados *ukiyo-e*, concentradas en torno al cruce de Yasukuni-dori y Hakusan-dori. Kitazawa Books e Issei-do venden libros en inglés sobre temas orientales, mientras que Ohya Shobo ofrece grabados *ukiyo-e*. Todas se hallan en el lado sur de Yasukuni-dori.

Hoy se percibe con claridad el cambio de situación económica (y de prioridades) de los estudiantes; en el barrio de los libros de Jimbocho ahora hay tiendas de tablas de surf y de snowboard por todas partes y las tiendas de música que venden guitarras eléctricas parecen casi tan numerosas como las librerías.

¿Lo sabías?

La palabra japonesa *tsundoku* significa comprar más libros de los que se pueden leer.

↑ Una de las pocas torres originales del Palacio Imperial que se conservan

El inmenso y elegante interior del Foro Internacional de Tokio ↑

5

Foro Internacional de Tokio
東京国際フォーラム

H7 **3-5-1 Marunouchi, Chiyoda** **Yurakucho, Tokio** **Yurakucho, Tokio, Ginza** **7.00-11.30 diario** **t-i-forum.co.jp**

Diseñado por el reputado arquitecto uruguayo Rafael Viñoly, el Foro Internacional (1996) es uno de los edificios más emblemáticos del centro. Este efervescente espacio cultural ocupa dos edificios: un atrio curvado de cristal de 60 m de altura y una estructura cúbica blanca que alberga cuatro auditorios, el mayor con capacidad para 5.012 espectadores sentados. Entre ellos hay un patio arbolado sobre el que cruzan

→
Acceso al teatro Kabuki-za, muy reconstruido

pasarelas de cristal que comunican ambas estructuras. El moderno interior del gigantesco atrio se llena de luz natural e incorpora una cubierta con forma de casco de barco. En el interior hay numerosas tiendas, cafeterías, restaurantes y gastronetas, además de salas de conferencias. Hay puestos con acceso a internet en el vestíbulo.

 CONSEJO DK
Días de mercado

El mejor momento para visitar el Foro Internacional de Tokio es el primer o tercer domingo de mes, cuando el mercado de antigüedades Oedo –el mayor de Japón– ocupa la entrada delantera con sus atiborrados puestos.

6

Teatro Kabuki-za
歌舞伎座

H8 **4-12-15 Ginza, Chuo** **Higashi-Ginza** **kabuki-za.co.jp**

El teatro principal para representaciones de *kabuki* se abrió en 1889, durante el reinado del emperador Meiji, y fue parte de la transformación del *kabuki* de entretenimiento diurno de masas a una forma artística más depurada.

Pese a haber sido destruido varias veces, el edificio es uno de los ejemplos más antiguos de uso de materiales y técnicas occidentales al estilo japonés. Casi derruido por los bombardeos aliados de 1945, fue reconstruido en 1951 y dañado de nuevo en 2010; reabrió en marzo de 2013. Ofrece casi a diario representaciones de teatro histórico, danza y obras *kabuki* actualizadas.

↑ El héroe de una función *noh* luchando contra un demonio enmascarado

TEATRO TRADICIONAL JAPONÉS

En Japón se representan todavía de forma regular cuatro tipos de teatro tradicional: *noh, kyogen, kabuki* y *bunraku*. El *noh,* procedente de los ritos sintoístas, se hizo más ritual y ceremonioso, antes de escindirse en diversas formas para entretener a las masas.

NOH

Este austero y poderoso género dramático fue puesto en escena por primera vez por Kan'ami Kiyotsugu (1333-1384). En un escenario desnudo aparecen uno o dos personajes que representan a la vez *kata* (acciones) coreografiadas con música.

KYOGEN

Esta modalidad apareció como interludio cómico para aliviar la naturaleza seria del *noh*. Es un género realista y coloquial cuyos personajes resaltan las flaquezas humanas. En lugar de utilizar máscaras, los actores llevan unas características medias *(tabi)* amarillas.

↑ Actores de *kabuki* en escena, con su vestuario muy ornamentado

KABUKI

Si el *noh* es austero, el *kabuki* es un género ostentoso y colorido. El recargado maquillaje sustituye a las máscaras *noh* y el telón permite cambiar escenografías. Aunque el *kabuki* lo fundó una mujer, todos los actores son hoy varones y los papeles femeninos los interpretan *onnagata* muy cualificados.

BUNRAKU

Los títeres *bunraku* tienen alrededor de 1,2 m de altura y son manipulados por un titiritero principal y dos ayudantes. La acción va acompañada de música *shamisen,* y un narrador cuenta la historia y hace las voces de todos los personajes.

↑ Un títere de *bunraku* tocando una campana ceremonial

← Un arroyo atravesando los encantadores jardines de Hamarikyu, llenos de árboles

 8

Edificio de la Dieta
国会議事堂

F7 1-7-1 Nagatacho, Chiyoda **S** Nagatacho, Kokkai-Gijidomae **8.00–17.00 lu–vi (by reservation)** **sangiin.go.jp**

El edificio de la Dieta (1936) es la sede del Parlamento del Gobierno japonés. La visita guiada (solo en japonés) recorre el impresionante interior, incluyendo el salón de plenos, donde se puede asistir a sesiones plenarias. También es posible echar un vistazo a las salas oficiales que utilizaba el emperador.

Cerca está el único gran parque de estilo occidental del centro de Tokio, el parque Hibiya, núcleo del distrito Hibiya. Su ubicación, al este de los centros políticos de Kasumigaseki y la Dieta, lo han convertido en el escenario preferido para las manifestaciones,

 7

Jardines Hamarikyu
浜離宮庭園

H9 1-1 Hamarikyuteien, Chuo **Shinbashi** **S** Shiodome **9.00–17.00 diario** **tokyo-park.or.jp/teien/en/hama-rikyu**

Situado en la desembocadura del río Sumida, en la bahía de Tokio, este jardín de 25 hectáreas salpicado de plantas coloridas y fragantes como camelias y azaleas fue construido en 1654 como retiro para la familia del sogún,

> **💬 CONSEJO DK**
> **¡Todos a bordo!**
>
> Un crucero por el río Sumida entre los jardines de Hamarikyu y Asakusa, en el norte de Tokio, ofrece una vista poco usual de la ciudad. A bordo de una pequeña barca se pasa bajo vistosos puentes, se divisan los imponentes rascacielos y se descubre a la gente relajándose en los parques de la ribera. Cerca de Asakusa hay barcos que ofrecen travesías nocturnas a la luz de los faroles *(suijobus.co.jp)*.

quien solía cazar aquí patos. Tiene una historia ilustre. El presidente estadounidense Ulysses S. Grant se alojó en una villa de los jardines durante una visita en 1879 y tomó el té en el salón Nakajima. Los jardines que rodean los estanques de patos constituyen un lugar agradable y tranquilo para pasear y relajarse, aunque todos los salones de té, las villas y la vegetación originales quedaron arrasados tras un bombardeo en noviembre de 1944. Pero la casa del té Nakajima ha sido fielmente reconstruida, y hoy parece flotar sobre el estanque. En ella se puede degustar té verde *matcha* y dulces.

→ La imponente entrada a la estación de Tokio, en Marunouchi

especialmente el 1 de mayo. El enorme quiosco de música del centro se utiliza en ocasiones para conciertos.

 9

Marunouchi
丸の内

📍 H6 🚇 Chiyoda 🚈Ⓢ Tokio

Durante el periodo Edo, el barrio se ganó el nombre de Prado del Jugador, ya que su aislamiento hacía de él un lugar idóneo para apostar en la sombra. En el periodo Meiji fue usado por el Ejército, que lo vendió a Mitsubishi en 1890. Con la llegada del ferrocarril este terreno baldío ganó atractivo como zona industrial y, tras el terremoto de 1923, muchas firmas se trasladaron aquí.

La estación de Tokio, diseñada por Kingo Tatsuno y finalizada en 1914, se supone que está inspirada en la estación Central de Ámsterdam. Su cúpula sufrió daños durante los bombardeos de 1945 y tuvo que ser sustituida por el poliedro actual. Los relieves originales que adornan las cúpulas de las salidas norte y sur merecen un vistazo. Frente a la entrada sur se halla el centro comercial KITTE, en cuya primera planta está el centro de información **Tokyo City-i.** El personal ofrece ayu-

¿Lo sabías?
───
Durante el periodo Edo algunos de los señores feudales más poderosos de Japón residían en Marunouchi.

da, en inglés, a los vivitantes. Los fines de semana se celebran talleres de artesanía y otros eventos.

Los interesados en el arte tradicional de Japón no deben perderse el **Museo de las Artes Idemitsu,** que exhibe la vasta colección de Sazo Idemitsu, fundador de una de las petroleras más importantes del país. Las exposiciones, que cambian regularmente, muestran excelentes ejemplos de caligrafía, pintura y cerámica japonesas, y también cerámica china.

Tokyo City-i
🏠 2-7-2 Marunouchi, Chiyoda
🕐 8.00-20.00 diario
🌐 en.tokyocity-i.jp

Museo de las Artes Idemitsu
✏️🏠 3-1-1 Marunouchi, Chiyoda
🕐 10.00-17.00 ma-do (los horarios de las exposiciones varían, consultar web)
🌐 idemitsu-museum.or.jp

Aman Hotel
Un hotel con glamur en un rascacielos, con *jacuzzi* en todas las habitaciones.

📍 H6 🏠 1-5-6 Otemachi, Chiyoda 🌐 amancom/hotels/aman-tokyo

¥ ¥ ¥
───

The Tokyo Station Hotel
Cerca de la estación de Tokio. Un hotel de lujo que es un oasis de paz y sosiego.

📍 H6 🏠 1-9-1 Marunouchi, Chiyoda 🌐 thetokyostationhotel.jp

¥ ¥ ¥
───

Hotel Niwa Tokyo
Este hotel ofrece una visión contemporánea de una posada japonesa tradicional.

📍 G4 🏠 1-1-16 Misakicho, Chiyoda 🌐 hotelniwa.jp

¥ ¥ ¥

10

Torre de Tokio
東京タワー

F9 **4-2-8 Shibakoen, Minato** **Estación Akabanebashi** **9.00–22.30 diario** **tokyotower.co.jp**

La torre de Tokio se construyó en 1958 como símbolo del auge japonés de posguerra y como única torre de retransmisión de la región de Kanto. Su diseño se inspiró en la Torre Eiffel, con dos miradores: el Main Deck a 150 m y el Top Deck a 250 m; ambos ofrecen vistas de la bahía de Tokio, centro de Tokio y del monte Fuji. Merece la pena subir de noche para ver las luces de la ciudad.

Es posible que la Tokyo Skytree *(p. 135)* le haya quitado su puesto como símbolo de la ciudad, pero merece la pena ir a la torre de Tokio por las vistas, así como por los cafés y tiendas de Foot Town, el edificio en la base de la torre.

Al este de la torre de Tokio está el parque Shiba, en cuyo centro se alza el **templo Zojo-ji**, de la familia Tokugawa. Fundado en 1393, Ieyasu Tokugawa se trasladó allí en 1598 para proteger su nueva capital.

LA CULTURA *OTAKU* (FRIKI) DE JAPÓN

Otaku es el término japonés empleado para aludir a las personas con intereses obsesivos, sobre todo por el anime y el manga, pero también por las cámaras, los coches, las estrellas del pop o la electrónica. Aunque inicialmente era peyorativo, como el término *obseso*, cada vez más personas se consideran *otaku*. La subcultura nació en la década de 1980, coincidiendo con la expansión del anime, cuando el cambio de mentalidad social llevó a una parte de la sociedad a considerarse marginados.

El templo actual es de 1974; en las cercanías está la Daimon (puerta grande) reconstruida y la Sanmon (gran puerta), construida en 1622, lo que la convierte en la estructura de madera más antigua de Tokio.

Templo Zojo-ji
 4-7-35 Shibakoen **9.00–23.00 diario** **zojoji.or.jp**

11

Akihabara
秋葉原

H4 **Chiyoda** **Akihabara**

Conocida también como Akiba, Akihabara es la capital oficiosa de algunos de los bienes japoneses más exportados: electrónica, videojuegos y anime. La *ciudad eléctrica* de Tokio se reinventa a sí misma cada 15 o 20 años. En la posguerra fue un mercado destartalado famoso por sus equipos de radio baratos, antes de cambiar ante la demanda de televisiones y lavadoras; tanto es así, que el 10% de los electrodomésticos de Japón se compraron aquí. En la década de 1980, la mayor cadena de tiendas del barrio se trasladó a las afueras y Akiba pasó de los electrodomésticos a la moda por los ordenadores personales. Cuando el interés empezó a am-

pliarse a los videojuegos, el manga y el anime, la cultura *otaku* empezó a abrirse camino en Akiba, y a finales del siglo pasado, la comunidad había encontrado su hogar aquí. Hoy en día, Akihabara es la capital friki anivel mundial. En cuanto al antiguo *corazón electrónico* del distrito, ha sobrevivido, pues muchas tiendecitas venden aún electrodomésticos y *gadgets* de todo tipo.

12

Parque Kitanomaru
北の丸公園

F5 **1-1 Kitanomarukoen, Chiyoda** **Kudanshita, Takebashi** **24 horas diario**

Este parque está ubicado en el antiguo cuartel de la guardia del Palacio Imperial hasta que fue transformado en 1969. Antes de entrar, merece la pena pasar de largo dejando la puerta Tayasumon a la izquierda para alcanzar el Chidorigafuchi (foso oeste), donde se puede alquilar una barca y disfrutar de uno de los mejores espectáculos de cerezos en flor de Tokio.

En Kitanomaru hay varios edificios. Cerca de la puerta Tayasumon está el Nippon Budokan, construido para la competición de artes marcia-

↑ Chillones letreros de neón iluminan las calles de Akihabara

les de las Olimpiadas de 1964. A poca distancia se halla el **Museo de Ciencias.** Entre sus entretenidas exposiciones interactivas hay paseos virtuales en bicicleta y exhibiciones eléctricas. Todas las explicaciones están en japonés.

A cinco minutos, cruzando una calle principal y a la izquierda al bajar la colina se encuentra el **Museo Nacional de Arte Moderno.** El museo, fundado en 1952, ocupa un edificio diseñado por el famoso arquitecto japonés Kunio Maekawa. La colección permanente incluye obras japonesas, desde la Restauración Meiji de 1868 hasta hoy, y las exposiciones temporales son a menudo excelentes. La Galería de Artesanía del Museo Nacional de Arte Moderno estaba originalmente en las mismas instalaciones que el museo, pero en 2020 se trasladó a Kanazawa.

Museo de Ciencias
⊘ 🏠 2-1 Kitanomarukoen, Chiyoda ◷ 10.00-16.50 ju-ma
ⓦ jsf.or.jp

Museo Nacional de Arte Moderno
⊘ 🏠 3-1 Kitanomarukoen, Chiyoda ◷ 10.00-17.00 ma-do (hasta 20.00 vi y sá)
ⓦ momat.go.jp

Parque Kitanomaru: barcas de remos en un foso y paseo durante la temporada de floración de los cerezos ↑

13

Jardín Koishikawa Korakuen
小石川後楽園

📍 F4 🏠 1-6-6 Koraku, Bunkyo Ⓢ Korakuen
◷ 9.00-17.00 diario
ⓦ tokyopark.or.jp/teien/en/koishikawa

Korakuen (el Jardín del Placer Demorado) es uno de los mejores jardines tradicionales para pasear en Tokio. La construcción se inició en 1629 y se completó 30 años después. El intelectual exiliado chino Zhu Shunshui colaboró en el diseño del puente Engetsukyo (luna llena), un arco de piedra cuyo reflejo se asemeja al de la luna llena. El puente Tsukenkyo, copia de un puente de Kioto, impresiona por el contraste entre su color rojo y el verde intenso del bosque que lo rodea.

El jardín representa grandes paisajes en miniatura, incluida Rozan (una montaña china) y el río Oikawa de Kioto. En un estanque está la isla Horai, una composición de piedra y pinos.

Sushi Shin by Miyakawa

Este restaurante de *sushi* en el hotel Mandarin Oriental, cuenta con las mejores vistas de la capital.

📍 H6 🏠 2-1-1 Nihonbashi Muromachi, Chuo
ⓦ sushishin-tokyo.jp

¥ ¥ ¥

Rokurinsha

En este famoso sitio de *tsukemen* (variante del *ramen)*, los fideos se sirven aparte en un bol de caldo bien espeso.

📍 H7 🏠 1-9-1 Marunochi, Chiyoda
📞 (03) 3286-0166

¥ ¥ ¥

Santuario Yasukuni

靖国神社

F5 3-1-1 Kudankita, Chiyoda **S** Estación Kudanshita, Hanzomon, líneas Tozai y Toei Shinjuku Mar-oct: 6.00-18.00 diario; nov-feb: 6.00-17.00 diario yasukuni.or.jp

Yasukuni Jinja, el santuario de la Paz de la Nación, se consagró en 1897, y en él están los 2,5 millones de japoneses muertos en guerra desde la Restauración Meiji (1878). Es un lugar a visitar. Hasta el final de la Segunda Guerra Mundial, el sintoísmo fue la religión oficial, y las cenizas de los caídos se trasladaron aquí sin tener en cuenta a las familias. Aquí descansan también los restos de los estrategas y líderes de la Segunda Guerra Mundial y de las colonizaciones de China y Corea, incluido el primer ministro de entonces, Hideki Tojo, lo cual fue objeto de polémica. Junto al santuario está **Yushukan**, un museo dedicado a las víctimas de las contiendas que muestra el lado más humano de la guerra, como una copia de la última carta que escribió a casa un joven oficial o los objetos personales de una enfermera que murió agotada. Con todo, los cuadros

LA POLÉMICA DE YASUKUNI

Desde 1869, Yasukuni ha rendido homenaje a quienes murieron al servicio de Japón. El santuario es un lugar para el recuerdo de millones de japoneses que perdieron familiares que luchaban por su país. Sin embargo, entre ellos hay unos mil criminales de guerra de la Segunda Guerra Mundial. La idea de que se rinda homenaje a estas personas ha convertido Yasukuni en objeto de enorme polémica entre los países vecinos de Japón, que fueron víctimas de esos crímenes de guerra.

de aire romántico de soldados japoneses en Manchuria y las secciones de armas y aviones pueden perturbar.

Yushukan

 9.00-16.30 diario

Santuario Kanda Myojin

神田明神

H4 2-16-2 Sotokanda, Chiyoda **S** Ochanomizu 24 horas diario kandamyoujin.or.jp

Kanda Myojin tiene cerca de 1.300 años de antigüedad, aunque la estructura actual es una reproducción construida tras el terremoto de 1923. Los guardianes de la puerta son dos taciturnos arqueros: Udaijin, a la

derecha, y Sadaijin, a la izquierda. En el interior hay una gran estatua de piedra de Daikoku, uno de los *shichi-fuku-jin* (siete dioses de la suerte). Aquí, como es norma, aparece sentado sobre dos enormes balas de arroz. El santuario de color rojo y su interior son impactantes. El mejor momento para ver a los sacerdotes sintoístas cumpliendo sus ritos es por la mañana temprano. El Kanda Matsuri, que se celebra a mediados de mayo en años impares (con una versión reducida en años pares), es uno de los festivales más importantes y concurridos de Tokio; conviene acudir temprano.

Detrás del santuario principal hay un **museo santuario** que contiene reliquias relacionadas con la historia de Myojin.

Museo santuario

9.00-16.00 diario

El exterior *akane* (una tonalidad del rojo) del santuario Kanda Myojin ↑

↑ El vistoso y colorido vestíbulo principal del santuario sintoísta de Kanda, en el distrito Chiyoda de Tokio

SINTOÍSMO

El concepto central del sintoísmo, la religión más antigua de Japón, es que las divinidades *(kami)* reinan sobre todas las cosas, vivas, muertas o inanimadas, de la naturaleza. Hoy en día pocos japoneses son sintoístas puros, pero la mayoría de los *jinja* (santuarios) cumplen con muchos preceptos sintoístas y sus rituales se practican junto a los budistas.

PUERTAS SAGRADAS

La aproximacion al *jinja* lleva a los fieles desde el mundo secular al sagrado. A menudo, *torii* rojas marcan el sendero para simbolizar la entrada y unos zorros de pecho rojo guardan los santuarios Inari. En el interior del complejo, la *shimenawa* es una cuerda de paja de arroz trenzada que se cuelga sobre las entradas para ahuyentar el mal y la enfermedad.

HAIDEN Y *HONDEN*

En el *haiden,* o sala de culto, los fieles tañen la campana, echan dinero a una caja y baten palmas dos veces para convocar al *kami.* El *kami* habita en el *honden* (santuario principal), pero normalmente solo se permite a los sacerdotes principales entrar en este lugar sagrado.

KANNUSHI

El sacerdocio sintoísta *(kannushi)* solía transmitirse por vínculos familiares. Algunas dinastías *(shake)* siguen vinculadas a determinados santuarios. Los *kannushi* visten normalmente túnicas blancas y naranjas y ejecutan ceremonias de purificación y otros rituales.

AMULETOS Y TABLILLAS VOTIVAS

En todos los santuarios del país se venden amuletos de la suerte, llamados *omamori.* Suelen estar relacionados con la fertilidad, la suerte y la salud. El buen augurio puede estar escrito también en un pedazo de papel o en una tablilla de madera, que se introduce en una bolsita de tela que puede llevarse en el cuerpo o colgarse de algún lugar relevante. No debe abrirse, so pena de anular sus efectos. También pueden escribirse oraciones y deseos en tablas *ema (arriba),* que se cuelgan en el santuario.

→

Bolsa de tela que contiene un *omamori* de papel

NORTE DE TOKIO

Los distritos Ueno y Asakusa comprenden lo
que se conserva de la vieja Shitamachi (ciudad baja)
de Tokio. Corazón y esencia de la cultura Edo,
Shitamachi pasó a ser tema de muchas estampas
tradicionales japonesas grabadas en madera.
Aquí progresaron mercaderes y artistas, al igual
que el teatro *kabuki*. Como consecuencia de este
ambiente liberal, el barrio rojo de Yoshiwara se
trasladó cerca de Asakusa en el siglo XVII, tras el
Gran Incendio de Meireki en 1657. En 1893 había
más de 9.000 mujeres que vivían y trabajaban en
esta sórdida zona.

Una de las últimas grandes batallas en Japón
tuvo lugar en Ueno en 1868, cuando el ejército del
emperador Meiji venció al del sogunato Tokugawa.
En 1872, el doctor Anthonius Baudin, un médico
militar holandés, apreció la belleza natural de
la zona y solicitó que se convirtiera en uno de los
primeros parques públicos de Japón, en lugar de
convertirse en emplazamiento de un hospital militar
y un cementerio, como estaba planeado. Tras
aceptarse la socitud en 1876, el parque se convirtió
en refugio del arte y el pensamiento, acogió la
primera Exposición Industrial Nacional en 1877 y la
segunda en 1881, para pasar a albergar el Museo
Nacional de Tokio a partir de 1882.

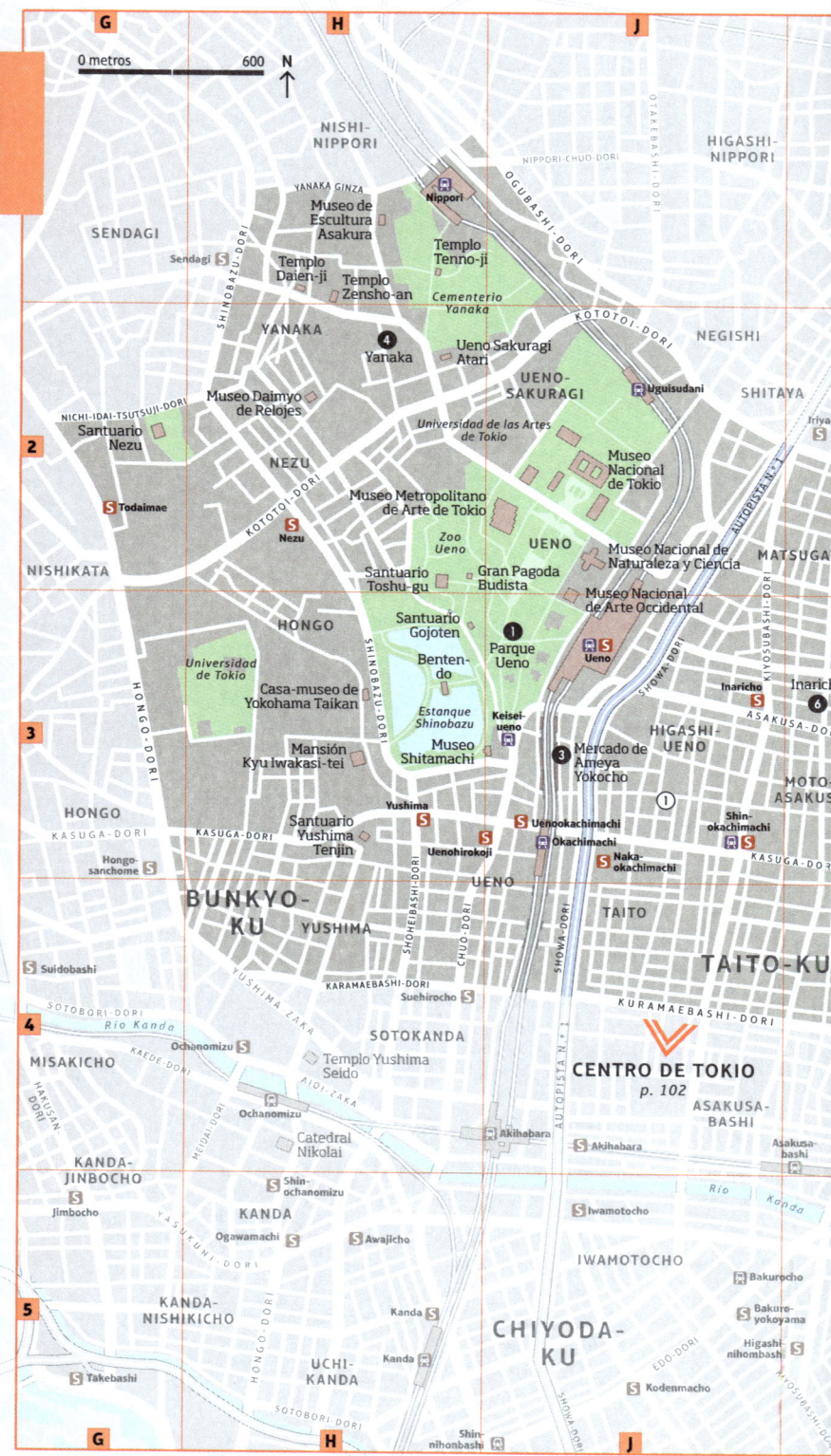

G **H** **J**

0 metros 600 **N**

NISHI-
NIPPORI

YANAKA GINZA
Museo de
Escultura
Asakura

Nippori

Templo
Tenno-ji

SENDAGI

Sendagi

SHINOBAZU-DORI

Templo
Daien-ji

Templo
Zensho-an

Cementerio
Yanaka

NIPPORI-CHUO-DORI

OGUBASHI-DORI

OTAKEBASHI-DORI

HIGASHI-
NIPPORI

KOTOTOI-DORI

NEGISHI

YANAKA

④ Yanaka

Ueno Sakuragi
Atari

UENO-
SAKURAGI

Uguisudani

SHITAYA

Iriya
S

NICHI-IDAI-TSUTSUJI-DORI

Santuario
Nezu

Museo Daimyo
de Relojes

Universidad de las Artes
de Tokio

Museo
Nacional
de Tokio

MATSUGA

2

S Todaimae

NEZU

S
Nezu

KOTOTOI-DORI

Museo Metropolitano
de Arte de Tokio

Zoo
Ueno

UENO

Museo Nacional de
Naturaleza y Ciencia

KIYOSUBASHI-DORI

AUTOPISTA N.º 1

NISHIKATA

HONGO

Santuario
Toshu-gu

Gran Pagoda
Budista

Santuario
Gojoten

Museo Nacional
de Arte Occidental

Inaricho **⑥**

S

Inarich

Universidad
de Tokio

HONGO-DORI

Casa-museo de
Yokohama Taikan

SHINOBAZU-DORI

Bento-
do

Estanque
Shinobazu

①
Parque
Ueno

Ueno

S

ASAKUSA-DO

HIGASHI-
UENO

Inaricho
S

MOTO-
ASAKUS

3

HONGO

KASUGA-DORI

Mansión
Kyu Iwakasi-tei

Museo
Shitamachi

Keisei-
ueno

③ Mercado de
Ameya
Yokocho

①

Shin-
okachimachi
S

KASUGA-DO

Hongo-
sanchome **S**

KASUGA-DORI

Santuario
Yushima
Tenjin

Yushima

S

Uenohirokoji

S

Uénookachimachi

S

Okachimachi

SHOWA-DORI

Naka-
okachimachi
S

BUNKYO-
KU

YUSHIMA

UENO

TAITO

SHOHEIBASHI-DORI

CHUO-DORI

TAITO-KU

S Suidobashi

YUSHIMA ZAKA

KARAMAEBASHI-DORI

Suehirocho **S**

KURAMAEBASHI-DORI

SOTOBORI-DORI
Río Kanda

4

Ochanomizu **S**

KAEDE-DORI

SOTOKANDA

Templo Yushima
Seido

AIOI-ZAKA

CENTRO DE TOKIO
p. 102

AUTOPISTA N.º 1

ASAKUSA-
BASHI

Asakusa-
bashi

MISAKICHO

HAKUSAN-DORI

MEIDAI-DORI

Ochanomizu

Catedral
Nikolai

Akihabara

S Akihabara

Río Kanda

KANDA-
JINBOCHO

S

Shin-
ochanomizu

KANDA

IWAMOTOCHO

S Iwamotocho

Bakurocho

S Jimbocho

YASUKUNI-DORI

Ogawamachi **S**

Awajicho **S**

5

KANDA-
NISHIKICHO

HONGO-DORI

Kanda **S**

CHIYODA-
KU

EDO-DORI

Bakuro-
yokoyama
S

Higashi-
nihombashi
S

S Takebashi

UCHI-
KANDA

Kanda

SOTOBORI-DORI

Shin-
nihonbashi

Kodenmacho **S**

KIYOSUBASHI-D

G **H** **J**

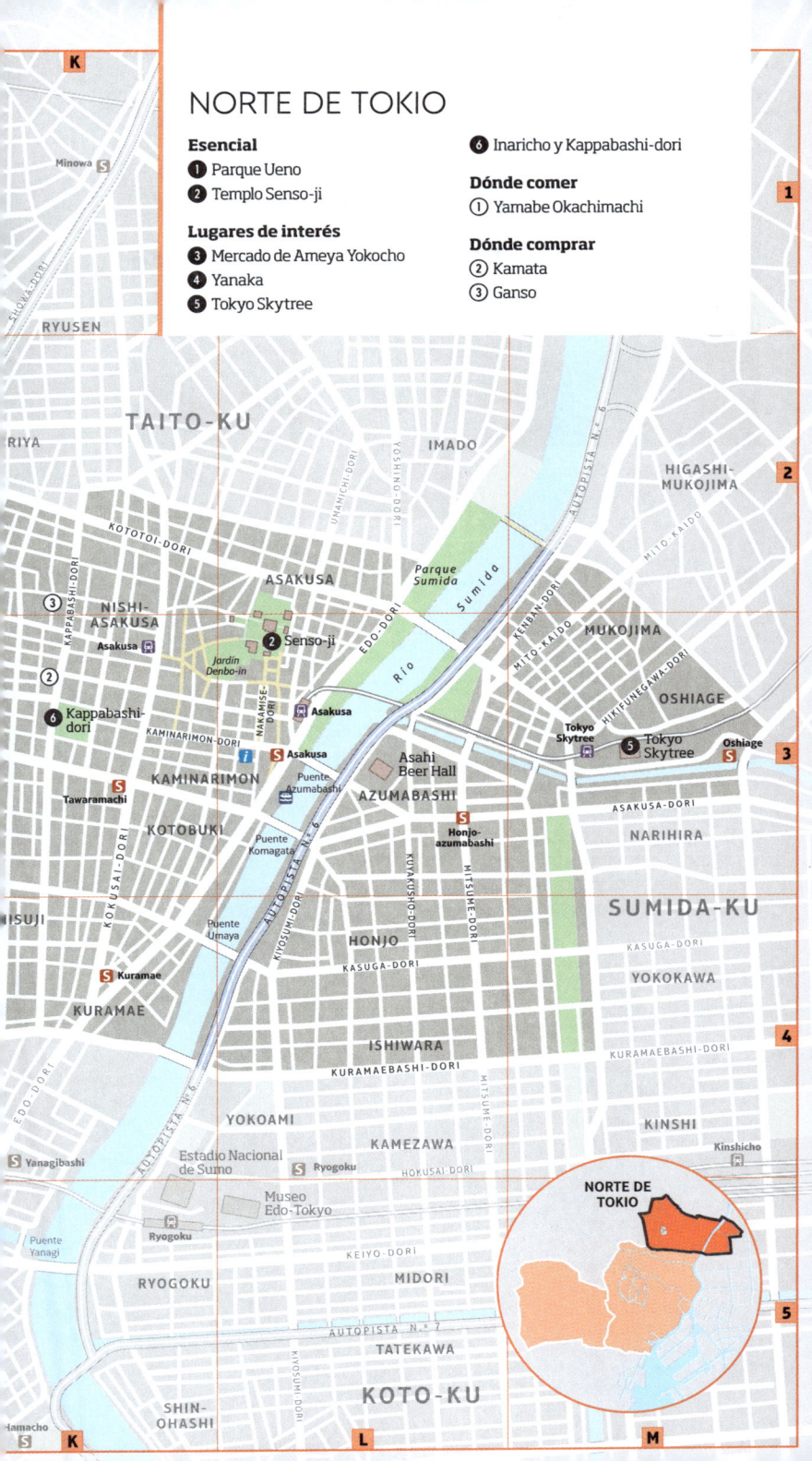

NORTE DE TOKIO

Esencial
1 Parque Ueno
2 Templo Senso-ji

Lugares de interés
3 Mercado de Ameya Yokocho
4 Yanaka
5 Tokyo Skytree

6 Inaricho y Kappabashi-dori

Dónde comer
1 Yamabe Okachimachi

Dónde comprar
2 Kamata
3 Ganso

Pícnic con *hanami* bajo los cerezos en flor del parque Ueno

1

PARQUE UENO

上野公園

J3 5-20 Uenokoen, Taito Uguisudani, Ueno Ueno

El parque Ueno, que se viste de rosa cada primavera al florecer el cerezo, es uno de los espacios verdes más bonitos de Tokio y también de los más representados, tanto en grabados en madera como en pinturas y hasta en relatos. Además de esa efímera belleza natural, el parque alberga otros atractivos, desde museos de arte moderno hasta apacibles templos.

1

Museo Shitamachi

2-1 Uenokoen, Taito Consultar horario previamente taitocity.net/zaidan/shitamachi

Reabierto tras una profunda reforma en 2025, este museo ubicado a la orilla del estanque Shinobazu está consagrado a preservar el espíritu de Shitamachi, la zona alrededor del río Sumida que estuvo habitada por los menos favorecidos. Además de réplicas de tiendas del periodo Edo, la muestra incluye unos 50.000 objetos, entre ellos juguetes tradicionales, herramientas y fotografías, todo ello donado por residentes de Shitamachi.

2

Museo Metropolitano de Arte de Tokio

8-36 Uenokoen, Taito
9.30-17.30 diario
1° y 3° lu de cada mes
tobikan.jp/en

Abierto en 1926, fue el primer museo público dedicado al arte en Japón, creado con la ayuda de una donación del industrial Keitaro Sato. Hoy acoge una ecléctica mezcla de arte japonés y occidental. La entrada es gratuita, pero se cobra entrada para exposiciones especiales, que han incluido una retrospectiva del pintor noruego Edvard Munch (1863-1944), una mirada a los grabados en madera *ukiyo-e* y exposiciones de artistas locales.

3

Museo Nacional de Naturaleza y Ciencia

7-20 Uenokoen, Taito
9.00-17.00 ma-do
kahaku.go.jp

Este museo, que alberga una reproducción de una ballena azul tamaño natural en su entrada, ocupa la esquina noreste del parque Ueno. Además de magníficos esqueletos de dinosaurios, muestra en sus cuatro pisos exposiciones dedicadas a temas como la historia y la naturaleza de las islas de Japón, los inventos japoneses desde el periodo Edo y los orígenes del planeta.

4

Museo Nacional de Arte Occidental

7-7 Uenokoen, Taito
9.00-17.30 ma-do, 9.00-20.00 vi y sá nmwa.go.jp

El NMWA se creó en 1959 tomando como base la

colección privada del magnate japonés Kojiro Matsukata. Exhibe obras de pintores como Van Cleve, Van Ruysdael y Rubens, y de otros del siglo XIX y principios del siglo XX, como Gauguin, Monet, Renoir y Van Gogh, entre otros.

---

⑤

Santuario Tosho-gu

🏠 9-88 Uenokoen, Taito
🕐 Mar-sep: 9.00-17.30 diario; oct-feb: 9.00-16.30 diario Ⓦ uenotoshogu.com

Construido en honor de Ieyasu Tokugawa en 1627, el Tosho-gu es poco refinado, pero destacan sus intrincados labrados y su pan de oro. Mediados de abril a mediados de mayo es el momento ideal para visitarlo, cuando el jardín de peonías –se cobra entrada– está en flor. El santuario se llena en época de exámenes de estudiantes que acuden a pedir suerte.

---

⑥

Estanque Shinobazu

🏠 5-20 Uenokoen, Taito
🕐 24 horas diario

Este pintoresco estanque, de casi 2 km de diámetro, domina la parte sur del parque Ueno. Está dividido en tres secciones y tiene un templo en la pequeña isla central. La segunda sección está preparada para dar paseos en barca y es también refugio de cormoranes y algunas aves migratorias. La tercera está cubierta por plantas de loto, que florecen en julio.

---

⑦

Templo Kiyomizu Kannon-do

🏠 1-29 Uenokoen, Taito
🕐 9.00-17.00 diario
Ⓦ kiyomizu.kaneiji.jp

El templo más antiguo de Tokio, Kannon-do, fue construido durante los primeros años del sogunato Tokugawa como parte del complejo de templos Kan'ei-ji, que en su apogeo incluía 68 estructuras repartidas por lo que ahora es el parque Ueno.

Su imagen más característica es el Pino de la Luna, podado para formar un círculo con sus ramas y representado en *100 Famosas Vistas de Edo*, la famosa serie de grabados *ukiyo-e* obra de Hiroshige.

💬 CONSEJO DK
Sakura en flor

El parque Ueno cuenta con más de mil cerezos *(sakura)*. Cada primavera, en apenas tres semanas, más de dos millones de personas visitan el parque y hacen pícnics para disfrutar del *hanami* (contemplar los cerezos en flor). Encontrar el momento para organizar un *hanami* pícnic es fácil consultando las previsiones de floración *(sakura.weathermap.jp)*.

Exterior del Honkan,
el edificio principal del
Museo Nacional de Tokio

1 En la Sala Conmemorativa Kuroda se exponen obras de estilo occidental de Seiki Kuroda, como *Lakeside* (1897).

2 La Galería de Tesoros de Horyu-ji exhibe objetos llegados de ese templo cercano a Nara, entre ellos curiosas estatuas de los siglos VII y VIII.

3 El edificio Honkan guarda numerosos *ukiyo-e* (grabados en madera), como estos retratos del siglo XIV de los 36 poetas inmortales.

Heiseikan

Galería de
Tesoros
de Horyu-ji

Honkan

Hyokeikan

*Parque
Ueno*

Toyokan

Plano de situación
Para más detalles ver p. 124

Yamabe Okachimachi

En lugar de comer en los restaurantes del museo (más caros), aquí se puede degustar el sabroso *tonkatsu* (cerdo empanado).

📍 J3 🏠 6-2-6 Ueno, Taito
📞 (03)-5817-8076

¥ ¥ ¥

⑧ 〰 〰 🍴 🖥 🛍

MUSEO NACIONAL DE TOKIO

東京国立博物館

📍 J2 🏠 13-9 Uenokoen, Taito 🚉 Ueno 🕐 9.30-17.00 ma-do 🌐 tnm.jp

Siete edificios situados en el rincón nororiental del parque Ueno constituyen uno de los mejores museos de Tokio. Expone toda clase de objetos, desde kimonos hasta hallazgos arqueológicos, y ofrece una interesante visión de la historia y la cultura de Japón.

Más de 110.000 piezas constituyen la colección del Museo Nacional de Tokio –la mejor recopilación del mundo de arte japonés– y las exposiciones cambian con frecuencia, pues solo se muestran a la vez unos 4.000 objetos. El museo también acoge exposiciones temporales que abarcan arte y otras zonas de Asia. Si se tiene poco tiempo, lo mejor es ir a la segunda planta del edificio Honkan, que supone una magnífica introducción al legado japonés. Hay audioguías en español y la señalización del museo está en inglés. Si se dispone de más tiempo, en el resto de edificios del museo hay estatuas antiguas, numerosas piezas de cerámica china y hasta cuadros impresionistas.

¿Lo sabías?

El Museo Nacional de Tokio es el más antiguo de Japón.

Estatua de madera
de una deidad sintoísta ↑
en el edificio Honkan

Explorando las galerías

El Honkan es el edificio principal, que alberga arte japonés que
abarca desde la Antigüedad hasta los maestros modernos. Al sur
queda el Toyokan, con arte oriental no japonés. El Hyokeikan de
Bellas Artes (1909) está cerrado al público salvo para
exposiciones especiales. Detrás se hallan la Galería de Tesoros de
Horyu-ji, que acoge sorprendentes objetos donados a la familia
imperial por el templo Horyuji, de Nara, y el Heiseikan, que
alberga exposiciones de arqueología. La entrada incluye el
acceso a todos los edificios, lo que permite sacarle el máximo
partido a este enorme museo.

> CONSEJO DK
> **Visita con la *app***
>
> Tohaku Navi, la *app* oficial
> del Museo Nacional,
> ofrece tres visitas
> guiadas gratuitas para
> recorrer el museo, que el
> visitante puede elegir
> según sus intereses.

Un panel de Shuki ↑
Okamoto expuesto en la
galería Honkan

TOP 4 EXPOSICIONES IMPRESCINDIBLES

Ukiyo-e
El Honkan tiene muchos grabados poéticos en madera que datan de los siglos XVII a XIX.

Budas de bronce dorados
No hay que perderse la colección de estatuas de entre 30 y 40 cm de la Galería de Tesoros de Horyu-ji.

Arte coreano
En el Toyokan se exhiben piezas de la antigua Corea, algunas de la Edad del Bronce (100 a. C. a 300 d. C.).

Figuras *haniwa*
Desde guerreros hasta caballos, en el Heiseikan hay encantadores ejemplos de estas figuras de barro.

Galerías del museo

Honkan

▷ En dos plantas, la galería muestra una exposición cronológica de arte japonés, desde figuras de arcilla de la era Jomon (desde 10000 a. C.) hasta grabados *ukiyo-e* en madera del siglo XIX. También se expone caligrafía, utensilios para preparar el té, armaduras y telas utilizadas en representaciones *noh* y *kabuki*. Las exposiciones de la primera planta son temáticas, con escultura, lacas, espadas y arte moderno de influencia occidental. La mejor forma de visitarla es en sentido contrario a las agujas del reloj.

Toyokan

Inaugurado en 1968, el Toyokan exhibe una excelente y ecléctica colección de arte asiático que abarca desde tejidos hasta cerámica. Muchas de las piezas son de China y Corea, debido a su relación histórica con Japón. En la primera planta se exponen hermosas estatuas budistas, mientras que la segunda contiene esculturas de la India, así como objetos de Egipto y Oriente Próximo. En las plantas tercera y cuarta se distribuye una colección de arte chino y la última planta está dedicada a la historia de Corea, incluidos el ascenso y caída de los reyes del país.

Heiseikan

Construido en 1993 para celebrar la boda del príncipe Tsugu -que sería luego Akihito, emperador hasta 2019-, el Heiseikan atesora una magnífica colección de hallazgos arqueológicos japoneses con objetos de entre los años 10.000 y 7.000 a. C. y posteriores e importantes muestras temporales. Destacan en esta colección, sin duda, las figuras *haniwa*, término que significa literalmente 'anillo de arcilla'. Estas figuras de barro realizadas entre los siglos IV y VII, a las que se otorgaba valor protector, se enterraban en la sepultura junto a los difuntos. La sala también alberga hallazgos del periodo Jomon (14.500-300 a C), como las estatuillas *dogu*, figuras de cerámica con los ojos saltones.

Galería de Tesoros de Horyu-ji

◁ Cuando quedó dañado el templo Horyu-ji *(ver p. 232)*, cerca de Nara, durante las reformas Meiji, el empobrecido templo donó parte de sus tesoros a la familia imperial a cambio de dinero para afrontar las reparaciones. Más de 300 de aquellos preciados tesoros, incluidos raras estatuillas budistas antiguas, máscaras utilizadas para las danzas *gigaku* y preciosos biombos pintados, se muestran hoy en esta moderna galería, diseñada por Yoshio Taniguchi.

Sala Conmemorativa Kuroda

Dedicado a Seiki Kuroda (1866-1924), este edificio exhibe los óleos, bocetos y otras obras de estilo occidental del artista. También hay una colección de cartas del pintor, que dan una idea más amplia de la figura de Kuroda y la época en que vivió.

2 🛍

TEMPLO SENSO-JI

浅草寺

📍L3 🏠2-3-1 Asakusa, Taito 🚊Asakusa, Tobu-Asakusa 🚇Asakusa ⏰Salón
principal: 6.00-17.00 diario (oct-mar: 6.30-17.00); Nakamise-dori: 9.30-19.00
diario (las horas de cada día varían) 🌐senso-ji.jp

**Conocido popularmente como Asakusa Kannon, el templo es el más
sagrado y espectacular de Tokio. Las estructuras son impresionantes,
pero es la gente que acude aquí cada día la que convierte el lugar en
un sitio tan especial.**

En el año 628 d. C., dos pescadores que faenaban en el río Sumida pescaron una estatuilla de oro de Kannon, diosa budista de la piedad. En primer lugar, el patrón de los pescadores le hizo un santuario. Después, en 645, el santo Shokai edificó un templo para la diosa. La fama, la riqueza y el tamaño del templo crecieron hasta que Ieyasu Tokugawa le otorgó una gran extensión de tierra. Cuando el barrio de recreo de Yoshiwara se trasladó cerca de aquí en 1657, el templo incrementó su popularidad. El templo sobrevivió al terremoto de Kanto de 1923, pero no a los bombardeos de la Segunda Guerra Mundial; aun así, se conserva la disposición original del periodo Edo. En la actualidad, los aromas de incienso siguen surcando el aire y la gente deambula por las tiendas de la Nakamise-dori, que lleva al templo.

Jardín

1 La pagoda de cinco pisos que contiene las cenizas de Buda es una réplica de 1973 de la estructura original.

2 Construida en hormigón armado en 1964, la puerta Hozomon de dos alturas alberga en la planta superior un tesoro con varios aforismos chinos del siglo XIV.

3 Una de las muchas tiendas de recuerdos y comida tradicional en la amplia Nakamise-dori, que lleva al templo.

La puerta Kaminarimon o del Trueno está coronada por las estatuas de los guardianes Fujin (derecha) y Raijin (izquierda), que tienen cabeza de anciano y cuerpo de joven.

Pabellón Awashima-do

El pabellón Yogodo alberga ocho estatuas de Buda.

Pagoda de cinco pisos

El pabellón principal, decorado con pinturas, guarda la imagen original de Kannon en un santuario de oro y plata.

Asakusa jinja, construido en 1649, está dedicado a los pescadores que hallaron la estatua de Kannon.

La puerta de Niten-mon se construyó en 1649.

Quemador de incienso.

Puerta Hozomon

La campana del campanario Benten-yama Shoro se usaba para marcar la hora en Edo.

Nakamise-dori está repleta de tiendas de recuerdos.

← El complejo del templo Senso-ji, al que lleva la Nakamise-dori

↑ Nakamise-dori, en dirección a la puerta Hozomon

💬 CONSEJO DK
Los callejones

Senso-ji está en el corazón de Asakusa, donde pervive el ambiente del Tokio de posguerra. Tras visitar el templo, se pueden explorar los callejones de esta zona antigua, para encontrar alguno de sus locales callejeros, donde las cajas sirven de mesas.

LUGARES DE INTERÉS

❸

Mercado de Ameya Yokocho

アメヤ横丁

⑨ J3 **⌂** 4-9-14 Ueno, Taito
Ⓜ Okachimachi, Ueno
Ⓢ Ueno, Ueno-Okachimachi

Ameyoko, uno de los grandes bazares de Asia, es un lugar donde se puede encontrar casi de todo, y casi siempre rebajado. En el periodo Edo, era el lugar al que se acudía a comprar *ame* (caramelo). Después de la Segunda Guerra Mundial comenzaron a venderse productos del mercado negro, como alcohol, cigarrillos, chocolate y medias de nailon, y *ame* adquirió su segundo significado como abreviatura de americano (*yoko* significa 'callejón'). La zona de tiendas apiñadas bajo

Kamata

Los famosos cuchillos de Kamata, hechos en Kappabashi, se fabrican con el mismo metal y los mismos principios que las espadas samuráis. Imprescindible para todo cocinero que se precie.

⑨ K3 **⌂** 2-12-6 Matsugaya, Taito
Ⓦ kap-kam.com

Ganso

Esta tienda de Kappabashi vende *sanpuru* (comida de plástico), que se exhibe en los escaparates de los restaurantes. También organiza talleres de creación de *sanpuru*.

⑨ K2 **⌂** 3-7-6 Nishiasakusa, Taito
Ⓦ ganso-sample.com

el paso elevado del tren ya no es un mercado negro, pero se pueden encontrar marcas extranjeras a precio de saldo. Los puestos de comida y pescado flanquean la calle que sigue la vía.

---

❹

Yanaka

谷中

⑨ H2 **⌂** Taito **Ⓜ** Nippori

Esta zona sobrevivió al terremoto de Kanto de 1923 y a los bombardeos de la Segunda Guerra Mundial. Yanaka guarda algo del ambiente de Shitamachi, con sus casas apiñadas en callejones estrechos y sus puestos tradicionales.

El gran cementerio de Yanaka debe visitarse en la época de floración de los cerezos. En su interior está Tenno-ji, un templo con un gran buda de bronce que data de 1690. Al oeste de Tenno-ji está el **Museo de Escultura Asakura,** hogar del escultor Fumio Asakura (1883-1964). En la segunda planta hay una deliciosa sala repleta de pequeñas estatuillas de uno de sus temas preferidos, los gatos, pero es en el pequeño jardín donde se halla la verdadera joya del museo, una composición tradicional de agua y piedra. Al noroeste, Yanaka Ginza, la calle comercial del barrio, tiene tiendas tradicionales y casas de comidas familiares. Oculto entre los callejones más antiguos y rodeado de cafés y bares está el **SCAI the Bathhouse,** una galería de arte contemporáneo que ocupa una antigua casa de baños. A poca distancia de aquí se halla el **Museo Daimyo de Relojes,** que exhibe unos 100 relojes del periodo Edo perfectamente cuidados y muy bien expuestos.

Museo de Escultura Asakura

♿ **⌂** 7-18-10 Yanaka, Taito
🕐 9.30-16.30 ma-mi y vi-do
Ⓦ taitocity.net/zaidan/english/asakura

SCAI the Bathhouse

⌂ 6-1-23 Yanaka, Taito
🕐 12.00-18.00 ma-sá
Ⓦ scaithebathhouse.com

Museo Daimyo de Relojes

♿ **⌂** 2-1-27 Yanaka, Taito
☎ (03) 3821-6913 **🕐** 10.00-16.00 ma-do **🚫** 25 dic a 14 ene

↑ La modesta entrada del encantador Museo de Escultura Asakura

Tokyo Skytree
東京スカイツリー

 M3 ⬛ 1-1-2 Oshiage, Sumida ⬛S Tokyo Skytree, Oshiage ⬛ 10.00-21.00 (los horarios varían) ⬛ tokyoskytree.jp

Con sus 634 m de altura, es la estructura más alta de Japón. Su función principal es la radiodifusión, pero la torre Skytree también acoge un gran centro comercial, un restaurante, un acuario y un planetario. El observatorio Tembo Deck, a 350 m de altura, ofrece vistas 360° de Tokio. Otro observatorio es Tembo Galleria, a 450 m, el de mayor altura de Japón. Los días despejados se llega a ver el monte Fuji.

6

Inaricho y Kappabashi-dori
稲荷町とかっぱ橋通り

K3 ⬛ Taito S Inaricho, Tawaramachi

Inaricho es donde se venden artículos religiosos al por mayor: pequeñas cajas de madera para meter budas y fotos, faroles de papel, flores de latón (jouka), altares sintoístas para el hogar e incluso cuentas para rezar.

Kappabashi-dori, que debe su nombre al duende mitológico del agua (kappa), que supuestamente ayudó a construir un puente (bashi) aquí, es la zona para comprar artículos de cocina y también la comida de plástico (sanpuru) que se expone en los escaparates de los restaurantes japoneses. Aunque es de imitación se vende, y su precio es mucho más alto que el de la comida real.

→

La esbelta Tokyo Skytree es protagonista del perfil de la ciudad

FUERA DEL CENTRO

El área metropolitana de Tokio, que cuenta con una población de alrededor de 37 millones de personas, es con diferencia la zona urbana más grande del planeta. Entre los distritos de las afueras de Tokio se hallan algunos de los más representativos de la ciudad; ya se trate del foco cultural de Ikebukuro, de las islas artificiales de la bahía de Tokio o de los barrios a la moda de Ebisu, Daikanyama o Meguro, en el oeste. Aquí también se encuentran algunas de las zonas urbanísticas más impactantes, como Toyosu, donde se encuentra uno de los centros comerciales más grandes de Tokio y del inmenso mercado de pescado. Cerca, la futurista Odaiba y sus amplios alrededores son un soplo de aire fresco que contrasta con el frenético centro de la ciudad.

Esencial

1 Mercado de pescado Toyosu

Lugares de interés

2 Museo Gotoh
3 Museo de Artesanía Popular de Japón
4 Ikebukuro
5 Línea Toden Arakawa
6 Ebisu
7 Templo Sengaku-ji
8 Museo Ghibli
9 Jardín Rikugi-en
10 Ryogoku
11 Odaiba

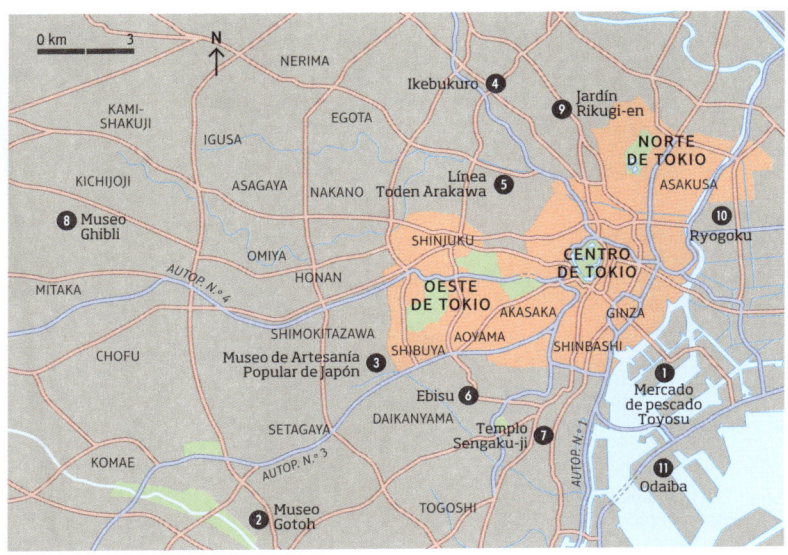

❶
MERCADO DE PESCADO TOYOSU

豊洲市場

🏠 6-6-2 Toyosu, Koto-ku 🚇 Shijo-mae 🕐 5.00–15.00 lu-sá 🌐 shijou.metro.tokyo.lg.jp/english/toyosu

El mercado de pescado Toyosu, el más grande del mundo de este tipo, comercializa unas 1.200 toneladas de pescado cada día. La mayoría de los visitantes acuden aquí no para comprar pescado, sino para empaparse de la pujante vida del mercado y para comer fantástico marisco.

Tras años de retraso, este vanguardista mercado de pescado se inauguró en 2018 en Toyosu, a solo 1,6 km de su emplazamiento anterior en Tsukiji. Más elegante y menos caótico que su predecesor, el diseño de Toyosu evita las tensiones que se daban entre turistas y comerciantes. Hay que asistir a la subasta diaria de atún (reserva previa) desde la plataforma de observación. Se produce a partir de las 5.30 y dura una hora, en la que grandes peces se exponen ante los compradores. Aunque los visitantes no pueden comprar aquí, muchos vendedores de *sushi* que trabajaban cerca del mercado de Tsukiji se han mudado a Toyosu, lo que garantiza a los visitantes parte del *sushi* más fresco.

VENTA DE ATÚN

Toyosu está especializado en *maguro* (atún) de lugares como Nueva Zelanda o el Atlántico norte. Los japoneses consumen más o menos 450.000 toneladas de atún al año y se comen el 80% crudo en forma de *sashimi*, lo que requiere los mejores cortes del pescado. El número de ejemplares del muy valorado atún rojo del sur del océano Pacífico, la mejor variedad para el *sashimi*, está descendiendo sin cesar, pese a los esfuerzos de controlar su población. La industria pesquera japonesa ha sido objeto de examen, pues otros países presionan para que restrinja sus actividades.

→

Puestos concurridos repletos de pescado fresco en el mercado Toyosu

1 Exterior del gigantesco mercado de pescado de Toyosu, un lugar bullicioso al que acuden muchos compradores, pero también visitantes que vienen a disfrutar de su ambiente y a comer su fantástico marisco.

2 Los compradores examinan el atún antes de pujar por él.

3 Además de pescado, los comerciantes venden fruta y verdura, como *wasabi*, en una zona asignada para ello.

¿Lo sabías?

La zona de subasta de pescado está refrigerada casi a 0 °C; ¡hay que ir abrigado!

↑ Un chef preparando distintos tipos de *sushi* en un restaurante de Tokio

SUSHI Y SASHIMI

Los recién llegados a Japón suelen quedar fascinados por estos omnipresentes platos. Mientras que el *sashimi* son filetes de pescado crudo cortados en lonchas y servidos sin arroz, hay varios tipos de *sushi* (escrito con el sufijo *zushi*), pero la base es cubrir o envolver arroz frío –ligeramente endulzado y aderezado con vinagre–, con pescado crudo u otros ingredientes, como algas secas o verduras.

NIGIRI-ZUSHI

Las lonchas de pescado fresco se extienden sobre barritas de arroz moldeado con una pizca de *wasabi* en medio. Se moja en salsa de soja y se consume de un bocado.

CHIRASHI-ZUSHI

Este estilo supone una combinación de aderezos, entre los que hay pescado, trozos de tortilla y verdura, dispuestos sobre un lecho de arroz frío.

MAKI-ZUSHI

El *sushi* enrollado es muy común fuera de Japón. El arroz se mezcla con finas rodajas de pescado y otras piezas y se enrollan en una lámina de algas tostadas *(nori)*.

SASHIMI

Los filetes del pescado crudo más fresco se pueden servir solos. El *sashimi* es exquisito y cremoso y su único acompañamiento debe ser la salsa de soja, el *wasabi*, *daikon* (rábano) y una hoja de *shiso*.

PESCADOS HABITUALES

De las aproximadamente 3.000 variedades de pescado que se comen en Japón, las más comunes son *maguro* (atún), *tai* (besugo), *buri* (jurel), *saba* (caballa), crustáceos como *ebi* (gamba) o *kani* (cangrejo) y otros pescados que suelen salarse, como *sake* (salmón) o *tara* (bacalao). Se encuentran en los menús y los mercados durante todo el año, pero algunos son estacionales. En primavera se come *ayu* (pez dulce), un pez de río; en primavera y otoño *katsuo* (atún listado); en verano *unag* (anguila), y en otoño, *sanma* (sauri). En cambio, el invierno es época de *dojo* (locha), *anko* (rape) y *fugu* (pez globo), apreciado por su sabor, pero temido por las toxinas tóxicas del hígado y las huevas.

LUGARES DE INTERÉS

**② **

Museo Gotoh
五島美術館

⌂ 3-9-25 Kaminoge, Setagaya
🚉 Línea Tokyu Denentoshi, desde la estación Shibuya hasta Futako-Tamagawa, luego línea Tokyu Oimachi hasta estación Kaminoge
🕐 10.00-17.00 ma-do **🌐** gotoh-museum.or.jp

Ubicado en un jardín sobre una ladera, el museo expone la colección privada del último presidente de Tokyu Corporation, Keita Gotoh. Su gran interés por la escuela zen se originó en su atracción por la caligrafía budista, sobre todo la de los sacerdotes del siglo XVI. La colección contiene muchos ejemplos de esta disciplina, denominada *bokuseki*. Además, hay cerámica, pintura y espejos montados en metal. Sus piezas más famosas son los rollos del siglo XII que contienen escenas de *La novela de Genji* pintadas por Fujiwara Takayoshi. Se exponen una vez al año, habitualmente en la Semana Dorada (20 abr-5 may). El museo cierra durante las obras de mantenimiento de verano, cuando cambian las exposiciones, y el día de Año Nuevo.

**③ **

Museo de Artesanía Popular de Japón
日本民芸館

⌂ 4-3-33 Komaba, Meguro
🚉 Estación Komaba-Todaimae, línea Keio Inokashira **🕐** 10.00-17.00 ma-do
🌐 mingeikan.or.jp

El que los japoneses conocen como Mingeikan es un pequeño pero excelente museo creado por el historiador de arte Soetsu Yanagi. El edificio, diseñado por Yanagi y terminado en 1936, incorpora azulejos negros y estuco blanco en el exterior. La colección del museo alberga objetos de uso diario realizados en su mayoría por artesanos anónimos que son representativos de la región de la que proceden. Incluyen desde cestas hasta hachas, teteras de hierro, cerámica y kimonos, que ofrecen una visión fascinante de la vida rural. También hay exposiciones de algunos de los primeros miembros del movimiento Mingei, como Bernard Leach y Shiko Munataka, y una sala dedicada a obras coreanas de la dinastía Yi. En la pequeña tienda de regalos venden bellas piezas de artesanía y algunos libros.

Belg Aube Toyosu
Este café sirve gran variedad de cervezas belgas y de platos europeos, como jamón ibérico, pato confitado y mejillones.

⌂ LaLaport Toyosu 1F, 2-4-9 Toyosu, Koto
📞 (03) 6910-1275

Tokyo Port Brewery
La única fábrica de sake de los 23 distritos de Tokio en la que se puede degustar *umeshu* (vino de ciruela) y *nihonshu* (vino de arroz).

⌂ 4-7-10 Shiba, Minato **🌐** tokyoportbrewery.wkmty.com

Spring Valley Brewery
Las cervezas de grifo en este *pub* abarcan todas las variedades, desde las *pilsners* con cuerpo y las IPA, hasta las cervezas de frutas.

⌂ Log Road Daikanyama, 13-1 Daikanyama, Shibuya
🌐 springvalleybrewery.jp

¿Lo sabías?

Keita Gotoh fue profesor de escuela antes de adentrarse en el mundo de los negocios.

Exterior del Museo de Artesanía Popular de Japón, diseñado por el artista-historiador que lo fundó

Ikebukuro
池袋

🏠 Toshima 🚇S Ikebukuro

Ikebukuro es uno de los distritos de *otaku* más famosos de Japón. Aquí está la sede de la mayor cadena de tiendas dedicadas al mundo anime de todo el país, Animate, y varios locales de su Animate Cafe, donde todo –la decoración, el menú y el *merchandising* exclusivo– es de temática anime y cambia cada pocos meses.

Aunque el distrito friki más famoso de Tokio sea Akihabara *(p. 118)*, Ikebukuro es más popular entre las mujeres, pues las tiendas se centran en series con muchísimas seguidoras. El distrito tiene hasta un *butlers café* (un café con mayordomo) *(www.butlers-cafe.jp)*, al igual que Akihabara tiene sus típicas versiones con doncella. Incluso sin ser un *otaku* se disfruta del barrio, pues está lleno de tiendas, salas de juegos, bares y restaurantes. También cuenta con el **Sunshine City,** un centro comercial con acuario, mirador y parque de atracciones.

Sunshine City
🏠 3-1 Higashiikebukuro, Toshima 🕐 Los horarios varían, consultar web 🌐 sunshinecity.jp

↑ Espectacular vista del distrito Ikebukuro desde el mirador Sky Circus Sunshine 60, en Sunshine City

Línea Toden Arakawa
都電荒川線

S Muchas estaciones

En 1955, 600.000 personas utilizaban a diario las decenas de líneas de tranvía que recorrían la ciudad. Hoy solo se conservan los 13 km de la línea Toden Arakawa y, en manos privadas, la línea Tokiu Setagaya. Las demás fueron desechadas durante la modernización para los Juegos Olímpicos de 1964.

La línea Toden Arakawa va desde Waseda, al oeste, hasta Minowabashi, al este, por 170 yenes. Cerca de Waseda está la Biblioteca Haruki Murakami y el tranquilo jardín de paseo Shin Edogawa de Higo-Hosowaka Telen. En el trayecto hay varios lugares de interés, pero el placer del viaje radica en poder conocer un tranquilo barrio residencial de Tokio. A escasa distancia a pie desde la parada Arakawa Yuenchi-mae, dejando atrás una serie de casas apiñadas, se llega al **Parque de atracciones Arakawa,** de estilo retro. Frente a la parada Arakawa Nanachome está el Parque Natural Arakawa.

Parque de atracciones Arakawa
◈ 🏠 6-35-11 Nishiogu, Arakawa 📞 (03) 3893-6003

Un tranvía nocturno recorriendo la línea de Toden Arakawa ↑

Ebisu
恵比寿

🏠 Shibuya 🚇S Ebisu

Cuando en la década de 1990 se terminó el centro comercial y residencial Yebisu Garden Place, la zona tomó vida. A la derecha, en el **Museo de Arte Fotográfico de Tokio** hay una colección permanente de fotografía. El centro tiene una tienda Mitsukoshi, *boutiques*, dos cines, un teatro y restaurantes. A la izquierda de Mitsukoshi está el **Museo de la Cerveza Yebisu,** dedicado a Sapporo, la historia de la marca mundialmente conocida, con exposiciones y vídeos.

Museo de Arte Fotográfico de Tokio
◈ 🏠 1-13-3 Mita, Meguro 🕐 10.00-18.00 ma-do, 10.00-20.00 ju y vi 🌐 topmuseum.jp

¿Lo sabías?
El distrito Ebisu recibió ese nombre por la marca de cerveza Yebisu.

Museo de la Cerveza Yebisu

 4-20-1 Ebisu, Shibuya
Por reforma sapporobeer.jp/english/brewery/y_museum

7

Templo Sengaku-ji
泉岳寺

2-11-1 Takanawa, Minato
Estación Sengaku-ji
Templo: 7.00–17.00 diario; sala conmemorativa: 9.00–16.00 diario sengakuji.or.jp

En este templo tuvo lugar la historia de lealtad y venganza más famosa de Japón, recreada por la obra *Chushingura* y muchas películas. El señor feudal Asano fue condenado a muerte por *seppuku* (destripamiento)

Estatua del líder *ronin* Oishi Kuranosuke en Sengaku-ji

por haber desenvainado su espada ante el acoso del señor Kira. Negado su derecho de venganza, 47 samuráis de Asano (convertidos en *ronin*, samuráis sin dueño) liderados por Oishi Kuranosuke urdieron su venganza. En 1702 atacaron la casa de Kira y lo decapitaron, colocando su cabeza ante la tumba de Asano en el templo Sengaku-ji. Por ello fueron también condenados a *seppuku*. Tras cruzar la puerta del templo está el pozo donde los *ronin* limpiaron la cabeza de Kira. Más adelante están sus tumbas. Hay una sala conmemorativa con objetos relacionados con el incidente.

8

Museo Ghibli
三鷹の森ジブリ美術館

1-1-83 Shimoren-jaku, Mitaka
Estación Mitaka
10.00–18.00 mi-lu
27 dic-2 ene ghibli-museum.jp

La empresa de animación Studio Ghibli es famosa en todo el mundo por los premios Óscar ganados con su anime de historias de crecimiento adolescente y de fantasía

T.Y. Harbor

Sirve hamburguesas, filetes y pastel de cangrejo frente al mar. También elabora su propia cerveza.

2-1-3 Higashi-shinagawa, Shinagawa tysons.jp/tyharbor/en

¥ ¥ ¥

Tokyo Ramen Kokugikan Mai

Seis tiendas que ofrecen *miso ramen* al estilo de Sapporo, *ramen tonkotsu* al estilo Hakata y muchas más variedades.

Aqua City Odaiba 5F, 1-7-1 Daiba, Minato aquacity.jp

¥ ¥ ¥

Odaiba Takoyaki Museum

Cinco puestos diferentes preparan variantes de las clásicas albóndigas de pulpo fritas.

Decks Tokyo Beach, 1-6-1 Daiba, Minato odaiba-decks.com/en/takoyaki

¥ ¥ ¥

épica. Hayao Miyazaki, fundador del estudio, diseñó el museo con el objetivo de que los admiradores tuvieran la sensación de entrar en los rodajes de *La princesa Mononoke* (1997), *El viaje de Chihiro* (2001) y otras películas suyas. El museo cuenta con un original parque infantil y una sala donde se exhiben cortometrajes y colecciones de dibujos originales de las películas, así como agradables cafés y tiendas.

Es necesario reservar la entrada por internet con antelación, en taquilla nunca quedan.

9

Jardín Rikugi-en
六義園

⌂ 6-16-3 Honkomagome, Bunkyo 🚇Ⓢ Komagome 🕐 9.00-17.00 diario 🖥 tokyo-park.or.jp/teien/en/rikugien

Es uno de los jardines de paseo más refinados del periodo Edo, y Yoshiyasu Yanagisawa, gran chambelán del quinto sogún, lo erigió en 1695. El diseño recrea 88 paisajes en miniatura de los famosos *waka* (poemas de 31 sílabas), así que la vista cambia a cada paso. Hay muchos sitios para sentarse, disfrutar de las vistas y oír el canto de los pájaros.

LA VIDA EN UNA ESCUELA DE SUMO

Las *beya* aceptan a chicos de unos 15 años. La sociedad del sumo es muy jerárquica y los recién llegados sirven a los luchadores adultos, limpian y cocinan para toda la *beya*. Los entrenamientos juveniles comienzan a las 4.00 de la mañana. Dos veces al día se sirven copiosas raciones de *chanko nabe,* después los luchadores duermen una siesta y se levantan para la siguiente sesión de entrenamiento.

10

Ryogoku
両国

⌂ Sumida 🚇Ⓢ Ryogoku

Ryogoku, que fue un importante centro de ocio y comercio en el periodo Edo, hoy es un lugar tranquilo en el que aún habitan sus residentes más famosos: los luchadores de sumo. Muchas de las *beya* (escuelas de sumo) se encuentran aquí, y es habitual ver a enormes jóvenes paseando por la calle con su *yukata* (kimono ligero de algodón) y sus *geta* (sandalias de madera).

El estadio de sumo Kokugikan alberga también el **Museo del Sumo,** donde cuelgan los retratos de los *yokozuna* (grandes campeones). Junto al estadio está el original **Museo Edo-Tokyo.** Dos espacios presentan la vida en Edo y en Tokio, tal y como fue rebautizada la primera en 1868. La exposición ofrece explicaciones en japonés e inglés. El itinerario alrededor del museo comienza cruzando un puente tradicional de madera arqueado, réplica de Nihonbashi. Hay edificios reconstruidos, además de dioramas que muestran desde la casa de un daimio (señor feudal) hasta una parte de Shitamachi. Las maquetas de barcos que surcaban el Sumida dan idea de lo importante que fue

el río en la vida de Edo. En otra zona del museo se explica el proceso de elaboración de grabados *ukiyo-e (p. 131).*

El **Museo de la Espada Japonesa** está lleno de elegantes espadas japonesas, algunas del siglo XII. También hay empuñaduras decoradas y antiguos textos bellamente ilustrados que explican con detalle el proceso de fabricación.

Abierto en 2016, el **Museo Sumida Hokusai** está dedicado al creador de *ukiyo-e* Katsushika Hokusai, más conocido por su famoso grabado *La gran ola de Kanagawa.* El museo guarda muchas otras obras del artista y ofrece vídeos e información sobre su vida (en varios idiomas).

Museo del Sumo

⌂ 1-3-28 Yokoami, Sumida 🕐 12.30-16.00 lu-vi 🖥 sumo.or.jp

Museo Edo-Tokyo

 ⌂ 1-4-1 Yokoami, Sumida 🔒 Por reformas hasta 2026 🖥 edo-tokyo-museum.or.jp

Museo de la Espada Japonesa

 ⌂ 1-12-9 Yokoami, Sumida 🕐 9.30-17.00 ma-do 🔒 Año Nuevo 🖥 touken.or.jp

→

La distintiva mole del edificio Tokyo Big Sight, en Odaiba

 Un puente que cruza un estanque en el reverdecido jardín Rikugi-en

Museo Sumida Hokusai
🏛 🕐 🏠 2-7-2 Kamezawa, Sumida 🕐 9.30-17.30 ma-do
🌐 hokusai-museum.jp

---

⑪

Odaiba
お台場

🏠 Koto 🚇 Odaiba-kaihinkoen 🚌 Desde Asakusa 10:15-16.00, cada 40-50 min

Cuando Occidente obligó a Japón a abrirse al comercio en la década de 1850, el sogunato construyó *daiba* (fortalezas isleñas) en el puerto de Tokio para impedir el paso de los barcos extranjeros. Odaiba (también conocida como Daiba), una isla a la entrada a la bahía de Tokio, debe su nombre a esas estructuras. A Odaiba se llega en el monorraíl Yurikamome, que asciende en curva antes de pasar por encima del puerto a través del puente del Arcoíris. La primera estación (Odaiba-Kaihin-Koen) permite el acceso a la única playa de Tokio. Cerca está el parque histórico Daisan Daiba, con restos de las antiguas daibas. A poca distancia, al oeste, se halla la playa de Tokyo Decks, con restaurantes, tiendas y un centro Sega con lo último en juegos electrónicos y virtuales. Frente a Decks está la estación de autobuses acuáticos que vienen de Asakusa y el muelle de Hinode. Cerca del Telecom Center Station se encuentra el **Museo Nacional de Ciencia e Innovación**, o Miraikan, que expone robots y piezas biotecnológicas y ecológicas. El edificio de TV Fuji preside la zona.

Varias estaciones más allá, el Wanza Ariake cuenta con tiendas y restaurantes; se comunica directamente con la estación Tokyo Big Sight, que toma su nombre del Salón Internacional de Exposiciones de Tokio.

Museo Nacional de Ciencia e Innovación
🏛 🏠 2-3-6 Aomi, Koto
🕐 10.00-17.00 mi-lu 🕐 28 dic-1 ene 🌐 miraikan.jst.go.jp

Joypolis
🏛 🏠 DECKS Tokyo Beach, 1-6-1 Daiba, Minato 🕐 11.00-20.00 diario (desde 10.00 sá y do)
🌐 tokyo-joypolis.com

Hotel Metropolitan Tokyo Ikebukuro
Situado en el centro del bullicioso barrio de Ikebukuro, un 4 estrellas de lujo relajado y acogedor. Algunas habitaciones cuentan con vistas del monte Fuji.

🏠 1-6-1 Nishiikebukuro, Toshima 🌐 tokyo-ikebukuro.hotel-metropolitan.com

InterContinental The Strings Tokyo
Hotel de cinco estrellas junto a la estación de Shinagawa, bien comunicada con el centro de Tokio, la zona de la bahía y la línea del *shinkansen*.

🏠 2-16-1 Konan, Minato 🌐 intercontinental-strings.jp

EXPLORA
JAPÓN

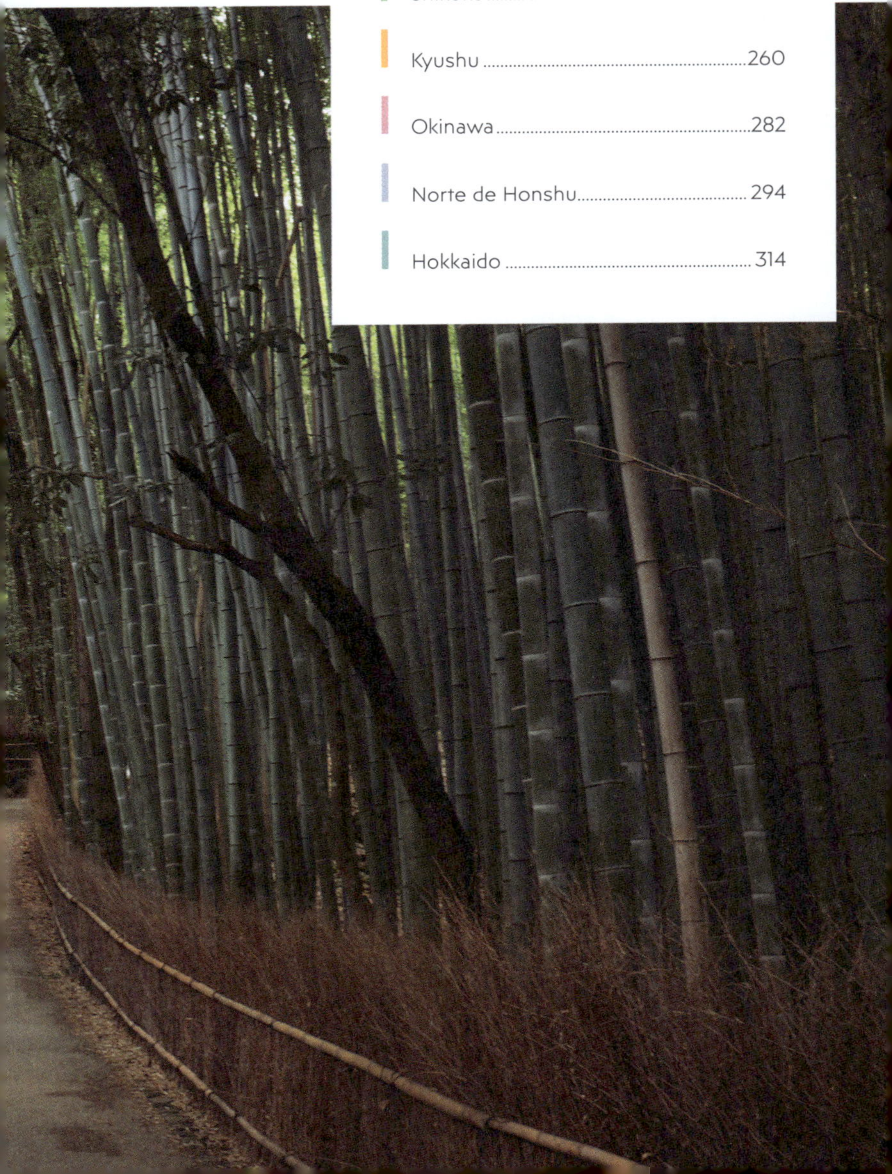

CENTRO DE HONSHU

Entre Kioto y los barrios residenciales de Tokio, el centro de Honshu representa los contrastes del Japón actual. En su denso cinturón costero se encuentran Yokohama y Nagoya, la segunda y cuarta ciudades más grandes del país, mientras que en el interior se elevan las montañas más altas e indómitas, entre las que se encuentran el monte Fuji y los Alpes japoneses meridionales y septentrionales, con muchos picos de más de 3.000 m.

Durante el periodo Edo cinco caminos de posta cruzaban la región, y dos de ellos, el Tokaido y el Nakasendo, unían Edo (Tokio) y Kioto. Los señores feudales estaban obligados a pasar la mitad de su tiempo en Edo, y al paso de sus grandes caravanas surgieron postas y pueblos. El de Tokaido pasaba por Yokohama, Hakone y Shizuoka, mientras que el de Nakasendo, que todavía se puede recorrer, se adentraba en el valle del Kiso. Los asentamientos en la ruta son relativamente accesibles, pero están lo bastante alejados como para permanecer intactos. Las ciudades de posta de Kiso y las aldeas de casitas de techumbre de paja de Shokawa ofrecen arquitectura del periodo Edo, mientras que Takayama y Chichibu atraen a miles de personas por sus festivales tradicionales, que datan de los siglos XVI y XVIII respectivamente. Las raíces de la región también se aprecian en la artesanía tradicional: lacas en Takayama, Noto y Kiso; tallas en Kamakura, y *yosegi-zaiku* (marquetería japonesa) en Hakone. Hasta la década de 1970 se criaban gusanos de seda en Shokawa y Chichibu, y todavía se tiñe seda en Kanazawa.

CENTRO DE HONSHU

Esencial

1. Yokohama
2. Kamakura
3. Monte Fuji y los Cinco Lagos
4. Takayama
5. Kanazawa

Lugares de interés

6. Narita
7. Kawagoe
8. Karuizawa
9. Hakone
10. Península de Izu
11. Nagoya
12. Shizuoka
13. Inuyama
14. Valle de Shokawa
15. Gifu
16. Matsumoto
17. Nagano
18. Kamikochi
19. Parque Nacional Chichibu-Tama-Kai
20. Templo Eihei-ji
21. Península de Noto

El moderno *skyline* del distrito Minato Mirai 21 de Yokohama

❶

YOKOHAMA

横浜

F5 **Prefectura de Kanagawa** **Yokohama** **En la estación de Yokohama, salida oeste; www.yokohamajapan.com**

La segunda ciudad más grande de Japón ha sido un centro portuario, mercantil y de contacto con el exterior desde mediados del siglo XIX. Esta aldea de pescadores fue designada puerto abierto en 1859, con la consiguiente llegada de comerciantes extranjeros, que ya a principios del siglo XX la convirtieron en el mayor puerto de Asia.

①

Landmark Tower

2-2-1 Minato Mirai **Yokohama, Sakuragicho** **10.00-21.00 diario (los horarios de las tiendas varían)** **yokohama-landmark.jp**

Es el centro del futurista distrito Minato Mirai 21, una zona de muelles remodelados particularmente animada los fines de semana. Construida en 1993, es la quinta estructura más alta de Japón, con sus 296 m. Al Sky Garden lounge de la planta 69, que tiene unas vistas increíbles en todas las direcciones, se asciende por un ascensor superrápido, que se mueve a 750 m por minuto. Dentro de la torre está el enorme centro comercial Landmark Plaza, lleno de tiendas de lujo, tiendas de anime y restaurantes.

②

Museo de Arte de Yokohama

3-4-1 Minato Mirai **Yokohama, Sakuragicho** **Los horarios varían, consultar web** **yokohama.art.museum**

El papel de Yokohama como punto de reunión entre Oriente y Occidente significa que es desde hace mucho un lugar para el intercambio de ideas. El Museo de Arte de Yokohama, diseñado por Kenzo Tange, demuestra esa característica de la ciudad con su imponente colección de arte y fotografía modernos. Está muy comprometido con la propia Yokohama y se centra en artistas japoneses vinculados a la ciudad, como Shiko Imamura, Kanzan Shimomura o Chizuko Yoshida.

③

Museo Marítimo NYK

3-9 Kaigandōri **Bashamichi** **10.00-17.00 ma-do** **nyk.com/rekishi/e**

Fundada en la década de 1889, Nippon Yusen Kaisha (NYK) es una de las navieras más grandes del mundo. El Museo Marítimo NYK, con sus maquetas de barcos, celebra la historia de la compañía y la vinculación de Yokohama con el mar; muestra cómo el comercio marítimo ha revolucionado la tecnología marina, las relaciones comerciales y la política.

> **CURIOSIDADES**
> **Montones de *noodles***
>
> Los fans del auténtico *ramen* deben detenerse en el Museo del Cuenco de Noodles de Yokohama (*www.cupnoodles-museum.jp*), donde podrán preparar su *ramen* y diseñar su propio cuenco.

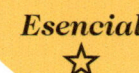

4
Hikawa Maru

🏠 Parque Yamashita 🚇 Nippon Odori, Motomachi Chukagai ⏰ 10.00–17.00 ma-do 🌐 hikawamaru.nyk.com/en

Construido en 1930 como trasatlántico y buque de carga ligero, el Hikawa Maru pasó la Segunda Guerra Mundial como hospital flotante y en sus 30 años de servicio atravesó el Pacífico 254 veces. Ahora está anclado de forma permanente en Yokohama, donde se pueden recorrer sus cubiertas, inspeccionar los camarotes revestidos de madera y admirar el glamur *art déco* del vestíbulo. Los apasionados de la técnica podrán acercarse a los motores de la nave.

¿Lo sabías?
—

El primer ferrocarril de Japón se construyó en 1872 y conectaba Yokohama y Tokio.

5 🔧
Templo Kantei-byo

🏠 140 Yamashitacho 🚇 Nippon Odori, Motomachi Chukagai ⏰ 9.00–19.00 diario 🌐 yokohama-kanteibyo.com

Pocos lugares evocan mejor las raíces cosmopolitas de Yokohama que Kantei-byo, el templo que ha ejercido de corazón de la comunidad china de la ciudad, la más numerosa de Japón, desde hace 150 años. Este popular templo opera como núcleo espiritual, cultural y social y tiene un ambiente especial durante el Año Nuevo chino.

6 🔧
Cementerio general de extranjeros de Yokohama

🏠 96 Yamatecho 🚇 Motomachi Chukagai ⏰ 10.00–17.00 ma-do 🌐 yfgc-japan.com

El cementerio general de extranjeros de Yokohama se fundó en 1854, tras la muerte de un marine estadounidense. Entre las 4.500 sepulturas de principios del siglo XX de personas no japonesas se encuentra la de Edmund Morel, el ingeniero inglés que contribuyó a la construcción de los primeros ferrocarriles de Japón.

7 🔧
Jardín Sankei-en

🏠 58 Honmokusannotani 🚆 Sankeien-iriguchi ⏰ 9.00–17.00 diario 🌐 sankeien.or.jp

Con sus estanques y bosques de bambú, ríos y serpenteantes senderos, este jardín oculto traslada a los visitantes al antiguo Japón. Entre sus tesoros arquitectónicos se encuentra una pagoda del siglo XV. Construida en Kioto, fue reubicada aquí en 1914.

Abierto al público en 1906, todo el jardín fue antaño propiedad de Tomitaro *Sankei* Hara (1868-1939), rico comerciante en sedas. Pueden visitarse las habitaciones privadas de su residencia, un complejo extenso con docenas de salas tradicionales con tatami que dan a una pradera.

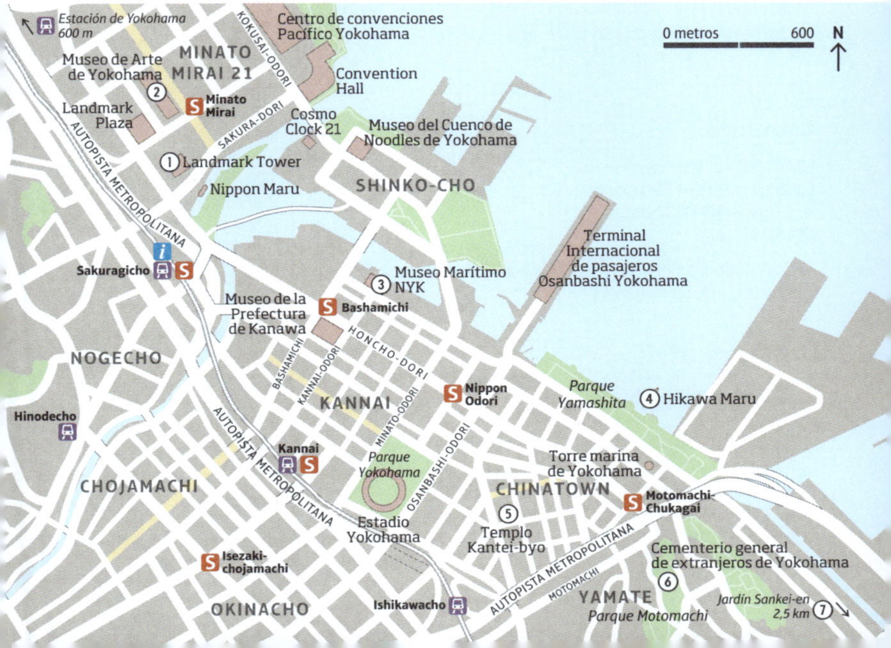

Estación de Yokohama 600 m
Centro de convenciones Pacífico Yokohama
MINATO MIRAI 21
Museo de Arte de Yokohama
② Minato Mirai
Convention Hall
Landmark Plaza
Cosmo Clock 21
Museo del Cuenco de Noodles de Yokohama
① Landmark Tower
Nippon Maru
SHINKO-CHO
Sakuragicho
Terminal Internacional de pasajeros Osanbashi Yokohama
Museo de la Prefectura de Kanawa
③ Museo Marítimo NYK
Bashamichi
HONCHO-DORI
NOGECHO
KANNAI
Nippon Odori
Parque Yamashita
④ Hikawa Maru
Hinodecho
Kannai
Parque Yokohama
Torre marina de Yokohama
CHOJAMACHI
CHINATOWN
Motomachi-Chukagai
Estadio Yokohama
⑤ Templo Kantei-byo
Cementerio general de extranjeros de Yokohama ⑥
Isezaki-chojamachi
Ishikawacho
YAMATE
Parque Motomachi
Jardín Sankei-en 2,5 km ⑦
OKINACHO

0 metros 600 N

↑ Visitantes admirando bajo la lluvia el Gran Buda de Kamakura

②

KAMAKURA

鎌倉

 F5 🏠 **Prefectura de Kanagawa** 🚉 **Kamakura, Kita-Kamakura** 🚌 ℹ **En la estación Kamakura; www.city.kamakura.kanagawa.jp/kamakura/en**

Esta ciudad costera fue la capital administrativa de Japón entre 1192 y 1333. Frecuentada por artistas y escritores, Kamakura cuenta con numerosos anticuarios y tiendas de artesanía. Cuando florecen los cerezos y durante los fines de semana veraniegos se llena de visitantes.

①

Gran Buda

🏠 **4-2-8 Hase** 🚉 **Hase**
🕐 **abr-sep: 8.00-17.30 diario; oct-mar 8.00-17.00 diario**
🌐 **kotoku-in.jp**

El Gran Buda (Daibutsu) es lo más visitado de Kamakura. La

¿Lo sabías?
───
El Gran Buda tiene amortiguadores en la base para protegerlo de los terremotos.

estatua de bronce de Amida Buda (1252) mide 13,5 m. Sus proporciones están distorsionadas, de tal forma que la estatua parece proporcionada vista de frente, un uso de la perspectiva común en la Grecia antigua que podría haber llegado aquí a través de la Ruta de la Seda.

───────────

②

Templo Hase-dera

🏠 **3-11-2 Hase** 🚉 **Hase**
🕐 **jul-mar: 8.00-17.00 (abr-jun: hasta 17:30)**
🌐 **hasedera.jp**

EL templo Hase-dera guarda una Kannon –*bodhisattva* de la misericordia– de 11 caras.

CONSEJO DK
Llegada y desplazamientos

Algunas zonas de la ciudad se exploran mejor a pie, pero con tantos desniveles vale la pena adquirir un bono de autobús para un día en la estación Kamakura.

El pabellón del Tesoro expone tallas Muromachi de las 33 encarnaciones de Kannon. Hay un repositorio de *sutras* (escrituras budistas); se dice que rotar los *sutras* es tan difícil como leerlos.

La campana (1264) es la más antigua de la ciudad. Debajo hay un pabellón dedicado a Jizo, guardián de los niños, rodeado de estatuas de niños muertos.

───────────

③

Templo Myohon-ji

🏠 **1-15-1 Omachi** 🚉 **Kamakura**
🕐 **9.00-17.00 diario**
🌐 **myohonji.or.jp**

En la ladera de una colina, el templo, con su atípico tejado alargado y en pendiente, es el más grande de la secta Nichiren en la ciudad. Fue edificado en 1260.

④

Santuario Tsurugaoka Hachiman-gu

📍 2-1-31 Yukinoshita
🚉 Kamakura 🕐 Santuario:
5.00-21.00 diario (oct-mar:
18.00); museo:10.00-16.30
ma-do 🌐 hachimangu.or.jp

Los santuarios Hachiman de Japón están consagrados al dios de la guerra, que protege al clan Minamoto (o Genji). Construido junto al mar en 1063, fue trasladado hasta aquí en 1191. El camino que lleva hasta él avanza entre dos estanques de nenúfares: el de Genji tiene tres islas *(san* significa 'tres' y 'vida'), mientras que el de Heike debe su nombre a un clan rival y tiene cuatro *(shi* significa 'cuatro' y 'muerte'). El santuario principal se

→

El *hongu* (salón principal) del ornamentado santuario Tsurugaoka Hachiman-gu

reconstruyó en 1828 en estilo Edo. Junto a los estanques el Museo Tsurugaoka contiene infinidad de tesoros del templo.

___

⑤

Templo Zuisen-ji

📍 710 Nikaido
🚌 Daitonomiya
🕐 9.00-17.00 diario 🌐
kamakura-zuisenji.or.jp

Este templo apartado es muy conocido por su jardín.

Creado en 1327 por el monje Muso Soseki, cuenta con un lago con una cascada y hay una cueva para la para la meditación excavada en la roca. En enero los narcisos florecen, mientras que los ciruelos lo hacen en febrero, lo que convierte el lugar en un paraíso natural antes incluso de que florezcan los cerezos.

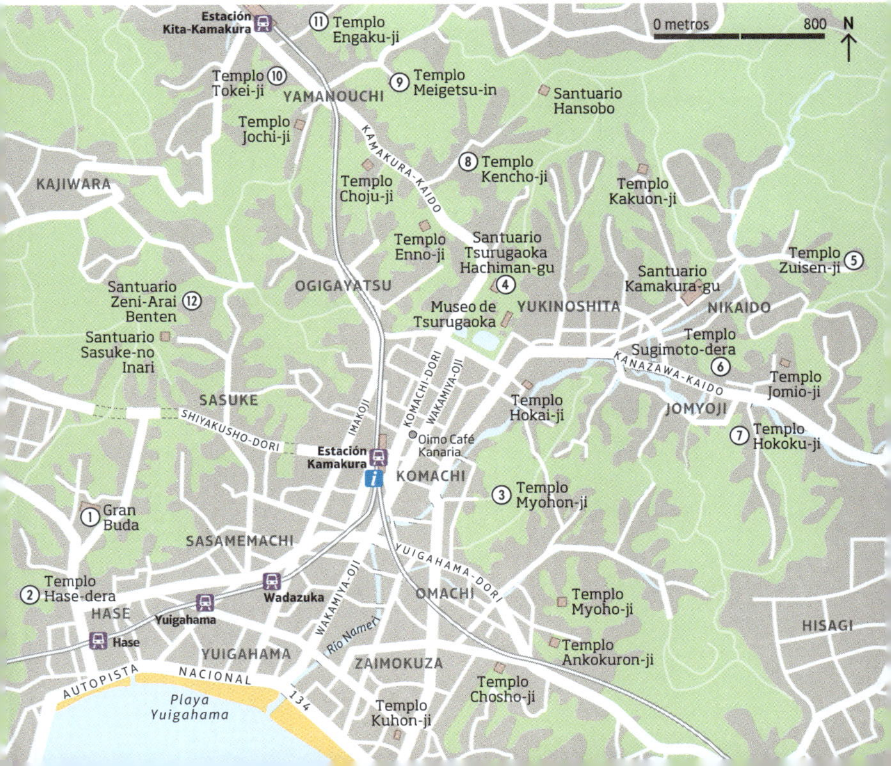

⑥
Templo Sugimoto-dera

🏠 903 Nikaido 🚌 Sugimoto Kannon ⏰ 9.00-15.00 diario, 9.00-16.00 sá y do
🌐 sugimotodera.com

Fundado en 734, es el templo más antiguo de Kamakura. El salón con cubierta de paja guarda tres tallas de madera de Kannon, con sus 11 caras, protegidas por las feroces figuras de la entrada.

⑦
Templo Hokoku-ji

🏠 2-7-4 Jomyoji 🚌 Jomyoji ⏰ 9.00-16.00 diario 🌐 houkokuji.or.jp

Este templo zen Rinzai, fundado en 1334, alberga un campo de bambú, que se puede visitar pagando una entrada, así como un jardín de grava y rocas; las sesiones de *zazen* (meditación) los domingos por la mañana están abiertas al público.

El bonito jardín trasero de Kencho-ji está dispuesto en torno a un estanque con la forma del *kanji* (sinograma) que representa los conceptos *corazón* y *mente*.

⑧
Templo Kencho-ji

🏠 8 Yamanouchi 🚉 Kita-Kamakura 🚌 Kenchoji ⏰ 8.30-16.30 diario 🌐 kenchoji.com

Kencho-ji es el primero de los cinco grandes templos zen de Kamakura y el monasterio de enseñanza zen más antiguo de Japón. Fundado en 1253, tenía siete edificios principales y 49 subtemplos; 10 se conservan aún. Junto a la imponente puerta principal Sanmon se halla la campana (1255), que lleva una inscripción zen del fundador. El pabellón de Buda contiene una figura del *bodhisattva* Jizo, auxiliador de las almas de los muertos. Detrás se encuentra el Hatto, donde se realizan las ceremonias públicas. La Karamon (puerta china) conduce al Hojo, utilizado para los servicios religiosos. El bonito jardín trasero está dispuesto en torno a un estanque con la forma del *kanji* (sinograma) que representa los conceptos *corazón* y *mente*. A un lado del templo, un sendero lleva a los subtemplos y a la escalinata que asciende al santuario Hanso-bo.

⑨
Templo Meigetsu-in

🏠 189 Yamanouchi 📞 (0467) 24-3437 🚉 Kita-Kamakura ⏰ jul-may: 9.00-16.00 diario; jun: 8.30-17.00 diario

Conocido como el templo de las Hortensias, Meigetsu-in es un pequeño templo zen con

bonitos jardines. Además de hortensias (en su mejor momento en junio), hay lirios que florecen a finales de mayo, cuando el jardín trasero, que normalmente solo se puede ver a través de una ventana, se abre al público.

↑ Interior del grandioso Butsunichian, el mausoleo del fundador de Engaku-ji

 ⑩

Templo Tokei-ji

🏠 1367 Yamanouchi
🚉 Kita-Kamakura
🕐 8.30-16.30 diario
🌐 tokeiji.com

Este apacible y pequeño templo se fundó como convento en 1285, cuando solo se les permitía a los hombres pedir el divorcio. Si una mujer pasaba tres años en un convento, sí podía hacerlo; por ello, a Tokei-ji se le apodó el templo del Divorcio. En 1873 se cambió la ley para que las mujeres pudieran iniciar los trámites, y en 1902 pasó a ser monasterio. Aún conserva cierto aire de refugio.

⑪

Templo Engaku-ji

🏠 409 Yamanouchi
🚉 Kita-Kamakura
🕐 8.00-16.30 diario (dic-feb: 8.00-16.00) 🌐 engakuji.or.jp

El mayor de los cinco grandes templos zen fue fundado entre árboles por Tokimune, regente del clan Hojo, en 1282. Influyente centro *zazen* (de meditación) desde la era Meiji, hoy organiza cursos públicos.

Aunque una parte importante fue destruida por el terremoto de Kanto de 1923, Engaku-ji conserva 17 de sus más de 40 templos secundarios, y en la reconstrucción se ha respetado al máximo su característica disposición zen *(p. 177)*. Destaca el Shariden, en el subtemplo Shozoku-in, que alberga las reliquias de Buda y es el mejor exponente en Japón de arquitectura zen de estilo chino Sung. Solo abre en Año Nuevo, pero puede verse a través de una verja el resto del año. Cerca, el Butsunichian, mausoleo del fundador, sirve té *matcha* a los visitantes. Aquí se desarrolla la novela *Senbazuru (Mil grullas,* 1949), de Kawabata Yasunari.

 ←

Puerta principal del templo Hokoku-ji, rodeado por un bosque de bambú

Esencial ☆

⑫

Santuario Zeni-Arai Benten

🏠 2-25-16 Sasuke 📞 (0467) 25-1081 🚉 Kamakura
🕐 8.00-16.30 diario

Este popular santuario está dedicado a Benten, diosa de la elocuencia y las artes y una de las siete deidades de la fortuna de la religión popular. En un acantilado, se accede a él por un túnel y una hilera de *torii*, que llevan a un manantial subterráneo donde los visitantes lavan monedas con la esperanza de doblar su valor.

Oimo Café Kanaria

Este café próximo a la estación de Kamakura sirve *parfaits* y *kakigori* (hielo rallado con sirope). Hay que probar uno de los sabores típicos japoneses, como té verde o judía *adzuki*.

📍 F5 🏠 1F Enomoto Bldg, 2-10-10 Komachi 🚇 mi 🌐 oimocafe.exblog.jp

> **¿Lo sabías?**
>
> La salida del sol vista desde el monte Fuji se llama *goraiko*. Es una vista sobrecogedora.

El monte Fuji, enmarcado entre flores y reflejado en el lago Kawaguchi ↑

③

MONTE FUJI Y LOS CINCO LAGOS

富士山と富士五湖

△F5 **⌂Prefecturas de Shizuoka y Yamanashi** **🚉Fuji-san, Kawaguchi-ko, Gotenba, Mishima (Tokaido Shinkansen), Fujinomiya** **🚌Solo verano, desde todas las estaciones hasta la 5ª etapa, también directo desde Tokio (terminal de autobuses de Shinjuku o Hamamatsu-cho) hasta Kawaguchi-ko, Gotenba y lago Yamanaka** **🌐fujisan-climb.jp**

Con su cono casi perfecto de color lila grisáceo o cubierto de nieve sobre las colinas y las nubes bajas, el monte Fuji (Fuji-san) es el pico más alto de Japón (3.776 m).

Inactivo desde 1707, entró en erupción por primera vez hace entre 8.000 y 10.000 años. Las laderas superiores son de ceniza volcánica suelta y carecen de vegetación. Hasta hace 150 años, se consideraba tan sagrado que solo lo ascendían monjes y peregrinos (a las mujeres no se les permitió subir hasta 1868). Hoy, sus senderos de ascenso, divididos en 10 etapas, están llenos de infinidad de montañeros. Los Cinco Lagos del Fuji, al pie de la montaña, ofrecen instalaciones deportivas, *ryokan* y atracciones como el Museo de Arte Itchiku Kubota.

CONSEJO DK
Consejos para senderistas

Solo se puede subir entre julio y mediados de septiembre. Para ver la salida del sol, empiece en la 5ª etapa por la tarde, duerma en un refugio en la 7ª u 8ª etapa y madrugue para finalizar la ascensión.

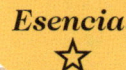

EL MONTE FUJI EN EL ARTE

La elegante y casi simétrica silueta del monte Fuji, con sus cambios según la estación del año y su preeminencia sobre el paisaje, ha constituido siempre un tema popular entre los artistas. La montaña aparece en grabados *ukiyo-e* como la serie *Treinta y seis vistas del monte Fuji* (1833-1832), arriba, de Katsushika Hokusai, y *Cincuenta y tres etapas del Tokaido* (1833-1834), de Hiroshige. El Fuji aparece también como motivo decorativo en kimonos y tallas o marcos de ventanas.

→ Montañeros en torno a la *torii* (puerta) de la cima de la montaña

↑ Las cataratas de Shiraito cerca de Fujinomiya, al suroeste del monte Fuji

4

TAKAYAMA

高山

🅰 **E4** 🏠 **Prefectura de Gifu** 🚉 **Takayama** 🛈 **Enfrente de la estación JR; www.hida.jp**

Takayama se encuentra en una zona agrícolamente pobre pero muy rica en madera y desde hace siglos produce buenos carpinteros. Su aislado emplazamiento en la montaña ha hecho posible la supervivencia intacta de sus calles del periodo Edo, en la actualidad flanqueadas por pequeñas tiendas, museos y restaurantes, mientras que la pureza de su agua resulta idónea para la destilación del sake.

①

Sala de Exposiciones del Festival de Carrozas de Takayama

🏠 **178 Sakuramachi**
🕐 **9.00-17.00 diario (dic-feb hasta 16.30)** 🌐 **hidahachi mangu.jp**

El festival nació en 1690 y se celebra dos veces al año: en primavera, coincidiendo con la siembra, y en otoño, durante la cosecha. En ambos festivales se organizan cabalgatas de carrozas guiadas por por los habitantes con trajes típicos; cuatro de ellas incorporan marionetas *karakuri*. Esta modalidad de títeres se inventó en Edo (Tokio) en 1617 y

exhibe muñecas mecánicas que representan costumbres tradicionales, como servir té o hacer reverencias al público. Estos primeros robots aparecen en festivales por todo Japón.

Entre los dos festivales de Takayama, cuatro de las carrozas se exponen en este museo contiguo al santuario Sakurayama Hachiman-gu, junto con fotografías de otras. Tras admirar las carrozas, merece la pena visitar el museo contiguo, que exhibe magníficas maquetas a escala del santuario de Nikko Tosho-gu *(p. 300).*

→

Una carroza expuesta en la Sala de Exposiciones del Festival de Carrozas de Takayama

Caminando por Sannomachi, el centro histórico de Takayama

② Museo Takayama Showa-kan

🏠 6 Shimoichinomachi
🕐 10.00–17.00 diario
🌐 showakan.jp

En este museo se puede recorrer una calle ambientada en la década de 1950. Los visitantes pueden comprar pequeños juguetes y dulces retro en sus tiendas de mediados de siglo y probar suerte con los juegos de época.

③ Takayama Jinya

🏠 1-5 Hachikenmachi
🕐 8.45–17.00 diario (nov-feb: hasta 16.30)
🌐 jinya.gifu.jp

La oficina gubernamental se construyó en 1615 para el señor feudal de Takayama, pero en 1692 el sogunato lo convirtió en su sede provincial (la única que existe todavía). La parte frontal comprende salas de espera y reunión; detrás están las cocinas y las dependencias de la familia del gobernador. A un lado se halla la prisión, con algunos instrumentos de tortura. Los almacenes guardan objetos relacionados con el sistema impositivo del arroz.

④ Aldea folclórica Hida

🏠 1-590 Kamiokamotomachi
🕐 8.30–17.00 diario
🌐 hidanosato-tpo.jp/english12.htm

En las afueras de Takayama está la aldea folclórica Hida, que alberga más de 30 ejemplos de viviendas rurales de los alrededores, entre ellos una casa *gassho-zukuri* del valle de Shokawa. También hay almacenes reconstruidos y un escenario, así como muchas piezas de artesanía tradicional. Las casas, en una ladera con vistas a los Alpes japoneses, son interesantes por su arquitectura, pero también por los detalles que muestran, como las peticiones de un clima nivoso o la vida doméstica de un jefe de aldea.

Esencial ☆

💬 CONSEJO DK
Paseo en bicicleta

Un paseo en bicicleta con Hida Satoyama (*www.satonyama-experience.com*) por los exuberantes arrozales y encantadores lugares de Takayama ofrece una idea curiosa del Japón rural. Con paradas en manantiales termales, granjas de madera, huertos y granjas, la vuelta en bicicleta de 3,5 horas a Takayama recorre 22 km.

> El Festival de Takayama nació en 1690 y se celebra dos veces al año: en primavera, coincidiendo con la siembra, y en otoño, durante la cosecha.

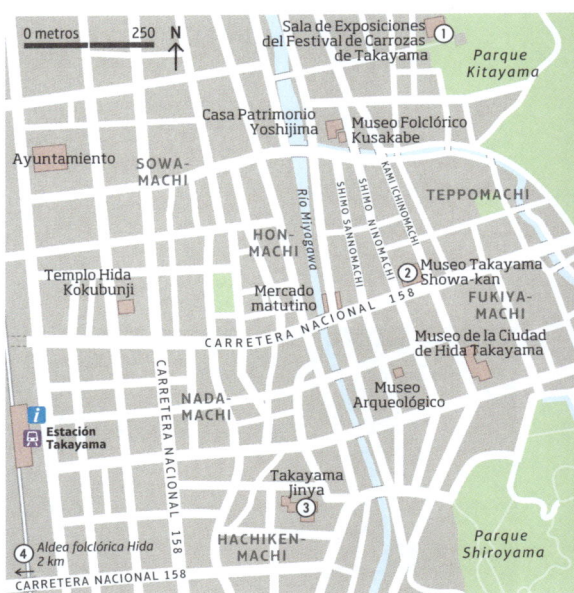

UN PASEO
TAKAYAMA

Distancia 2 km **Tiempo** 30 minutos
Estación de tren Línea JR Takayama

Con sus calles peatonales intactas, el barrio Sannomachi de Takayama (Sanmachisuji) es perfecto para explorarlo a pie. Entre 1692 y 1868 la zona estuvo bajo control directo del sogunato, ya que era su proveedora de madera, y la calidad de los bosques circundantes, así como la habilidad de los carpinteros de la ciudad, se reflejan en los edificios que flanquean las calles. Estas viejas casas de mercaderes dejan ver unos techos altísimos, vigas de madera y almacenes a prueba de incendios. Muchas siguen siendo tiendas de artesanía local, lo que las convierte en lugares perfectos para detenerse. La zona incluye también algún interesante museo.

INICIO

SHIMO NINOMACHI

SHIMO SANNOMACHI

PUENTE YAYOI-BASHI

RÍO MIYA

La **Casa Yoshijima,** que perteneció a un comerciante de sake, ha conservado su interior con vigas de madera, iluminado por ventanales altos.

0 metros   50   N

La antigua vivienda de un prestamista se reconstruyó con madera de ciprés japonés en 1879, tras un incendio. Está bien conservada y ahora es sede del **Museo Folclórico Kusakabe,** que exhibe artesanía popular.

Mercado matutino de Miyagawa

Un comerciante entre los productos de su tienda junto al río Miya

¿Lo sabías?

Se suele llamar a Takayama la pequeña Kioto, debido a su aire antiguo.

↑ Una de las pintorescas calles del barrio Sannomachi

El **barrio Sannomachi** *es una zona inusualmente amplia e intacta de casas y comercios de mercaderes del periodo Edo, que ahora albergan tiendas especializadas y destilerías de sake.*

El **Museo de la Ciudad de Hida Takayama** *relata la historia de la ciudad.*

La **Destilería de Sake Hirase** *tiene una sala para degustar sus diferentes sakes.*

KAMI ICHINOMACHI

YASUGAWA-DORI

KAMI NINOMACHI

SAN-MACHI-DORI

KAMI SANNOMACHI

PUENTE YANAGI-BASHI

PUENTE KAJI-BASHI

PUENTE IKADA-BASHI

Algunas de las casas antiguas de Sannomachi dan al tumultuoso **río Miya.**

🅞 **LLEGADA**

↑ Una calle flanqueada por edificios de madera en el barrio de *geishas* Higashi Chaya-gai

 5

KANAZAWA

金沢

 E4 🏠 **Prefectura de Ishikawa** ✈ **Komatsu** 🚉 **Kanazawa**
🌐 **visitkanazawa.jp**

La riqueza fomentó el desarrollo cultural de esta ciudad. En 1583, la zona conocida como Kaga pasó de tener un gobierno igualitario bajo la secta budista Ikko a ser gobernada por el puño de hierro de los señores Maeda; mientras que buena parte de Japón estaba sumida todavía en la inestabilidad, Kaga gozó de tres siglos de paz y se convirtió en el lugar más rico de la región.

 ①

Barrio samurái Nagamachi

Dividido en dos mitades por el pintoresco canal Onosho, esta zona histórica de Kanazawa acogió a los samuráis de la ciudad. Este barrio de canales y callejas barridas por el viento, al pie del castillo Kanazawa, conserva su aire evocador. Algunas de las antiguas casas de samuráis y sus jardines están abiertos al público.

Al final del periodo Edo, muchos samuráis se arruinaron por el colapso del sistema económico. Una de estas familias, los Nomura, se vio obligada a vender su casa. Aunque muchas fueron simplemente derribadas, la casa de los Nomura la compró Hikobei Kubo, un rico empresario, que la restauró. Con sus intrincadas maderas, sus vidrios caros en las ventanas y su apacible jardín, la **casa samurái de la familia Nomura** es una curiosa inmersión en la vida cotidiana de estos guerreros. Los visitantes pueden disfrutar de té verde y un dulce tradicional por un pequeño recargo en la entrada.

Casa samurái de la familia Nomura

♿ 😊 🏠 1-3-32 Nagamachi
🕐 Abr-sep: 8.30-17.30 diario; oct-mar: 8.30-16.30 diario
🌐 nomurake.com

 ② ✏

Villa Seisonkaku

🏠 1-2 Kenrokumachi
🕐 9.00-17.00 ju-ma
🌐 seisonkaku.com

Nariyasu Maeda, decimotercer señor, construyó en 1863 para su madre la delicada Villa Seisonkaku, de dos plantas, y el adyacente jardín Kenroku-en. En la planta baja hay salones de recepción formales, cuyas paredes están revestidas de polvo de oro, y puertas de papel *shoji* con curiosos insertos de vidrieras holandesas. La parte de arriba es más informal y colorida y cuenta con un largo pasillo de 20 metros conocido como *pasillo de la cola de caballo,* diseñado de tal modo que no hay ninguna viga que sustente el tejado.

 🔍 CURIOSIDADES
Hora del kimono

El Centro de la Seda Nagamachi Yuzen explica el proceso de teñido de la seda, que implica 18 pasos. Pagando una pequeña cantidad se puede tratar de pintar sobre seda y probarse un kimono *(kagayuzen-club.co.jo).*

Esencial ☆

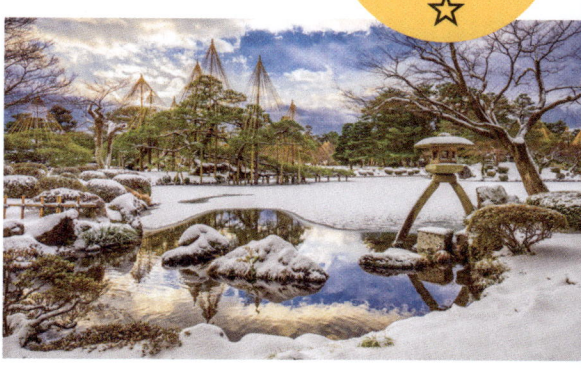

↑ El hermoso y sereno jardín Kenroku-en cubierto de nieve

③

Museo de Arte y Artesanías Tradicionales Ishikawa

1-1 Kenrokumachi
9.00-17.00 diario
abr-nov: 3er ma de mes; dic-mar: ju
ishikawa-densankan.jp

En este museo organizado con muy buen gusto se descubren las artesanías tradicionales por las que es famosa la prefectura de Ishikawa, incluyendo espléndidas cerámicas de Kutani, sedas pintadas, lacados, artículos de metal, detalles de pan de oro, papel japonés y fuegos artificiales. El museo busca que los visitantes participen, animándolos a crear sus propios objetos. Además, tienen lugar regularmente demostraciones de expertos artesanos tradicionales. La tienda de la primera planta ofrece un surtido de piezas, todas ellas obra de artesanos locales a precios razonables.

Para más información sobre las demostraciones y las prácticas realizadas por expertos, se puede consultar la web del museo (en inglés).

¿Lo sabías?

En invierno, las murallas de barro de la ciudad se cubren con alfombras de paja para protegerlas del clima extremo.

④

Jardín Kenroku-en

Kenrokumachi **Los horarios varían, consultar web**
pref.ishikawa.jp/siro-niwa

La familia Maeda creó uno de los *tres grandes* jardines de Japón. Su nombre significa 'jardín de las seis cualidades': amplitud, aislamiento, un toque de antigüedad, ingenuidad, agua que fluye y vistas.

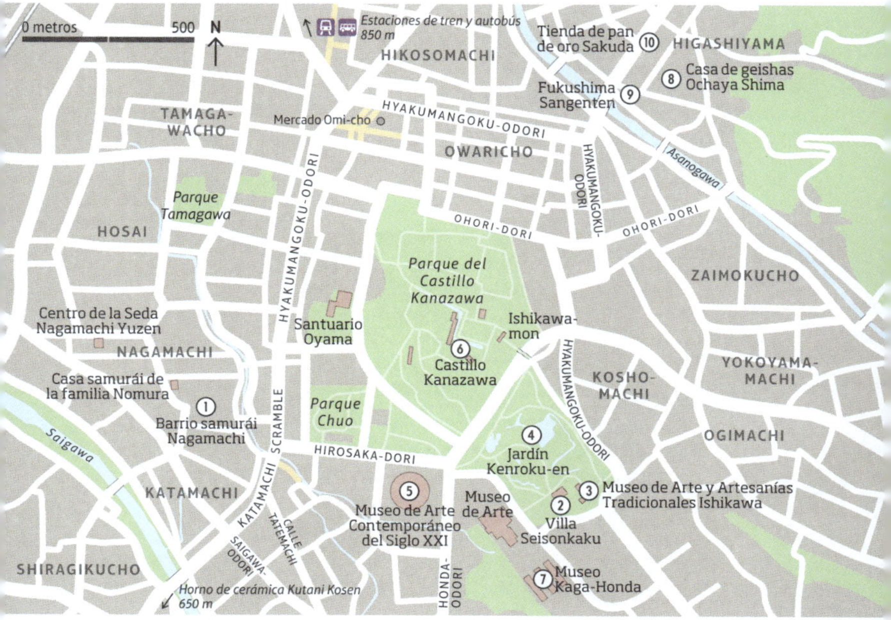

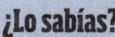

0 metros 500
N
Estaciones de tren y autobús 850 m
HIKOSOMACHI
Tienda de pan de oro Sakuda ⑩
HIGASHIYAMA
⑧ Casa de geishas Ochaya Shima
Fukushima Sangenten ⑨
TAMAGA-WACHO
Mercado Omi-cho
HYAKUMANGOKU-ODORI
OWARICHO
Asanogawa
Parque Tamagawa
HOSAI
OHORI-DORI
Parque del Castillo Kanazawa
ZAIMOKUCHO
Centro de la Seda Nagamachi Yuzen
Santuario Oyama
Ishikawa-mon
NAGAMACHI
⑥ Castillo Kanazawa
KOSHO-MACHI
YOKOYAMA-MACHI
Casa samurái de la familia Nomura
① Barrio samurái Nagamachi
Parque Chuo
SCRAMBLE
④ Jardín Kenroku-en
OGIMACHI
Saigawa
HIROSAKA-DORI
KATAMACHI
⑤ Museo de Arte Contemporáneo del Siglo XXI
Museo de Arte
② Villa Seisonkaku
③ Museo de Arte y Artesanías Tradicionales Ishikawa
CALLE TATEMACHI
SAIGAWA-ODORI
SHIRAGIKUCHO
HONDA-ODORI
⑦ Museo Kaga-Honda
Horno de cerámica Kutani Kosen 650 m

⑤

Museo de Arte Contemporáneo del Siglo XXI

🏠 1-2-1 Hirosaka
🕐 Zona exposición: 10.00-18.00 ma-ju y do, 10.00-20.00 vi y sá; zona pública: 9.00-22.00 diario 🅦 kanazawa21.jp

Este museo experimental fue obra del dúo arquitectónico SANAA (Kazuyo Sejima y Ryue Nishikawa), que obtuvo el premio Pritzker en 2010. El museo explora nuevas obras emergentes de las artes visuales, el diseño, la artesanía, la moda, la arquitectura y el cine, sobre todo en relación con la multiculturalidad y el transporte, la tecnología, el género y la identidad. La exposición anima a interactuar, lo que la hace muy popular entre las familias.

Colour Activity House (2010), de Olafur Eliasson, en el Museo de Arte Contemporáneo del Siglo XXI ↑

⑥

Castillo de Kanazawa

🏠 Marunouchi 🕐 Los horarios varían, consultar web 🅦 pref.ishikawa.jp/siro-niwa/kanazawajou

El tamaño del castillo de Kanazawa, uno de los más grandes del Japón feudal, refleja la importancia de sus antiguos habitantes, de los que se decía que eran la segunda familia más poderosa de Japón tras la del emperador. El clan Maeda empezó a construir el castillo en 1583 y la familia lo habitó durante 14 generaciones, hasta su abandono en 1869. La fortificación la destruyó un incendio en 1881 y solo quedaron la armería y la puerta trasera, Ishikawa-mon, pero el complejo se está reconstruyendo mediante técnicas tradicionales. En el centro del parque del castillo hay tres reproducciones a gran escala de edificios originales (visitables previo pago), que guardan maquetas del castillo y exposiciones sobre las técnicas arquitectónicas empleadas en la restauración.

⑦

Museo Kaga-Honda

🏠 3-1 Dewamachi
🕐 Mar-nov: 9.00-17.00 diario; dic-feb: 9.00-17.00 vi-mi 🅦 honda-museum.jp

La historia del Japón feudal puede leerse a través de los objetos pertenecientes a los descendientes de Masanobu Honda, un consejero del sogún Tokugawa y señor del principal vasallo de Maeda. Esta exposición tiene una curiosa colección de material militar, como armaduras y armas. Entre las piezas están las relacionadas con la montura del samurái, entre ellas una silla lacada, estribos con incrustaciones de oro y una imponente armadura para un caballo, de las que se dice que son las mejores que se conservan en Japón. También se exhiben curiosidades como el atuendo para luchar contra el fuego o ajuares de boda de mujeres del clan Maeda que se casaron con miembros de la familia Honda.

←

Exterior reconstruido del castillo Kanazawa, con sus muros fortificados

 (10)

Tienda de pan de oro Sakuda

1-3-27 Higashiyama
9.00-18.00 diario
goldleaf-sakuda.jp

Pese a la fama de Japón de ser patria del minimalismo, el pan de oro decora todo, desde biombos hasta palillos. Kanazaga es el centro de la producción de pan de oro desde hace 400 años y la ciudad sigue siendo responsable de más del 90% de la producción del país. El clima húmedo de la zona es perfecto, pues minimiza la acumulación de electricidad estática, que puede quebrar las delicadas láminas. En la tienda de pan de oro Sakuda, maestros artesanos muestran cómo se aplica el pan de oro. El visitante puede recorrer la fábrica para conocer el proceso de producción e, incluso, tratar de aplicar una lámina a un objeto de su elección.

 (8)

Casa de geishas Ochaya Shima

1-13-21 Higashiyama
Mar-nov: 9.00-17.30 diario; dic-feb: hasta 17.00
ochaya-shima.com

Este museo está dedicado a preservar la historia de Higashi Chaya-gai. Fundado en 1820, este fue el mayor barrio de placer de las afueras de Kioto y Edo, frecuentado por comerciantes y nobles ricos. Conserva todo su ambiente, con las lámparas a la antigua usanza y ventanas con enrejados de madera, pero ahora alberga restaurantes elegantes y museos de artesanía.

En el centro de la zona, la Casa de geishas Ochaya Shima sigue estando casi como en el periodo Edo. En la planta superior hay habitaciones con pequeñas tarimas donde la *geisha* cantaba y bailaba para sus clientes, mientras que abajo está la zona residencial, modesta. La colección del museo exhibe artículos usados antaño por las *geishas* que vivían aquí, como utensilios para celebrar ceremonias del té e instrumentos musicales. Después de explorar la colección se puede tomar una taza de *matcha*.

¿Lo sabías?

En la tienda de pan de oro Sakuda se puede tomar una taza de té con motas de polvo de oro.

 (9)

Fukushima Sangenten

1-1-6 Kannoncho
10.00-16.00 lu-sá
2.º y 4.º sá de mes; festivos
fukushima-sangenten.com

Para los interesados en la música japonesa tradicional, es imprescindible visitar esta tienda donde la familia Fukushima lleva fabricando a mano *shamisen* (también llamado *sangen*) de tres cuerdas desde principios del siglo XX. Toda *geisha* debe aprender a dominar este instrumento durante su formación, y el sonido del *shamisen* es una de las experiencias más evocadoras de Japón. En Fukushima Sangenten, por una pequeña cantidad, se puede tocar un instrumento y ver cómo se hacían. Aunque los *shamisen* más tradicionales están hechos de piel de perro y gato, hoy se hacen casi en todas partes con materiales sintéticos.

Mercado de Omicho

Este mercado de 300 años de antigüedad tiene alrededor de 170 puestos, en los que se vende desde pescado fresco hasta flores.

B4 **50 Kamiomicho**
ohmicho-ichiba.com

Horno de cerámica Kutani Kosen

El único horno que queda en Kanazawa lleva produciendo porcelana desde 1870. El visitante puede diseñar su propia pieza.

B4 **5-3-3 Nomachi**
kutanikosen.com

LUGARES DE INTERÉS

❻

Narita
成田

 G4 🏠 Prefectura de Chiba 🚆🚋 Narita 🛈 Frente a la estación JR; www.nrtk.jp

Este pueblecito tranquilo no tiene nada que ver con su cercano aeropuerto. El atractivo principal es el templo Narita-san Shinsho-ji, un interesante templo del año 940 de la escuela esotérica Shingon consagrado a Fudo Myo-o, deidad de la sabiduría imperturbable. Varias veces al día los sacerdotes queman palillos como símbolo de la destrucción de las pasiones terrenales. Las calles están llenas de tiendas.

Cerca hay más de mil túmulos funerarios *(kofun)*; los mejores son los del museo al aire libre **Boso no Mura**. El **Museo Nacional de Historia Japonesa** ofrece un buen estudio sobre Japón.

¿Lo sabías?

Narita es famosa por sus restaurantes de anguilas, que ya servían a los señores del periodo Edo en su camino a Tokio.

Boso no Mura
🏠 1028 Ryukakuji, Sakae 📞 (0476) 95-3333 🕐 9.00-16.30 ma-do

Museo Nacional de Historia Japonesa
 🏠 117 Jonaicho, Sakura 🕐 mar-sep: 9.30-17.00 ma-do (oct-feb hasta 16.30) 🌐 rekihaku.ac.jp

_____

❼

Kawagoe
川越

 F4 🏠 Prefectura de Saitama 🚉 Kawagoe, Hon Kawagoe 🛈 24-9 Wakitamachi, Kawagoe; https://koedo.or.jp

La llamada pequeña Edo conserva el ambiente del Edo (Tokio) decimonónico en sus *kura*, estructuras que se utilizaban como almacenes y tiendas, de las que se conservan unas 30. Kawagoe se halla a 10 minutos a pie al norte de la estación Hon-Kawagoe. El **Kura-Zukuri Shiryokan**, un antiguo estanco, alberga ahora un museo y ofrece a los visitantes la oportunidad de subir al interior de uno de estos edificios; también expone máquinas antiguas. Cerca, el campanario de madera Tokino-kane se construyó en 1624 para marcar las horas y alertar de incendios. Al este de las calles de los *kura* está el Kita-in, un templo de la secta Tendai que contiene las únicas habitaciones que se conservan del castillo de Edo.

En otro tiempo Kawagoe tenía su propio castillo, que era la estructura dominante en la zona. Los restos se conservan en **Honmaru Goten,** la antigua residencia del señor, con sus cómodas estancias.

Kura-Zukuri Shiryokan
🏠 7-9 Saiwach 📞 (049) 222-5399 🕐 9.00-17.00 ma-do

Honmaru Goten
🏠 2-13-1 Kurawamachi 📞 (049) 224-6015 🕐 9.00-16.30 ma-do

_____

❽

Karuizawa
軽井沢

 F4 🏠 Prefectura de Nagano 🚉 Karuizawa 🛈 En la estación 🌐 visitkaruizawa.com

Esta estación de montaña es un popular lugar de veraneo para gente adinerada desde el siglo XIX. Se han alojado aquí desde el príncipe heredero Akihito hasta John Lennon y Yoko Ono.

La ciudad es conocida por sus tiendas y galerías, pero su verdadero atractivo es el entorno natural. Situada en la ruta de senderismo Nakasendo y con un bosque que alberga el mayor santuario de aves de Japón, es un lugar ideal para los amantes de las actividades al aire libre.

9

Hakone
箱根

 F5 **Prefectura de Kanagawa** **Estación de Hakone Yumoto** **706-35 Yumoto, Hakone; www. hakone.or.jp**

Popular desde el siglo IX, Hakone es un pueblo balneario situado en una colina que ofrece diversos atractivos culturales y naturales. La zona se extiende sobre los restos de un enorme volcán, activo hasta hace 3.000-4.000 años, que dejó como legado manantiales termales y chimeneas de vapor.

Aunque se puede visitar en un día desde Tokio, merece la pena hacer noche para vivir la experiencia de un *ryokan* tradicional. Desde Shinjuku (Tokio), la línea Odakyu ofrece billetes para dos o tres días. Un buen recorrido comenzaría en el pueblo *onsen* (aguas termales) de Hakone-Yumoto, tomando el tren de Tozan, que sube hasta el **Museo al Aire Libre de Hakone**, con sus esculturas modernas. El funicular llega hasta el **Museo de Arte de Hakone**, que cuenta con una excelente colección de cerámica y un jardín japonés. Tomando el funicular y el teleférico, se llega en lo alto de la colina al Owaku-dani (valle de gran ebullición), zona de chimeneas sulfúreas. Esta es una zona volcánica antigua, por lo que en ocasiones el teleférico o algunas secciones están cerradas por seguridad. El teleférico continúa hasta el lago

 ←

Calle antigua en Kawagoe, con edificios *kura* y el campanario Toki-no-kane

↑ Paseando junto a fumarolas de azufre en el valle de Owakudani, Hakone

Ashi, donde una serie de réplicas de barcos de estilo occidental navegan hasta Hakone-machi y Moto-Hakone. En Hakone-machi hay una reconstrucción de la **barrera de Seki-sho**, utilizada en el periodo Edo para supervisar el paso por la ruta de Tokaido, entre Tokio y Kioto.

Desde Hakone-machi se puede ir a pie hasta Moto-Hakone. El **Museo de Arte Narukawa**, en lo alto de una colina y con vistas al lago Ashi y las montañas circundantes. Se exponen 1.500 obras de maestros japoneses modernos. Más allá de Moto-Hakone, atravesando un puerto de montaña, se encuentra la casa de té Amazakechaya y el pueblo de Hatajuku, conocido por el *yosegi-zaiku*, una modalidad de marquetería.

Museo al Aire Libre de Hakone
⊗ 1121 Ninotaira 9.00-17.00 diario hakone-oam.or.jp

Museo de Arte de Hakone
⊗ 1300 Gora 9.00-16.30 vi-mi (dic-mar hasta 16.00) moaart.or.jp/hakone

Barrera de Seki-sho
⊗ 1 Hakone 9.00-17.00 diario (dic-feb hasta 16.30) hakonesekisyo.jp

Museo de Arte de Narukawa
⊗ 570 Motohakone 9.00-17.00 diario narukawamuseum.co.jp

↑ Puesta de sol sobre el puerto de Shimoda, en la península de Izu

 Península de Izu
伊豆半島

F5 **Prefectura de Shizuoka** **Atami, Ito, Shuzenji** **Estaciones de Atami, Ito y Shuzenji;** **www.explore-izu.com**

Esta montañosa península de clima templado es popular por sus numerosos balnearios termales. Fue lugar de exilio durante la Edad Media, y a principios de 1600 hospedó al náufrago inglés William Adams, cuya historia sirvió de base a *Shogun,* la novela de James Clavell.

La costa oriental de Izu está bastante desarrollada, pero la occidental posee deliciosas calas y aldeas de pescadores, como Toi y Heda, que ofrecen exquisitos cangrejos araña y otros mariscos. El centro se conserva bien, con montañas boscosas y balnearios rústicos, entre ellos el *onsen* Shuzenji y la cadena de aldeas que hay entre Amagi Yugashima y Kawazu. En estas se desarrollaba el cuento corto de Yasunari Kawabata *La bailarina de Izu.* Toda la región se ha convertido en destino popular para las vacaciones en bicicleta, por su variado paisaje y sus numerosos *onsen,* perfectos para relajarse tras una jornada de pedaleo.

 Nagoya
名古屋

E5 **Prefectura de Aichi** **Chubu Centrair** **Nagoya** **En estación Nagoya JR; www.nagoya-info.jp**

El centro regional de Nagoya ganó importancia en el siglo XVII como ciudad fortificada de Tokaido y lugar de origen de los señores feudales Nobunaga Oda e Hideyoshi Toyotomi. Centro industrial y cuarta ciudad más grande de Japón, fue bombardeada en 1945.

Los abonos de un día para el autobús turístico (Me-guru) o autobús y metro son muy útiles para explorar la ciudad. El **castillo de Nagoya** (1610-

↑ La elegancia del castillo de Nagoya realzada por las hojas del otoño

1612) fue destruido en un bombardeo en 1945 y se reconstruyó en hormigón; tiene un mirador y exposiciones sobre su historia. Además del principal punto de interés, también merece una visita el palacio Honmaru, que ha sido muy bien reconstruido .

Un breve viaje en autobús hacia el este lleva al **Museo de Arte Tokugawa,** con tesoros del periodo Edo y un rollo ilustrado del siglo XII con *La novela de Genji,* parte del cual se muestra cada mes de noviembre. Algunas fotografías y reproducciones de los rollos están siempre expuestas.

A las afueras de la ciudad se sitúa el inmenso **parque Ghibli,** inaugurado en 2022. Este parque temático recrea los mundos mágicos de Studio Ghibli. Los visitantes pueden pasear por el bosque Dondoko de *Mi vecino Totoro* o visitar el océano de Yubaba de *El viaje de Chihiro.*

Castillo de Nagoya

1-1 Hommaru Nagoya-jo Seimon-mae Nagoya-jo 9.00-16.30 diario nagoyajo.city.nagoya.jp

Museo de Arte Tokugawa

1017 Tokugawacho Parada Tokugawaen Shindeki 10.00-17.00 ma-do tokugawa-art-museum.jp

Parque Ghibli

 Parque conmemorativo de Aichi **S** Aichi Kyuhakukinen Koen ⏰ Los horarios varían, consultar web 🌐 ghibli-park.jp

---

12

Shizuoka
静岡

🅐 F5 Prefectura de Shizuoka 🚆 Shizuoka ℹ️ En estación JR; www.exploreshizuoka.jp

Los asentamientos en la zona se remontan al año 200-300 d. C. Antiguo lugar de retiro de Ieyasu Tokugawa, ahora es un desarrollado centro urbano y la ciudad de Japón más propensa a sufrir un gran terremoto, pero la mejor preparada para resistirlo.

Cerca del puerto, las **ruinas de Toro** ofrecen reconstrucciones de edificios antiguos y un excelente museo interactivo. La vista desde la meseta de Nihondaira (al este) hacia el monte Fuji e Izu es fantástica. Cerca está Kunozan Tosho-gu, uno de los tres grandes santuarios Tosho-gu.

Al oeste de Shizuoka, Kanaya cuenta con una de las mayores plantaciones de té de Japón. Pueden visitarse los campos y el museo **Fujinokuni Chanomiyako**.

No muy lejos, la vía férrea de vapor Oigawa conduce hasta los Alpes meridionales.

Ruinas de Toro

♿ 5-10-5 Toro ⏰ 9.00-16.30 ma-do 🌐 shizuoka-toromuseum.jp

Fujinokuni Chanomiyako

♿ 3053-2 Kanaya Fujimicho ⏰ 9.00-17.00 mi-lu 🌐 tea-museum.jp

13

Inuyama
犬山

🅐 E5 Prefectura de Aichi ✈️ Chubu Centrair 🚆 Inuyama ℹ️ Frente a la fachada oeste de la estación; ml.inuyama.gr.jp/en

Pueblo tranquilo a orillas del río Kiso. El pequeño **castillo de Inuyama** (1537), el más antiguo de Japón, es muy elegante y ofrece bonitas vistas del río.

Meiji Mura, parque temático con más de 60 edificios de la era Meiji (1868-1912), incluye un vestíbulo de F. L. Wright para el hotel Imperial de Tokio. Muy cerca se halla Yaotsu, donde nació Chiune Sugihara, cónsul japonés en Lituania durante la Segunda Guerra Mundial, que salvó a unos 6.000 judíos emitiendo visados para Japón. Hoy un monumento y un museo honran su memoria en el Parque de la Colina de la Humanidad.

Castillo de Inuyama

♿ 65-2 Inuyama Kitakoke ⏰ 9.00-17.00 diario 🌐 inuyamajo.jp

Meiji Mura

♿ 20 min en bus desde estación Inuyama ⏰ Los horarios varían, consultar web 🌐 meijimura.com

---

ID Café

Esta inmensa discoteca del ruidoso distrito Sakae de Nagoya tiene un aforo de nada menos que 5.000 personas en sus seis pistas de baile.

🅐 E5 3-1-15 Sakae, Naka, Nagoya 🌐 idcafe.info

Shooters

Con más de una docena de pantallas, este es el bar deportivo más grande de Nagoya y sirve comida y bebida estadounidense.

🅐 E5 2-9-26 Sakae, Naka, Nagoya 🌐 shooters-nagoya.com

Trunk

Este café-bar sirve buen café y diferentes cervezas artesanas.

🅐 E5 1-3-14 Kamimaezu, Naka, Nagoya 🌐 trunkcoffeeandcraftbeer.business.site

---

 Una barca turística en el río Kiso, con el encantador castillo de Inuyama en lo alto

Casas *gassho-zukuri* en el bonito pueblo de Ogimachi, en el valle de Shokawa

Valle de Shokawa
庄川渓谷

E4 **Prefecturas de Gifu y Toyama** Desde Nagoya, Takayama, Toyama, Shin-Takaoka, Kanazawa
www.vill.shirakawa.lg.jp

Esta remota región montañosa comprende dos zonas: Shirakawa-go (incluyendo Ogimachi) al sur y las cinco aldeas de Gokayama al norte. Sumergida en una espesa capa de nieve de diciembre a marzo, la región fue refugio histórico para derrotados y perseguidos. Hasta la década de 1970 la mayoría de las familias del valle producían seda, criando gusanos en sus casas *gassho-zukuri*.

De las 1.800 casas *gassho* originales solo quedan menos de 150. Tres poblaciones –Ogimachi, Suganuma y Ainokura– han sido declaradas patrimonio de la humanidad. Entre abril y mayo se reponen los tejados de algunas casas, trabajo que ocupa a 200 aldeanos y voluntarios por tejado durante dos días. El **Museo al Aire Libre Gassho-zukuri Minkaen,** en Ogimachi, cuenta con 26 edificios *gassho*. Suganuma tiene nueve casas

gassho, y el villorio serrano de Ainokura tiene unas 20, dos de ellas abiertas a los visitantes.

Museo al Aire Libre Gassho-zukuri Minkaen

 2499 Ogimachi, Shirakawa-go Mar-nov: 8.40-17.00 diario; dic-feb: 9.00-16.00 vi-mi
shirakawago-minkaen.jp

Gifu
岐阜

E5 **Prefectura de Gifu** Gifu En estación Gifu JR; www.visitgifu.com

La ciudad principal de la prefectura del mismo nombre ofrece como atracción principal la pesca tradicional *ukai*. Por las noches, desde mediados de mayo a octubre, exceptuando las de luna llena o de tormenta, los pescadores y sus cormoranes amaestrados salen a faenar en barcos a la luz de las antorchas. Las aves se sumergen en busca de *ayu* (eperlano) y truchas, y se evita que se los traguen colocándoles un anillo en el cuello.

La ciudad debe también su fama a sus sombrillas y farolillos de papel y al hecho de poseer el buda laqueado más

grande de Japón, en el templo Shoho-ji, de 1832. Gifu también es famosa por su singular gastronomía, resultado de su historia como centro de comercio.

TOP 5 GASTRONOMÍA DE GIFU

Ayu
Pescado asado en llamas y servido con solo una pizca de sal.

Caquis fuyu
Una fruta de invierno que sabe a dátiles, azúcar moreno y canela.

Ternera *Hida*
Ternera de alta calidad famosa por sus vetas y su capa de grasa.

Kuri kinton
Simboliza la riqueza y se suele comer en Año Nuevo. Es un plato de castañas garrapiñadas con puré de patata dulce.

Keichan
Muslos de pollo salteados con repollo y salsa de soja con ajo.

CASAS *GASSHO-ZUKURI*

Estas casas deben su nombre a sus pronunciados tejados de paja con forma de *gassho* (manos en oración). Construidas a base de estructuras triangulares sobre una base rectangular, los techos soportan las pesadas nevadas y desaguan rápidamente la lluvia para que la paja no se pudra. Generalmente de tres o cuatro plantas, la primera solía acomodar a familias de 20 o 30 miembros, todos ellos dedicados a la cría de gusanos de seda, para la que se usaban las plantas altas, que permitían variaciones de luz, calor y aire en las distintas etapas de crecimiento. Para maximizar las condiciones de ventilación y luz, las casas *gassho-zukuri* no poseen tejados a cuatro aguas, y las ventanas de ambos frentes se abrían para provocar corrientes. Los detalles arquitectónicos varían de una aldea a otra.

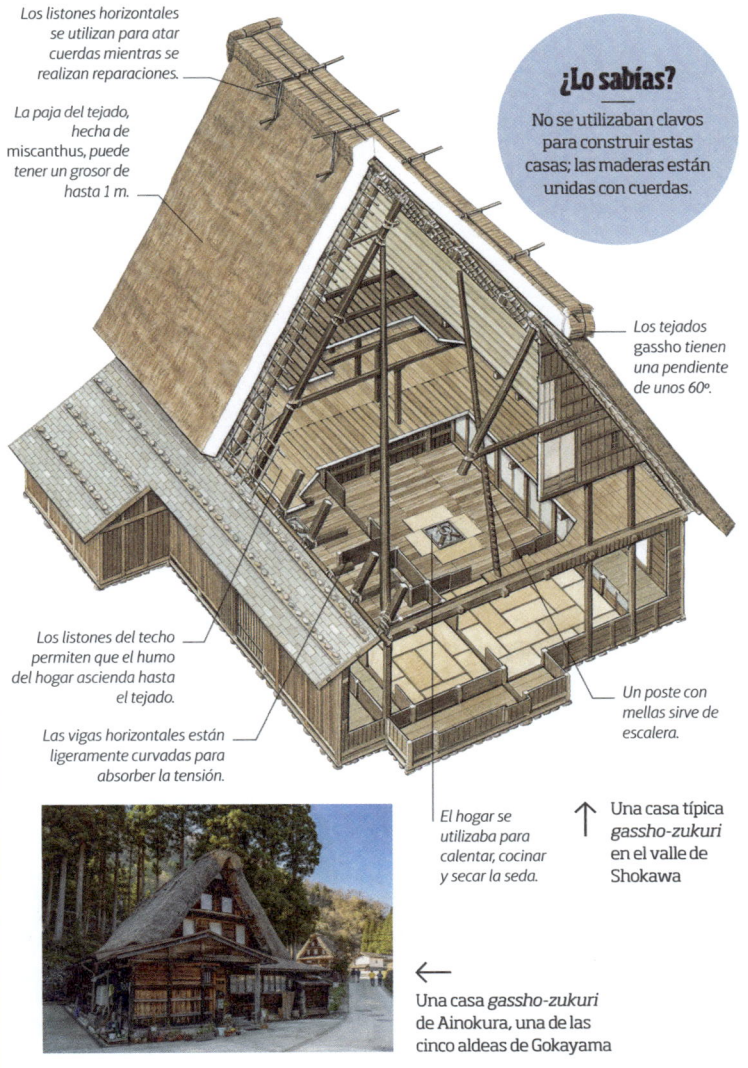

Los listones horizontales se utilizan para atar cuerdas mientras se realizan reparaciones.

La paja del tejado, hecha de miscanthus, *puede tener un grosor de hasta 1 m.*

¿Lo sabías?

No se utilizaban clavos para construir estas casas; las maderas están unidas con cuerdas.

Los tejados gassho tienen una pendiente de unos 60º.

Los listones del techo permiten que el humo del hogar ascienda hasta el tejado.

Las vigas horizontales están ligeramente curvadas para absorber la tensión.

Un poste con mellas sirve de escalera.

El hogar se utilizaba para calentar, cocinar y secar la seda.

↑ Una casa típica *gassho-zukuri* en el valle de Shokawa

← Una casa *gassho-zukuri* de Ainokura, una de las cinco aldeas de Gokayama

16

Matsumoto
松本

E4 Prefectura de Nagano Matsumoto Estación Matsumoto JR; https://visitmatsumoto.com

Además de ser la puerta a los Alpes japoneses, la ciudad ofrece como atractivo principal el **castillo de Matsumoto.** La torre de cinco alturas es la más antigua de Japón (1593); las murallas y el foso datan de 1504. La última planta tiene un santuario dedicado a la diosa de la 26ª noche, que, según la creencia, protegía contra el fuego y la invasión.

Matsumoto cuenta también con el **Museo de Ukiyo-e de Japón,** el **Museo de Arte de la Ciudad de Matsumoto,** con numerosas obras de Yayoi Kusama, y el **Museo de Artesanía Popular de Matsumoto,** con obras de Japón y Asia. En los límites de la ciudad, a unos 20 minutos en autobús, Asama y Utsukushigahara ofrecen aguas termales. Al norte de Matsumoto, en Hotaka, está la mayor granja de *wasabi* de Japón, Daio.

Castillo de Matsumoto
4-1 Marunouchi Matsumoto-jo Los horarios varían, consultar web matsumoto-castle.jp

Museo de Ukiyo-e de Japón
2206 Shinkiri, Shimadachi ukiyoe Hakubutsukan 10.00-17.00 ma-do japan-ukiyoe-museum.com

Museo de Arte de la Ciudad de Matsumoto
4-2-2 Chuo Bijutsukan-kita 9.00-17.00 ma-do matsumoto-artmuse.jp

Museo de Artesanía Popular de Matsumoto
1313-1 Satoyamabe Mingeikan-mae (0263) 33-1569 9.00-17.00 ma-do

17

Nagano
長野

E4 Prefectura de Nagano Nagano En estación JR; www.go-nagano.net

La estación de esquí de Nagano fue la sede principal de los Juegos de Invierno de 1998. La principal atracción es Zenko-ji, un templo que excepcionalmente acoge a todos los géneros. Fundado en 670, atesora la imagen budista más antigua de Japón: una tríada de Amida traída de Corea en el siglo VI. Está escondida, y su copia se muestra cada seis años. En el templo también hay un pasaje subterráneo que contiene la *Llave del Paraíso:* quien la toque será feliz en la otra vida. En el cercano Obuse se encuentra el **Museo Hokusai,** dedicado al artista Katsushika Hokusai (1760-1849), que vivió en la localidad. Internándose en las montañas, el **Parque de monos Jigokudani,** al que se llega en autobús desde Yudanaka Onsen, es famoso por los macacos que viven junto a sus pozas termales.

Museo Hokusai
485 Obuse, Obusemachi Obuse 9.00-17.00 diario hokusai-kan.com

PIEDRAS *DOSOJIN*

Esta vistosa pareja de figuras en piedra son deidades guardianas de los viajeros. Pueden verse en muchas cunetas del norte de la prefectura de Nagano y en los límites de las aldeas. La pareja suele aparecer tomada de la mano.

Paseando por el puente Kappabashi para cruzar el río Azusa, en Kamikochi

Parque de monos Jigokudani
 A 15 min en autobús desde la estación Yudunaka ⏱ abr-oct: 8.30-17.00 diario; nov-mar: 9.00-16.00 diario 🌐 en.jigoku dani-yaenkoen.co.jp

18

Kamikochi
上高地

⛰E4 🏠Prefectura de Nagano 🚉A Shin-Shimashima, luego en autobús 🚌Desde Tokio, Osaka, Kioto, *onsen* Hirayu o Shin-Shimashima ℹ Junto a la terminal de autobuses de Kamikochi; www.kamikochi.org

Este valle alpino está en la vertiente sur del Parque Nacional de Chubu Sangaku (Alpes japoneses septentrionales), a unos 1.500 m, y es una buena base para hacer senderismo y escalada. Al valle se llega atravesando un túnel (abierto desde finales de abril hasta principios de noviembre); en julio, agosto, la Semana Dorada (primera semana de mayo) y algunos fines de semana, la entrada con coche está prohibida. Los montes más elevados (después del Fuji) e indómitos de Japón se hallan en los Alpes meridionales, pero los septentrionales ofrecen más nieve y parajes impresionantes.

Una ruta de tres días que sale de Kamikochi abarca el monte Yari y el monte Hotaka, el pico más elevado de los Alpes del Norte, con 3.190 m. Las rutas más cortas incluyen la ladera del monte Yake, único volcán activo de esta cordillera. Con mal tiempo, las rutas se limitan al fondo del valle por el río Azusa.

El foso que rodea el castillo de Matsumoto, construido a principios del siglo XVI

19

Parque Nacional Chichibu-Tama-Kai
秩父多摩甲斐国立公園

⛰F4 🏠Prefecturas de Tokio, Saitama, Nagano y Yamanashi 🚉Seibu-Chichibu, Chichibu, Okutama, Mitake ℹ Estación Seibu-Chichibu; env.go.jp/en/nature/nps/park/chichibu

Este parque comprende una región de pequeñas montañas que va desde los valles de Okutama, al sur, hasta Chichibu, al norte. Las dos secciones del parque están separadas por montañas cruzadas por diferentes senderos. El tren llega hasta algunos lugares del parque, pero se usa sobre todo el autobús. Chichibu fue zona productora de seda hasta principios del siglo XX, pero ahora es conocida por la ruta de peregrinaje que une los 34 templos de Kannon. Al norte, en Nagatoro, el Arakawa discurre junto a unas insólitas formaciones de esquisto. En la zona de Okutama, el monte Mitake cuenta con una aldea santuario en su cima, y las **cuevas de Nippara** merecen una visita.

Cuevas de Nippara
 🏠1052 Nippara, Okutama 📞(0428) 83-8491 ⏱9.00-17.00 diario

Kobayashi
Matsumoto es famoso por los *noodles soba* y este es uno de los mejores lugares para comerlos.
⛰E4 🏠3-3-20 Ote, Matsumoto 🌐kobayashi-soba.co.jp

Alps Gohan
Este local de comida integral en Matsumoto ofrece a los clientes dos opciones que varían cada día.
⛰E4 🏠3-7-5 Fukashi, Matsumoto-shi ⏱do-mi 🌐alpsgohan.com

Yamameya
Un animado local de Matsumoto que ofrece brochetas de pollo (*yakitori*) y una buena selección de sake.
⛰E4 🏠4-8-2 Ote, Matsumoto 📞(0263) 35-3139

20 Templo Eihei-ji
永平寺

🅐 D4 🏯 Prefectura de Fukui
🚉 Eiheijiguchi, luego autobús
🌐 daihonzan-eiheiji.com/en

Fundado en 1244, uno de los dos templos principales de la secta zen Soto ha sido el monasterio de meditación zen más activo durante mucho tiempo. De planta rectilínea clásica, sus pabellones y sus corredores cubiertos remontan una ladera boscosa. La escuela Soto persigue la iluminación gradual mediante la meditación; el monasterio hospeda a 50 ancianos y 250 alumnos. El ambiente es alegre, pero la vida es austera. En el pabellón Sodo, cada alumno tiene tan solo un tatami para comer, dormir y meditar *(zazen)*; tanto aquí como en el baño y el servicio se debe guardar silencio. Las personas que deseen experimentar la vida zen deben reservar con antelación. Para una vivencia más relajada, es mejor alojarse en el Zen Village del templo.

↑ La puerta de Jouyoumon del templo de Eihei-ji, un importante monasterio de la secta zen Soto

Mercado de Wajima
Cada mañana, en las calles de Wajima se oyen los gritos de los vendedores de este mercado, del que se dice que tiene mil años de antigüedad. Los puestos venden pescado, verduras y artesanías como los famosos lacados de Wajima.

🅐 E3 🏯 1-115 Kawaimachi, Honmachidori, Wajima ⏰ 8.00-12.00 diario 🚫 2º y 4º mi de mes 🌐 asaichi.info

21 Península de Noto
能登半島

🅐 E3-4 🏯 Prefectura de Ishikawa 🚉🚌 Desde Kanazawa ℹ️ En la antigua estación de tren Wajima; (0768) 22-1503

Noto –una tranquila región de aldeas de pescadores célebre por el marisco y por sus tradiciones ancestrales– se interna 70 km en el mar de Japón. La costa oriental y la arenosa costa oeste (cerca de Kanazawa) están bastante urbanizadas, pero el norte y el noroeste son muy pintorescos. El transporte aquí es limitado; los autobuses y trenes ofrecen horarios y precios similares, pero la red de autobuses es más amplia.

Wajima, un pueblo pesquero curtido por las inclemencias del tiempo, produce duraderas lacas de primera calidad, con hasta 70 capas. No lejos, la isla de Hegura sirve de parada a muchas aves migratorias. Al este de Wajima, Senmaida es tan famosa por sus mil estrechos bancales de arroz junto al mar que ha sido protegida por la Organización para la Agricultura y la Alimentación de la ONU, mientras que la costa de Sosogi ofrece insólitas formaciones rocosas. Muchas fiestas estivales se celebran aquí con tambores

 LA MEJOR FOTO
La luz sobre los arrozales
Shiroyone Senmaida comprende más de mil pequeños arrozales en las laderas que bajan hasta el litoral de la península de Noto. La luz de amanecer o la del atardecer aumenta la belleza de la imagen.

situados hasta a 15 m de altura, máscaras demoniacas y faroles.

Al oeste, Monzen alberga el principal templo zen Soji-ji (parcialmente abierto, aunque está siendo restaurado). En Hakui hay un importante santuario –Keta Taisha– y una pista de sumo de 2.000 años, la más antigua de Japón, que se usa en septiembre. A Senmaida, Sosogi y Monzen se puede llegar en autobús desde Wajima a Hakui, en autobús o tren desde Kanazawa.

¿Lo sabías?
Los lacados de Wajima se preparan aplicando *nunokise* (tejido) sobre los objetos que se van a vidriar.

DISPOSICIÓN DE UN TEMPLO BUDISTA ZEN

Diseñados para facilitar el camino a la iluminación, los templos budistas zen transportan a los fieles desde el mundo terrenal hasta el de Buda.

Basados en los templos chinos de la dinastía Sung, su entrada está señalada por un puente sobre agua, que simboliza la superación de obstáculos terrenos. Los edificios principales, como la *Sanmon* (la puerta principal), el pabellón *Hatto*, el *Butsuden* (salón de Buda), las salas de meditación o estudio y las dependencias del abad y los monjes son hermosos, pero sencillos. Los edificios suelen ser de madera vista, ya que están destinados a ayudar a vaciar la mente de los pensamientos mundanos y a facilitar la iluminación.

↑ El Kinkaku-ji (pabellón Dorado), un templo budista zen de Kioto

↑ Estatua de Buda cargada de serenidad en el templo Engaku-ji, Kamakura

---

TOP 5
TEMPLOS BUDISTAS ZEN

Eihei-ji
El *templo de la paz eterna* es un *daihonzan* (templo principal) de la secta zen Soto.

Kinkaku-ji
El pabellón Dorado se refleja en el estanque de este templo de Kioto *(p. 199)*.

Engaku-ji
El más hermoso de los cinco grandes templos zen de Kamakura *(p. 157)*.

Ginkaku-ji
Pese a su nombre, el pabellón Plateado de Kioto nunca estuvo recubierto de una lámina de plata *(p. 195)*.

Soji-ji
Este *daihonzan* es uno de los templos más grandes y concurridos de Japón.

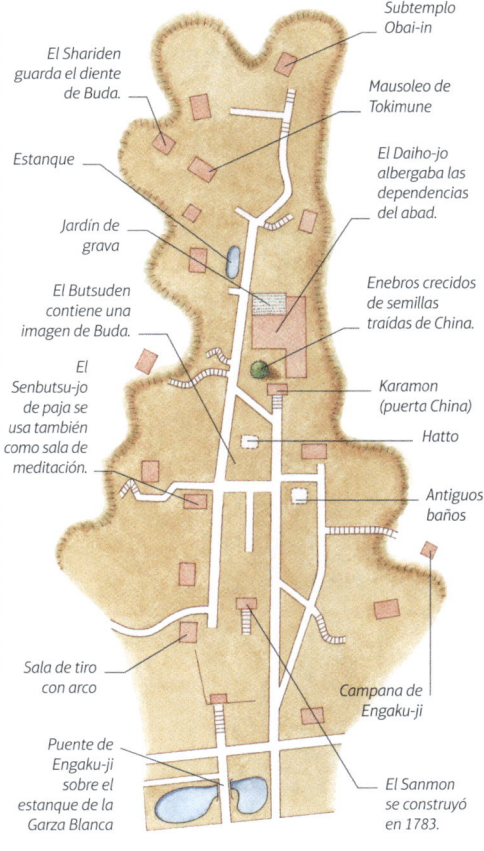

El Shariden guarda el diente de Buda.

Estanque

Jardín de grava

El Butsuden contiene una imagen de Buda.

El Senbutsu-jo de paja se usa también como sala de meditación.

Subtemplo Obai-in

Mausoleo de Tokimune

El Daiho-jo albergaba las dependencias del abad.

Enebros crecidos de semillas traídas de China.

Karamon (puerta China)

Hatto

Antiguos baños

Sala de tiro con arco

Campana de Engaku-ji

Puente de Engaku-ji sobre el estanque de la Garza Blanca

El Sanmon se construyó en 1783.

→ Disposición del Engaku-ji, templo budista zen en Kamakura

Sobre una de las grandes
rocas de la garganta de
Nezame-no-toko

RUTA EN COCHE Y A PIE
VALLE DEL KISO

Distancia 60 km **Paradas** Narai, Magome, Tsumago
Dificultad Los caminos y carreteras están en buen estado

El río Kiso discurre a través de un pintoresco valle de montaña que fue antiguamente la ruta que seguía el Nakasendo, uno de los caminos de postas del periodo Edo. Se puede recorrer en coche esta antigua carretera deteniéndose en los 11 pueblos de posta. En particular, Tsumago, Narai y Magome conservan parte del aire de entonces, con sus estrechas calles flanqueadas por posadas y tiendas de madera. Hay partes de la vieja senda de Nakasendo, especialmente entre Tsumago y Magome, que siguen igual que en la época Edo. Los montes vecinos, como Ontake, ofrecen rutas para montañeros expertos.

0 km — 5

N ↑

*En **Kiso-Fukushima** se encontraba la importante puerta de acceso al monte sagrado Ontake.*

Nezame-no-toko *es una bonita garganta rocosa situada a una media hora a pie de Agematsu.*

Narai tiene un par de museos que explican al visitante cómo era la vida de los viajeros del Nakasendo.

INICIO — Kiso-Hirasawa

Narai

Torii Pass
Kiso
Yabuhara

Miyanokoshi

Harano

Kiso-Fukushima

Agematsu

Nezame-no-toko

Kuramoto

Suhara

Okuwa

Nojiri

Junikane

Nagiso

Tadachi

Sakashita

Tsumago

Ochiaigawa

LLEGADA — Magome

Nakatsugawa

río Kiso

*La laca es la especialidad de **Kiso-Hirasawa**.*

El paso de Tori tiene una de las secciones originales de la carretera pavimentada con piedra de Nakasendo.

*Toda muestra de progreso está oculta en **Tsumago**: los cables están enterrados, y los coches, prohibidos.*

Magome es un buen punto de partida para recorrer a pie los 8,5 km hasta Tsumago.

CENTRO DE HONSHU

Valle del Kiso

Mapa de situación
Para más detalles ver p. 150

Una calle que desemboca en el santuario Yasaka de Gion

KIOTO

Fundada en 794 como Heian-kyo (capital de la paz y la tranquilidad), la ciudad se construyó según el modelo de la ciudad china de Chang'an, capital de la dinastía Tang. Con montañas en tres de sus lados y dividido por un río que fluye de norte a sur, este emplazamiento era perfecto según los geománticos del emperador Kanmu. Con el crecimiento de la población, sin embargo, la higiene se convirtió en un problema, sobre todo cuando se desbordaba el río Kamo.
Para solucionar este problema nacieron una serie de festivales destinados a aplacar a los espíritus responsables de las enfermedades y de otras catástrofes, que generaron numerosos rituales y costumbres que hoy siguen observándose en su mayoría.

La cultura de Kioto evolucionó como una amalgama de influencias, con las de la corte imperial y la nobleza a la cabeza. Más tarde llegaron los samuráis, mecenas del budismo zen y de la ceremonia del té. Los mercaderes también tuvieron su influencia, en especial los tejedores de seda de Nishijin. La ciudad fue reducida a cenizas varias veces por terremotos e incendios y por la guerra civil de Onin (1467-1477). Durante el periodo Edo (1603-1868), el poder pasó de Kioto a Edo (Tokio), y la primera perdió la capitalidad en 1869. Pese a esto, Kioto conserva su elegante aire imperial, pero al mismo tiempo ha hecho todo lo necesario para convertirse en una ciudad cosmopolita del siglo XXI.

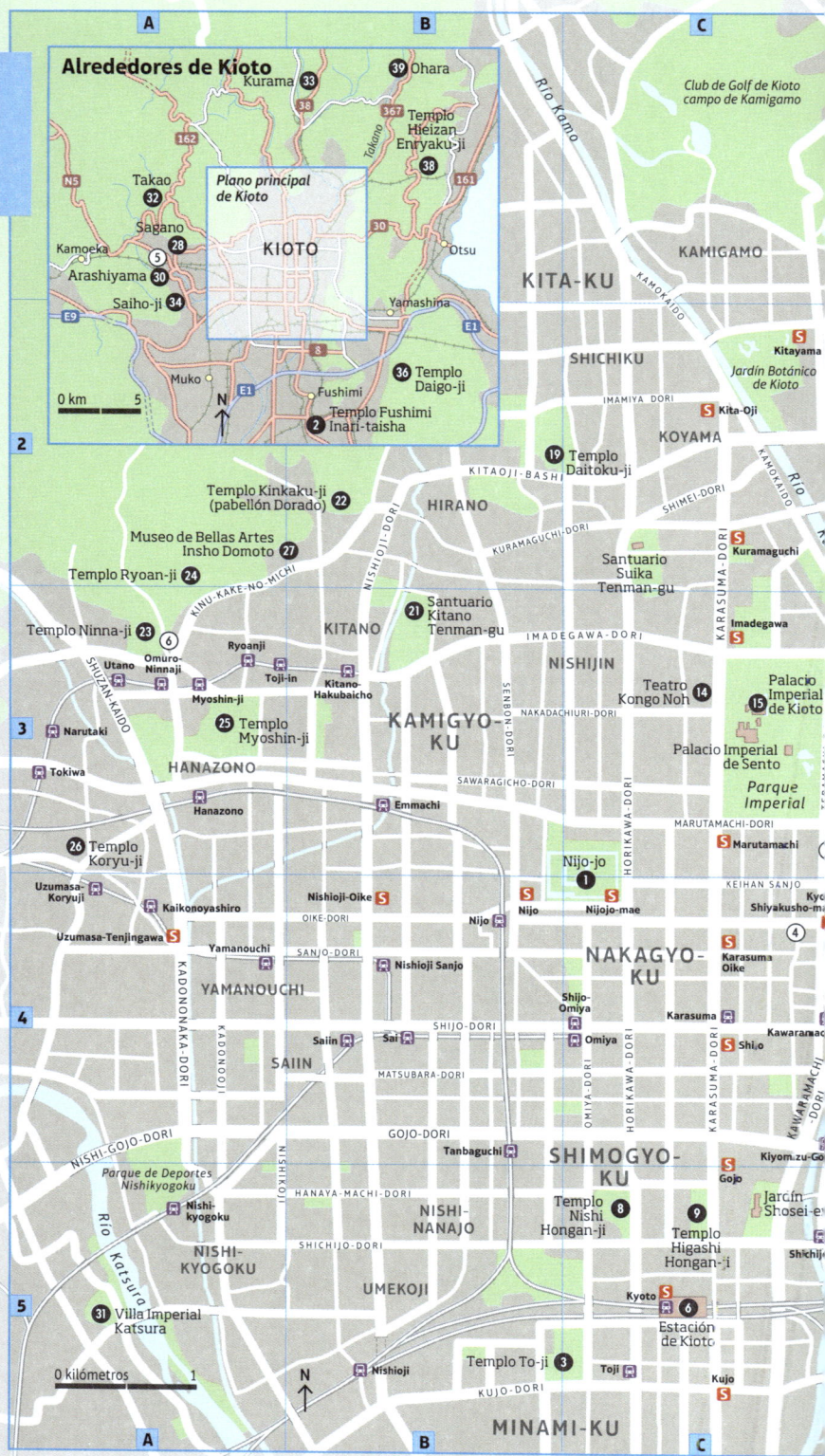

Alrededores de Kioto

Plano principal de Kioto

KIOTO

0 km   5

Kurama 33
38
162
N5
Takao 32
Sagano 28
Kamoeka   5
Arashiyama 30
Saiho-ji 34
E9
Muko   E1

Ohara 39
Templo Hieizan Enryaku-ji
367
38
161
30
Otsu
Yamashina
E1

Templo Daigo-ji 36
Fushimi
Templo Fushimi Inari-taisha 2

Río Kamo

Club de Golf de Kioto campo de Kamigamo

KITA-KU
KAMIGAMO
KAMOKAIDO
SHICHIKU
IMAMIYA-DORI
Kitayama S
Jardín Botánico de Kioto
Kita-Oji S
KOYAMA
Río

KITAOJI-BASHI
Templo Daitoku-ji 19
HIRANO
KURAMAGUCHI-DORI
Kuramaguchi S
Santuario Suika Tenman-gu
Imadegawa S

Templo Kinkaku-ji (pabellón Dorado) 22
Museo de Bellas Artes Insho Domoto 27
Templo Ryoan-ji 24
KINU-KAKE-NO-MICHI
NISHIOJI-DORI
KITANO
Santuario Kitano Tenman-gu 21
IMADEGAWA-DORI
NISHIJIN

Templo Ninna-ji 23   6
Narutaki
Tokiwa
SHUZAN-KAIDO
Utano
Omuro-Ninnaji
Ryoanji
Myoshin-ji
Toji-in
Kitano-Hakubaicho
SENBON-DORI
NAKADACHIURI-DORI
Teatro Kongo Noh 14
Palacio Imperial de Kioto 15
Palacio Imperial de Sento
Parque Imperial

Templo Myoshin-ji 25
HANAZONO
KAMIGYO-KU
SAWARAGICHO-DORI
HORIKAWA-DORI
MARUTAMACHI-DORI
Marutamachi S

Templo Koryu-ji 26
Uzumasa-Koryuji
Kaikonoyashiro
Hanazono
Emmachi
Nijo-jo 1
Nijo
Nijo S
Nijojo-mae S
KEIHAN SANJO
Shiyakusho-ma
Kyo
4

Uzumasa-Tenjingawa
Yamanouchi
OIKE-DORI
SANJO-DORI
Nishioji-Oike S
Nishioji Sanjo
NAKAGYO-KU
Karasuma Oike S
KARASUMA-DORI

YAMANOUCHI
KADONONAKA-DORI
KADONOJI
Saiin
Sai
SHIJO-DORI
Shijo-Omiya
Omiya
Karasuma
Kawaramac
Shijo S

SAIIN
MATSUBARA-DORI
OMIYA-DORI
HORIKAWA-DORI
KARASUMA-DORI
KAWARAMACHI-DORI

NISHI-GOJO-DORI
GOJO-DORI
Río Katsura
Parque de Deportes Nishikyogoku
HANAYA-MACHI-DORI
Tanbaguchi
SHIMOGYO-KU
Kiyom zu-Go
Gojo S

NISHIJI
Nishi-kyogoku
NISHI-NANAJO
SHICHIJO-DORI
Templo Nishi Hongan-ji 8
Templo Higashi Hongan-ji 9
Jardín Shosei-e
Shichij

NISHI-KYOGOKU
UMEKOJI
Kyoto
Kyoto 6
Estación de Kioto

Villa Imperial Katsura 31
0 kilómetros   1

Nishioji
Templo To-ji 3
Toji
Kujo S
KUJO-DORI
MINAMI-KU

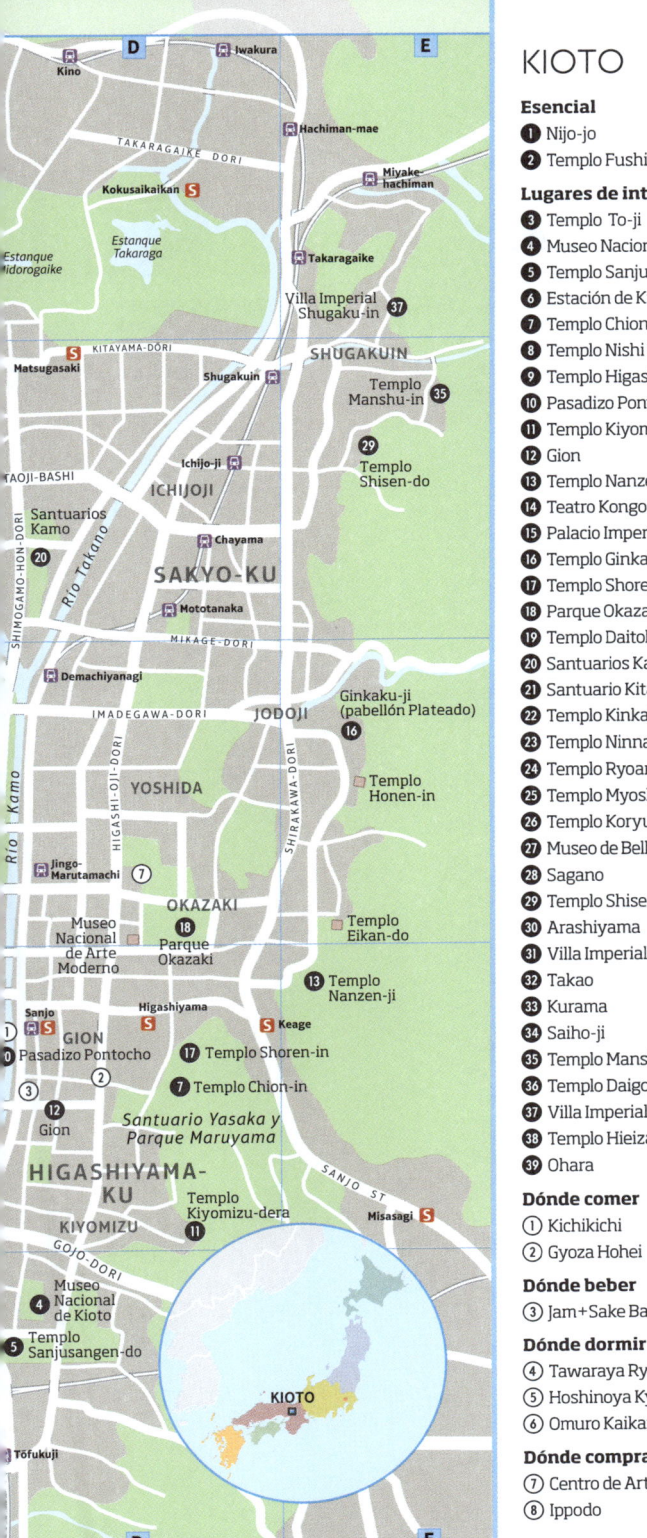

KIOTO

Esencial
1 Nijo-jo
2 Templo Fushimi Inari-taisha

Lugares de interés
3 Templo To-ji
4 Museo Nacional de Kioto
5 Templo Sanjusangen-do
6 Estación de Kioto
7 Templo Chion-in
8 Templo Nishi Hongan-ji
9 Templo Higashi Hongan-ji
10 Pasadizo Pontocho
11 Templo Kiyomizu-dera
12 Gion
13 Templo Nanzen-ji
14 Teatro Kongo Noh
15 Palacio Imperial de Kioto
16 Templo Ginkaku-ji (pabellón Plateado)
17 Templo Shoren-in
18 Parque Okazaki
19 Templo Daitoku-ji
20 Santuarios Kamo
21 Santuario Kitano Tenman-gu
22 Templo Kinkaku-ji (pabellón Dorado)
23 Templo Ninna-ji
24 Templo Ryoan-ji
25 Templo Myoshin-ji
26 Templo Koryu-ji
27 Museo de Bellas Artes Insho Domoto
28 Sagano
29 Templo Shisen-do
30 Arashiyama
31 Villa Imperial Katsura
32 Takao
33 Kurama
34 Saiho-ji
35 Templo Manshu-in
36 Templo Daigo-ji
37 Villa Imperial Shugaku-in
38 Templo Hieizan Enryaku-ji
39 Ohara

Dónde comer
1 Kichikichi
2 Gyoza Hohei

Dónde beber
3 Jam+Sake Bar

Dónde dormir
4 Tawaraya Ryokan
5 Hoshinoya Kyoto
6 Omuro Kaikan

Dónde comprar
7 Centro de Artesanía de Kioto
8 Ippodo

❶ 🖼️ 🖥️ 🏛️

NIJO-JO

二条城

📍 C3 🏠 541 Nijojocho, Nagakyo 🚇 Nijojo-mae 🚌 9, 50, 111
🕐 8.45-17.00 diario 📅 Nijo-jo: 29-31 dic; palacio de Ninomaru:
1-3 ene, 26-28 dic y ene, jul, ago y dic: ma 🌐 nijo-jocastle.city.
kyoto.lg.jp

Aunque desde el exterior no da la impresión de ser una fortaleza imponente, el interior de Nijo-jo no decepciona. Sede del bonito palacio de Ninomaru, es un lugar fascinante para visitar.

Pese a no tener las impactantes fortificaciones de otros castillos japoneses, Nijo-jo destaca por su elaborada ornamentación interior y por los suelos de ruiseñor. Estos suelos podrían haber sido (ingeniosamente) diseñados para que al ser pisados emitieran chirridos similares a los de los pájaros, como advertencia de posibles intrusos. El complejo lo ideó el sogún Ieyasu Tokugawa (1543-1616) como símbolo del poder y la riqueza del sogunato recién establecido en Edo. Iemitsu, el nieto de Ieyasu, encargó a los mejores pintores de la escuela Kano la decoración de los salones de recepciones en previsión de una visita imperial. Irónicamente, el último sogún Tokugawa se rindió en este mismo castillo ante el emperador Meiji en 1867.

PINTORES DE LA ESCUELA KANO

Los artistas de la escuela Kano procedían de una familia de samuráis de clase baja, pero ganaron protagonismo en el siglo XV con sus paisajes de estilo chino, sus figuras y sus escenas de aves y flores. Las pinturas de Nijo-jo son las más grandes de las obras realizadas por la escuela. Entre los motivos hay panteras y tigres de tamaño natural agazapados en campos de bambú, gansos salvajes en invierno y alegres pavos reales.

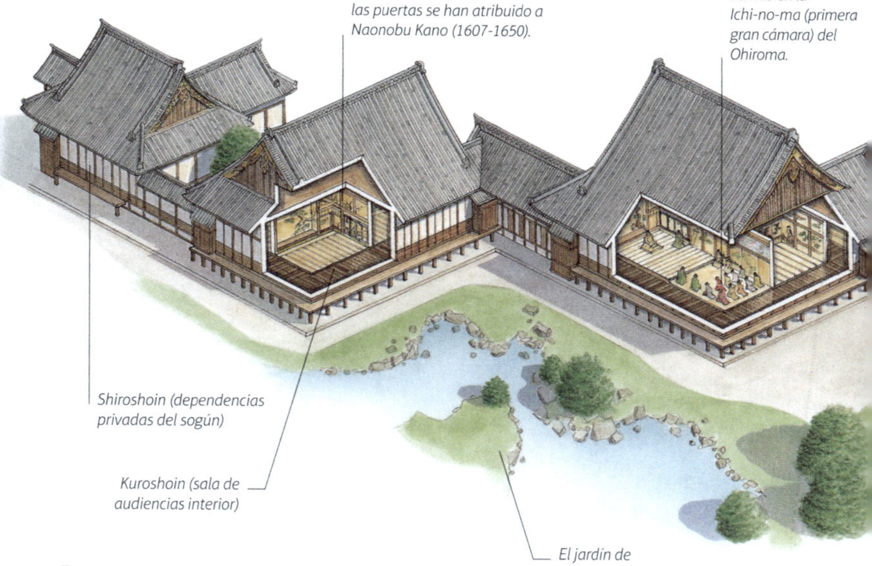

Los cerezos en flor pintados en las puertas se han atribuido a Naonobu Kano (1607-1650).

Maniquíes de daimio en la Ichi-no-ma (primera gran cámara) del Ohiroma.

Shiroshoin (dependencias privadas del sogún)

Kuroshoin (sala de audiencias interior)

El jardín de Nijo-jo es célebre por la riqueza y la variedad de sus rocas.

> **Estos suelos podrían haber sido (ingeniosamente) diseñados para que al ser pisados emitieran chirridos similares a los de los pájaros, como advertencia de posibles intrusos.**

1 La puerta Karamon, del periodo Momoyama, luce un hastial de estilo chino.

2 En la casa del té, los visitantes participan en una ceremonia tradicional.

3 En el recinto del castillo hay plantada una enorme variedad de cerezos, que florecen en diferentes momentos entre finales de marzo y mediados de abril.

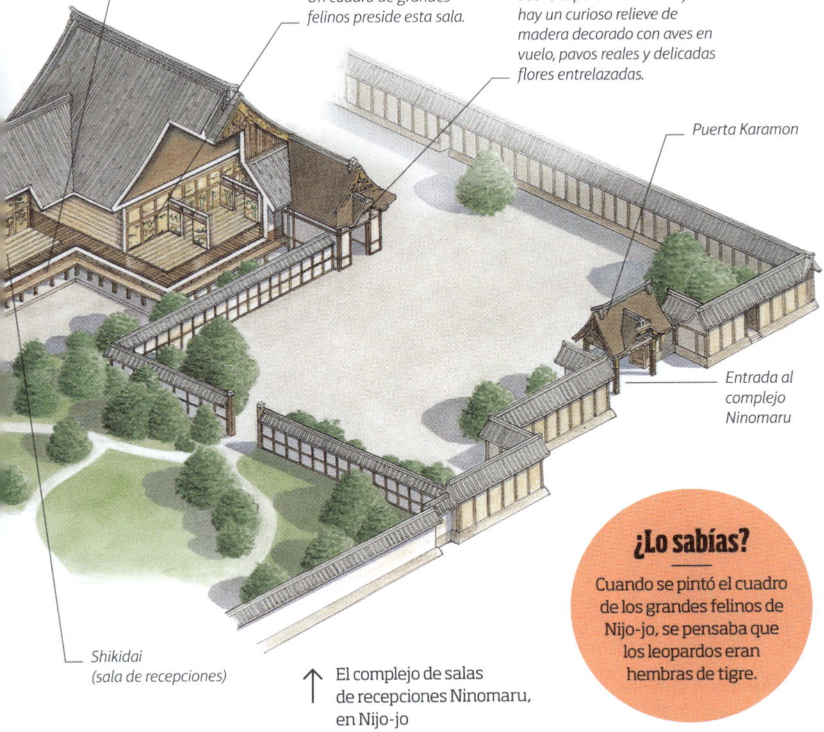

Los tirantes y clavos que hay bajo el suelo rozan y chirrían ligeramente cuando se pisa.

Un cuadro de grandes felinos preside esta sala.

Sobre el porche de carruajes hay un curioso relieve de madera decorado con aves en vuelo, pavos reales y delicadas flores entrelazadas.

Puerta Karamon

Entrada al complejo Ninomaru

Shikidai (sala de recepciones)

↑ El complejo de salas de recepciones Ninomaru, en Nijo-jo

¿Lo sabías?

Cuando se pintó el cuadro de los grandes felinos de Nijo-jo, se pensaba que los leopardos eran hembras de tigre.

②

SANTUARIO FUSHIMI INARI-TAISHA

伏見稲荷大社

📍 B2　🏯 68 Fukakusa Yabunouchicho, Fushim　🚉 Fushimi-Inari, Inari
🕐 24 horas diario　🌐 inari.jp

Este enorme complejo de santuarios dispersos por la ladera de una montaña, con sus millares de puertas rojo brillante salpicando las colinas del sur de la ciudad de Kioto, es uno de los lugares más asombrosos de Japón.

El santuario Fushimi Inari-taisha, que se cree anterior a la fundación de Kioto, es una maravilla de la antigüedad. Situado en el distrito de Fushimi, que significa 'aguas ocultas', está consagrado a Inari, la deidad sintoísta del arroz y el sake (muy adecuado, dado que la zona es la segunda mayor productora de sake de Japón).

Los miles de *torii* de color rojo que flanquean el sendero de 4 km desde el santuario principal hasta el interior fueron donación de particulares y empresas y su nombre y la fecha de donación está inscrita en la parte trasera de cada puerta. Las más grandes pueden costar hasta un millón de yenes. La más imponente es la recargada puerta Romon, que se alza ante el santuario principal. Fue donada en 1589 por Hideyoshi Toyotomi, el señor de la guerra que unificó el país.

CONSEJO DK
Conocer el sake

La principal zona productora de sake en la región de Kioto es el distrito de Fushimi, que ofrece diferentes opciones para conocer la bebida. El Museo del Sake Gekkeikan Okura *(www. gekkeikan.co.jp)*, que ocupa una destilería renovada, muestra en detalle el proceso de producción del sake y ofrece una cata.

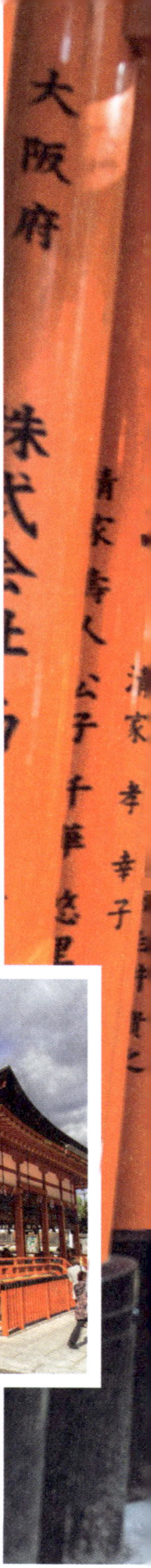

El escenario se emplea para representaciones de danza durante los rituales anuales del santuario

Estatua de un zorro con cuello rojo -este animal se considera mensajero de Inari- en el extenso recinto del santuario Fushimi Inari-taisha

¿Lo sabías?
———
La funcion de un *torii*
es marcar el límite
entre lo cotidiano
y lo sagrado.

↑ Caminando por la senda
entre *torii* del santuario
Fushimi Inari-taisha

LUGARES DE INTERÉS

3

Templo To-ji
東寺

B5 **1** Kujocho, Minami **(075) 691-3325** **42** a Toji Higashimon-mae; 19 y 78 A Toji Minamimon-mae; 16 a Toji Nishimon-mae **8.00-17.00** diario **toji.or.jp**

Aunque carece de la belleza de otros templos de Kioto, el polvoriento To-ji (su nombre real es Kyo-o-gokoku-ji) impresiona por su historia: la base religiosa de Kioto se formó aquí, sus budas guardan la ciudad desde que Kukai fundó el templo en el 794 y los ecos de rituales pasados parecen seguir vivos en sus pabellones sagrados.

Kukai convirtió a Toji en la sede principal del budismo Shingon. Los rituales de la secta dependían de los mandalas. En el Kodo (pabellón de conferencias) hay 21 estatuas que conforman un mandala, en el centro del cual se halla Dainichi Nyorai, el Buda cósmico que impulsó el esoterismo. Estas y otras imágenes de unos 1.200 años de antigüedad que posee el templo se tallaron en bloques únicos de madera.

Las estatuas de Yakushi Nyorai

—el Buda curador— y sus ayudantes Gakko y Nikko son veneradas en el Kondo (pabellón principal) de dos plantas. Construida en 796, la estructura actual data de 1603.

La grandiosa pagoda de To-ji —la pagoda de madera más alta de Japón (56 m) y todo un símbolo de Kioto— fue reconstruida en 1644. El interior guarda las imágenes de cuatro budas y sus seguidores.

Al noroeste del Kodo está el Miei-do o Taishi-do (pabellón del Gran Maestro), donde vivía Kukai. Guarda una imagen de Fudo Myo-o, el Buda secreto, que se muestra en contadas ocasiones, y otra de Kukai. La estructura, declarada Tesoro Nacional, data de 1380.

La muerte de Kukai se conmemora el día 21 de cada mes con un mercadillo. También hay un mercado de antigüedades el primer domingo de mes. Muchos compradores realizan un corto peregrinaje a Miei-do, donde hacen ofrendas de dinero e incienso; algunos se frotan con el humo aquellas partes del cuerpo donde acusan alguna dolencia.

4

Museo Nacional de Kioto
京都国立博物館

D5 **527** Chayacho, Higashiyama **100, 206** y 208 a Hakubutsukan Sanjusangendo-mae **9.00-17.30** ma-do **kyohaku.go.jp/eng**

Fundado en 1895, el Museo Nacional destaca por sus pinturas (incluye obras budistas y otras hechas en tinta) y por las esculturas Heian. Las exposiciones especiales tienen lugar en el

 ←

La pagoda de cinco plantas en el recinto del templo To-ji

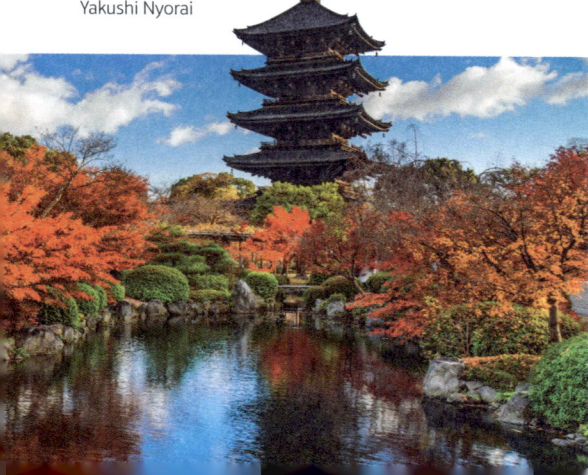

→

El vestíbulo futurista de la estación de Kioto, un enorme edificio de cristal y acero

edificio de la era Meiji a la derecha de la entrada.

5

Templo Sanjusangen-do
三十三間堂

📍D5 🏠657 Sanjusangen-domawari, Higashiyama 🚉Keihan Shichijo 🚌100, 206, 208 a Hakubutsukan Sanjusangen-do-mae 🕐Abr-med nov: 8.30-17.00 diario; med nov-mar: 9.00-16.00 diario 🌐sanjusangendo.jp

El templo Rengeo-in, conocido como Sanjusangen-do, produce un efecto especial en los visitantes, quienes, una vez dentro del alargado pabellón principal, se topan con hileras de imágenes –1.001 en total– casi idénticas de Kannon (diosa de la misericordia) reluciendo en la oscuridad. Sanjusangen-do (1164) es la estructura de madera más larga del mundo. Su nombre viene de los 33 *sanjusan* (espacios entre los pilares del edificio). La grandiosa imagen principal de una Kannon con 1.000 brazos fue tallada en 1254 por Tankei, a los 82 años. Sobre la cabeza hay otras 10 cabezas más, y una miniatura de Buda Amida. A ambos lados hay 1.000 imágenes menores. A Kannon se le atribuían 33 manifestaciones, por lo que sus devotos invocaban la piedad de 33.033 diosas Kannon.

El segundo domingo de enero se organiza en el templo una competición de tiro con arco para mujeres jóvenes, quienes tiran flechas en la galería del salón principal.

6

Estación de Kioto
京都駅

📍C5 ℹ️Vestíbulo principal, 2ª planta, a la izquierda de la escalera; https://kyoto.travel/en

La estación de trenes JR de la ciudad –un elegante complejo de espacios gigantescos, superficies acristaladas y largas escalinatas– ofrece una entrada futurista a la vieja capital imperial. Completada en 1997, la estructura es obra del arquitecto Hiroshi Hara, un antiguo profesor de la Universidad de Tokio, cuyo proyecto ganó un concurso internacional. Aunque recibió críticas por no incorporar elementos tradicionales, la estación resulta atractiva y, gracias a sus espacios al aire libre, guarda parecido con la casa tradicional de Kioto. Resulta agradable en verano, pero en invierno está expuesta a las corrientes y al frío.

En su interior, la zona comercial Kyoto Portal ofrece artesanía de Kioto y alimentación.

Tawaraya Ryokan
Las habitaciones de este venerado *ryokan* tienen su propio jardín privado.

📍C4 🏠278 Nakahakusancho, Nakagyo 📞(075) 211-5566

¥ ¥ ¥

Hoshinoya Kyoto
Hotel de lujo en el río Hozugawa al que se accede en barco. Al final del día, sumergirse en una bañera de cedro es un placer.

📍A1 🏠11-2 Arashiyama Genrokuzancho, Nishikyo 🌐hoshinoya.com/kyoto

¥ ¥ ¥

Omuro Kaikan
Una opción de alojamiento en un templo tradicional, el Ninna-ji, con comida vegana.

📍A3 🏠33 Omuro, Ouchi, Ukyo 🌐omurokaikan.jp/en

¥ ¥ ¥

¿Lo sabías?

La Sammon del templo Chion-in es la puerta más grande de Japón.

Gongendo venera a los espíritus de Ieyasu Tokugawa, su hijo Hidetada y su nieto Iemitsu. La enorme campana del templo se tañe solemnemente 108 veces (una por cada pecado que puede cometer el hombre) en la víspera de Año Nuevo.

8

Templo Nishi Hongan-ji
西本願寺

C5 60 Horikawa-dori Hanayacho, Shimogyo 9, 28, 75 a Nishi Honganji-mae 5.30-17.00 diario; sep-abr: 5.30-17.00 diario hongwanji.kyoto

Con sus dinteles sobre las puertas talladas con profusión, sus enormes altares llenos de flores y sus brillantes extensiones de tatami, los cavernosos templos Hongan-ji de Kioto reflejan el poder y la popularidad de la secta Jodo-Shinshu con su inmenso Goei-do (pabellón del Fundador) y su más pequeño Amida-do.

Aunque no siempre están expuestos, el templo **Nishi Hongan-ji** posee numerosos tesoros nacionales: el Shoin (pabellón de estudio), con sus compartimentos ornamentados Shiroshoin y Kuroshoin; el Kokei no Niwa, un jardín de cicadáceas; dos escenarios *noh*,

7

Templo Chion-in
知恩院

D4 400 Rinkacho, Higashiyama Higashiyama 31, 46, 201, 203, 206 a Chion-in-mae 9.00-16.30 diario chion-in.or.jp

La colosal Sanmon del templo Chion-in se construyó para proclamar la supremacía de la secta budista Jodo, de la que Chion-in es sede. También realizaba la autoridad del sogunato Tokugawa, que costeó la restauración del templo.

Este complejo ocupa el emplazamiento donde Honen, fundador de la secta Jodo, comenzó a predicar en 1175. Cuenta con un grandioso pabellón del Fundador, otro más pequeño con una imagen de Buda Amida y salas de recepción decoradas con pinturas de la escuela de Kano. El mausoleo

uno de los cuales podría ser el más antiguo de este tipo que aún sobrevive; el Hiunkaku, un pabellón de té, y la Karamon, la puerta china. El Shoin abre dos veces al mes, pero las fechas varían; el Kuroshoin, sin embargo, nunca se muestra.
El Hiunkaku solo puede visitarse reservando al menos un día antes, aunque esto no es necesario en eventos especiales. Es necesaria una cuantiosa donación si se asiste a la ceremonia del té o a una actuación *noh* en el Hiunkaku.

9

Templo Higashi Hongan-ji
東本願寺

C5 754 Tokiwacho, Karasumadori Shichijo-agaru, Shimogyo Kioto mar-oct: 5.50-17.30 diario; nov-feb: 6.20-16.30 diario higashihonganji.or.jp

La inmensa y lujosa puerta del Goei-do de Higashi Hongan-ji es una de las primeras edificaciones tradicionales que se ven al salir en dirección norte de la estación de Kioto. El Goei-do

↑ Los fieles encienden varas de incienso y rezan en el templo Chion-in de Kioto

(pabellón del Fundador) data de 1895, y se dice que es una de las mayores estructuras de madera del mundo. Las impresionantes paredes de yeso blanco y alicatado gris de la fachada norte pertenecen al *kura* (almacén) del templo. Dentro hay muchos tesoros.

Dos manzanas al este de Higashi Hongan-ji está Shosei-en (también llamado Kikokutei), un jardín de paseo que pertenece al templo. Su diseño se atribuye al poeta y erudito Ishikawa Jozan (1583-1672) y al arquitecto paisajista Kobori Enshu (1579-1647). En él viven garzas, patos y otros animales.

 10

Pasadizo Pontocho
先斗町通り

D4 **Kawaramachi** **4, 17, 205 a Shijo-Kawaramachi**

Este bello pasadizo se aprecia mejor tras el crepúsculo, cuando recuerda a un grabado *ukiyo-e (p. 131)*. Lo que fue un banco de arena comenzó a urbanizarse en 1670. La zona floreció como distrito de ocio y fue autorizado como barrio de *geishas,* papel que aún

El gran templo Kiyomizu-dera, sobre una colina, y las oraciones que dejan en él los visitantes ↑

desempeña. Aunque las luces de neón y el hormigón la han invadido, la calle sigue estando dominada por las tradicionales *ochaya* de madera, un tipo de casa de té donde las *geishas* entretienen a la clientela.

En Pontocho también está el diminuto santuario Tanuki. En 1978 se declaró un incendio en Pontocho en el que murió una *geisha*. Cuando el fuego se apagó, en el lugar se halló un *tanuki* (mapache) de cerámica abrasado por el calor. Creyendo que la figura se había sacrificado para protegerlos, los residentes construyeron este santuario para guardar sus restos. Si se echa una moneda, se puede escuchar en una grabación mensajes tan sabios como "Guárdese del fuego". Las imágenes *tanuki* tienen testículos muy grandes y simbolizan la riqueza. De junio a septiembre, muchos restaurantes montan plataformas *(yuka)* sobre el canal que discurre paralelo al río Kamo.

11

Templo Kiyomizu-dera
清水寺

D4 **1-294 Kiyomizu, Higashiyama** **100, 206, 207 a Gojyozaka** **6.00-18.00 diario** **kiyomizudera. or.jp**

Muchos templos pertenecen a una secta determinada, pero el Kiyomizu-dera parece un templo de todos. Durante más de mil años, los peregrinos han rezado ante la imagen de 11 cabezas de Kannon y han bebido de su manantial sagrado. La terraza del pabellón principal, un milagro de ebanistería sin clavos, ofrece buenas vistas de Kioto. Para ver el templo en sí, hay que ir hasta la pagoda al otro lado del barranco. Desde allí se entiende por qué "saltar desde la terraza de Kiyomizu" es el equivalente japonés de "dar un paso decisivo".

Gion
祇園

◉ D4 🚇 Estación Gion-shijo
🚌 100, 206 a Gion

Entre sórdido y sublime, el barrio de *geishas* más célebre de Kioto es un destino habitual para los hombres que desean disfrutar de la compañía de una *geisha* profesional en las tabernas y casas de té que hay en las calles situadas al norte y al sur de Shijo-dori, junto al río Kamo. Su historia comenzó en el Medievo, con puestos de refrescos destinados a atender las necesidades de peregrinos y visitantes, que pronto se convirtieron en casas de té *(ochaya)* en las que trabajaban las *geishas*. A finales del siglo XVI, el teatro *kabuki* se trasladó desde la orilla del Kamo (donde se originó) a varias salas al este del río, impulsando la reputación de Gion como paraíso del hombre de mundo. Una de esas salas, Minami-za, todavía existe.

El santuario Yasaka, cuya imponente puerta roja se eleva sobre el extremo oriental de Shijo-dori, fue fundado alrededor de 656 con el nombre de Gion. Sus dioses protectores de la enfermedad salieron en procesión por la ciudad en 869 para detener una epidemia, dando lugar al famoso Gion Matsuri *(ver p. 188)*. El día de Año Nuevo, miles de personas acuden para pedir salud y prosperidad, y en abril una auténtica muchedumbre cruza sus puertas de camino al parque Maruyama, donde florecen los cerezos.

El foco comercial de Gion es el tramo de Shijo entre el santuario Yasaka y el puente Shijo, donde hay tiendas que venden costosos accesorios para kimonos. En la esquina sureste de Shijo y Hanamikoji está Ichiriki, la *ochaya* más famosa de Gion. Fácilmente identificable por sus llamativos muros rojos, la casa de té aparece en una de las escenas de *Chushingura*, famosa obra *kabuki*. Hanamikoji, zona patrimonial protegida, ofrece lo mejor y más elegante de Gion. A los restaurantes y *ochaya* de aquí van políticos y empresarios, y es posible que se muestre indiferencia a aquellos que no lleguen con una buena recomendación. Para el turista, las cercanas Gion Corner y Gion Kobu Kaburenjo son más accesibles.

Desde Hanamikoji, al norte de Shijo, discurre hacia el este Shinbashi, una calle flanqueada de discretas *ochaya*, y no se ve casi ningún cartel luminoso.

Con todo, el visitante normal de Gion tiende a ir a un *karaoke* con sus amigos en uno de los estridentes edificios iluminados con neón que pueblan las calles del noreste del distrito, antes que visitar a una *geisha* en una *ochaya*.

Jam+Sake Bar
Este bar sirve más de 30 tipos distintos de sake, organizados por regiones, e incluye varias especialidades de Kioto. Hay *flights* (muestras de degustación de diferentes sakes).

◉ D4 🏠 170 Tokiwacho, Higashiyama
🌐 sakebar.jp

← Caminando por Gion, con el santuario Yasaka al fondo

GEISHA, GEIKO Y MAIKO

La profesión tradicional de *geisha* data del siglo XVII, pero el número de las que la ejercen está disminuyendo. Sin embargo, las *geishas* siguen pisando las calles de Kioto. Conocidas como *geiko* (hijas de las artes), sus enclaves son Gion-kobu, Pontocho, Miyagawa-cho y Kamishichi-ken.

VESTIMENTA *GEIKO* Y *MAIKO*
Menos refinadas que las *geiko*, las *maiko*, aprendices de *geisha*, llevan un tocado de pelo con horquillas y una vestimenta única que incorpora una *obi* (banda) colgante, zuecos *koppori* altos y un kimono interior con un cuello bordado. También llevan un maquillaje más intenso en la cara. Probablemente sea la imagen que venga a la mente cuando se piensa en una *geisha*. Cuando se convierten en auténticas *geiko* cambian el cuello bordado por uno blanco, transición conocida como *eri-kae*.

PERFECTA INTERPRETACIÓN
El conocimiento que tienen las *geishas* de las artes tradicionales, su destreza en la conversación ingeniosa y la capacidad para guardar secretos les valieron el respeto, y en ocasiones el amor, de sus clientes adinerados. El mundo de la *geisha* gira en torno al ritmo del *shamisen* (un instrumento de tres cuerdas originario de Okinawa). Serena y de modales perfectos, la *geisha* baila al son de este etéreo sonido, usando a veces un abanico como atrezo, mientras otras tocan el *shamisen* u otro instrumento.

→

Una *maiko* con su atuendo tradicional antes de convertirse en una *geiko* consumada

El pelo de una maiko es auténtico, no una peluca.

La cara blanca y los labios rojos son ideales de belleza clásicos en Japón.

Kimono interior

Medias tabi

Zuecos koppori

💬 CONSEJO DK
Cuándo ir de visita

Si se quiere ver a una *geisha*, el momento para visitar Kioto es abril. Todos los días de este mes, las *geishas* de Gion-kobu hacen representaciones y el distrito Miyagawa-cho celebra la danza Kyo Odori. Para espectáculos reducidos, en Kamishichi-ken (*p. 199*) se celebra el festival Kitano Odori las dos últimas semanas de este mes.

↑ Una *geisha* tocando el *shamisen* mientras su maestro la escucha

Templo Nanzen-ji
南禅寺

E4 ⌂ **86 Nanzenji Fukuchicho, Sakyo** Ⓢ **Keage, línea Tozai** 🚌 **5 a Nanzen-ji-Eikan-do-michi** 🕐 **8.40-17.00 diario (dic–feb hasta 16.30)** Ⓦ **nanzenji.or.jp**

Desde los pinares del recinto exterior hasta los escondrijos de los subtemplos, este templo zen exhala un exquisito aire de serenidad. Desde 1386, Nanzen-ji ha sido el centro de los Gozan, los cinco grandes templos zen de Kioto.

El pabellón Hojo (dependencias del abad) incluye un delicioso jardín seco atribuido a Kobori Enshu (1579-1647) y pinturas del periodo Momoyama, entre las que destaca la obra maestra de Tanyu Kano *Tigre bebiendo agua*. Cerca hay un pabellón con vistas a una cascada y un jardín donde se puede disfrutar de té *matcha* (té verde) y un dulce por una pequeña cantidad.

La colosal Sanmon, una puerta construida en 1628 para consolar las almas de los muertos en el Asedio de Verano al castillo de Osaka, sirvió de escondite a Goemon Ishikawa, un legendario forajido que más tarde murió escaldado vivo.

Tres de los 12 subtemplos de Nanzen-ji permanecen abiertos durante todo el año. Konchi-in, el más impresionante, guarda una obra del paisajista Kobori Enshu, que presenta grandes piedras y pinos dispuestos en forma de tortuga y de grulla. Tenju-an posee un jardín seco y un frondoso jardín de paseo. Nanzen-in ocupa el lugar original de la villa del emperador Kameyama. Restaurado en 1703, el templo mira a un jardín con un estanque y montañas de fondo.

El acueducto de ladrillo rojo situado frente al templo Nanzen-ji es una de las mayores atracciones del lugar para los turistas japoneses. Terminado en 1890, la que fue una de las primeras obras de ingeniería occidental del Japón Meiji formaba parte del proyecto de un canal que permitiría traer agua y alimentos desde la vecina prefectura de Shiga.

Nanzen-ji es sinónimo de *yudofu* (tofu hervido), una exquisitez que resulta deliciosa durante los fríos meses de invierno. En el recinto del templo hay restaurantes que lo sirven.

DELICIAS DE KIOTO

Yudofu
Se dice que Kioto produce de los mejores tofus de Japón. El *yudofu* es tofu suave y cuidadosamente hervido en caldo.

Kyo Tsukemono
Encurtidos hechos solo con sal y vinagre.

Sushi estilo Kioto
Con pescado en conserva y vinagre y arroz.

Yatsuhashi
Una exquisitez de canela suave, dura y dulce.

Yuba
La capa que se forma en la superficie de la leche de soja hervida se sirve con salsa de soja, *wasabi* y *ponzu* (aderezo de limón).

Teatro Kongo Noh
金剛能楽堂

C3 ⌂ **Nakadachiuri-agaru, Karasuma-dori, Kamigyo-ku** Ⓢ **Estación Imadegawa, línea Karasuma** ☎ **(075) 441-7222** 🕐 **Horarios varían, consultar calendario en la web** Ⓦ **kongou-net. com.com**

Este teatro *noh*, al otro lado de los terrenos del Palacio Imperial, se inauguró en junio de 2003, tras ser trasladado desde Shijo Muromachi. Durante el periodo Edo (1603-1868) el teatro *noh* se adoptó como el arte dramático oficial de los guerreros. El teatro Kongo presume de tener la historia más larga de uso continuado como escenario *noh* en Japón. Sus actores son especialmente conocidos

←

Acueducto en frente del templo Nanzen-ji y sus tranquilos jardines, perfectos para dar paseos

El bucólico entorno del templo Ginkaku-ji, conocido como pabellón Plateado

por sus destrezas acrobáticas y su gran agilidad.

El teatro incorpora varios elementos del diseño original, incluyendo el escenario exterior, las columnas y las tinajas de barro. Hay actuaciones al menos una vez al mes y las entradas se pueden reservar con antelación. En el vestíbulo es posible ver máscaras y vestuario *noh* en exposición.

Palacio Imperial de Kioto
京都御所

 C3 **3** Kyotogyoen Kamigyo **S** Imadegawa **9.00-16.00** ma-do (hasta 16.30 mar y sep; hasta 17.00 abr-ago) **28** dic-4 ene, festivos **W** sankan. kunaicho.go.jp/english

Con sus grandes pinos y sus vistas a las Hagashiyama, el parque del Palacio Imperial de Kioto (Kyoto Gyoen) es un oasis en el corazón de la ciudad. En el recinto se encuentran el Palacio Imperial (Kyoto Gosho) y el Palacio Imperial Sento (Sento Gosho), cuyo jardín de paseo data de 1630. La Agencia de la Casa Imperial (Kunaicho), que suministra las entradas (gratuitas) para los edificios imperiales y para las villas de Shugaku-in *(p. 204)* y Katsura *(p. 203)*, está en la esquina noroeste. Es obligado el pasaporte para acceder.

En el extremo sur hay un estanque con un puente en arco, todo lo que se conserva de una de las propiedades que ocupaban parte de lo que hoy es el parque. El puente ofrece buenas vistas en dirección norte hasta la Kenreimon, la majestuosa puerta en medio de la fachada meridional que solo puede usar el emperador.

Templo Ginkaku-ji (pabellón Plateado)
銀閣寺

E3 **2** Ginkakujicho Sakyo **C** (075) 771-5725 **5, 17, 32, 100, 203 y 204 a** Ginkaku-ji-michi **Mar-nov: 8.30-17.00** diario; dic-feb: 9.00-16.30 diario **W** shokoku-ji.jp/gingakuji

El templo Ginkaku-ji –en realidad Jisho-ji, apodado el pabellón Plateado– es para algunos una pieza maestra, mientras que otros creen que está sobrevalorado. Lo indiscutible es el importante papel que ha desempeñado en la cultura japonesa, pues en sus salas se refinaron la ceremonia del té, el teatro *noh*, el ikebana y la pintura con tinta. El templo fue el retiro de montaña del sogún Yoshimasa (1436-1490), propulsor de un

renacimiento artístico conocido como la cultura Higashiyama. En honor a su abuelo, que cubrió Kinkaku-ji con pan de oro *(p. 199)*, Yoshimasa quiso recubrir su pabellón de plata, pero la ruinosa guerra de Onin le impidió hacerlo. Exceptuando su revestimiento final, el elegante pabellón brilla ahora con una pátina de antigüedad.

Kichikichi
El chef Motokichi Yukimura ofrece su *omurice* (tortilla con arroz frito).

D4 **185-4** Zaimokucho, Sanjo Pontocho-dori Kudaru, Nakagyo **W** kichikichi.com

Gyoza Hohei
Expertos en *gyoza* (empanadillas japonesas).

D4 **373-3** Kiyomotocho, Higashiyama **W** gyozahohei.com

17

Templo Shoren-in
青蓮院

📍 D4 🏠 69-1 Awataguchi Sanjobocho, Higashiyama 🚇 Higashiyama 🚌 5, 46, 70, 100 a Jingu-michi 🕐 9.00-17.00 diario (ver página web para horarios ampliados) 🌐 shorenin.com

El símbolo aristocrático de Shoren-in son sus viejos árboles alcanforeros, cuyas raíces de 800 años de antigüedad se extienden a ambos lados de la puerta principal. El recinto de Shoren-in cuenta con un jardín con un estanque a un lado y una extensa zona de musgo a la sombra de alcanforeros al otro. La casa de té del jardín ha sido reconstruida, después de que extremistas incendiaran la original en abril de 1993 para protestar por la visita del emperador a Okinawa.

> **El recinto de Shoren-in cuenta con un jardín con un estanque a un lado y una extensa zona de musgo a la sombra de alcanforeros al otro.**

18

Parque Okazaki
岡崎公園一帯

📍 D3 🚌 5 o 100 a Okazaki Koen Bijutsukan, Heian Jingumae

El parque Okazaki cuenta con museos, galerías, polideportivos, el zoológico municipal y **Heian-Jingu**, uno de los santuarios más grandes de Kioto, que fue construido en 1895 para alimentar la moral y la economía de la ciudad, bastante minadas después de que se otorgara la capitalidad a Tokio en 1868. Con sus pilares rojos y sus tejas verdes, el santuario rememora la dinastía Tang de China. El jardín con estanque es célebre por sus lirios y su puente cubierto.

El **Museo Nacional de Arte Moderno** ofrece una colección de pintura de una escuela de artistas de Kioto que se desarrolló en los periodos Meiji y Taisho. Al otro lado de la calle se halla el **Museo de Arte Kyoto City KYOCERA**, que expone obras europeas y estadounidenses. El **Pabellón Internacional de Exposiciones de Kioto (Miyako Messe)** acoge diversos espectáculos, mientras que el museo del sótano exhibe piezas de artesanía de Kioto, incluida porcelana *Kiyomizu-yaki*.

↑ Visitante en el Museo Nacional de Arte Moderno

Museo Nacional de Arte Moderno

♿ 🏠 26-1 Okazaki Enshoji-cho, Sakyo 🕐 10.00-18.00 ma-do, 10.00-20.00 vi 🌐 momak.go.jp

Museo de Arte Kyoto City KYOCERA

♿ 🏠 124 Okazaki Enshoji-cho, Sakyo 🕐 10.00-18.00 ma-do 🌐 kyotocity-kyocera.museum

Pabellón Internacional de Exposiciones de Kioto (Miyako Messe)

🏠 9-1 Okazaki Seishojicho, Sakyo 🕐 9.00-17.00 diario 🌐 miyakomesse.jp

Los hermosos jardines del templo de Shoren-in, vistos desde la casa del té ↑

LA CEREMONIA DEL TÉ

En el *chado* (ritual), el anfitrión sirve a un grupo de invitados *matcha* en polvo batido, acompañado de algún dulce. Su filosofía se resume en la expresión budista *ichigo, ichie* ("una vida, una reunión").

TOMAR EL TÉ

Valorado por sus cualidades medicinales, el té fue importado de China en el siglo VIII. La nobleza puso de moda beberlo en las fiestas, y Shuko Murata (1422-1502) desarrolló más tarde los aspectos espirituales del hábito que tanto impresionaron a los samuráis.

La ceremonia del té comprende una serie orquestada de eventos. En primer lugar, se recibe a los invitados y se pasea por los jardines de la casa de té, realizando abluciones. Después, una vez dentro de la sala muy iluminada, se admiran los detalles de la habitación y los utensilios del té mientras se observa cómo se prepara. Solamente después de inclinarse se puede consumir el *wagashi* (dulce) y el té.

En otras palabras, se trata de un momento único de valor incalculable. En Kioto, cuna de la ceremonia, se ofrecen rituales especiales para turistas con comentarios sobre los ideales y las normas de comportamiento zen.

↑ Preparación de los utensilios del té tradicionales para una ceremonia *chado*

↑ Una bandeja con todos los ingredientes para una ceremonia de té

 CONSEJO DK
El *matcha* perfecto

Para beber *matcha,* el invitado se sienta en modo *seiza* (de rodillas) sobre el tatami, se inclina ante el anfitrión y después sostiene la taza con la mano derecha y la coloca sobre la palma izquierda. Se gira la taza en el sentido de las agujas del reloj unos 90 grados, se levantan ambas manos y se bebe el *matcha* en tres tragos.

↑ Estatua de Buda
en el pabellón Butsuden
del templo Daitoku-ji

Templo Daitoku-ji
大徳寺

 **B2** ⌂ **53 Murasakino
Daitoku-jicho, Kita** ☎ **(075)
491-0019** Ⓢ **Kita-Oji** 🚌 **101,
205, 206 a Daitoku-ji-mae**
⌚ **9.00-17.00 diario (dic-feb:
9.00-16.30)**

El recinto del templo Daitoku-ji
invita a la serenidad. Se fundó
en 1315 y prosperó en la segunda mitad del siglo XVI,
cuando gozó del mecenazgo de
los jefes –y amantes de la ceremonia del té– Nobunaga Oda e
Hideyoshi Toyotomi. Hoy, los
subtemplos de Daitoku-ji, con
sus casas de té y sus jardines,
siguen promoviendo los caminos del zen y del té.

Daisen-in, un subtemplo, alberga un jardín seco del periodo Muromachi, mientras que
Koto-in tiene un bosquecillo
de arces y un *roji* (jardín de té).
Zuiho-in, construido en 1535
por un daimio (señor feudal)
cristiano, cuenta con un jardín
de Shigemori Mirei con rocas
dispuestas en forma de crucifi-
jo. Ryogen-in, fundado en
1502, tiene cinco jardines de
estilos distintos.

---

⑳ Ⓐ

Santuarios del Kamo
上賀茂・下賀茂神社

🚏 **D2** 🚌 **4, 46 a Kamigamo-
jinja-mae; 4, 205 a
Shimogamo-jinja-mae**

En el tramo septentrional del
río Kamo, el **santuario
Kamigamo** existe probablemente desde el siglo VII,
mientras que **Shimogamo,**
relacionado con el éxito de la
cosecha del arroz, es un siglo
más antiguo y está rodeado por
el bosque Tadasu no Mori. El
festival Aoi incluye una
procesión entre ambos
santuarios. Kamigamo destaca
por el pabellón del Haiden

(culto), reconstruido en 1628.
En los alrededores hay varias
shake, residencias de los
sacerdotes. Una de ellas, la **casa
Nishimura,** está abierta al
público.

Santuario Kamigamo

⌂ **339 Kamigamo Motoyama,
Kita** ⌚ **5.30-17.00 diario**
🌐 **kamigamojinja.jp**

Santuario Shimogamo

⌂ **59 Shimogamo Izumigawa-
cho, Sakyo** ⌚ **6.30-17.00
diario** 🌐 **shimogamo-jinja.or.jp**

Casa Nishimura

⌂ **1 Kamigamo Nakaojicho,
Kita-ku** ☎ **(075) 781-0666**
⌚ **15 mar-8 dic: 9.30-16.30
diario**

㉑

Santuario Kitano
Tenman-gu
北野天満宮

🚏 **B3** ⌂ **931 Bakurocho, Kita**
🚌 **50, 203 a Kitano Tenman-
gu-mae** ⌚ **7.00-17.00 diario**
🌐 **kitanotenmangu.or.jp**

Siempre atestado de
estudiantes orando para

**EL JARDÍN DAISEN-IN
EN EL DAITOKU-JI**

La relación de la humani-
dad con la naturaleza, su
destino y nuestro lugar en
el universo están expre-
sados en el diseño de este
jardín seco. El *río de la
vida,* por ejemplo, emerge
de nuevo más ancho y
profundo tras haber esta-
do embalsado temporal-
mente, y la piedra Takara-
bune (barco del tesoro) se
desliza suavemente río
abajo, mientras la cercana
tortuga trata de remon-
tarlo sin éxito.

¿Lo sabías?

Cuando se fundó Kioto, los templos budistas estaban prohibidos en la ciudad.

tener suerte en los exámenes, Kitano Tenman-gu venera al estadista del periodo Heian Sugawara no Michizane, más tarde deificado como Tenjin-san, deidad del conocimiento. Los jardines están llenos de ciruelos (ume), el árbol predilecto de Michizane. El santuario alberga el día 25 de cada mes un bullicioso mercadillo donde se vende de todo, desde porcelana de Imari hasta medias de nailon.

Kamishichi-ken, una calle flanqueada de ochayas (casas de té) y restaurantes que discurre entre Kitano Tenman-gu e Imadegawa-dori, conforma el corazón del distrito geiko (de geishas) más antiguo de Kioto.

El 25 de febrero, las *geiko* ofrecen una ceremonia del té en el santuario, y en primavera y otoño celebran danzas en el teatro local.

22

Templo Kinkaku-ji (pabellón Dorado)
金閣寺

📍 B2 🏠 1 Kinkakujicho, Kita 🚌 12, 59, 204 y 205 a Kinkaku-ji-michi 🕐 9.00–17.00 diario 🌐 shokoku-ji.jp

El templo Kinkaku-ji (en su origen Rokuon-ji), conocido como pabellón Dorado, es un recuerdo brillante del Japón medieval. Fue construido por el tercer sogún Ashikaga, Yoshimitsu (1358-1408), que renunció a sus deberes oficiales (no a su poder) y se hizo monje a los 37 años. El templo fue en origen su lugar de retiro. Yoshimitsu, ferviente seguidor del monje zen Soseki, decidió que el complejo se convirtiera en templo a su muerte, con Soseki como superior.

Al templo se llega a través de un paseo arbolado, que acaba en un luminoso jardín frente al magnífico pabellón. Réplica exacta del original, que fue incendiado en 1950 (un hecho incluido por Yukio Mishima en su novela *El pabellón de oro*), la estructura de tres pisos está cubierta en pan de oro y rematada por un fénix de bronce.

El monte Kinugasa sirve de telón de fondo al jardín de paseo. La armoniosa combinación de sus elementos es un gran ejemplo del paisajismo del periodo Muromachi. Tanto el jardín como el pabellón son aún más bellos bajo la nieve.

 LA MEJOR FOTO
A por el oro

Hay que llegar al pabellón Dorado en cuanto abran e ir directamente al estanque para tomar una fotografía de su silueta dorada reflejada en el agua. Los arces de alrededor pueden servir de marco.

↑ Entrada del pintoresco y tranquilo santuario Kitano Tenman-gu en Kyoto

23

Templo Ninna-ji
仁和寺

📍 A3 🏠 33 Omuro Ouchi, Ukyo 🚃 Omuro-Ninnaji 🚌 10, 26, 59 a Omuro Ninnaji ⏰ 9.00–17.00 diario (hasta 16.30 dic–feb) 🌐 ninnaji.jp

La colosal puerta principal de Ninna-ji sirve como recuerdo de lo que fue este templo de la secta Shingon, un gigantesco complejo con hasta 60 subtemplos, antes de que varios fuegos lo devastaran.

Completado por el emperador Uda en 888, hasta la Restauración Meiji (1868) el templo estuvo dirigido siempre por un príncipe imperial. El Kondo (salón principal) y su talla de Amida han sido declarados Tesoro Nacional. Destacan también una pagoda de cinco alturas y una plataforma de cerezos enanos. Hay también posibilidad de alojamiento en un templo tradicional (Omuro Kaikan).

En el suroeste del recinto se encuentra Omuro Gosho, un complejo con un jardín de la era Edo. En la montaña a su espalda se halla el Peregrinaje de los 88 Templos de Omuro, que reproduce en miniatura los 88 templos del peregrinaje de Shikoku (*p. 258*). Se tarda unas dos horas en completar el circuito.

↑ Unos visitantes contemplan el jardín zen y los cerezos en flor del templo Ryoan-ji

24

Templo Ryoan-ji
龍安寺

📍 A2 🏠 13 Ryoan-ji Goryonoshitacho, Ukyo 🚃 Ryoanji 🚌 59 a Ryoan-ji-mae ⏰ mar–nov: 8.00–17.00 diario; dic–feb: 8.30–16.30 diario 🌐 ryoanji.jp

Este templo fundado en 1450 debe su fama al jardín zen, una composición de grava blanca y 15 piedras que está considerada la máxima expresión del budismo zen.

Sus adivinanzas solo pueden resolverse a través de la contemplación silenciosa, algo que las visitas continuadas de grupos de estudiantes y las explicaciones grabadas del templo no facilitan demasiado. Para evitar esto, lo mejor es intentar llegar a primera hora.

No conviene perderse el jardín del estanque del templo. Diseñado antes de que el zen llegara a Japón en el siglo XII, sus suaves contornos contrastan con el rigor espiritual del jardín zen.

← Estatua de piedra de aspecto temible guardando la puerta del templo Ninna-ji

25

Templo Myoshin-ji
妙心寺

📍 A3 🏠 64 Hanazono Myoshijicho, Ukyo 🚃 Myoshin-ji, Hanazono 🚌 10, 26 a Myoshin-ji Kitamon-mae ⏰ Visitas: 9.10–16.40 diario 🌐 myoshinji.or.jp

Fundado en 1337 por el emperador retirado Hanazono, destruido en la guerra de Onin y reconstruido, este templo de la secta zen Rinzai cuenta con 47 subtemplos con pinturas de la escuela de Kano y otros objetos. Las estructuras, en línea al modo zen, incluyen el Hatto (pabellón de conferencias), célebre por el dragón del techo, pintado por Tanyu Kano, y por su campana, la más antigua de Japón.

Entre los subtemplos abiertos normalmente al público se incluyen Keishun-in, con sus cuatro jardines y su célebre cenador de té, y Taizo-in, con un jardín seco de Motonobu Kano (1476-1599) y un jardín moderno de Kinsaku Nakane (1917-1995). Pero la posesión más preciada de Taizo-in es la pintura en tinta *Pescando un siluro con una calabaza* (1413), obra de

Josetsu, de la que se expone una copia.

Daishin-in tiene tres jardines. Los subtemplos Reiun-in, con obras de Motonobu Kano, y Tenkyu-in, con pinturas de Sanraku Kano, abren en días especiales.

Templo Koryu-ji
広隆寺

📍**A3** 🏠**32 Uzumasa Hachiokacho, Ukyo** ☎ **(075) 861-1461** 🚉**Estación Uzumasa-Koryuji** 🚌**11, 63, 66, 72, 73, 76 a Uzumasa Koryu-ji-mae** 🕐**9.00-17.00 diario (hasta 16.30 dic-feb)**

El templo Koryu-ji fue fundado en el 603 por inmigrantes coreanos. Entre las imágenes del Reihoden (pabellón del Tesoro) hay una del Buda del Futuro que al parecer se trajo de Corea en el siglo VII. La figura sentada, la más antigua de Kioto, es célebre por su beatífica sonrisa. El Kodo, la parte más antigua del templo, guarda una imagen del Buda Amida del siglo IX.

¿Lo sabías?
Pese a su legado de antigüedad, Kioto también es una ciudad tecnológica; es la cuna de Nintendo.

Museo Insho Domoto de Bellas Artes
堂本印象美術館

📍**B2** 🏠**26-3 Kamiyanagi-cho, Kita** 🚌**12, 15, 50, 51, 52, 55, 59 a Ritsumeikan daigaku-mae** 🕐**9.30-17.00 ma-di** 🕐**28 dic-4 ene** 🌐**insho-domoto.com**

Este museo se encuentra en la carretera que bordea la base del monte Kitayama. En él se guardan algunas de las impresionantes obras del maestro de la *nihonga* del siglo XX Insho Domoto (1891-1975). La *nihonga* (también llamada pintura estilo japonés) es una técnica de pintura al fresco que usa pigmentos minerales.

Centro de Artesanía de Kioto
Este centro artesano al norte del parque de Okazaki Park ofrece productos de artesanía, como lacados, cerámica de Kiyomizu y trabajos de origami. También se imparten talleres (en inglés).

📍**D3** 🏠**17 Shogoin Entomicho, Sakyo** 🌐**kyotohandicraft center.com**

Ippodo
Este establecimiento vende tés japoneses desde hace más de 300 años. aquí, en su tienda principal de Kioto, hay un café y se dan clases de preparación de té.

📍**C3** 🏠**52 Tokiwagicho, Nakagyo** 🌐**global. ippodo-tea.co.jp/pages/ store-kyoto**

↑ Pinturas del artista Insho Domoto en el museo de Kioto dedicado a su obra

28

Sagano
嵯峨野

A1 **Saga-Arashiyama**
28 o 91 a Daikaku-ji

Sagano ofrece lugares de interés bucólicos y conmovedores. Se empieza visitando la calle Toriimoto, donde la puerta roja de un santuario *(torii)* marca el comienzo de un sendero que asciende hasta el monte Atago, morada de la deidad del fuego.

Al sur de la *torii* se encuentra el templo Adashino Nenbutsu-ji. Desde el periodo Heian al Edo, este lugar apartado se utilizó como cementerio. Establecido para consuelo de los difuntos ya olvidados, el templo reunió sus lápidas, rocas en las que se había labrado el rostro de Buda. Las numerosas hileras de estas estatuas resultan conmovedoras.

Al sur está el templo Gio-ji, un diminuto convento de monjas famoso por la belleza de su vegetación en otoño. El templo está delimitado a un lado por un bosque de bambú, mientras que ante él se extiende una explanada de musgo sobre la que crecen los arces.

En el centro de Sagano, el templo Seiryo-ji, de la secta Jodo, alberga una imagen del Buda Shakamuni traída supuestamente a Japón en el 987. Nison-in cuenta con imágenes de Amida y de Shaka de pie. Los numerosos arces de

El gran estanque del jardín del templo Tenryu-ji, Arashiyama ↑

los jardines del templo atraen a muchos visitantes en otoño. La encantadora Rakushi-sha (choza de los caquis caídos) fue la humilde morada del poeta de haikus Mukai Kyorai (1651-1704).

El apartado templo Jojakko-ji se encuentra en la montaña de Ogura-yama. Una escalinata de piedra conduce al templo, que ofrece magníficas vistas de Kioto y del monte Hiei.

29

Templo Shisen-do
詩仙堂

E2 **27 Ichijo-ji Monguchicho, Sakyo**
(075) 781-2954 **5 u 8 a Ichijo-ji Sagarimatsu-cho**
9.00–17.00 diario

El samurái Jozan Ishikawa, que había perdido el favor del sogunato, construyó esta villa bajo las montañas de Higashiyama en 1641. Esta combinación casi perfecta de edificio y jardín (hoy es un templo de la secta zen Soto) conserva el aroma de un hogar.

El jardín se divide en dos niveles: el superior, que se

aprecia mejor desde la terraza del edificio principal, es una amplia extensión de arena prensada bordeada por arbustos de azaleas. El nivel inferior, que también utiliza zonas de arena que aportan luz y espacio, ofrece una bonita panorámica del techo de paja y tejas de la villa y de su habitación para observar la luna.

30

Arashiyama
嵐山

A1 **Saga-Arashiyama, Hankyu Arashiyama, Arashiyama** **11, 28 o 93 a Arashiyama Tenryu-ji-mae**

Arashiyama ocupa desde hace mucho un lugar especial en el corazón de los japoneses. En el centro se halla el Togetsukyo, el elegante puente de la Luna. Las laderas de las

 UNA VISTA MAGNÍFICA
Bosque de bambú

Tras el templo de Tenryu-ji está el bosque de bambú de Arashiyama, que parece de cuento de hadas con sus tallos gigantes. Se debe visitar a mediados de diciembre, durante la Arashiyama Hanatoro, cuando el bosque se baña en una luz verde todas las noches.

Los altos árboles de bambú del templo Adashino Nenbutsu-ji, en Sagano

montañas al norte del puente, cubiertas de cerezos y pinos, descienden suavemente hacia el río, donde se celebra en verano el *ukai*, la pesca a la luz de los faroles con cormoranes amaestrados. El tren de vía estrecha Torokko ofrece otra manera de disfrutar del mismo paisaje.

El templo de la secta Rinzai Tenryu-ji fue fundado en 1339 por Takauji, primer sogún Ashikaga. El apacible jardín incorpora un estanque con la forma del carácter chino *kokoro* (corazón iluminado).

Villa imperial Katsura
桂離宮

📍A5 🚉Katsuramisono
🚊Katsura 🚌33 a Katsura
Rikyu-mae ⏱Solo previa
cita; ma–do; dirigirse a la
Agencia de la Casa Imperial,
www.sankan.kunaicho.go.jp

La villa imperial Katsura fue edificada en 1620 por Shinno, príncipe imperial, y ampliada más tarde por su hijo, Toshitada. Su jardín de paseo *(p. 45)* es célebre por la manera en que sus senderos y caminos de piedra juegan con el campo de visión del visitante, creando una serie de ingeniosas panorámicas. La vista desde el cenador de

té Shokin-tei (cítara de pino) reproduce con exactitud el paisaje de Amanohashidate *(p. 238)*. El jardín ofrece alusiones escénicas a lugares mencionados en los clásicos chinos y japoneses. La visita guiada, incluye la casa de té Shoka-tei (de las vistas de flores), luego pasa por el Shoi-ken (casa del té del sentido del humor) y sigue hasta la villa principal, una serie de salones descritos como una bandada de gansos en vuelo.

32
Takao
高雄

📍A1 🚌8 a Takao

Los atractivos principales de Takao son sus templos de montaña esotéricos y sus límpidos parajes serranos. El templo Jingo-ji (fundado en el siglo IX) es rico en tesoros nacionales, incluyendo la imagen del Yakushi Nyorai (Buda de la Curación). Ubicado en un anciano bosque de cedros de Japón, el templo Kozan-ji, fundado en el 774, parece una casa solariega. En el Sekisui-in, un ejemplo magnífico de la arquitectura residencial de Kamakura, se exponen copias del rollo de pergamino *Choju-Jinbutsu-giga* (aves y animales retozantes).

TOP 4 MUSEOS CURIOSOS DE KIOTO

Museo Internacional del Manga de Kioto
🌐 kyotomm.jp
Alberga unos 300.000 libros de manga y cómic.

Museo del Sake Gekkeikan Okura
🌐 gekkeikan.co.jp
Centrado en la historia del destilado del sake en Japón.

Centro Textil Nishijin
🌐 nishijin.or.jp
Dedicado a la historia del tejido en la ciudad. Opción de probarse kimonos.

Museo del Traje
🌐 iz2.or.jp
El lugar en el que ver muñecas de tamaño natural vestidas con hermosos trajes japoneses tradicionales.

33
Kurama
鞍馬

📍B1 🚉Kurama 🚌32 desde estación Demachiyanagi

Morada célebre de dioses, demonios y superhéroes, Kurama fue antiguamente una aislada aldea de campesinos que vivían del bosque. Aunque ya es un suburbio de Kioto, conserva cierto aire indómito, lo que se evidencia la noche del 22 de octubre, cuando se celebra el Festival del Fuego.

Kurama-dera, un templo budista, fue construido en el año 770 como refugio para meditar. Una puerta marca el comienzo de un sendero que conduce hasta los edificios principales. El pabellón principal ofrece magníficas vistas de las montañas Kitayama. Desde el Rei-hokan (pabellón del Tesoro) parte un camino que serpentea entre cedros hasta llegar a Ki-bune, un conjunto de posadas y casas de té.

34

Saiho-ji
西芳寺

A2 56 Matsuo jingatani-cho Matsuo Taisha 73 a Kokedera, Suzumushidera Con cita: consultar web Med ene-feb saihoji-kokedera.com

Este templo, patrimonio de la humanidad por la Unesco, es conocido como Kokedera (templo del Musgo) porque sus terrenos están cubiertos por más de 100 variedades de musgo. El jardín, con su cuidado musgo, ha servido de inspiración en el diseño de jardines japoneses.

35

Templo Manshu-in
曼殊院

E2 42 Ichijo-ji Takenouchicho, Sakyo (075) 781-5010 5 a Ichijoji-Shimizu-cho 9.00–17.00 diario

Incluso en primavera y otoño, cuando sus cerezos y arces atraen a la multitud, Manshu-in mantiene su aire de reposo. Este templo de la secta Tendai fue restaurado en 1656 por el hijo del príncipe que diseñó la Villa imperial Katsura (p. 203). Las islas de roca y vegetación rodeadas de tiras de grava rastrillada componen el precioso jardín, y las

montañas Higashiyama operan como telón de fondo.

36

Templo Daigo-ji
醍醐寺

B2 22 Higashiojicho, Fushimi Daigo 9.00–17.00 diario (dic-feb: 9.00–16.30) daigoji.or.jp

El reclamo principal del templo Daigo-ji es el subtemplo Sanbo-in. El interés que puso Hideyoshi Toyotomi en su restauración tras visitarlo en 1598 permitió que hoy contenga algunas de las obras de arte más representativas del periodo Momoyama. El frondoso jardín destaca por sus magníficas rocas, regaladas a Hideyoshi por sus daimios. El resto del templo es más antiguo y la pagoda de cinco alturas (951) es una de las dos únicas de la era Heian que se conservan.

37

Villa imperial Shugaku-in
修学院離宮

E1 Yabuzoe, Shugaku-in Shugaku-in 5, 31, 65 a Shugaku-in-rykiu-michi Solo previa cita ma-do; dirigirse a la Agencia de la Casa Imperial, sankan. kunaicho.go.jp

Podría decirse que las villas Katsura (p. 203) y Shugaku-in son las caras opuestas de la misma moneda. Mientras que el jardín de la primera, lleno de alusiones literarias y poéticas, se caracteriza por su espíritu introspectivo, la espaciosa Shungaku-in puede resultar extrovertida.

Creado por el emperador retirado Go-Mizunoo (1596-1680), el jardín fue el fruto de la labor de toda una vida. Dividido en tres niveles, cada uno con una casa de té, el complejo está marcado por una extrema simplicidad. Con todo, se reserva una sorpresa: el acceso a la casa de té superior está diseñado de tal forma que se esconde hasta el último momento el panorama desde lo alto de las montañas Kitayama, que se esparcen como si fueran una extensión del jardín.

38

Templo Hieizan Enryaku-ji
比叡山延暦寺

B1 4220 Sakamoto Honmachi, Otsu, prefectura Shiga Yase-Hieizan-guchi, luego teleférico; o Hieizan Sakamoto, luego teleférico. hieizan.or.jp

Este antiguo monasterio fortaleza con 3.000

 CONSEJO DK
Madrugar

Para ver los cerezos en flor con calma durante la estación *sakura*, hay que intentar llegar antes de las 8.00 para evitar la multitud, o después de las 18.00, cuando los autobuses turísticos abandonan la ciudad.

← Una pagoda del templo Daigo-ji rodeada por arces en otoño

subtemplos y miles de *sohei* (monjes guerreros) es hoy poco más que una sombra de lo que fue. La solemnidad de su emplazamiento y la grandeza de sus edificios hacen que merezca la pena ascender el sendero del monte Hiei.

Fundado por el monje Saicho en 788, Hieizan se convirtió en el monasterio principal de la secta Tendai. Aunque su fin era proteger la ciudad de las fuerzas malignas, no tardó en llevar a la ruina a la capital. El emperador Go-Shirakawa (1127-1192) se quejó en una ocasión de que solo había tres cosas fuera de su control: el desbordamiento del río Kamo, la suerte en los dados y los monjes guerreros de Hieizan. En 1571, sin embargo, el jefe Nobunaga Oda, enojado ante tal resistencia, envió a su ejército para que atacara la montaña. El complejo fue incendiado por completo, y todos sus habitantes fueron masacrados.

El templo se divide en tres recintos distintos. El Kokuho-den, un museo de tesoros, se halla en el **recinto Oriental,** donde también está el famoso Konpon Chudo, el santuario interior, que

→
Exuberantes jardines con estanques llenos de peces *(derecha)* forman el sosegado entorno del templo Jakko-in, en Ohara

guarda una bella imagen del Buda Curador que se dice fue tallada por el propio Saicho. El cercano Jodo-in (pabellón de la Tierra Pura) alberga la tumba de Saicho.

En el **recinto Occidental** (Saito), en el pabellón Jogyo-do, los monjes entonan una invocación denominada *nembutsu,* y en el pabellón Hokke-do meditan ante el Sutra del Loto, texto central de la escuela Tendai. Pasados estos edificios se halla el Shaka-do, el pabellón principal.

Entre estos recintos operan autobuses lanzadera, así como con el menos conocido de Yokawa, a varios kilómetros al norte. La entrada cubre los tres espacios.

Recinto Oriental
🕐 9.00-16.00 diario

Recinto Occidental
🕐 Mar-nov: 9.00-16.00 diario; dic-feb: 9.30-16.00 diario

39

Ohara
大原

📍 B1 🚌 17 desde estación Kyoto

Conocido por sus casas con techos de paja y sus deliciosos encurtidos, Ohara es también sede de dos famosos templos. Situado en un lugar incomparable, el templo de Sanzen-in, que data de 1148, alberga una imagen de Buda Amida en pose meditativa. La entrada a Sanzen-in está llena de tiendas que venden productos locales, como el encurtido *shiba-zuke.*

Al otro lado del valle está el diminuto templo Jakko-in, el convento de monjas donde vivió Kenreimon-in (1155-1213), única superviviente del clan Taira, que rezó aquí por las almas de su hermano y de los suyos, asesinados por los Genji.

UN PASEO
GION ORIENTAL E HIGASHIYAMA

Distancia 1,6 km **Tiempo** 20 minutos
Estación de tren Gion-Shijo

El barrio de Higashiyama (montaña del Este) ha permanecido a lo largo de casi toda la historia de Kioto fuera de los límites oficiales de la capital, razón por la que siempre se mantuvo algo apartado. Es más, al permanecer separado de la ciudad por el río Kamo, pudo salvarse de varios incendios. Como resultado, Higashiyama sigue siendo uno de los barrios de la ciudad con mayor encanto y menos deteriorado, lo que lo convierte en un lugar maravilloso para pasear.

*El agradable **callejón Ishibe-Koji,** con sus posadas modestas y sus casas de té es una continuación del barrio de ocio de Gion (p. 192). Los exquisitos edificios de madera con jardines diminutos reflejan la tranquila atmósfera del viejo Kioto.*

*La elegante **pagoda Yasaka,** de cinco plantas, es todo lo que queda del templo budista que ocupó antiguamente el lugar.*

*El **santuario Yasaka** (p. 192) dirige los ritos religiosos del festival más importante de Kioto, el Gion Matsuri, en el mes de julio.*

KACHO-MIC

GIONMACHI KITAGAWA

HIGASHIOJI-DORI

Santuario Yasaka

INICIO

GIONMACHI MINAMIGAWA

NE-NE-NO MICHI

ISHIBE-KOJI LANE

HIGASHIOJI-DORI

Pagoda Yasaka

HOSHINOCHO

MATSUBARA DORI

GOJO-ZAKA

SHIMIZU NEW WAY

←
La emblemática imagen de la pagoda Yasaka, alzándose sobre las modestas viviendas de Higashiyama

El **parque Maruyama**, el lugar más célebre para contemplar los cerezos en flor, está lleno de gente hasta que caen los pétalos.

Plano de situación
Para más detalles ver p. 182

KIOTO

Gion Oriental e Higashiyama

Templo Chion-in

MARUYAMACHO

Parque Maruyama

Templo Sorin Ji

WASHIOCHO

Kodai-Ji

Ryozen Kannon, un monumento conmemorativo dedicado a los soldados japoneses caídos en la Segunda Guerra Mundial.

Kyoto Ryozen Gokuku

Ryozen Kannon

Museo de Historia Ryozen

MASUYACHO

Santuario Reimyo

↑ Templo Kiyomizu-dera, cuya ubicación en una ladera ofrece vistas magníficas

Dos calles adoquinadas llamadas **Sannenzaka** *(pendiente de los tres años)* y **Ninenzaka** *(pendiente de los dos años) son patrimonio histórico. Repletas de edificios antiguos que albergan tiendas y cafés, se las considera dos de las calles más atractivas de Kioto.*

NINENZAKA

SANNENZAKA

SEIKANJI RYOZANCHO

Kiyomizu-yaki, *un refinado tipo de porcelana pintada de alegres colores, está a la venta en las numerosas tiendas de cerámica que bordean las calles que suben a Kiyomizu.*

KIYOMIZU

MATSUBARA DORI

CHAWAN-ZAKA

¡Lo sabías?

Según la tradición, un resbalón en Sannenzaka o en Ninenzaka supondrá –respectivamente– dos o tres años de mala suerte.

LLEGADA

Templo Kiyomizu-dera

0 metros   200   N ↑

El famoso templo **Kiyomizu-dera** *(p. 191), de más de mil años de antigüedad, es casi una institución en la vida de Kioto.*

¿Lo sabías?

Nanzen-ji es uno de los templos más populares de la secta Rinzai del budismo zen japonés.

A menudo repleto de turistas, el **templo Ginkaku-ji** (p. 195), el pabellón Plateado, descansa en medio de un sorprendente jardín con estanques, grava rastrillada y pinos.

GINKAKUJICHO

INICIO

Templo Ginkaku-ji

SHISHIGATANI-DORI

Shishigatani Canal

Templo Miroku-in

JODOJI

Templo Honen-in

Una corta subida lleva a **Honen-in,** un templo de la secta Jodo que, con su puerta de paja y su arena rastrillada, se merece el desvío.

Templo Anraku-ji

Templo Reikan-ji

SHISHIGATANI

Santuario Otoyo

SHISHIGATANI-DORI

Al este, al otro lado de un puente, el **santuario Otoyo** es uno de los numerosos santuarios sintoístas dispersos entre las grandes instituciones budistas de las Higashiyama.

Canal Shishigatani

El **templo Eikan-do** es un complejo de edificios conectados por corredores y alberga una imagen de Buda Amida. La vecina pagoda Tahoto ofrece vistas de Kioto.

Templo Koun-ji

Santuario Kumano-Nyakuoji

Templo Eikan-do

Salvo un acueducto de estilo occidental del periodo Meiji, la mayoría de las estructuras del **templo Nanzen-ji** (p. 194) reconstruido tras la desastrosa guerra de Onin (1467-1477), datan del siglo XVII.

NANZENJI

Sanmon

LLEGADA

Templo Nanzen-ji

0 metros   300   N

UN PASEO
EL PASEO DEL FILÓSOFO

Distancia 2 km **Tiempo** 25 minutos
Estación de tren Mototanaka

KIOTO

El paseo del Filósofo

Plano de situación
Para más detalles ver p. 182

El paseo del Filósofo, uno de los lugares preferidos por los habitantes de Kioto, sigue un canal bordeado de cerezos que serpentea a lo largo de la base de la bonita Higashiyama (montaña del Este), entre el sur del templo Ginkaku-ji y el santuario Kumano-Nyakuoji, y une las calles que conducen al recinto del templo Nanzen-ji. La ruta debe su nombre a Nishida Kitaro (1870-1945), profesor de filosofía de la Universidad de Kioto, que solía recorrerlo cada día para mantenerse en forma. En el camino hay cafeterías, tiendas de artesanía, restaurantes y tiendas. Cuando los arces y los cerezos se llenan de flores, el sendero se convierte en un desfile de parejas de toda la región de Kansai, que acuden a disfrutar de su belleza natural.

CONSEJO DK
Un camino tranquilo

Para una perfecta armonía de paz y belleza natural, lo ideal es caminar entre las flores por la mañana temprano. Imaginar a Kitaro meditando a lo largo del canal es más fácil sin las multitudes.

↑ Aguas tranquilas en el pintoresco jardín del templo Ginkaku-ji

OESTE DE HONSHU

El corazón cultural del país fue el dominio de las primeras cortes imperiales de Japón, que se asentaron en una zona denominada Yamato.

El nombre de Yamato hace referencia al lugar donde se separa la tierra del cielo y al país fundado por el emperador Jimmu, el hijo mitológico de los dioses. Para los japoneses, Yamato es un lugar sagrado, una tierra, como expresó el legendario emperador Keiko en verso hace casi dos milenios, "cuyos árboles y rocas, arroyos y montes alojan a los dioses".

La leyenda se hizo realidad en el siglo IV d. C., cuando el clan de los Yamato expandió su reino por la región. Estos primeros emperadores asentaron su corte en la llanura de Yamato, la actual prefectura de Nara donde se encuentra la antigua y elegante ciudad del mismo nombre, con apacibles jardines de paseo, olor a incienso y pagodas con voladizos reflejadas en estanques verdes.

Pese a su historia mística, esta no es solo una tierra de antigüedad. Hiroshima, renacida tras la devastadora bomba atómica de 1945, Kobe, con su puerto internacional, y Osaka son los grandes centros metropolitanos del oeste de Honshu.

OESTE DE HONSHU

Esencial

1. Nara
2. Osaka
3. Kobe
4. Castillo Himeji-jo
5. Parque Conmemorativo de la Paz de Hiroshima
6. Isla de Miyajima
7. Templo Horyu-ji

Lugares de interés

8. Llanura de Asuka
9. Aldea ninja de Koka
10. Yoshino
11. Monte Koya
12. Península de Kii
13. Iga-Ueno
14. Okayama
15. Imbe
16. Kurashiki
17. Dunas de Tottori
18. Fukiya
19. Banco de arena de Amanohashidate
20. Lago Biwa
21. Uji
22. Matsue
23. Yamaguchi
24. Meseta de Akiyoshi-dai
25. Izumo
26. Iwakuni
27. Hagi
28. Tsuwano

OESTE DE HONSHU

Mar de Japón (Mar del Este)

Kyoga-misaki

Kyotango

DUNAS DE TOTTORI
Iwami
17
Tottori
Aeropuerto Tottori
Kurayoshi
Chizu
Hyono-sen 1.510 m
TOTTORI

Miyazu
Toyooka
Hidaka
Asago
Fukuchiyama
Tamba
Ayabe

Maizuru
Obama
BANCO DE ARENA DE AMANOHASHIDATE
19

FUKUI

Tsuruga
Imazu
LAGO BIWA
20
Nagahama
Hikone
Omihachiman

Fukui
Sabae

CENTRO DE HONSHU
p. 148

Gifu
Ogaki
Nagoya
Kuwana

Kusatsu
Otsu
KIOTO
p. 180
Takatsuki
21 UJI
Kameyama
9 **ALDEA NINJA DE KOKA**
SHIGA
Suzuka
Tsu
Matsusaka
Isé
Toba

HYOGO
Yamazaki
Tatsuno
Nishiwaki
Kasai
Ono
Miki
Takarazuka
Hirakata
13 **IGA-UENO**
Península de Isé
Ago

Tsuyama
OKAYAMA
CASTILLO HIMEJI-JO
4
Bizen
Akō
Kakogawa
Akashi
KOBE
Suita
Aeropuerto internacional Osaka
1 **NARA**
7 **TEMPLO HORYU-JI**
Kashihara
8 **LLANURA DE ASUKA**
10 **YOSHINO**
MIE
Kli-Nagashima
Owase

15 **IMBE**
OKAYAMA
Isla de Shodo
Tamano
Takamatsu
Sanuki
KAGAWA
Takamatsu
Puente Naruto
Naruto
Tokushima
Wakayama
Aeropuerto internacional Kansai
Kishiwada
OSAKA
Gojo
Hashimoto
NARA
Hakken-zan 1.915 m

Kainan
Arida
11 **MONTE KOYA**
Gomadan-zan 1.372 m
Kumano

TOKUSHIMA
Waki
Anan
Yuasa
Gobo
Hongu
Valle de Doro
Kumano

Otonohiracani
Minami
Tanabe
PENÍNSULA DE KII
12
Shingu
Katsuura
Taiji

WAKAYAMA

Aki
Toyo
Cabo Muroto
Muroto
Susami
Kushimoto
Oshima

Océano Pacífico

0 kilómetros   40

N

↑ Niños jugando en un estanque en el espacioso parque Nara

❶

NARA

奈良

🅰 D5 🏠 Prefectura de Nara 🚉 Nara, Kintetsu-Nara ℹ️ En la antigua estación JR Nara; www.visitnara.jp

Fundada en 710, Nara, conocida entonces como Heijo-kyo (ciudadela de la paz), se convirtió en una de las ciudades más espléndidas de Asia. Importó las ideas del continente y se transformó en la gran diócesis del budismo y destino del Lejano Oriente en la Ruta de la Seda. Nara conserva aún su belleza natural y es un símbolo de tranquilidad.

①

Parque Nara

Este parque de 502 hectáreas es el corazón cultural de la ciudad, donde se hallan la mayoría de los templos de Nara. Más de 1.200 ciervos, considerados mensajeros de los dioses, merodean por el parque.

---

②

Templo Kofuku-ji

🏠 48 Noboriojicho 🕐 9.00–17.00 diario 🌐 kohfukuji.com

Apenas 175 edificios se conservan en este templo, que en su origen contaba con 669. Pero incluso las reconstrucciones parecen antiguas. La pagoda actual, de cinco alturas, destruida hasta cinco veces por el fuego, data de 1426. Alberga una colección muy importante de arte budista.

 LA MEJOR FOTO
¡Ciervos!
Estos animales deambulan con total libertad por el parque Nara desde hace siglos, pidiendo comida a los visitantes. En cualquier paseo por el parque se puede sacar una buena imagen de estos fotogénicos animales.

③

Museo Nacional de Nara

🏠 50 Noboriojicho 🕐 9.30–17.00 ma-do (hasta 20.00 sá) 🌐 narahaku.go.jp

La mayoría de las piezas de la colección del Museo Nacional de Nara, entre ellas esculturas budistas, pinturas y caligrafía, datan de los periodos Nara y Heian. En los meses de octubre y noviembre el museo monta una exposición de piezas del Repositorio del Tesoro de Shosho-in, un almacén del complejo del templo Todai-ji (*p. 216*) construido para conservar la colección de objetos del emperador Shomu, originales de lugares de toda la Ruta de la Seda.

---

④

Jardín Isui-en

🏠 74 Suimoncho 🕐 9:30–16:30 mi-do 🚫 Fin dic-med ene y fin sep 🌐 isuien.or.jp

Este jardín de la era Meiji, con sus numerosas casas de té, es muy popular en primavera por la floración de sus ciruelos y azaleas, y por sus arces rojos en otoño.

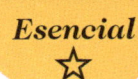
⑤ Santuario Kasuga Taisha

⌂ 160 Kasuganocho
🕐 Abr-sep: 6.00-18.00 diario; oct-mar: 6.30-17.30
🌐 kasugataisha.or.jp

Construido como santuario tutelar de los Fujiwara, que contribuyeron a fundar Nara, Kasuga Taisha es uno de lugares sintoístas más conocidos. El edificio original se completó en 768, pero, debido a las normas de pureza y renovación del sintoísmo, la estructura se reconstruía cada 20 años hasta el fin del periodo Edo. Los faroles del templo permanecen encendidos durante los festivales de febrero y agosto.

⑥ Templo Shin-Yakushi-ji

⌂ 1352 Takabatakecho
🕐 9.00-17.00 diario
🌐 shinyakushiji.or.jp

La emperatriz Komyo (701-760) construyó este templo como ofrenda a los dioses, para que ayudaran a su esposo a recuperarse de una enfermedad ocular. Algunas estructuras fueron reconstruidas en el siglo XIII, pero el pabellón principal y las figuras de arcilla del Buda de la Sanación y los Doce Generales Celestiales son originales.

⑦ Templo Toshodai-ji

⌂ 13-46 Gojocho 🕐 8.30-17.00 diario 🌐 toshodaiji.jp

Fundado en 759 por el sacerdote y sabio chino ciego Ganjin, el templo Toshodai-ji alberga una estatua de Senju Kannon de 5,5 m de altura.

⑧ Templo Yakushi-ji

⌂ 457 Nishinokyocho
🕐 8.30-17.00 diario
🌐 yakushiji.or.jp

El emperador Tenmu lo mandó construir para que sanase su esposa y ella le sobrevivió varios años. Su mayor tesoro es la pagoda oriental. Se construyó en el 730 y parece tener seis alturas, pero tres de ellas son techos situados entre las verdaderas plantas, lo que crea un atractivo efecto óptico.

↑ El pabellón Dorado, espectacular salón principal del templo Shin-Yakushi-ji

Templo Todai-ji
⑨
Kaidan-in
Nigatsu-do
Sangatsu-do
Estanque Kagami
SUIMONCHO
Museo de la Prefectura de Nara
TAKAMAICHICHO
Estación JR Nara 750 m
④ Jardín Isui-en
Puerta Nandai-mon
OMIYA-DORI
Estación Kintetsu-Nara
Pabellón Dorado
③ Museo Nacional de Nara
② Templo Kofuku-ji
SANJO-DORI
⑦ Templo Toshodai-ji 4 km
⑧ Templo Yakushi-ji 4 km
Pagoda de cinco alturas
Puerta Ichino-Torii
① Parque Nara
Santuario Kasuga Taisha ⑤
Estanque Sarusawa
NARAMACHI
Estanque Ara
Estanque Sagi
Recinto de ciervos
MOCHIDONO SHOPPING STREET
NARAMACHI-ODORI
AUTOPISTA NACIONAL 369
TAKABATAKECHO
Templo Shin-Yakushi-ji ⑥
0 metros 400 N

⑨ ✍

TEMPLO TODAI-JI

東大寺

📍 406-1 Zoshicho 🚌 Parada Daibutsuden Kasuga-Taisha-mae
🕐 Abr-oct: 7.30-17.30 diario; nov-mar 8.00-17.00 diario
🌐 todaiji.or.jp

Este templo es la sede de la escuela de budismo Kegon. Todai-ji, patrimonio de la humanidad, comprende el vasto pabellón del Gran Buda (Daibutsuden), subtemplos, pabellones, pagodas y puertas de excepcional interés histórico y arquitectónico.

La construcción del templo Todai-ji fue ordenada por el emperador Shomu aparentemente para albergar la imagen del Gran Buda de Nara y para consolidar la posición de la ciudad como capital y centro budista. El edificio más impresionantes es, sin duda, el pabellón del Gran Buda. Fue reconstruido dos veces y la estructura actual, concluida en 1709, corresponde solo a dos tercios de sus dimensiones originales. Pese a ello, sigue teniendo la fama de ser el edificio de madera más grande del mundo. Las catástrofes naturales tampoco han logrado mermar el tamaño de la figura sentada del interior. Con 16 m de altura, es el buda de bronce más grande del mundo. Detrás de la imagen hay un pequeño agujero perforado en un gran pilar de madera. La creencia popular sostiene que, si se consigue pasar por el agujero, se recibirá protección frente a todo lo malo que pueda suceder en el futuro.

Entrada

> **Las catástrofes naturales tampoco han logrado mermar el tamaño de la figura sentada del interior. Con 16 m de altura, es el buda de bronce más grande del mundo.**

El pabellón del Gran Buda con la gran estatua de su interior, templo Todai-ji ↑

Cronología

743
▲ El emperador Shomu ordena la construcción del templo y se funde la primera encarnación del Gran Buda.

1692
▲ Después de que varios incendios y terremotos acabaran con las versiones anteriores, se realiza la cabeza actual del Gran Buda, que sigue en su lugar desde entonces.

1709
▲ Se construye el actual pabellón del Gran Buda tras un terremoto.

1994
▲ Artistas de renombre, como Bob Dylan, Jon Bon Jovi, INXS o Joni Mitchell actúan en el templo durante cuatro noches del mes de mayo durante la Great Music Experience.

Bosatsu *Kokuzo*,
un ser iluminado

Komokuten,
guardián

El pabellón muestra
una inusual disposición
de las vigas.

El impresionante tejado,
con sus cuernos dorados,
se añadió en el siglo XVIII.

Tamonten,
guardián

El legendario
agujero
horadado en
un gran pilar
de madera,
detrás de la
imagen

La fundición del
Gran Buda en el
año 752 requirió
cientos de
toneladas de
bronce, mercurio
y cera vegetal.

Bosatsu *Nyoirin
Kannon*, un ser
iluminado

Galería cubierta
del complejo

Visitantes en el entorno del
pabellón del Gran Buda, en el
templo Todai-ji

CONSEJO DK
Lavado de cara

Merece la pena asistir al
Todai-ji Ominugui. Esta ceremonia, que significa literalmente *limpieza del Gran
Buda,* tiene lugar la mañana del 7 de agosto. Hasta
120 sacerdotes vestidos
con túnicas blancas y sandalias de paja se descuel-
gan desde el rostro de la
imagen para limpiar la estatua mientras van bajando.

2

OSAKA

大阪

 D5  Prefectura de Osaka  Kansai, 35 km al sur; Itami, 10 km al norte  Osaka, Shin-Osaka  En la estación JR Osaka, salida central; https://osaka-info.jp

Hideyoshi Toyotomi animó a instalarse en Osaka a los comerciantes de todo Japón en el siglo XVI y, a principios del siglo XIX, Osaka era una potencia industrial. Hoy, su paisaje urbano está siendo sustituido por galerías de arte, futuristas edificios de viviendas y excitante arquitectura postmoderna, mientras la vida nocturna y la gastronomía de la ciudad atraen a admiradores de todas partes.

1

Museo de Historia de Osaka

 4-1-32 Otemae Tanimachi-yonchome 9.30-17.00 mi-lu 28 dic-4 ene osakamushis-.jp

Este moderno museo esboza la historia de Osaka con sus reconstrucciones, unas a tamaño natural y otras a escala, y sus documentales. Entre las piezas más notables destacan los objetos descubiertos en la excavación del palacio Naniwa del siglo VII, que estuvo en el lugar donde se levanta el museo. En la décima planta se muestra una maqueta del Daikokuden, el principal edificio del palacio; en el sótano y el terreno circundante se han localizado interesantes restos de almacenes y depósitos de agua.

El Centro de Recursos, situado en la octava planta, divierte mucho a los niños. Aquí los más pequeños pueden completar un puzle con fragmentos de una pieza antigua de cerámica o jugar con las marionetas *bunraku*.

2

Castillo de Osaka

 1-1 Osakajo Osakajo-koen, Tanimachi-Yonchome 9.00-17.00 ma-do osakacastle.net

El actual castillo (1931) es más pequeño que el que completó Hideyoshi en 1583, pero permite hacerse una idea de la grandiosidad del original. La turbulenta historia de Osaka-jo, el más grande de Japón cuando fue construido, comenzó cuando fue sitiado y destruido por el sogunato Tokugawa, en 1615. El castillo fue reconstruido, pero fue dañado por un rayo pocos años después. Los restos se incendiaron en 1868.

Del periodo Tokugawa sobreviven algunos edificios auxiliares, entre ellos la torre Tamon y la impresionante puerta Otemon. Las modernizadas plantas inferiores de la torre principal albergan una exposición de armaduras y otros objetos relacionados con Hideyoshi. Merece la pena tomar el ascensor a la octava planta de la torre para disfrutar de las excelentes vistas de la ciudad.

↑ El hermoso castillo de Osaka, enmarcado por los colores del otoño

③
Museo de Cerámica Oriental

🏠 1-1-26 Nakanoshima
🚉 Naniwabashi 🚇 Yodo-yabashi ⏰ 9.30-17.00 ma-do
🌐 moco.or.jp

El museo alberga una de las mejores colecciones de cerámica oriental del mundo, con más de 1.000 piezas.

La colección principal de Ataka comprende cerámica china y coreana, así como piezas de importantes alfareros japoneses. La iluminación de las salas, controlada por ordenador, resalta la superficie de las piezas. Algunos de los objetos japoneses son patrimonio nacional.

---

④
Museo Nacional de Arte

🏠 4-2-55 Nakanoshima
🚉 Estación Watanabebashi
⏰ Los horarios varían, consultar web 🌐 nmao.go.jp

La entrada del Museo Nacional de Arte, fabricada en acero curvado y que se eleva muy por encima del propio edificio, se diseñó para evocar tanto la solidez como la flexibilidad del bambú. La colección es igualmente impresionante, con obras de artistas occidentales como Picasso, Cézanne, Miró y Warhol, tesoros chinos antiguos y arte moderno japonés. La página web del museo incluye una lista sobre próximas exposiciones.

↑ El futurista exterior curvado del Museo Nacional de Arte

💬 CONSEJO DK
Transporte

El centro de la ciudad está comunicado por la línea JR circular de Osaka. A quien se proponga ver muchas cosas le vendrá bien comprar un pase de uno o dos días que ofrece viajes ilimitados en el metro, tranvías y líneas de tren.

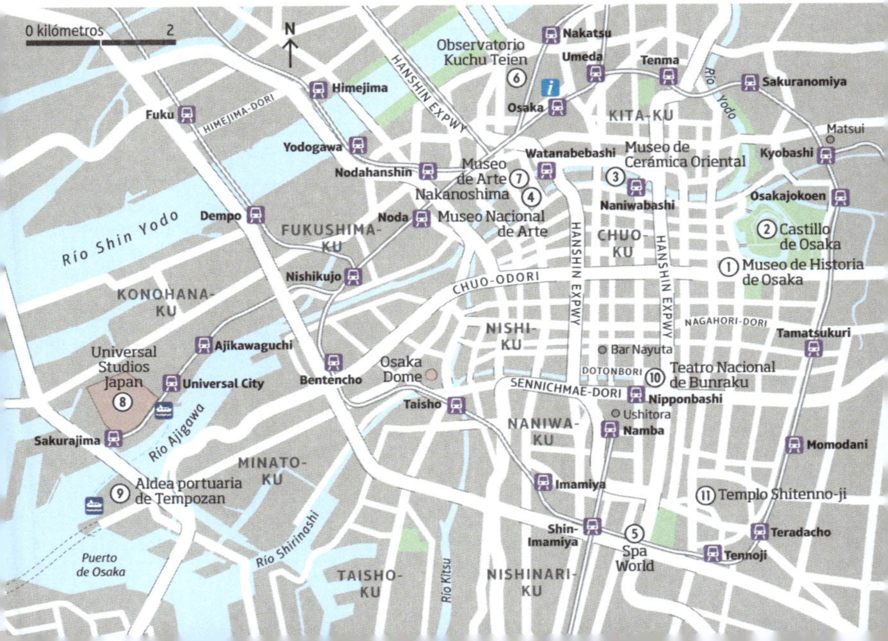

⑤

Spa World

🏠 3-4-24 Ebisuhigashi
🚇 Shin-imamiya
Ⓢ Dobutsuenmae
🕐 24 horas diario (algunas zonas tienen otros horarios)
🌐 spaworld.co.jp/english

Destinado a acoger hasta 5.000 personas a la vez, Spa World es uno de los balnearios más impresionantes que se puedan conocer. El agua llega de manantiales situados a casi 900 m bajo el suelo. El complejo se divide en zonas que imitan los baños de distintos lugares del mundo, como China y Finlandia. Hay también saunas de piedra en representación de ocho países, entre ellos Turquía, Rusia, Islandia y Corea.

Cuenta asimismo con una zona para familias que incluye toboganes de agua y una piscina infantil.

Fuera del agua, hay una zona dedicada a la gasgtronomía cuenta con varios restaurantes que sirven clásicos de Osaka como *okonomiyaki* y *kushikatsu* (brochetas fritas).

<hr>

⑥

Mirador del Jardín Flotante

🏠 1-1-88 Oyodonaka
🚇 Osaka
Ⓢ Umeda
🕐 9.30-10.30 diario
🌐 skybldg.co.jp/en

Esta estructura futurista, a la que se accede por una escalera mecánica acristalada que lleva hasta la planta 39, no es para quienes tengan vértigo o miedo a quedarse encerrados en las alturas.

El mirador, a 173 m, está a caballo entre las torres gemelas del edificio Umeda Sky de Hara Hiroshi. Las vistas de Osaka son increíbles. En un

Caminando hacia las torres gemelas que albergan el Mirador del Jardín Flotante ↑

callejón de los bajos del edificio se halla el restaurante Takimikoji, ambientado en la década de 1950.

<hr>

⑦

Museo de Arte Nakanoshima

🏠 4-3-1 Nakanoshima
🚇 Fukushima
🚇 Watanabe-bashi
🚌 Taminobashi 🕐 10.00-17.00 ma-do
🌐 nakka-art.jp

El famoso museo de arte moderno y diseño de Osaka se ubica en un llamativo edificio negro. La colección alberga unas 6.000 obras desde el siglo XIX hasta hoy que muestran los trabajos de importantes artistas japoneses e internacionales.

⑧

Universal Studios Japan

🏠 2-1-33 Sakurajima
🚇 Universal City
🕐 Los horarios varían, consultar detalles en página web
🌐 usj.co.jp/web/en/us

Este parque recreativo encantador atrae a público de todas las edades y se ha convertido rápidamente ern uno de los más reconocibles emblemas de Osaka. Hay diez áreas temáticas, así como espectáculos en directo. Entre las principales atracciones destacan el Gran Desfile de Hollywood, la zona "Nueva York" y un parque de Minions inspirado en *Gru: mi villano favorito*. Los visitantes también pueden saltar a través de una tubería gigante cerca de la plaza de entrada para teletransportarse a Super Nintendo World™, que se añadió al parque en 2021.

———————————

⑨ Aldea portuaria de Tempozan

🏠 1-1-10 Kaigandori
Ⓢ Osaka-ko ⏰ Los horarios varían, consultar web
Ⓦ kaiyukan.com

El desarrollo urbanístico del puerto de Osaka constituye la cara moderna del proyecto que se inició en la década de 1830, durante el periodo Edo, con el objetivo de ganar terreno al mar. La enorme noria Tempozan, en su momento la más alta del mundo gracias a sus 113 m, ofrece a los pasajeros vistas panorámicas de Osaka, el mar y las montañas circundantes. La noria puede acoger hasta 480 pasajeros simultáneamente en sus 60 cabinas y se mantiene iluminada durante las noches.

Además del Legoland Discovery Center, la aldea también alberga el Tempozan Marketplace, un enorme centro de tiendas y restaurantes.

———————————

⑩ Teatro Nacional de Bunraku

🏠 1-12-10 Nippon-bashi
ⓇⓈ Nipponbashi
Ⓦ ntj.jac.go.jp

Este teatro, el más importante de Japón en cuanto a representaciones de marionetas *bunraku*, destaca por los coloridos carteles que cuelgan del exterior. Las obras de *bunraku* se presentan en enero, abril, junio, julio, agosto y noviembre, y hay auriculares con traducción (al inglés) para el público extranjero.

———————————

⑪ Templo Shitenno-ji

🏠 1-11-18 Shitennoji
Ⓢ Shitennoujimae Yuhigaoka 📞 (06) 6771-0066 ⏰ Diario
Ⓦ shitennoji.or.jp

El príncipe Shotoku ordenó la construcción del templo original en 593 y el complejo está considerado la cuna del budismo japonés. El templo fue devastado muchas veces por el fuego, y los actuales edificios de cemento datan de 1965. No obstante, como copias exactas de los originales, pueden ser de interés para saber algo más sobre la arquitectura budista.

El mejor momento para visitar el templo son los días 21 y 22 de cada mes, cuando se monta un fantástico mercadillo en el recinto.

←

La roja Saidaimon (puerta Occidental), en la entrada del templo Shitenno-ji

3

KOBE

神戸

 D5 ⏺ Prefectura Hyogo ✈ Kobe 8 km al sureste; Kansai 70 km al sur 🚄 Shin-Kobe, Kobe estación Sannomiya ℹ frente a estación JR Sannomiya; www.feel-kobe.jp

Kobe es un núcleo de comercio internacional desde el siglo VIII y acoge a una numerosa comunidad extranjera que le da un aire cosmopolita. La ciudad se hizo famosa en 1995, cuando sufrió un grave terremoto, pero se reconstruyó tan rápido que apenas queda rastro del desastre. El centro es célebre por su vida nocturna. La ternera de Kobe es famosa en todo el mundo.

¿Lo sabías?
———
La ternera de Kobe procede solo de la raza bovina negra *wagyu*, de la prefectura de Hyogo.

nanban del siglo XVI. La palabra *nanban* (bárbaro del sur) se usó en principio para referirse a los portugueses, pero después se aplicó a todos los europeos.

———

① Barrio Chino

🏠 1-3-18 Sakaemachidori 🚄 Motomachi

Los alrededor de 14.000 habitantes chinos de la ciudad han dado alegría y color a este barrio (Nankin-machi). La plaza central, Nankin Park, a la que se accede por tres grandes puertas, está rodeada de restaurantes y tiendas de baratijas. El parque alberga estatuas que representan a los 12 animales del horóscopo chino.

② Museo de la Ciudad de Kobe

🏠 24 Kyomachi 🚄 Motomachi 🕐 Los horarios varían, consultar web 🌐 kobecitymuseum.jp

El museo abarca la historia de la ciudad, desde los orígenes hasta su reconstrucción tras el terremoto. Cuenta con una curiosa exposición de objetos del antiguo asentamiento de extranjeros, en Kitano-cho, y una maqueta de la zona. El museo guarda también la mejor colección de arte

③ Kitano-cho

🏠 12 min a pie al norte de la estación Sannomiya 🚇 Sannomiya

Cuando Kobe pasó a ser uno de los principales puertos internacionales, en el periodo Meiji, los extranjeros adinerados construyeron aquí sus casas. Más de 20 de estas residencias, muchas de estilo gótico victoriano, abren al público. La zona, que para muchos japoneses tiene un aire de *fin de siècle* europeo (finales del siglo XIX), es uno de los distritos más populares de Kobe.

↑ El cautivador *skyline* de la cosmopolita Kobe al atardecer

EL GRAN TERREMOTO HANSHIN

A las 5.46 de la mañana del 17 de enero de 1995, el gran terremoto Hanshin golpeó Japón; su epicentro estaba a 16 km de profundidad bajo el estrecho de Akashi, cerca de Kobe. El temblor duró casi un minuto y alcanzó una magnitud de 6,9 en la escala de Richter. El primer terremoto, los cientos de temblores posteriores y los incendios causaron la destrucción de más de 100.000 edificios y la muerte de más de 6.000 personas.

④

Parque Meriken

 2 Hatobacho 🚶 10 minutos a pie al sur de Motomachi

El nombre del parque Meriken procede de la rendición de *los americanos* del periodo Meiji. Desde el parque se ve el Museo Marítimo de Kobe, cuya cubierta asemeja las velas de un barco e ilustra sobre la ciudad como puerto. Para disfrutar de buenas vistas de la zona nada mejor que la torre del puerto, en el muelle Naka.

Destilería Hamafukutsuru Ginjo

En esta destilería y tienda se puede hacer una visita para conocer el proceso de fermentación del sake y probar una selección de ellos en una cata.

🏠 5 min andando desde estación Hanshin Uokazi
🕙 10.00-17.00 ma-do
🌐 hamafukutsuru.co.jp

⑤

Kiku-Masamune Shuzo Kinenkan

 1-9-1 Uozakinishimachi, Higashinada 🚇 Minami Uozaki 🕙 9.30-16.30 diario
🌐 kikumasamune.co.jp

Aunque el terremoto destruyó la mayoría de las mejores destilerías, la reconstrucción de las que quedaron se está llevando rápidamente y ya se pueden visitar algunas de las más famosas de Kobe. El museo Kiku-Masamune Shuzo Kinenkan explica el arte de la producción de sake. Aunque los almacenes de la destilería quedaron destruidos durante el terremoto, la casita del molino de agua sobrevivió, y hoy alberga una pequeña pero interesante exposición de instrumentos de destilación.

4 🖾

CASTILLO HIMEJI-JO

姫路城

🅰 D5　🅾 Prefectura de Hyogo　🅷 Himeji　🕐 9.00-17.00 diario　🔽 himeji-kanko.jp

Los japoneses lo llaman Shirasagi-jo (el castillo de la garza blanca), debido al parecido que guardan los muros encalados que se estrechan a ambos lados de la torre con un ave emprendiendo el vuelo. A los ojos de muchos admiradores, su imponente arquitectura militar suavizada por elegantes líneas estéticas hace de él un paradigma de castillo samurái.

Con la edificación en 1609 del torreón principal de cinco plantas de este castillo, Terumasa Ikeda transformó el modesto fuerte militar en un símbolo del poder recién consolidado del sogunato Tokugawa. La combinación de cubiertas abuhardilladas con hastiales curvos crea un hermoso efecto ondulante, pero también se construyó así para que resistiera los ataques. En varios puntos del muro había canalones por los que se arrojaban piedras, aceite hirviendo y agua sobre el invasor. Los motivos *shachi-gawara* con forma de delfín del tejado representan una bestia mitológica que según la creencia protegía al torreón del fuego, mientras que las aspilleras de forma circular, triangular y rectangular eran para los fusileros y los arqueros.

Depósito de armas en su origen, el interior conserva la escasa ornamentación y alberga una exposición sobre la vida en el castillo. Además de armas y armaduras de samuráis, el Museo del Armamento expone armas de fuego y pólvora, introducidas en Japón por los portugueses en el siglo XVI. La cámara superior ofrece amplias vistas de Himeji por los cuatro lados, pero el exterior del torreón principal es mucho más imponente que su austero interior.

> **En varios puntos del muro había canalones por los que se arrojaban piedras, aceite hirviendo y agua sobre el invasor.**

↑ Armaduras samurái en el Museo del Armamento

↑ Una estatua *sachi-gawara* sobre el tejado de la torre principal

Cronología

1333
△ Akamatsu Norimura construye un fuerte en lo alto de un promontorio en Himeji.

1600
△ Batalla de Sekigahara tras la cual Terumasa Ikeda es recompensado con el castillo de Himeji.

1609
△ Se completa el torreón de Himeji-jo.

1749
△ Tadazumi Sakai y sus descendientes habitan el castillo hasta la Restauración Meiji de 1867.

¿Lo sabías?

El torreón principal parece tener cinco alturas, pero en realidad tiene seis.

El torreón principal del castillo de Himeji-jo, sobre un promontorio que domina la ciudad ↑

Recorrer el complejo

En lo alto de un promontorio, Himeji-jo –el más majestuoso de los 12 castillos feudales que conserva Japón– domina la ciudad de Himeji y ha sido declarado patrimonio de la humanidad por la Unesco. Akira Kurosawa explotó su magnífico potencial cinematográfico en su película *Ran* (1985), una versión japonesa de *El rey Lear* de Shakespeare. Pero el sosegado recinto y los elegantes edificios parecen ajenos tanto al pasado feudal del castillo como a la ciudad moderna a la que se asoma. Cubierto de vegetación, el complejo está coronado por su famosa torre, pero también rodeado por sus onduladas murallas, sus fosos y sus patios. Aunque estos elementos fueron antiguamente defensivos, ahora constituyen un entorno perfecto para dar un paseo, contemplar cerezos en flor o, incluso, practicar taichí.

La torre de la Vanidad, morada de la princesa Sen (1597-1667) y otras mujeres, se clausuraba cada noche y permanecía bajo vigilancia.

Patio occidental (Nishi-nomaru)

Entrada

Aunque nunca se puso a prueba, el laberinto de pasadizos y puertas de las zonas exteriores se proyectó para confundir a los enemigos.

Foso de Sangoku

↑ Haciendo taichí en un parque de Himeji, con el castillo al fondo

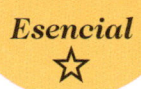

Los terrenos del castillo cubiertos de flores rosadas durante la floración de los cerezos

CONSEJO DK
Castillo de luces

Cada mayo, en el festival del castillo de Himeji, el torreón principal se ilumina con un espectáculo de luz. Lo mejor es ir la semana posterior a la Semana Dorada (mayo) para ver la función, en la que lo viejo y lo nuevo parecen chocar en un torrente de color.

Segundo patio
(Ninomaru)

Patio principal
(Honmaru)

Torreón
principal

*Los almacenes
(Koshi-kurawa),
detrás de la torre,
son el punto más
débil de la fortaleza.*

*Sus elegantes murallas
de piedra en forma
de abanico resultaban
muy difíciles de escalar.*

*Pese a su nombre, es
probable que el patio del
Suicidio solo se utilizara para
el abastecimiento de agua.*

El amplio complejo de Himeji-jo, con sus inmensas murallas y fosos

5

PARQUE CONMEMORATIVO DE LA PAZ DE HIROSHIMA

広島平和記念公園

A B5 **⌂** Prefectura de Hiroshima **✈** Hiroshima 40 km al este **🚉** Hiroshima, después autobús a Genbaku-Domu-mae **🚃 🚋** Genbaku-Domu-mae **🕐** Parque conmemorativo: Los horarios varían, consultar web **🌐** hpmmuseum.jp

Por desgracia, Hiroshima no necesita presentación. Cada año, millones de visitantes acuden a la ciudad donde tantas personas fueron borradas del mapa en tan solo un instante de destrucción apocalíptica. Construido en la década de 1950, este emotivo parque recuerda el acontecimiento que conmocionó al mundo.

Los restos medio derretidos de la Cúpula de la Bomba Atómica, antiguo Pabellón de Fomento de la Industria, están en la zona cero de la explosión. Cruzando un río, junto a la entrada norte del parque está la Campana de la Paz y el túmulo conmemorativo, con las cenizas de personas abrasadas en este lugar. Parque adentro se halla el Monumento Infantil de la Paz, la figura de una niña con una grulla, Sasaki Sadako. La obra hace referencia a una niña, víctima de la bomba, que creía que se recuperaría si fabricaba 1.000 grullas de papel. Sadako no sobrevivió, pero el monumento siempre está adornado con grullas de papel enviadas por escolares. Cruzando la calle está la Llama de la Paz, que se apagará cuando todas las armas nucleares del mundo hayan desaparecido, y el cenotafio. Diseñado por Kenzo Tange en memoria de las víctimas, contiene los nombres de los fallecidos, con una inscripción que reza: "Descansen en paz. Jamás volveremos a cometer el mismo error". La pieza central del parque es el Museo Conmemorativo de la Paz. Su exposición incluye un buda de bronce medio fundido, un triciclo destrozado y la impresión de una sombra en los escalones del Banco Sumitomo, único resto hallado de la persona sentada allí en el momento del impacto.

EL BOMBARDEO DE HIROSHIMA

Cuando la Segunda Guerra Mundial avanzaba, en el verano de 1945, EE. UU. decidió utilizar un arma nueva para provocar la rendición de Japón. El 6 de agosto, un bombardero B-29 dejó caer la primera bomba atómica sobre Hiroshima. Explotó a las 8.15, a 580 m sobre el centro de la ciudad. Decenas de miles de personas murieron instantáneamente, y el número de víctimas ascendió a 300.000 durante los años que siguieron a causa de los efectos posteriores. Nagasaki (p. 266) sufrió una suerte similar tres días después.

Respeto a las víctimas en el cenotafio curvo ↑

Cadenas de grullas de papel colgadas en el Monumento Infantil de la Paz →

393.195

Número de nombres
incluidos en el cofre
del cenotafio.

↑ Un cerezo en flor frente a las
evocadoras vigas retorcidas de
la Cúpula de la Bomba Atómica

ISLA DE MIYAJIMA

宮島

B5 **Prefectura de Hiroshima** **Desde Hiroshima a Miyajimaguchi, luego en ferri** **Desde el puerto de HIroshima o la estación Miyajima-guchi** **En la terminal de ferris; www.miyajima.or.jp**

Miyajima, que es como se conoce este lugar sagrado, significa 'isla santuario', aunque su nombre oficial es Itsukushima. El símbolo de este santuario patrimonio de la humanidad es la Otorii (gran puerta) de color rojo que se eleva sobre el mar durante la marea alta y lleva cautivando a los visitantes desde hace siglos.

El santuario se encuentra en un entorno muy hermoso. Está prohibido talar árboles, de modo que la isla ha conservado su bosque original, en el que abundan los ciervos, y cuenta con una variada flora y fauna. Senderos naturales ascienden serpenteando por el parque Momijidani, que se alza tras el santuario Itsukushima. Elegida por los japoneses como una de las tres vistas más emblemáticas de Japón, la *torii* del santuario Itsukushima parece flotar sobre el agua. Para preservar la pureza de la isla no se permitía poner el pie en su suelo. En cambio, las barcas sí podian atravesar esta puerta para llegar al santuario, conectado con ella por un muelle. Además de donar dinero al santuario, el jefe guerrero Taira no Kiyomori construyó la primera *torii* de la bahía en el siglo XII, pero la estructura actual de unos 16 m de altura data de 1875.

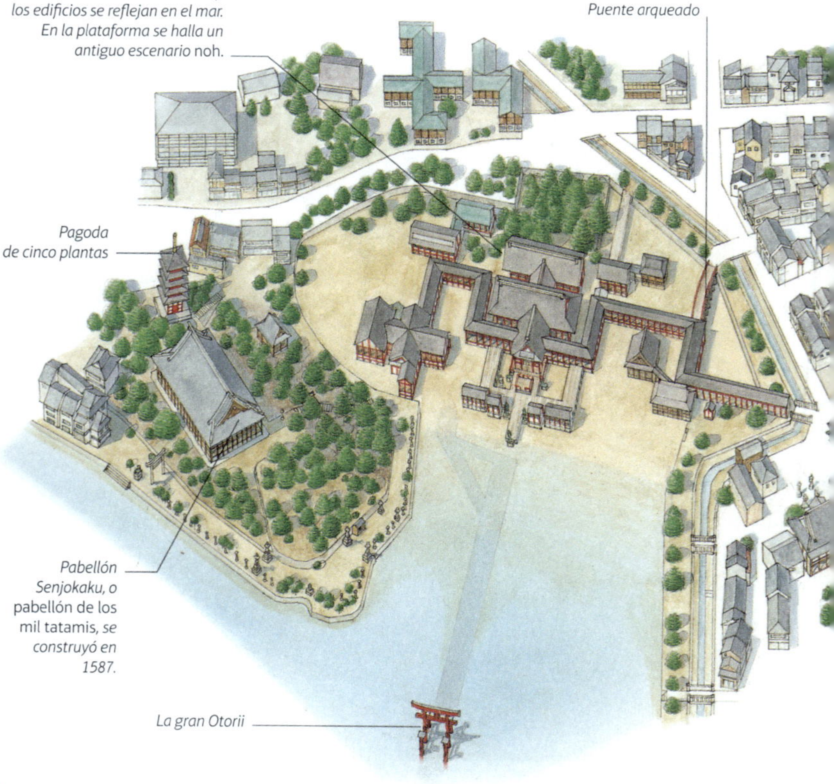

El santuario Itsukushima, fundado en 593, se construyó en una cala. El mejor momento para verlo es cuando sube la marea y los edificios se reflejan en el mar. En la plataforma se halla un antiguo escenario noh.

Puente arqueado

Pagoda de cinco plantas

Pabellón Senjokaku, o pabellón de los mil tatamis, se construyó en 1587.

La gran Otorii

1

① La construcción sobre cuatro patas *(yotsuashi)* de la Otorii garantiza su estabilidad.

② En un promontorio con vistas al santuario de Itsukushima se eleva Goju-no-to, una pagoda de cinco plantas construida en 1407.

③ Los *komainu,* o perros-león, suelen guardar la entrada o *honden* de los santuarios sintoístas.

2

3

¿Lo sabías?

Para mantener el carácter sagrado de la isla, no se permite que nadie nazca ni sea enterrado aquí.

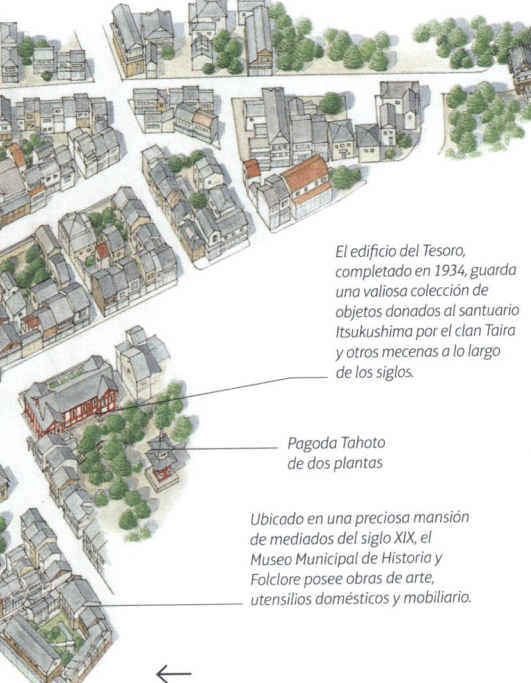

El templo Daisho-in es un delicioso complejo que alberga una ecléctica mezcla de estatuas budistas. Todo un remanso de paz, alejado del bullicio del puerto y del santuario Isukushima.

El edificio del Tesoro, completado en 1934, guarda una valiosa colección de objetos donados al santuario Itsukushima por el clan Taira y otros mecenas a lo largo de los siglos.

Pagoda Tahoto de dos plantas

Ubicado en una preciosa mansión de mediados del siglo XIX, el Museo Municipal de Historia y Folclore posee obras de arte, utensilios domésticos y mobiliario.

← Los alrededores del santuario Itsukushima, con su famosa Otorii "flotante"

LA MEJOR FOTO
La fuerza de la marea

El mejor momento para tomar una fotografía de la puerta de Miyajima es con la marea alta, cuando parece flotar sobre las olas. Con marea baja se puede llegar andando al pie de la Otorii, que marca el límite entre el mundo espiritual y el terrenal.

TEMPLO HORYU-JI

法隆寺

📍**D5** 🏠**Prefectura de Nara** 🚉**Horyu-ji** 🚌**Desde las estaciones Kintetsu Nara o Kintetsu Tsutsui hasta la parada Horyu-ji-mae** 🕐**22 feb-3 nov: 8.00-17.00 diario; 4 nov-21 feb: 8.00-16:30 diario** 🌐**horyuji.or.jp**

Considerado la cuna del budismo japonés, este templo contiene además algunas de las estructuras de madera más antiguas del mundo, de principios del siglo VII.

El templo lo erigió el príncipe Shotoku (573-621) en un esfuerzo por afianzar el budismo –junto con el sintoísmo– como pilar del sistema de creencias japonés. Entre las obras de arte que alberga se incluyen imágenes antiguas de Buda, pero lo que atrae visitantes a Horyu-ji es la pagoda de cinco plantas y 32 m de altura, el edificio más antiguo de su clase en Japón. Las pagodas japonesas son origi-narias de China, donde nacieron a partir de la *stupa* budista de la India antigua. El simbolismo de estos edificios todavía no está claro. Hay quienes aseguran que una pagoda de cinco plantas representa los elementos, como muestra la ilustración, aunque otros discrepan y afirman que las pagodas tienen un número impar de plantas porque la numerología china afirma que lo impar trae suerte.

↑ Un *bodhisattva* dorado junto a la imagen de Buda en Horyu-ji

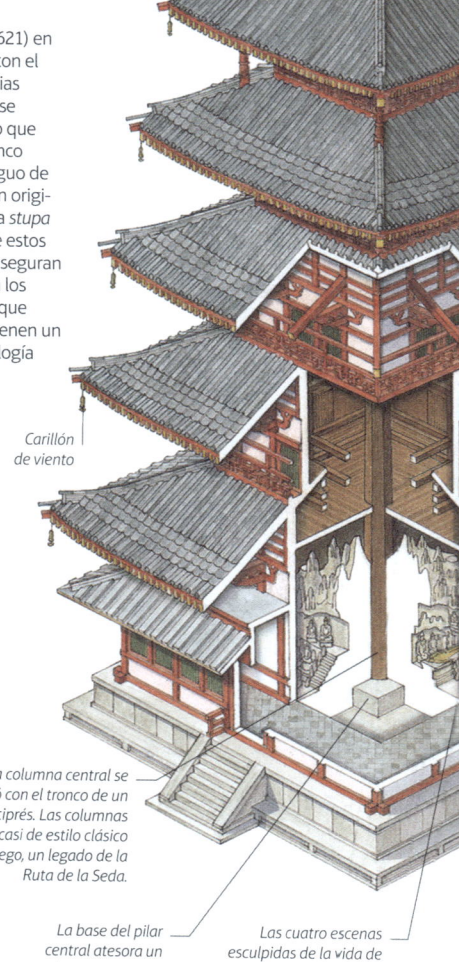

Los nueve anillos (kurin) del remate son de bronce.

Las cuatro guadañas, rasgo único de esta pagoda, evitan que sea destruida por los rayos.

Carillón de viento

La columna central se labró con el tronco de un único ciprés. Las columnas son casi de estilo clásico griego, un legado de la Ruta de la Seda.

La base del pilar central atesora un fragmento de un hueso de Buda.

Las cuatro escenas esculpidas de la vida de Buda tienen orientación norte, sur, este y oeste.

LUGARES DE INTERÉS

CURIOSIDADES
Tesoros del templo

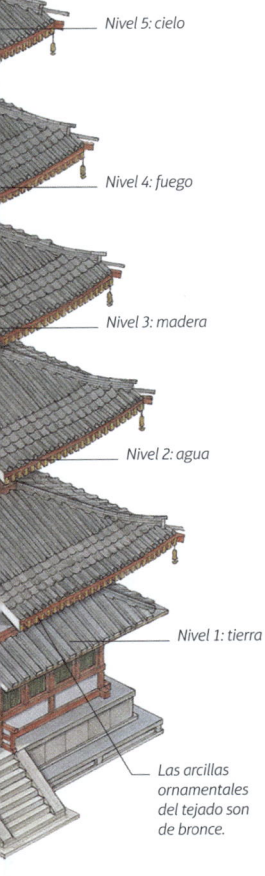

CURIOSIDADES
Tesoros del templo

Aunque muchos objetos de Horyu-ji se alojan en el Museo Nacional de Tokio *(p. 28)*, la sala de tesoros del templo sigue acogiendo el Kudara Kannon, un esbelto buda.

— *Nivel 5: cielo*

— *Nivel 4: fuego*

— *Nivel 3: madera*

— *Nivel 2: agua*

— *Nivel 1: tierra*

— *Las arcillas ornamentales del tejado son de bronce.*

↑ La histórica pagoda de cinco plantas del templo de Horyu-ji, cada una de ellas con su simbolismo

8
Llanura de Asuka
飛鳥地方

🅐 D5 🏠 Prefectura de Nara 🚉 Asuka 🌐 www.asukamura.com

La llanura de Asuka está salpicada de yacimientos de la primitiva capital de Asukakyo, que floreció entre los siglos V y VII. La mejor forma de explorar los túmulos funerarios y templos es en bicicleta.

Takamatsuzuka Kofun, uno de los yacimientos más conocidos, alberga murales de estrellas y animales mitológicos. En la zona destacan Sakabune Ishi, una piedra concéntrica que pudo utilizarse para hacer sake; Kame y Saru Ishi, estatuas con forma de tortuga y de mono, y Nimen Seki, una piedra con rostros esculpidos.

Asuka-dera fue el primer templo budista de Japón. Las estatuas Asuka-Daibutsu están influenciadas por diferentes culturas de Asia oriental.

9
Aldea ninja de Koka
甲賀の里忍術村

🅐 D5 🏠 394 Kokacho Oki, Koka, Prefectura de Shiga 🚉 Koka, después una lanzadera gratuita desde la entrada norte 🕐 10.00-17.00 ma-vi, 9.00-17.00 sá y do 🌐 koka.ninpou.jp

La prefectura de Shiga albergó una de las sectas más secretas de Japón: los ninja *(p. 235)*. En la actualidad, se pueden conocer las artes del espionaje, sabotaje e infiltración en esta aldea ninja. Hay un museo dedicado a las técnicas ninja, una casa llena de trampas y paneles secretos y una sala de lanzamiento de *shuriken* (estrellas de metal), además del estanque de la Araña de agua Mizugomo, que se puede cruzar haciendo uso de dos flotadores y una soga. Se puede hacer el entrenamiento de un ninja para comprender mejor las formas de actuar de estos sigilosos asesinos.

↑ Delicadas pinturas en el techo del templo de Asuka-dera, en la aldea de Asuka

10

Yoshino
吉野

🅐 D5 🏠 Prefectura de Nara 🚉 Yoshino ℹ️ (0746) 32-3081

Esta preciosa población, con sus casas construidas en la ladera de una montaña, es uno de los destinos más populares en Japón para ver cerezos en flor. El área de Yoshinoyama reúne 30.000 cerezos a distintas alturas. Los niveles florecen sucesivamente, alargando el periodo de floración hasta casi tres semanas.

El área de Yoshinoyama se extiende desde la orilla sur del río Kii hasta el extremo norte de la cordillera Omine. Declarada patrimonio de la humanidad por la Unesco, la región está salpicada de numerosos templos, entre ellos el Kinpusen-ji y los santuarios Kinpu, Yoshimizu y Yoshino Mikumari. También hay una ruta de peregrinación a través de las montañas. El templo de Chikurin-in es famoso por su jardín de paseo diseñado por el maestro de té Sen no Rikyu. Los visitantes pueden disfrutar de las vistas que ofrece el monte Yoshino sobre los cerezos, así como de las aguas termales existentes en la zona.

11 🚶

Monte Koya
高野山

🅐 D5 🏠 Prefectura de Wakayama 🚉 Línea Nankai desde Osaka, después teleférico desde la estación Gokurakubashi ℹ️ Cerca de la parada de autobús Senjuinbashi; www.eng.shukubo.net

Entre cedros negros y a una altitud de 900 m, en pleno corazón de la península de Kii, el monte Koya (Koya-san) es el sitio budista Shingon más venerado de Japón. El monje Kukai (774-835) estableció un monasterio aquí en 816. En el periodo Edo la montaña tenía ya casi mil templos, pero los tifones e incendios los han reducido a 117.

El lado occidental de Koya-san guarda las estructuras más majestuosas y veneradas. El templo Kongobu-ji, edificado en 1593 por Hideyoshi Toyotomi, es el principal. Su jardín de roca y las puertas correderas interiores, pintadas en el siglo XVI por artistas de la Escuela de Kano, son algunos de sus atractivos.

El cercano complejo Danjogaran incluye el Fudo-do (pabellón Fudo), construido en 1197, y la Konpon Dai-to, una impresionante pagoda roja y blanca de dos alturas reconstruida en 1937 y considerada el símbolo de Koya-san.

Enfrente del complejo, el bien denominado Reihokan (tesoro) expone más de 5.000 pinturas, estatuas y mandalas expuestos en dos edificios. La Daimon (gran puerta), la tradicional

---

Templo Eko-in
Comida vegetariana, rituales de la mañana y relax en una fuente termal en este templo del monte Koya.

🅐 D5 🏠 497 Koyasan, Koyacho 🌐 ekoin.jp

¥ ¥ ¥

Shojoshin-in
Fundado en el 824, este templo en el monte Koya ofrece habitaciones que van de lo sencillo a lo lujoso.

🅐 D5 🏠 566 Koyasan, Koyacho 🌐 shojoshinin.jp

¥ ¥ ¥

↑ Una pagoda frente a la cascada de Nachi-no-taki, en la península de Kii

entrada principal aKoya-san, queda algo más al oeste, al borde de la meseta, y ofrece una panorámica incomparable.

En la mitad oriental de Koya-san se encuentran una enorme necrópolis y el Okuno-in (santuario interior), el mausoleo de Kukai. El camino empedrado que conduce a Okuno-in está flanqueado por estatuas y tumbas con los restos de las familias más ilustres de Japón. Frente al mausoleo de Kukai se eleva el Toro-do (pabellón de Faroles), donde 11.000 faroles lucen día y noche, incluidos dos que según se dice permanecen encendidos desde el siglo XI.

 Península de Kii
紀伊半島

🅐D6 🏠Prefecturas de Wakayama, Mie y Nara ❎Nanki-Shirahama 🚆Línea JR Kinokuni 🌐en.visitwaka yama.jp

La península de Kii, con sus montañas boscosas en el interior y sus cabos escarpados, islas llenas de pinos y calas a lo

←

Cerezos en distinta fase de floración en las laderas de las inmediaciones de Yoshino

largo de la costa, ha escapado al desarrollo industrial que ha afectado a gran parte de la costa japonesa del Pacífico.

Desde el pequeño pueblo portuario de Shingu, en la costa oriental, se puede tomar un autobús hasta Shiko, y embarcarse en una travesía de 50 minutos a lo largo del río Kumano hasta el valle de Doro.

En el interior, tras un trayecto en tren que lleva de Shingu a Nachi en 40 min, en 20 min de autobús se alcanza Nachi-no-taki, la cascada más alta de Japón. El camino que sube paralelo a la cascada lleva al santuario Nachi Taisha. Junto al Hongu Taisha y el Hayatama Taisa, forma el trío de grandes santuarios de la región, conocida como Kumano Sanzan, y están unidos por una ruta para peregrinos (Kumano Kodo), patrimonio de la humanidad de la Unesco. El siguiente puerto al sur de Shingu es Katsuura, bahía bordeada de pinos e islotes.

Más al sur, el centro costero Kushimoto es célebre por la Hashi-gui-iwa, una cadena de 40 rocas que parecen desfilar hacia el mar, conectando el pueblo con la isla Oshima. El extremo sur de la península está marcado por Shio-no-misaki, un cabo con un faro blanco de 1873. El *onsen* Shirahama, uno de los tres manantiales termales más

antiguos de Japón, en la costa oeste, cuenta con una de las mejores playas de la zona.

 Iga-Ueno
伊賀上野

🅐D5 🏠Prefectura de Mie ❎Ueno-shi 🛈Primera planta, edificio Haito-Pia, en frente de la estación de Ueno-shi; www.iga-travel.jp

Esta ciudad fortificada, donde nació el venerado poeta japonés de haikus Matsuo Basho, fue también la cuna de los ninja Iga, los más temidos de la era feudal japonesa. La atracción principal es el **Museo Ninja de Igaryu,** casa solariega de un clan que sirvió como sede secreta de estos espías y asesinos profesionales. El edificio, bien restaurado, conserva puertas ocultas, escondites, salidas secretas y trampillas para repeler los ataques nocturnos de grupos ninja rivales. Los guías, vestidos con trajes ninja de color rosa fluorescente, ofrecen demostraciones de los métodos ninja.

Museo Ninja de Igaryu
⊗📷117-13-1 Ueno Marunouchi 🕐10.00-16.00 diario, 10.00-16.30 sá, do y festivos 🌐iganinja.jp

> **LOS NINJA**
>
> *Ninjutsu,* el arte de la furtividad, se desarrolló durante la sangrienta guerra entre clanes del Japón feudal. Los ninja elevaron su profesión de espías y asesinos a una sofisticada disciplina, practicando ascetismo en las montañas y estudiando materias como astronomía, botánica, medicina y nutrición. Desarrollaron ingeniosos métodos para burlar a sus adversarios, como ganzúas, balsas plegables, ropa diseñada para ocultar espadas y cuchillos, y más de 30 tipos diferentes de *shuriken,* mortales estrellas arrojadizas de metal.

¿Lo sabías?

Cuando se terminó en 1988, el puente Seto Ohashi se convirtió en el puente más largo del mundo.

Okayama
岡山

A C5 **O** Prefectura de Okayama **⊠** **R** Okayama **f** Fuera de la estación JR; www.okayama-japan.jp/net

Antiguo centro del territorio gobernado por los señores de la familia feudal Ikeda, Okayama es hoy una ciudad moderna. Los turistas japoneses acuden para maravillarse ante el puente Seto Ohashi, de 13 km, que conecta Okayama con Shikoku.

El **jardín Koraku-en,** uno de los *tres famosos* de Japón, lo encargó el señor feudal Ikeda y se terminó en 1700. Aunque es un jardín de paseo clásico, fue el primero de Japón en incorporar grandes praderas. El jardín se divide en tres secciones en las que crecen bambúes,

pinos, ciruelos, cerezos y matas de té. El castillo vecino se ha incorporado al diseño.

El **castillo de Okayama,** apodado *del Cuervo* por el color negro de sus muros y destruido durante la Segunda Guerra Mundial, se reconstruyó en 1966. El interior exhibe cascos, espadas de samurái y similares. Al sur del castillo, el **Museo de Arte Hayashibara** atesora otros enseres del clan Ikeda.

Al noreste está el **Museo de Oriente,** que reconstruye la llegada y la influencia del arte de Oriente Próximo a través de la Ruta de la Seda. El **Museo de Arte de la Prefectura de Okayama** tiene una colección que reúne sobre todo obras japonesas del siglo XX.

Jardín Koraku-en

⊛ **O** 1-5 Korakuen **🚌** Koraku-en-mae **O** 20 mar-sep: 7.30-18.00 diario; oct-19 mar: 8.00-17.00 diario **w** okayama-korakuen.jp

Castillo de Okayama

⊛ **O** 2-3-1 Marunouchi **O** 9.00-17.30 diario **w** okayama-castle.jp

Museo de Arte Hayashibara

⊛ **O** 2-7-15 Marunouchi **O** 10.00-17.00 ma-do

Museo de Oriente

⊛ **O** 9-31 Tenjincho **O** 9.00-17.00 ma-do **w** city.okayama.jp/orientmuseum

Museo de Arte de la Prefectura de Okayama

⊛ **O** 8-48 Tenjincho **O** 9.00-17.00 ma-do **w** okayama-kenbi.info

_____

Imbe
伊部

A C5 **O** Prefectura de Okayama **R** **f** En la estación JR Imbe; **w** www.touyuukai.jp

La cuna de la cerámica Bizen está repleta de tiendas, galerías y hornos. Creada en el periodo Kamakura, la cerámica Bizen es terrosa, no está vidriada y es muy apreciada. El **Museo de Cerámica Bizen y de Arte Contemporáneo** expone piezas modernas y de los periodos Muromachi, Momoyama y Edo.

Museo de Cerámica Bizen y de Arte Contemporáneo

⊛ **O** 1659-6 Imbe **O** 9.00-17.00 ma-do **w** touyuukai.jp/en-index/en-museum.html

→

Paseo en barca por un canal en la bien conservada ciudad de Kurashiki, del periodo Edo

Kurashiki
倉敷

A C5 Prefectura de Okayama Kurashiki Edificio Kurashikikan; www. kurashiki-tabi.jp

La ciudad de Kurashiki, del periodo Edo, está muy bien conservada. Kurashiki significa aldea de almacenes *(kura), en* referencia a los numerosos graneros de losa negra y muros de argamasa que llenan la ciudad. En el corazón de la ciudad antigua, el barrio histórico Bikan, al sur de la estación, alberga 200 *kura* a orillas de un canal. Muchos *kura* han sido transformados en museos, restaurantes, posadas y tiendas.

En el distrito antiguo se halla el **Museo de Arte Ohara.** La colección fue encargada por el industrial Ohara Magosaburo en 1930 con la premisa de que todo el mundo debía tener acceso a las grandes obras de arte, incluso gente de lugares tan apartados como Kurashiki.

Incluye obras de artistas como Matisse, Renoir, Cezanne, Degas y Gauguin y obras maestras como *La Anunciación,* del Greco. El anexo cuenta con una admirable colección de obras *mingei* (movimiento artesano popular) japonés.

El pequeño **Museo Arqueológico de Kurashiki** ocupa un viejo *kura* e incluye hallazgos de la región. En el **Museo de Artesanía Popular de Kurashiki** se expone artesanía en varios *kura* intercomunicados. El **Museo de Juguetes Tradicionales de Japón** ofrece una extensa muestra de antiguos juguetes tradicionales de todo el país.

Museo de Arte Ohara
1-1-15 Chuo
9.00–17.00 ma–do (dic-feb: hasta 15.00) ohara.or.jp

Museo Arqueológico de Kurashiki
1-3-13 Chuo
9.00–17.00 mi–do
kurashikikoukokan.com

Museo de Artesanía Popular de Kurashiki
1-4-11 Chuo
mar-nov: 9.00–17.00 ma–do
kurashiki-mingeikan.com

Museo de Juguetes Tradicionales de Japón
1-4-16 Chuo
10.00–17.00 diario
english.gangukan.jp

Katsudon Nomura
Se debe probar el *demikatsu-don,* especialidad de Okayama: arroz con repollo y chuletas de cerdo fritas en una salsa espesa.

A C5 1-10 Heiwacho, Kita, Okayama (086) 222-2234

¥ ¥ ¥

Azuma Sushi Sansute
Este restaurante de *sushi* sirve un plato del periodo Edo, *barazushi:* arroz *sushi* con marisco y verduras.

A C5 2F Sansute Okayama, 1-1 Ekimotomachi, Kita, Okayama (086) 227-7337

¥ ¥ ¥

Café Moni
Acogedor café con terraza al aire libre famoso por sus bizcochos.

A C5 10-22 Honmachi, Kita, Okayama (086) 231-5455

¥ ¥ ¥

←

El estanque central del jardín Koraku-en de Okayama

→ El paisaje de dunas de Tottori, en la costa de San-in

 17

Dunas de Tottori
鳥取砂丘

🅰 C4 🏠 Prefectura de Tottori 🚉 Tottori 🚌 Desde la estación ℹ️ En la estación de Tottori; www.tottori-tour.jp

Esta inmensa extensión de dunas cubre 16 km de la costa de San-in. Para los japoneses, las elevadas dunas –algunas de hasta 90 m– y los dibujos y sombras cambiantes que se forman en la arena son una expresión lírica de la condición humana. La gran novela existencialista de Kobo Abe *La mujer de arena* (1962), está ambientada aquí. La civilización ha llegado también hasta las dunas; se recomienda poner rumbo este a través de las mismas o alquilar una bicicleta si se busca tranquilidad.

 18

Fukiya
吹屋

🅰 C5 🏠 Prefectura de Okayama 🚌 Desde la estación Bitchu Takahashi 🌐 fukiya-japan.red

Fukiya, centro de la industria minera del cobre y el almagre durante el siglo XIX, es hoy una aldea enclavada en la montaña. Los dueños de las minas y los mercaderes adinerados construyeron aquí grandes mansiones con muros encalados y puertas y celosías de color almagre,

un rasgo cultural de la zona. Varias casas permanecen abiertas al público, entre ellas la **Antigua Residencia Katayama,** que también alberga el Museo Folclórico de Fukiya y una escuela. A las afueras de la aldea es posible visitar una mina de cobre y ocre. A unos 3 km está **Hirokane-tei,** atípica vivienda del periodo Edo con el aspecto de un castillo fortificado.

Antigua Residencia Katayama
♿ 🏠 699 Fukiya 🕐 10.00-16.00 diario (museo: sá-lu y festivos)

Hirokane-tei
♿ 🏠 2710 Nakano 🕐 10.00-17.00 diario (dic-mar: 10.00-16.00)

 19

Banco de arena de Amanohashidate
天橋立

🅰 D4 🏠 Prefectura de Kyoto 🚉 Amanohashidate ℹ️ En la estación Amanohashidate; www.amanohashidate.jp

Uno de los atractivos de la bahía de Miyazu –en la costa de San-in– es Amanohashidate, el *puente del cielo.* Este banco de arena de 3 km separa la bahía de la laguna de Asokai. En la mitología japonesa, aquí es el lugar donde los dioses concibieron las islas japonesas. Los visitantes suelen tomar el barco que cruza la laguna desde el muelle cercano a la estación y luego un teleférico o telesilla desde la

→ Cerezos junto al castillo de Hikone, cuya fortaleza *(abajo)* ofrece vistas del lago Biwa

UNA VISTA MAGNÍFICA
Boca abajo

Es fácil ver cómo obtuvo su nombre celestial Amanohashidate si se mira el banco de arena del revés, por debajo de las piernas, desde la cima de Kasamatsu. Desde aquí, la arena parece estar literalmente tocando el cielo desde el mar.

base del parque Kasamatsu hasta su cima, que es desde donde mejor se aprecia el banco de arena.

20

Lago Biwa
琵琶湖

 D5 **Prefectura de Otsu, Hikone** **Fuera de la estación Otsu; www.biwako-visitors.jp**

Con una extensión total de 674 km², Biwa-ko –el lago más grande de Japón– cubre un área

mayor que los 23 distritos de Tokio. Debe su nombre al *biwa*, un instrumento musical a cuya forma recuerda. En el siglo XV, el lago atraía por sus *Omi Hakkei*, las ocho vistas del Omi. El desarrollo urbanístico ha cambiado algunas de estas vistas, pero el lago –con sus orillas bordeadas por santuarios, templos y posadas modestas– sigue siendo hermoso. El **Museo del Lago Biwa** está dedicado a explicar la historia del lago y su importancia.

Otsu (en la vertiente suroeste) es la ciudad más grande de sus orillas. Los visitantes se acercan hasta aquí para ver el templo Onjo-ji y sus gigantescas puertas, y el templo Ishiyama-dera, que alberga edificios del siglo VIII. Se cree que Murasaki Shikibu escribió a principios del siglo XI *La novela de Genji* en el pabellón principal.

En la orilla este del lago se halla el **castillo de Hikone**, del siglo XVII. Desde lo alto de la torre se disfruta de una magnífica vista del lago Biwa.

Museo del Lago Biwa

1091 Oroshimocho, Kusatsu 9:30–17.00 ma-do biwahaku.jp

Castillo de Hikone

1-1 Konkicho, Hikone 8:30–17.00 diario hikonecastle.com

Kaya
Este bar junto al río, que sirve güisqui escocés y japonés, tiene también cócteles de frutas de temporada y brebajes calientes en invierno.

C5 2-4 Higashi Honmachi, Matsue, (0852) 24-6830

Oideyasu Okiniya
Uno de los mejores *izakayas* de Matsue, con variedad de sakes, así como sabrosos tentempiés. Hay que probar los *maitake* (champiñones) en tempura.

C5 13 Suetsugu Honmachi, Matsue (0852) 24-8839

Bar E.A.D.
Un garito con estilo junto al río, para disfrutar de una copa mientras se charla viendo el atardecer sobre Matsue. En verano la azotea está abierta y algún grupo tocando en vivo mantiene animada a la clientela hasta bien entrada la noche.

C5 36 Suetsugu Honmachi, Matsue (0852) 28-3130

Uji
宇治

▲D5 ◉ Prefectura de Kioto ⛉ Uji, Keihan-Uji ⚑ www.kyoto-uji-kankou.or.jp

Además de cultivar uno de los mejores tés verdes de Japón, la pequeña ciudad de Uji alberga el **templo Byodo-in** que aparece en las monedas de 10 yenes. El pabellón del Fénix del templo y la imagen de Amida Nyorai son legados de una de las épocas más grandiosas de Japón.

El **templo Manpuku-ji** fue establecido en 1661 por Ingen, un sacerdote que huyó de China después de la caída de los Ming e introdujo el té verde *sencha* en Japón.

A 35 km al este, en Shigaraki, el **Museo Miho** posee algunos magníficos tesoros, como estatuas de Buda y pergaminos.

Templo Byodo-in
⌂ 116 Uji Renge ◉ 8.30-17.30 diario ⚑ byodoin.or.jp

Templo Manpuku-ji
⚘ ⌂ 34 Gokasho Sanban-wari ◉ 9.00-17.00 diario ⚑ obakusan.or.jp

Museo Miho
⚘⛾◍◲ ⌂ 300 Tashiro Momodani, Shigaraki, Shiga ◔ Los horarios varían, consultar web ⚑ miho.jp

LAFCADIO HEARN

Lafcadio Hearn (1850-1904) llegó a Japón en 1890. Publicó varios libros, como *Fantasmas de Japón, Japón: ensayo de interpretación* y *Visiones del Japón menos conocido,* que permitieron a los japoneses percibir su cultura a través de los ojos de un extranjero. Se casó con la hija de una familia de samuráis de Matsue y después obtuvo la nacionalidad japonesa, y cambió su nombre por el de Koizumi Yakumo.

Matsue
松江

▲C5 ◉ Prefectura de Shimane ✈ Yonago e Izumo ⛉ Matsue ⓘ En estación Matsue JR; www.visit-matsue.com

Situada en la intersección del lago Shinji con la bahía de Miho y la laguna de Nakaumi, Matsue es conocida también como la *Ciudad del Agua* y raras veces recibe visitantes extranjeros.

Matsue aparece en el libro *Visiones del Japón menos conocido* (1894), de Lafcadio Hearn, un periodista grecoirlandés que pasó 15 meses en la ciudad. Hearn describió el **castillo de Matsue** como "un auténtico dragón arquitectónico, compuesto de magníficas monstruosidades". Se construyó en 1611 con madera y piedra y se reconstruyó parcialmente 31 años después. La torre de cinco plantas es la más alta del país. A un paseo a pie hay otros dos edificios más modestos. **Buke-yashiki** es una mansión edificada en 1730 por la familia Shiomi, jefes de servicio del castillo; la **casa de té Memei-an** (1779) es una de las más antiguas y mejor conservadas de Japón. En la misma calle está el **Museo de Arte Tanabe,** con una colección de tazones de té y otros objetos relacionados con esta ceremonia. Más al norte, la **residencia de Lafcadio Hearn** está bien conservada y el **Museo Conmemorativo de Lafcadio Hearn** exhibe su despacho y sus manuscritos y pipas.

↑ El interior del Museo Miho de Uji, diseñado por I. M. Pei e inspirado en los templos tradicionales

Al este de Matsue está el puente Eshima Ohashi, también conocido como el "puente de la montaña rusa". Al sur de la ciudad está el **Museo de Arte Adachi,** que cuenta con una colección de arte moderno y jardines que merecen una visita.

Castillo de Matsue

 📍1-5 Tonomachi 🚃Kencho-mae 🕐8.30-18.30 diario; oct-mar: 8.30-17.00 diario 🌐 matsue-castle.jp

Bukeyashiki

 📍305 Kitahoricho 🕐Los horarios varían, consultar web 🌐matsue-bukeyashiki.jp

Casa de té Meimei-an

 📍278 Kitahoricho 🕐8.30-18.30 diario; oct-mar: 8.30-17.00 🌐meimeian.jp

Museo de Arte Tanabe

 📍310-5 Kitahoricho 🕐9.00-17.00 ma-do 🌐tanabe-museum.or.jp

Residencia de Lafcadio Hearn

 📍315 Kitahoricho 🕐Los horarios varían, consultar web 🌐matsue-castle.jp/kyukyo

Museo Conmemorativo de Lafcadio Hearn

 📍322 Okudanicho 🕐Los horarios varían, consultar web 🌐hearn-museum-matsue.jp

Museo de Arte Adachi

 📍320 Furukawacho 🕐Los horarios varían, consultar web 🌐adachi-museum.or.jp

___

㉓
Yamaguchi
山口

🅰B5 📍Prefectura de Yamaguchi 🚉Yamaguchi ℹestación de Yamaguchi, 1.ª planta; www.visit-jy.com

Fundada en el siglo XIV por la familia Ouchi, Yamaguchi fue proyectada con Kioto como modelo. La capilla conmemorativa de san Francisco Javier se construyó en 1952, con motivo del 400 aniversario de su estancia

↑ Formaciones rocosas de la cueva de Akiyoshido, en la meseta de Akiyoshi-dai

del jesuita. El pintor Sesshu (1420-1506) diseñó un gran jardín para el templo Joei-ji, mientras que el templo Ruriko-ji cuenta con una pagoda de cinco plantas. Cerca hay un conjunto de tumbas del clan Mori.

___

㉔
Meseta de Akiyoshi-dai
秋吉台

🅰B5 📍Prefectura de Yamaguchi 🚃Desde Yamaguchi ℹEn la estación de autobuses; www.en.karusuto.com

Akiyoshi-dai es una meseta cubierta de pastizales y promontorios que hay que atravesar para llegar a la **cueva de Akiyoshido,** una de las grutas más grandes de Asia. La cueva tiene 10 km de largo, y solo uno de ellos está abierto al público. Las galerías están bien iluminadas.

Cueva de Akiyoshido

 🕐Los horarios varían, consultar web 🌐en.karusuto.com

___

㉕
Izumo
出雲

🅰C5 📍Prefectura de Shimane 🚉🚃Izumo ℹEn la estación Taisha-mae; www.izumo-kankou.gr.jp

Escenario de diversos mitos, leyendas y cuentos sobrenaturales,

Izumo –conocida hasta el siglo III como *la tierra del ocho veces imponente cúmulo tormentoso*– tiene un patrimonio apasionante. La ciudad es famosa en todo Japón por el **Gran Santuario Izumo Taisha,** uno de los santuarios sintoístas más antiguos del país. Está consagrado a Okuninushi-no-Mikoto, deidad relacionada con la agricultura, la medicina y el matrimonio, lo que explica la popularidad del templo para celebrar bodas. La entrada, a través de 11 *torii* (puertas), es impresionante. El *honden* (pabellón principal), está cerrado, pero sí se visita el pabellón del Tesoro. Los alrededores del santuario son sagrados; de ahí su magnífico estado natural, con inmensos cedros de Japón alrededor del complejo central. Al este se encuentra el conjunto de casas con muros de piedra y arcilla donde viven los sacerdotes.

Nada más pasar el santuario, por la carretera 431 en dirección a Okuni, hay un monumento dedicado a una monja que según se dice bailó en las orillas del río Kamo (en Kioto) para recaudar dinero para el santuario. Más tarde, la danza se adaptó para incluirla en el teatro *kabuki* (p. 115).

Gran Santuario Izumo Taisha

 📍195 Taishacho Kizukihigashi 🕐24 horas diario 🌐izumooyashiro.or.jp

26 Iwakuni
岩国

 B5 ☆ Prefectura de Yamaguchi ☒ Iwakuni, Shin-Iwakuni *i* Terminal autobuses 2F, cerca estación Iwakuni; www.kankou.iwakuni-city.net/itn

El atractivo principal de la ciudad es el Kintai-kyo (o "puente de cinta de brocado", por el efecto ondulado que producen sus cinco arcos). El original de 1673 lo destruyó un tifón en 1950. Esta réplica se sustenta gracias a una estructura de madera de primera calidad reforzada con acero. En el parque Kikko hay casas de samuráis, entre ellas la **casa Mekata.** El **Museo de Arte Kashiwabara** tiene una gran exposición de armas y armaduras. Un teleférico sube hasta el castillo de Iwakuni, fiel reconstrucción de 1962 del torreón original (1608).

Casa Mekata
☆ 2-6 Yokoyama
🕐 9.00-16.30 ma-do

Museo de Arte Kashiwabara
♿ ☆ 2-10-27 Yokoyama
🕐 mar-nov: 9.00-17.00 diario; dic-feb: 9.00-16.00 diario
🌐 kashiwabara-museum.jp

27 Hagi
萩

 B5 ☆ Prefectura de Yamaguchi ☒ 🚌 Hagi *i* En estación Higashi Hagi; www.hagishi.com/en

Hagi fue un humilde puerto pesquero hasta que Terumoto Mori lo fortificó, en 1604. Sus samuráis lucharon contra la dinastía Tokugawa en el siglo XIX, de ahí que muchos padres fundadores del Japón Meiji fueran de Hagi. Hoy es célebre por su alfarería. El atractivo de Hagi reside en los detalles: sus cementerios cubiertos de musgo, sus casas de té y las flores púrpura del trébol japonés *(hagi)*. El céntrico distrito Teramachi alberga viejos templos y santuarios. El templo Jonen-ji destaca por su puerta tallada, el Hofuku-ji por sus estatuas Jizo con baberos y el templo Toko-ji (al este de Teramachi) por su cementerio. Camelias y *natsu mikan* (naranjas de verano) embellecen el barrio de los samuráis, al oeste de Teramachi, con residencias de mercaderes como la **casa Kikuya,** que tiene un museo. Los comerciantes que servían al clan Mori eran dueños del menaje para la ceremonia del té, las pinturas y los biombos de la notable colección del **Museo de Arte Kumaya,** al norte. Fuera de la ciudad está el **Museo Conmemorativo Yoshika Taibi,** que alberga una excepcional colección de cerámica de Hagi y organiza talleres prácticos.

CERÁMICA DE HAGI

Los primeros hornos de Hagi datan del periodo Heian, pero la reputación de sus delicadas vajillas de té comenzó en el siglo XVI, después de introducir aprendices de Corea. Un rasgo distintivo de la *Hagi-yaki* (cerámica de Hagi) es su vidriado traslúcido *(derecha).* La *Hagi-yaki* mejora con el tiempo: los tonos rosa y pastel del barro se transforman en tonos beis al entrar en contacto con el tanino del té, que absorbe el barro a través de los poros del vidriado.

← Los elegantes arcos del puente Kintai-kyo sobre el río Nishiki, en Iwakuni

Casa Kikuya
🧭 📍 1-1 Gofukumachi
🕐 9.00-17.00 diario

Museo de Arte Kumaya
🧭 📍 47 Imauono, Tanamachi
🕐 9.00-16.00 ma y sá

Museo Conmemorativo Yoshika Taibi
🧭 📍 426-1 Chinto 🕐 10.00-16.00 diario

 28

Tsuwano
津和野

🗺 B5 📍 Prefectura de Shimane 🚉 Tsuwano
ℹ Junto a estación Tsuwano; tsuwano-kanko.net

Esta ciudad fortificada de 700 años, situada en un valle fluvial rodeado de montañas, cuenta con varias casas de samuráis. Miles de carpas llenan los arroyos del pueblo (se dice que hay 10 por cada habitante). En la ladera se encuentra el santuario de Taikodani Inari, uno de los más importantes dedicados a Inari

→ Una ceremonia en el santuario Taikodani Inari de Tsuwano, un importante templo Inari (zorro)

(zorro) de Japón. Se llega por un túnel de 1.174 *torii* (puertas). Por la ladera opuesta sube un telesilla hasta los restos del castillo de Tsuwano, que ofrece vistas maravillosas desde lo alto.

Amane Nishi (1829-1897), estadista y filósofo del periodo Meiji, nació aquí. La **Casa Nishi** es hoy un museo en una calle tranquila al sur de la ciudad. Enfrente se halla otra vivienda destacada: la **Casa Mori Ougai,** un museo dedicado a Ougai Mori (1862-1922), nacido en Tsuwano y célebre por novelas como *Patos salvajes* y *Vita Sexualis*.

Yoshinaga
Esta vieja tienda de Tsuwano es tan famosa por las carpas koi que nadan en su estanque trasero como por la calidad de su arroz.

🗺 B5 📍 296 Ushiroda, Tsuwano 📞 (0856) 72-0011

Mercado de Karato
A las 7.00, cuando acaban las subastas, a los vendedores les gusta explicar los diferentes tipos de pescado y productos del mar que se venden en este mercado de Yamaguchi.

🗺 B5 📍 5-50 Karatocho, Shimonoseki, Yamaguchi
🌐 karatoichiba.com

Casa Nishi
📍 64-6 Ushiroda 📞 (0856) 72-1771 🕐 9.00-17.00 diario

Casa Mori Ogai
🧭 📍 238 Machida
📞 (0856) 72-3210
🕐 9.00-17.00 ma-do

Las Meoto Iwa (rocas casadas), en la playa Futamigaura ↑

UN RECORRIDO POR LA
PENÍNSULA DE ISE

Distancia 110 km **Paradas** Playas de Gozashirahama y Futamigaura, Kashikojima **Dificultad** La zona está muy bien comunicada por tren y autobús

Con este recorrido se visitan los principales lugares de interés de la península, entre los que se encuentra la ciudad de Ise, su Gran Santuario –el más sagrado de Japón– y el Parque Nacional de Ise-Shima, así como otras joyas poco concurridas que comprenden desde la irregular costa, donde se cultivan perlas, hasta las onduladas y siempre verdes colinas del interior, habitadas por monos, jabalíes y ardillas voladoras.

OESTE DE HONSHU

Península de Ise

Mapa de situación
Para más detalles ver p. 212

0 kilómetros 5

N

*En la **playa de Futamigaura**, dos rocas denominadas Meoto Iwa (rocas casadas) representan a los dioses padres de Japón, Izanami e Izanagi, y están unidas por una cuerda sagrada.*

*Se puede ver a buceadoras, conocidas como ama, recogiendo algas y erizos de mar en la **isla de la Perla de Mikimoto**.*

Reconstruidos cada 20 años siguiendo los principios sintoístas de pureza y renovación, los santuarios de Isese engloban en dos grupos: el Ge-ku (santuario exterior) y el Nai-ku (santuario interior).

Isla de Toshi

Playa Futamigaura

Funae
23
Futamicho
42
Ise Jingu
Kurosecho
23
Uraguchi

Isla de la Perla de Mikimoto
Isla de Suga

Toba
42

Asama
37

Santuarios de Ise
E23
INICIO

Monte Asama
750

LLEGADA

Bahía de Toba

167

Iwakuracho

*Esta carretera –una buena ruta de vuelta si el día es claro– llega a la cumbre del **monte Asama**, ofreciendo vistas de la península.*

Matsuocho
47
128

32

167
Gochi

12

128

47

Osatsucho

Isobe
16

Bahía de Matoya

CONSEJO DK
Alternativas al coche

En lugar de conducir, es mejor tomar el tren o el autobús, ya que pasan por casi todas las ciudades de la península. Navitime es una aplicación gratuita muy útil para consultar horarios y rutas.

Gonkashura
16
Konsa

167

Hiyamaji
17

Shima
61
Agocho Kou

61

Nanabari
167
260

Kashikojima
260

Hamajima

Bahía de Ago

Goza

Daiocho Nakiri

Shimacho Koshika

Daiocho Funakoshi

260

Kashikojima *es uno de los mejores complejos turísticos de la península. Es posible hacer una travesía en barco entre islotes y criaderos de ostras.*

*La **playa de Gozashirahama**, la más popular, puede alcanzarse por carretera o por barco desde Kashikojima.*

Una barca cruzando uno de los hermosos estanques del jardín Ritsurin, Takamatsu

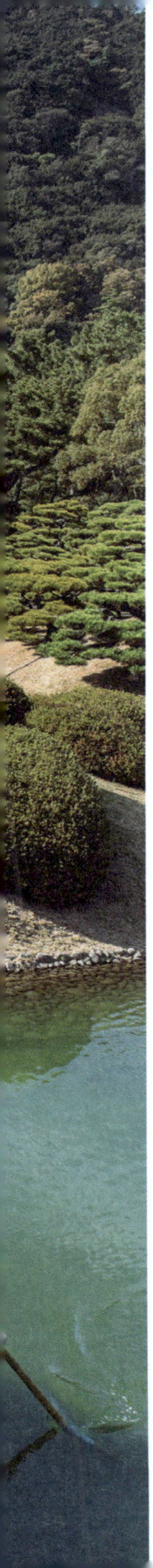

SHIKOKU

Los yacimientos del Paleolítico Superior y los *kofun* (túmulos) del siglo III d. C. son una muestra de la temprana presencia humana en Shikoku. El Dogo Onsen Honkan de Matsuyama se menciona en la *Kojiki,* la crónica más antigua de Japón (712). A pesar de la existencia de emplazamientos tan antiguos, Shikoku ha ocupado un puesto marginal en la historia. El personaje más relevante de la isla es Kukai, nacido en 774 en el seno de una empobrecida familia de aristócratas. Este sacerdote budista, a quien se considera el padre de la cultura japonesa, visitó 88 templos en la isla en un peregrinaje (Shikoku Henro) que los fieles repiten desde hace más de mil años.

En 1183, como relata la *Historia de Heike,* la guerra entre los clanes Taira y Minamoto por el dominio de Japón alcanzó el mar Interior y Shikoku. Algunos de los Taira derrotados se escondieron en una garganta del centro de Shikoku, donde todavía viven muchos de sus descendientes.

El paisaje de la isla sigue dominado por los campos de cultivo y las montañas, a pesar de que la agricultura solo ocupa a un 3% de sus cuatro millones de habitantes. Las fábricas de ensamblaje de coches y de aparatos electrónicos son las industrias más importantes. Otras industrias presentes son la frutícola, el cultivo de algas y perlas, la alimenticia y la química.

SHIKOKU

Esencial
1 Benesse Art Site Naoshima

Lugares de interés
2 Mar interior de Seto
3 Kotohira
4 Takamatsu
5 Remolinos de Naruto
6 Kochi
7 Tokushima
8 Matsuyama
9 Ozu
10 Uchiko
11 Uwajima

SHIMANE

HIROSHIMA

Tombara

Tojo

Shobara

Miyoshi

Fuchu

Higashi-Hiroshima

Fukuyama

Mihara

Takehara

Isla Innoshima

Otake

Iwakuni

Isla Omi

Isla Oshima

Isla Kurahashi

2 MAR INTERIOR DE SETO

Shinnanyo

Shunan

Isla Yashiro

Yanai

Hikari

Imabari

Hojo

Toyo

Niihama

Saijo

11

Kitakyushu

Isla Yashiro

MATSUYAMA

8 EHIME

Aeropuerto de Matsuyama

Toon

Iyo

Tobe

Kuma

Kamega-mori 1.896 m

Ishizuchi-san 1.982 m

Niyodogawa

Kunisaki

Mar de Iyo-nada

Nagahama

UCHIKO 10

Montañas Shizuchi

Ochi

Aeropuerto de Oita

Península de Stamisaki

OZU 9

Yawatahama

Sakawa

Tosa

Misaki

Isla Jio

Uwa

Yusuhara

Tsuno

Susaki

Mar de Uwa

Kihoku

Kubokawa

Usuki

UWAJIMA 11

Matsuno

Tsukumi

Onigajo-yama 1.151 m

Garganta de Nametoko

Saiki

KYUSHU
p. 260

Ainam

Kuroshio

Shimanto

Imano-yama 865 m

Sukumo

Bahía de Sukumo

Tosa-Shimizu

Okinoshima

Cabo Ashizuri

0 kilómetros   25

N

Katsuyama
Tsuyama
E29
Yamazaki
HYOGO
Niimi
E2A
OKAYAMA
Tatsuno
Ono
E2A
Fukiya
Himeji
E2
Miki
E73
Bizen
Ako
Kakogawa
Aeropuerto
de Okayama ✈
Soja
Inbe
Akashi
Kobe
Ibara
Okayama
Osaka →

OESTE DE HONSHU
p. 210

Tonosho
Isla
Shodosima

1 BENESSE ART
SITE NAOSHIMA

E28
Awaji

Puente de
Seto-Ohashi
E30
HYOGO
Sumoto

4 TAKAMATSU
Sakaide
Isla
Awaji

Marugame
E11
KAGAWA
Sanuki
Puente
de Naruto
E28
28
Nandan

Mitoyo
Aeropuerto
de Takamatsu
Hiketa
11
Wakayama
26

3 KOTOHIRA
11
E11
5 REMOLINOS
DE NARUTO
Arida

Kan-onji
193
Naruto

Iyomishima
Waki
Awa
E32
Yoshino-gawa
7 TOKUSHIMA
Yuasa

Kawanoe
E32
Higashimiyoshi
Yoshinogawa
Komatsushima
Estrecho
de Kiisuido
Gobo

Miyoshi
193
TOKUSHIMA
Kamiyama
Katsuura

Montañas Tsurugi
Ochiai
32
*Tsurugi-san
1.955 m*
Naka
Otonohiracani
Anan
55

Otoyo
195
Monobecho
Befu
193
Minami

Tosa
KOCHI
Umaji
Mugi
Kainan

Ino
E32
Nankoku
55
Aki
Kitagawa
493
Toyo

6 KOCHI
Aeropuerto
de Kochi
Yasuda
Nahari
55

Muroto
*Cabo
Muroto*

Océano Pacífico

SHIKOKU

❶ 🔨🍴🖥🛍

BENESSE ART SITE NAOSHIMA

ベネッセアートサイト直島

🅐 C5 🅰 Prefectura de Kagawa 🚢 Takamatsu o Uno 🕐 Los horarios varían, se debe consultar web para cada uno de los museos 🅦 benesse-artsite.jp

Naoshima, una de las 3.000 islas del mar interior de Seto *(p. 252),* **era un decadente y despoblado enclave industrial de Japón. Ahora es un lugar renacido gracias sobre todo al Benesse Art Site Naoshima, que reúne lo mejor del arte y la arquitectura contemporáneos.**

La increíble transformación de Naoshima en un destino internacional para el arte comenzó en 1987, cuando Soichiro Fukutake, presidente de Benesse Holdings –una cadena de academias de idiomas– adquirió la mitad sur de una isla deteriorada. Trabajando con el destacado arquitecto japonés Tadao Ando, especialista en edificios de hormigón vanguardistas y responsable de la célebre iglesia de la Luz de Osaka, Benesse convirtió Naoshima en uno de los principales destinos de arte del mundo.

En 1992, la Benesse House, primera estructura permanente de Ando, inauguró el espacio. Compuesta por cuatro edificios, comprende tanto un hotel como un museo que alberga una colección de obras de arte contemporáneo de artistas como Hiroshi Sugimoto.

El siguiente espacio que abrió fue el Museo de Arte Chichu, en 2004, concebido para animar a los visitantes a reflexionar sobre la relación entre el ser humano y la naturaleza. En él se exponen bajo luz natural cinco cuadros

→

Three Squares Vertical Diagonal (2007), de George Rickey, Benesse House

▍TADAO ANDO

Los diseños de Ando son famosos por una simplicidad propia del zen de la que se dice que resulta tan evocadora como un haiku. En Naoshima construyó con hormigón sin pulir la Benesse House, el Museo de Arte Chichu y el Museo Lee Ufan. Por su trabajo, este boxeador convertido en arquitecto obtuvo el prestigioso premio Pritzker en 1995.

← Una de las emblemáticas esculturas de calabazas de Yayoi Kusama, sobre una plataforma

de la serie de los nenúfares de Monet. El arte y el entorno natural están en armonía en toda la isla, con las calabazas moteadas de Yayoi Kusama colocadas sobre muelles que interrumpen la línea del horizonte.

Cada tres años, uno de los museos que forman parte del Benesse Art Site Naoshima se convierte en anfitrión del festival Setouchi Triennale, que atrae a casi un millón de visitantes a la isla. El festival también se desarrolla en otras islas de la zona, como Shodoshima u Ogijima.

↑ El amplio y luminoso restaurante de la Benesse House, con vistas a la playa

💬 CONSEJO DK
Privilegios de invitado

Quienes se alojan en la Benesse House pueden acceder a los museos fuera del horario habitual. El hotel se reparte en cuatro edificios: Museo, Oval, Parque y Playa.

LUGARES DE INTERÉS

Mar interior de Seto
瀬戸内海

C5 **Setonaikai-kisen (cruceros por el mar interior); www.setonaikaikisen.co.jp**

El mar interior de Seto, la extensión de agua más bella de Japón, no está cercado por tierra, como sugiere su nombre, pero puede parecerlo por lo sereno de sus aguas y por sus más de 3.000 islas. Donald Richie, en su clásico libro de viajes *El mar interior* (1971), describe la franja de aguas poco profundas entre Shikoku y Kyushu como "un valle entre estas islas montañosas".

Se puede ir en bicicleta desde Onomichi, en Honshu, hasta Imabari, en Shikoku, recorriendo de isla en isla el mar interior de Seto mientras se siguen los 70 km de la ruta Shimanami Kaido. Puentes, ferris locales y cruceros dan acceso a las alrededor de 750 islas habitadas. Las remotas aldeas pesqueras, con sus casas de madera con tejados de azulejos negros, parecen de otra época. Entre las islas más visitadas se cuentan Awaji, la más grande, Omishima, y Shodoshima, una preciosa isla que, con sus olivos y naranjales, tiene un aire mediterráneo. Pero la isla que más atrae es Naoshima, auténtico refugio de arte innovador *(p 250)*.

3

Kotohira
琴平

C5 **Prefectura de Kagawa** **Kotohira, Kotoden-Kotohira** **town.kotohira.kagawa.jp**

Kotohira es sede del famoso complejo del santuario Kotohira-gu, conocido como *Konpira-san*, guardián espiritual de los marineros. Destino de peregrinos durante siglos, atrae a cuatro millones de visitantes cada año.

Un ascenso a lo largo de 785 escalones (también se puede subir en palanquines) lleva al visitante montaña arriba hasta este santuario rodeado de preciosos jardines. En el complejo, el santuario Asahi está construido con madera de falso olmo de Japón, muy dura y buenísima

 LA MEJOR FOTO
La costa

La playa Chichibuga, situada 20 km al oeste de Kotohira, es un lugar perfecto para hacer una clásica foto de puesta de sol, con la silueta del fotografiado reflejada sobre el agua, como si fuera un espejo.

para el tallado de relieves. Los cercanos Omote Shoin y Oku Shoin albergan biombos pintados por el célebre Okyo Maruyama. En el primero aparecen corpulentos tigres cargados de energía zen, y en el segundo se representa una cascada fluyendo en una esquina de la habitación.

El teatro *kabuki* más antiguo de Japón, el teatro Kanamaruza, se encuentra también en la ciudad.

Konpira-san
892-1 Kotohira
Amanecer-atardecer diario
konpira.or.jp

Un puente de madera sobre uno de los estanques del jardín Ritsurin, en Takamatsu

 4

Takamatsu
高松

🅐 C5 🅐 **Prefectura de Kagawa** ✈️🚃 **Takamatsu** 🅘 **En la estación JR; www. art-takamatsu.com**

La capital de la prefectura de Kagawa en el mar interior de Seto es la principal población entre el este de Shikoku y el exterior. Conserva cierto encanto gracias a sus tiendas de barrio y sus enclaves históricos. La ciudad creció tras erigir Ikoma Chikamasa en 1588 el castillo de Takamatsu, cuyos restos aún se ven. El castillo tiene un foso de agua marina único. En lugar de carpas, tiene besugos, lenguados y hasta peces globo. Cuando los sogunes Tokugawa asumieron el poder, en 1600, cedieron la ciudad, el castillo y el feudo circundante a sus familiares, los Matsudaira. El clan dedicó casi un siglo a crear los seis estan-

⬅️

Puente Akashi Kaikyo, que une Kobe con la isla de Awaji, en el mar interior de Seto

ques y las 13 lomas artificiales que conforman el **jardín Ritsurin** y lo convirtieron en símbolo de la ciudad. Merece la pena disfrutarlo tomando un té *matcha* en un paseo en barca por los estanques o en la casa de té Kikugetsu-tei.

La situación de Takamatsu como puerto de entrada a Shikoku lo convirtió en el campo de batalla de los clanes Minamoto y Taira en 1185. Los hitos culminantes de este conflicto son el tema de la obra clásica *noh Yashima*, llamada así por la meseta volcánica de Yashima. Hoy, la principal atracción de Yashima es **Shikoku Mura,** una aldea muy bien conservada, donde ver objetos de la vida rural y arte de Shikoku.

Más al este está la ciudad de los canteros, Mure, vinculada al escultor estadounidense de origen japonés Isamu Noguchi. Allí se sitúa el **Museo Jardín de Isamu Noguchi,** donde admirar su estudio y los jardines con sus esculturas.

Jardín Ritsurin
🌐 🏠 1-20-16 Ritsurincho 🕐 Los horarios varían, consultar web 🌐 my-kagawa.jp

Museo Jardín de Isamu Noguchi
🌐 🏠 3519 Murecho 🕐 Visitas 10.00, 13.00 y 15.00 ma, ju y sá (con reserva previa) 🌐 isamuno guchi.or.jp

Shikoku Mura
🌐 ℹ️ 🏠 91 1 Yashima Nakamachi 🚃 Estación Kotoden Yashima 🕐 9.30-17.00 mi-lu 🌐 shikokumura.or.jp

Konpira Udon
Al lado de Konpira-san, este acogedor restaurante es ideal para probar el famoso *sanuki udon* de Shikoku, fideos de trigo con caldo.

🅐 C5 🏠 810-3 Kotohiracho 🌐 konpira.co.jp

❺ Remolinos de Naruto
鳴門の渦潮

🅰 D5 🏠 **Prefectura de Tokushima** 🚃 Naruto, luego autobús a parque Naruto 🛳 Línea Uzushio de ferri (088) 687-0101; www. uzusio.com

Allí donde la punta de la isla Awaji casi se toca con Shikoku chocan las mareas de dos masas de agua –el mar interior de Seto y el océano Pacífico– creando fortísimas corrientes y remolinos. Sortear las agitadas aguas de este estrecho de 1,6 km forma parte de la cultura popular de Shikoku desde más de un milenio.

Hoy en día hay barcos turísticos que enfrentan las corrientes de unos 20 km/h y llegan hasta los remolinos, ofreciendo increíbles vistas del puente de Onaruto, parte de la red de puentes que unen Shikoku y Honshu por la isla Awaji.

Cuando en 1998 se concluyó el extremo norte del sistema, se había alargado un metro debido al corrimiento de tierras causado por el terremoto

 Un pequeño santuario se asoma a la costa del parque Katsurahama de la ciudad de Kochi

de Kobe. En el extremo del puente en Awaji, el **pabellón conmemorativo Uzunooka Onarutokyo** explica los remolinos y ofrece desde su terraza una vista del puente colgante de Onaruto y de los propios remolinos.

Pabellón conmemorativo Uzunooka Onarutokyo

♿ 🏠 936-3 Fukura Hei, Minamiawaji 🕐 9.00-17.00 mi-lu 🌐 kinen.uzunokuni.com

❻ Kochi
高知

🅰 C6 🏠 **Prefectura de Kochi** ✈️ 🚉 Kochi 𝒊 En la estación JR; visitkochijapan.com

Kochi ofrece una curiosa mezcla de playas de arena, parajes montañosos y edificios históricos bien conservados.

La región de Kochi, antes denominada Tosa, es famosa por

la producción de cubiertos; hay tiendas de cuchillos frente al **castillo de Kochi,** construido en 1603 y reconstruido entre 1729 y 1753, tras un incendio. Entre las armas expuestas dentro hay una espada larga de 1,5 m de longitud. Las plantas superiores ofrecen buenas vistas. Cerca, el mercado Hirome *(www.hirome. co.jp)* es un animado lugar con puestos de comida que ofrecen platos regionales y mesas comunales que se pueden compartir con la población local.

En Katsurahama, una hermosa playa de arena blanca situada al sur de la ciudad, el **Museo Conmemorativo Sakamoto Ryoma** está dedicado al patriota Tosa, admirado por su participación en el derrocamiento del sogunato y en la restauración del emperador en la década de 1860. Desde Kochi, se puede hacer una excursión de un día al cabo Muroto, en la

FESTIVAL AWA-ODORI

La celebración del 12 al 15 de agosto en Tokushima del O-Bon (Festival de los Muertos) es la más alegre de Japón. Las danzas del festival Awa-Odori están destinadas a dar la bienvenida a los espíritus de los antepasados en su visita anual al mundo de los vivos. Llamada la danza del Tonto por la canción que dice "eres tonto bailes o no, así que por qué no bailar", la danza se originó cuando se entregó arroz a las gentes de Tokushima para celebrar el fin de las obras de un castillo.

¿Lo sabías?

El personaje de anime Naruto Uzumaki, un ninja adolescente, debe su nombre a estos remolinos.

punta sureste de Shikoku, o al cabo Ashizuri, en el suroeste. Ambos ofrecen vistas del Pacífico e inusuales formaciones rocosas.

Castillo de Kochi
 1-2-1 Marunouchi
9.00-17.00 diario
kochipark.jp/kochijyo

Museo Conmemorativo Sakamoto Ryoma
830 Urado-shiroyama
9.00-17.00 diario ryoma-kinenkan.jp/country/en

---

❼
Tokushima
徳島

 D5 Prefectura de Tokushima Tokushima En frente de la estación de Tokushima; www. discovertokushima.net

La ciudad de Tokushima, puerta a Shikoku desde la

←

Las agitadas aguas de los remolinos de Naruto bajo el puente colgante de Onaruto

región de Kansai, en Honshu, ha sido el habitual punto de entrada de los que realizan el peregrinaje de Kukai *(p. 258).* La antigua denominación de la provincia –Awa– da nombre al popular festival de danza Awa-Odori de mediados de agosto, que se retransmite en todo el país.

Al sur de Tokushima, la preciosa costa de Anan es célebre por sus encantadoras aldeas pesqueras, sus apacibles playas y por las tortugas marinas que ponen sus huevos en los meses de verano (entre junio y agosto).

 CURIOSIDADES
Casa Chiiori

Esta vivienda y posada de la provincia de Tokushima, datada en torno a 1720, es típica de la vieja construcción *Iya,* con sus suelos de madera y sus *irori* (chimenea en el suelo). Las vigas están ennegrecidas por los siglos de fuegos hechos en esas chimeneas del suelo *(www.chiiori-stay.jp).*

Matsuyama
松山

🅐C6 🏠Prefectura de Ehime 🚉🚌Matsuyama ℹ️En estación JR; en.matsuyama sightseeing.com

La capital de la prefectura de Ehime, y pueblo fortificado desde 1603, tiene una poderosa connotación para los japoneses.

El **Dogo Onsen Honkan,** construido a finales del siglo XIX, es el edificio principal del *onsen* Dogo, famoso balneario abierto desde hace más de un milenio. Montaña adentro, detrás del histórico balneario, se encuentra el *onsen* Oku-Dogo, un complejo hotelero mucho más moderno.

Natsume Soseki, el escritor cuyo retrato está en los antiguos billetes de 1.000 yenes, se mudó aquí en el año 1895 y escribió sobre Matsuyama en su novela autobiográfica *Botchan* (1906). El **Museo Conmemorativo Shiki** está consagrado a un amigo de Soseki, Shiki (1867-1902), nativo de Matsuyama, para muchos el mejor poeta moderno de haikus y buen pintor; la colección incluye manuscritos, pinturas y fotografías de Shiki y Soseki en la ciudad.

El **castillo de Matsuyama** se halla sobre un promontorio que domina la ciudad y el mar interior de Seto. En su interior se explica su importancia estratégica.

Dogo Onsen Honkan
🏅 🏠5-6 Dogoyunomachi ⏰6.00-23.00 diario 🚉Estación Dogo Onsen 🌐dogo.jp/onsen/

UNA VISTA MAGNÍFICA
Tomar el castillo

El castillo de Matsuyama fue construido sobre una colina. Este antiguo rasgo defensivo le aporta unas vistas magníficas sobre el mar interior de Seto. La vista es aún más espectacular en primavera, cuando los cerezos están en flor.

Museo Conmemorativo Shiki
🏅🕐 🏠1-30 Dōgo-kōen; a 3 min a pie desde el Dogo Onsen Honkan ⏰9.00-18.00 mi-lu (hasta 17.00 nov-abr) 🌐shiki-museum.com

Castillo de Matsuyama
🏅 🏠1 Marunouchi 🚉Parada Kencho-mae, luego a pie, o parada Okaido, después 5 min andando hasta el teleférico o ascensor ⏰Los horarios varían, consultar web 🌐matsuyamajo.jp

---

Ozu
大洲

🅐B6 🏠Prefectura de Ehime 🚉Yyo-Ozu ℹ️Cerca del ayuntamiento (20 min andando desde estación JR); 🌐ozukankou.jp

Esta ciudad fortificada, situada donde el río Hiji serpentea a través de un valle entre promontorios, es conocida como la pequeña Kioto de la prefectura de Ehime. Pero mientras Kioto alberga antiguas reliquias del pasado, en Ozu el pasado se mantiene vivo. Junto al río se arremolinan callejones estrechos y pintorescos llenos de bares y restaurantes techados con tejas. La villa ribereña **Garyu Sanso,** construida en 1907, es uno de los edificios más espectaculares. El reconstruido castillo

→

Campos de cultivo en terraza que llegan hasta el puerto de Uwajima, entre montañas

de Ozu, en lo alto de una colina, ofrece espectaculares vistas de la ciudad. En el río, la brisa arrastra a la deriva las barcas de poco fondo de los pescadores con cormorán. Ozu conserva una cultura tradicional, y su economía sigue basada en la seda, lácteos y verdura. Los restaurantes de la ciudad sirven anguila y otros pescados de los ríos de la zona.

Los cambios de estación se ven especialmente en los vivos colores de los bosques de las colinas de Ozu.

Garyu Sanso
🏅 🏠411-2 Ozu ⏰9.00-17.00 diario 🌐garyusanso.jp

🔟 Uchiko
内子

 C6 🏠 **Prefectura de Ehime**
🚉 **Uchiko** 🛈 **www. uchikogenic.com**

Ubicado en el pequeño valle donde el río Oda se ramifica en tres, este pueblo es famoso por su histórico teatro *kabuki* **Uchiko-za** y por su empinada calle con edificios de madera de dos plantas con muros encalados, cubiertas de teja y amplias fachadas. El Gobierno emprendió en 1982 un proyecto de protección y conservación de estas estructuras, que datan de mediados del siglo XIX. Varias están abiertas al público y otras las ocupan tiendas de artesanía y restaurantes. La zona se ha utilizado a menudo para rodar películas históricas y series de televisión.

Uchiko-za
♿ 🏠 2102 Uchiko
📞 (089) 344-2840
🕐 9.00-16.30 diario

 ←

El Dogo Onsen Honkan de Matsuyama inspiró *El viaje de Chihiro*

⓫ Uwajima
宇和島

 B6 🏠 **Prefectura de Ehime** 🚉 **Uwajima** 🛈 **5 min andando desde la estación; uwajima-tourism.org/en**

Uwajima es un pueblo portuario entre montañas con un castillo y un templo antiguo. Dos curiosos lugares de interés atraen a los visitantes. El **santuario Taga-jinja** guarda estatuas eróticas explícitas y otros objetos relacionados con la fertilidad. Al lado, el **Museo del Sexo Taga-jinja** expone estatuas de corte similar de todo el mundo.

En las montañas al noroeste de Uwajima, la **garganta de Nametoko** destaca por su cascada y por sus bellas vistas.

Santuario Taga-jinja
🏠 1340 Fujie
🕐 24 horas diario

Museo del Sexo Taga-jinja
♿ 🕐 8.00-17.00 diario

Garganta de Nametoko
🚉 Matsumaru, luego taxi a Nametoko

Bakushukan
El lugar ideal en Dogo Onsen para tomar una cerveza fría y un tentempié.

🅰 C6 🏠 20-13 Dogoyunomachi, Matsuyama
🌐 dogobeer.jp/en/ bakusyukan-restaurant

¥ ¥ ¥

Nikitatsuan
Producto local fresco maridado con sake.

🅰 C6 🏠 3-18 Dogokita-machi, Matsuyama
🌐 dogobeer.jp/en/ nikitatsu-restaurant

¥ ¥ ¥

Kuruma Sushi
Delicioso *sushi* en un entorno refinado.

🏠 1-6-9 Ichibancho, Matsuyama
🌐 kurumasushi.com

¥ ¥ ¥

UN RECORRIDO LARGO
PEREGRINAJE DE LOS 88 TEMPLOS

Distancia Unos 1.200 km **Tiempo** Entre seis y ocho semanas **Dificultad** Terreno algo complicado; señalización, en su mayoría, en japonés

Cuando los peregrinos siguen el camino de Kukai, fundador del budismo Shingon, quien realizó una peregrinación a 88 templos menores de la isla en el siglo IX, honran a un icono cultural. Aquellos que desean expiar una falta grave completan el peregrinaje en sentido contrario, en la creencia de que se encontrarán con el santo mientras caminan o en sueños. Cada año, unos 100.000 peregrinos completan el circuito, y muchos más realizan parte de él. Los peregrinos acumulan una serie de sellos con las visitas a los templos, muchos de los cuales ofrecen alojamiento y comida. Si la ruta es demasiado larga, se puede recorrer solo una parte o hacerlo en autobús en una semana.

¿Lo sabías?
Los templos por los que pasa esta ruta de peregrinaje son en realidad 108.

Frecuentado por turistas, el templo 51, también conocido como **Ishite-ji,** está relacionado con la leyenda de un hombre muy rico que rompió la bacineta de Kukai.

Una estatua de piedra de Jizo *bodhisattva* en Kannon-ji, el templo 16

0 kilómetros   25

N

Zentsu-ji, el templo 75, a una parada de Kotohira, marca el lugar de nacimiento de Kukai.

Templo 1. **Ryozen-ji,** cerca de Naruto, es el punto de partida y de llegada del peregrinaje, aunque los más devotos suelen alargar el comienzo y el final hasta el monte Koya (p. 234), en Honshu, sede de la secta Shingon. Aquí se puede firmar en el libro del templo.

Gokuraku-ji es el nombre del segundo templo, que hace referencia a la Tierra Pura (el paraíso occidental) de Buda Amida, concepto fundamental del budismo Shingon.

Sakaide
Takamatsu
Marugame
Sanuki
Mitoyo
Hiketa
Kan-onji
K A G A W A
Naruto
Kotohira
Iyomishima
Waki
Tokushima
Awa
Kawanoe
Yoshino-gawa
Komatsushima
Miyoshi
Kamiyama
Montañas Tsurugi
Katsuura
Ochiai
T O K U S H I M A
Anan
Tsurugi-san
1.955 m
Otoyo
Naka
Minami
Tosa
Monobecho
Befu
K O C H I
Umaji
Mugi
Kainan
Kochi
Nankoku
Aki
Kitagawa
Toyo
Yasuda
Nahari
Muroto
Cabo
Muroto

Entre los templos 11 y 12 hay un empinado tramo conocido como el Destrozaperegrinos.

El templo 31, **Chikurin-ji,** fue construido en 724 por orden del emperador Shomu. Kukai recibió su formación en este templo.

El pabellón principal de **Shinsho-ji,** el templo 25, alberga miles de pequeñas estatuas de Jizo bodhisattva, que sostienen el timón de un barco. Se cree que Jizo salva a los marineros en las tempestades.

→ Un asombroso subtemplo con cúpula dorada en Ishite-ji, el templo 51 del peregrinaje

Chorros de vapor de las fuentes termales de Beppu

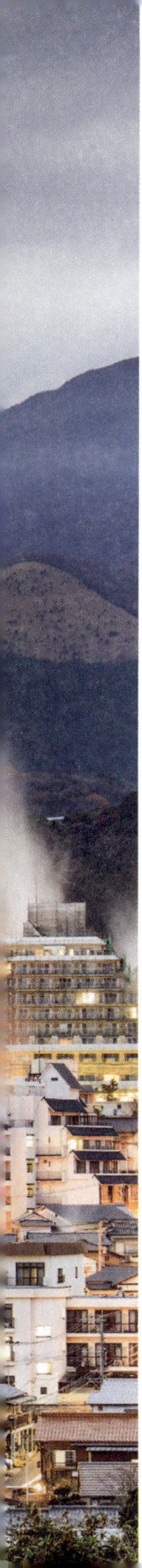

KYUSHU

Las primeras comunidades organizadas se asentaron en Kyushu durante el periodo Jomon (14500-300 a. C). Cuenta una leyenda que fue desde Kyushu desde donde el primer emperador de Japón, Jimmu, emprendió su campaña para la unificación del país en el siglo VI a. C. Y fue a través de Kyushu, en el siglo IV d. C., por donde se infiltraron por vez primera las culturas china y coreana, incluyendo el budismo y la escritura china. Pero no todas las incursiones extranjeras fueron bien acogidas. La población autóctona rechazó varias invasiones mongolas, la última y más peligrosa en 1281, y solo gracias a la intervención de una terrible tormenta, el *kamikaze* (viento divino), que echó a pique la flota mongola.

En el siglo XVI, los mercaderes y emisarios de Portugal, España y Países Bajos introdujeron el cristianismo, las armas de fuego y la medicina a través de las ciudades portuarias de Nagasaki y Kumamoto. Más tarde, durante los dos siglos y medio en que Japón se aisló del mundo, la diminuta isla de Dejima (en Nagasaki) se convirtió en la única puerta del país abierta al comercio y la cultura occidentales. La ciudad creció gracias a este contacto con el resto del mundo, pero cuatro siglos más tarde, Nagasaki quedó devastada por una bomba atómica lanzada por EE UU en 1945.

En la actualidad, la isla se caracteriza por la actividad volcánica: Kagoshima descansa a la sombra del volcán Sakurajima, que cada día escupe cenizas, el monte Aso es una de las calderas más grandes del mundo, y en Beppu, Unzen y otros pueblos de aguas termales hay fisuras humeantes y fumarolas.

KYUSHU

KYUSHU

Esencial

1 Fukuoka
2 Nagasaki

Lugares de interés

3 Yufuin
4 Kitakyushu
5 Usa
6 Beppu
7 Budas de piedra de Usuki
8 Kurume
9 Onta
10 Dazaifu
11 Kumamoto
12 Yanagawa
13 Península de Shimabara
14 Parque Histórico de Yoshinogari
15 Monte Aso
16 Takachiho
17 Costa de Nichinan
18 Parque Nacional de Kirishima-
   Kinkowan
19 Kagoshima
20 Chiran
21 Isla Yakushima
22 Isla Amani Oshima

Los edificios de Fukuoka, iluminados por el neón y reflejados en el río Naka, por la noche ↑

❶

FUKUOKA

福岡

A6 Prefectura de Fukuoka Fukuoka Hakata
Estación Hakata; Lion Plaza, Tenjin; www.gofukuoka.jp

La moderna Fukuoka se anuncia como la puerta al Japón meridional. Es la ciudad más cercana al continente asiático y ha sido durante al menos un milenio el principal puerto de entrada de la influencia china y coreana, tanto en lo cultural como en lo gastronómico.

①

Museo de la Ciudad de Fukuoka

3-1-1 Momochihama
Nishijin 9.30-17.30 ma-do museum.city.fukuoka.jp

Este museo muestra la relación entre la ciudad y sus vecinos asiáticos desde la Edad del Hielo hasta las nuevas construcciones frente al mar. El museo utiliza cuatro generaciones de una familia ficticia para dar vida a esta historia.

El objeto principal de la colección es un sello chino del siglo III, hallado en la isla Shika, al otro lado de la bahía de la ciudad en 1784. Se cree que fue un regalo del emperador chino Guangwu a los emisarios de un antiguo reino japonés.

②

Torre Fukuoka

2-3-26 Momochihama
Nishijin 302 y 306 a Torre Fukuoka 9:30-22.00 diario fukuokatower.co.jp

Con sus imponentes 234 m de altura, la estructura más alta de la ciudad domina la orilla del mar en el distrito de Momochi. La torre, que parece una vela de cristal, tiene la plataforma de observación junto a la costa más alta de Japón, además de contar con tiendas y restaurantes. La torre Fukuoka también es magnífica desde el suelo; su iluminación nocturna varía según la época del año.

③

Parque Ohori

1 Ohorikoen Ohorikoen
Museo de Arte de Fukuoka:
9:30-17:30 ma-do (jul-oct:
hasta 8.00 vi y sá)
Museo de Arte de Fukuoka:
fukuoka-art-museum.jp

Al oeste de la ciudad, el parque Ohori es una popular zona verde con senderos, un lago, pabellones e islotes unidos por puentes tradicionales. También alberga el Museo de Arte de Fukuoka, donde se expone una deslumbrante colección de arte moderno.

💬 CONSEJO DK
Sentarse en un *yatai*

Fukuoka es famosa por sus *yatai*, puestos de comida donde comer sentado, con sus espacios iluminados por faroles donde se sirven cuencos de *ramen* y guisos. Hay que ir a la isla Nakasu para encontrarlos.

④ Museo de Arte Asiático de Fukuoka

📍 3-1 Shimokawabatamachi
Ⓢ Nakasu-Kawabata 🕐 Los horarios varían, consultar web 🌐 faam.city.fukuoka.lg.jp

En este museo se exhibe una extensa colección de arte asiático contemporáneo. Desde Pakistán a Filipinas, el museo alberga obras de 23 países, y afirma representar toda la variedad de culturas del continente. Junto con las obras contemporáneas, se expone arte popular y tradicional que muestra la influencia del patrimonio cultural.

Telar en uso en el Museo Popular Hakata Machiya

⑤ Templo Shofuku-ji

📍 6-1 Gokushomachi
Ⓢ Gion, Gofukumachi

Situado al noroeste de la estación Hakata, el templo Shofuku-ji está considerado el templo budista zen más antiguo de Japón. Fue fundado a finales del siglo XII por el sacerdote Yosai, quien introdujo el pensamiento zen y el té en Japón. El santuario Kushida, unos cientos de metros al suroeste, data del siglo VIII.

_____

⑥ Museo Popular Hakata Machiya

📍 6-10 Reisemmachi
Ⓢ Gion 🕐 Los horarios varían, consultar web 🌐 hakatamachiya.com

Exposiciones y dioramas en un edificio tradicional dedicado a la memoria local. Se puede ver trabajar a diversos artesanos, entre ellos tejedores de seda de Hakata, y disfrutar de algún taller.

Esencial ☆

Hakata Issou

El rico caldo *tonkotsu* (hecho a base de cerdo de las granjas locales) que se sirve aquí ha sido apodado *capuchino de hueso de cerdo* por los amantes del *ramen* de la zona.

📍 A6 📍 3-1-6 Hakataekihigashi
🌐 hakata-issou.com

¥ ⓥ ¥

Ganso Hakata Mentaiju

El *mentaiko* (huevas de arenque aderezadas), una especialidad de la ciudad, se sirve con arroz y *tsukemen* (*ramen* y sopa servidos en cuencos separados). Si se mojan los fideos en la especiada sopa *mentaiko,* el sabor resulta delicioso.

📍 A6 📍 6-15 Nishinakasu
🌐 mentaiju.com

ⓥ ¥ ⓥ

El histórico puente Meganebashi, también conocido como puente de los Anteojos ↑

❷

NAGASAKI

長崎

 A6 🏠 Prefectura de Nagasaki ✈ 🚉 Nagasaki ℹ En estación JR Nagasaki; www.discover-nagasaki.com

Nagasaki ha sido durante mucho tiempo un centro cosmopolita, en parte debido a su contacto con Europa, incluso tras la expulsión de las potencias extranjeras a otros lugares de Japón en el siglo XVII. Aunque la ciudad fue víctima de la segunda bomba atómica en 1945, su resurgimiento ha sido milagroso. Hoy es una de las ciudades más eclécticas de Japón.

①

Santuario de los 26 mártires

 7-8 Nishizakamachi 🚉🚃 Nagasaki ⏰ Museo: 9.00–17.00 diario

El sogún Hideyoshi Toyotomi prohibió el cristianismo en 1597, temeroso de que las conversiones condujeran al debilitamiento del Estado por parte de las potencias extranjeras. Ese mismo año 26 cristianos que desafiaron la prohibición fueron detenidos y crucificados en la colina de Nishizaka, en el que sería el primero de los más de 600 martirios documentados en Nagasaki. Un relieve de piedra, una capilla y un museo honran a los mártires, que fueron canonizados por el papa en 1862. Sin clero y sin capillas donde practicar su fe, el cristianismo sobrevivió en el anonimato hasta el fin de la política aislacionista, 200 años después.

→

El sencillo relieve de piedra que representa a los 26 mártires cristianos de Nagasaki

②

Puente de los Anteojos

 Uonomachi 8 🌉 Puente Meganebashi

Una de las estructuras más fotografiadas de Nagasaki es el curioso puente de los Anteojos (Meganebashi), donado a la ciudad por China. Construido por el sacerdote zen Mozi en 1634, es el puente de piedra más antiguo de Japón. Debe su nombre al reflejo de los arcos del puente en el río Nakashima, que se asemeja a un par de anteojos.

③

Dejima

 6-1 Dejimamachi 📞 (095) 829-1194 🌉 Dejima 🌐 nagasaki.dejima.jp

Una vez expulsados los portugueses de Japón en 1638, los holandeses, confinados en la diminuta isla de Dejima, fueron la única potencia extranjera a la

que se permitió permanecer en el país. Dejima estaba rodeado de murallas de barro y los únicos japoneses a quienes se permitía entrar eran las trabajadoras sexuales y los monjes que pedían limosna. El Museo Dejima, ubicado en el primer seminario protestante de Japón, y la antigua fábrica holandesa cuentan con piezas históricas provenientes de excavaciones.

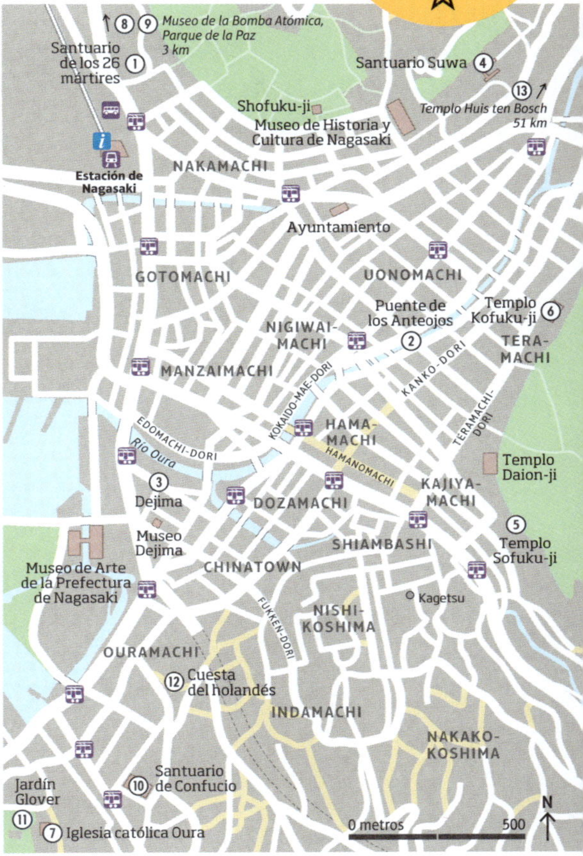

---

④
Santuario Suwa

 18-15 Kaminishiyama-machi 🚉 Suwa Jinja
ⓦ osuwasan.jp

En lo alto de una colina, este santuario ofrece magníficas vistas. Los edificios originales fueron reconstruidos tras ser arrasados por un incendio en 1857. El santuario, construido con el fin de promover el sintoísmo y erradicar los últimos vestigios del cristianismo en la zona, alberga el panteón de dioses sintoístas de la ciudad. El Festival de Otoño (Kunchi Matsuri) se celebra con carrozas y bailes del dragón.

Kagetsu
El *shippoku yori* refleja el compromiso histórico de Nagasaki con otras naciones. Estos pequeños platos para compartir aúnan sabores tradicionales japoneses con influencias chinas y europeas. Kagetsu es uno de los restaurantes que sirve desde hace más tiempo esta inigualable comida.

🏠 2-1 Maruyamamachi
ⓦ ryoutei-kagetsu.co.jp

¥ ¥ ¥

[MAP]
↑ ⑧ ⑨ *Museo de la Bomba Atómica, Parque de la Paz* 3 km
Santuario de los 26 ① mártires
Santuario Suwa ④
Shofuku-ji
Museo de Historia y Cultura de Nagasaki
Templo Huis ten Bosch 51 km ⑬↗
NAKAMACHI
Estación de Nagasaki
Ayuntamiento
GOTOMACHI
UONOMACHI
Puente de los Anteojos ②
Templo Kofuku-ji ⑥
NIGIWAI-MACHI
TERA-MACHI
MANZAIMACHI
KANKO-DORI
EDOMACHI-DORI
Río Oura
KOKADO-MAE-DORI
HAMA-MACHI
HAMANOMACHI
TERAMACHI-DORI
Templo Daion-ji
③ Dejima
DOZAMACHI
KAJIYA-MACHI
⑤ Templo Sofuku-ji
Museo Dejima
SHIAMBASHI
Museo de Arte de la Prefectura de Nagasaki
CHINATOWN
© Kagetsu
FUKKEN-DORI
NISHI-KOSHIMA
OURAMACHI
⑫ Cuesta del holandés
INDAMACHI
NAKAKO-KOSHIMA
Jardín Glover
⑩ Santuario de Confucio
⑪
⑦ Iglesia católica Oura
0 metros — 500
N ↑

---

⑤
Templo Sofuku-ji

 7-5 Kajiyamachi 🚉 Sofukuji 🕐 8.00–17.00 diario

El origen chino de este templo se evidencia en la puerta de entrada, que representa la que –según una leyenda– se encuentra en el paraíso submarino chino. El templo tiene otra puerta más antigua del periodo Ming tardío, conocida como la puerta del Primer Pico.

El templo Sofuku-ji es uno de los tres mayores recintos de culto chino de Nagasaki. Fue fundado con la ayuda de los inmigrantes chinos por un monje en 1629. La gran olla del recinto se utilizó en 1682 durante una de las peores

hambrunas de Nagasaki, para preparar a diario gachas para más de 3.000 personas.

---

⑥
Templo Kofuku-ji

 4-32 Teramachi
🚉 Shiyakusho 🕐 9.00–17.00 diario ⓦ kofukuji.com

En el corazón del distrito Teramachi, Kofuku-ji fue el primer templo budista zen Obaku de Japón. El edificio, fundado por un sacerdote chino en 1623 y conocido también como templo Nankin, recibe frecuentes visitas de residentes de esta ciudad china. Los edificios principales, incluyendo el pabellón de Buda, son de estilo chino.

⑦
Iglesia católica Oura

📍 5-3 Minamiyamatemachi
🚉 Oura Tenshudo ⏰ 8.30-
18.00 diario (nov-feb: hasta
17.30)

Esta iglesia blanca, edificada en
1864 bajo la dirección de Bernard Petitjean, sacerdote francés que se convertiría en el primer obispo de Nagasaki, fue
erigida para servir a la comunidad extranjera que se instaló
en Nagasaki tras la firma de
nuevos tratados comerciales.
Poco después de su fundación,
cristianos japoneses que practicaban su fe en secreto se dirigieron a Petitjean.

Designada Tesoro Nacional,
Oura es una de las iglesias más
antiguas de Japón y una de las
primeras estructuras góticas en
madera del país. Junto a la iglesia hay un edificio también de
madera que alberga una exposición relacionada con la persecución de los primeros cristianos de Nagasaki.

⑧
Museo de la Bomba Atómica

📍 7-8 Hiranomachi 🚉 Museo
de la Bomba Atómica ⏰ 8.30-
17.30 diario(hasta 18.30
may-ago) 🌐 nabmuseum.jp

Un lugar de visita
imprescindible
para cualquiera

La altísima estatua
de la Paz de Seibo
Kitamura, en el
evocador Parque
de la Paz de Nagasaki ←

↑ Examinando fotografías y objetos
en el Museo de la Bomba Atómica

que llegue a Nagasaki. La exposición explica con objetividad los
eventos que se sucedieron hasta el lanzamiento de la bomba,
la historia del armamento nuclear y la evolución del movimiento pacifista internacional.
Se muestra Nagasaki antes y
después de la explosión a través
de fotografías, objetos, vídeos y
algunos dioramas. Uno de los
objetos más conmovedores es
un reloj parado que marca la
hora en que estalló la bomba.

⑨
Parque de la Paz

📍 9 Matsuyamamachi
🚉 Heiwa-koen ⏰ 24 horas
diario 🌐 nagasakipeace.jp

Un pilar de piedra negra
marca el lugar donde EE. UU.
detonó la segunda
bomba atómica,
a las 11.02 del 9 de agosto de
1945, tres días después del
bombardeo de Hiroshima, con
el objetivo de destruir los
astilleros vecinos. La explosión
mató a unas 75.000 personas e
hirió a otras tantas. No es raro
que los habitantes de
Nagasaki sean defensores de
la paz mundial y hayan erigido
varios monumentos en el
parque, entre ellos una estatua
de la Paz de 9 m de altura.
Cerca del parque se eleva una
reconstrucción de 1959 de la
iglesia católica de Urakami,
que se alzaba en el epicentro.

⑩
Santuario de Confucio

📍 10-36 Ouramachi
🚉 Oura Tenshudo
⏰ Los horarios varían,
consultar web 🌐 nagasaki-
koushibyou.com

El amarillo intenso de las tejas
y los muros rojos anuncian que
el edificio es un santuario dedicado al filósofo Confucio.
Construido por la comunidad
china de la ciudad en 1893, fue
reparado y ampliado tras los
daños sufridos en el bombardeo atómico. En 1982 se añadió
el Museo Historico Chino, que
expone antigüedades prestadas por el Museo Nacional Chino y por el prestigioso Palacio
Museo de Pekín.

Jardín Glover

🏠 **8-1 Minamiyamatemachi**
🚋 **Oura Tenshudo**
🕐 **8.00–18.00 diario**
🌐 **glovergarden.jp**

Con la reapertura del puerto a Occidente en el siglo XIX, Nagasaki floreció como una próspera ciudad internacional. Muchas de las cómodas residencias de madera y piedra, construidas entonces para acomodar al gran número de extranjeros llegados de forma repentina, se conservan en el jardín Glover. La residencia de estilo europeo más conocida es la casa Glover, construida en 1863 por Thomas Glover, que introdujo la primera locomotora de vapor en Japón y cuyos negocios incluían minas de carbón, una casa de exportación de té, astilleros e incluso la fábrica de cerveza precursora de la actual marca Kirin.

Otros edificios notables del parque son la casa Ringer, construida sobre piedras traídas desde Vladivostok, y la casa Walker, que expone las carrozas que se utilizan en el festival anual Kunchi. El edificio del antiguo Banco de Hong Kong y Shangai alberga

EXTRANJEROS EN NAGASAKI

Cuando en 1571 el puerto de Nagasaki se abrió al comercio internacional, los primeros en llegar fueron los portugueses y los holandeses, seguidos por los chinos, que establecieron su propia comunidad. Los portugueses llevaron el catolicismo a la ciudad, pero esta minoría sufrió enseguida persecución religiosa. Cuando Japón se cerró al exterior en 1634, solo se permitió comerciar aquí a los holandeses. Tras la reapertura del puerto en 1853, los representantes comerciales de Gran Bretaña, Estados Unidos, Francia, Alemania y Prusia llegaron a la ciudad. El legado de este formidable contacto sobrevive en algunos festivales y en platos como la *castella* portuguesa o el bizcocho a base de harina.

una exposición sobre el contacto de Nagasaki con las ideas occidentales.

___

Cuesta del Holandés

🏠 **2 Higashiyatemach1**
🚋 **Medical Center**

Esta agradable calle adoquinada construida por los holandeses fue el centro de la comunidad de expatriados de la ciudad. Durante un tiempo, los japoneses llamaron holandeses a todos los extranjeros, fuera cual fuese su origen. Algunas de las casas de madera que flanquean la calle están abiertas al público. Una de las más imponentes, Junibankan (1868), albergó la legación prusiana.

Huis ten Bosch

🏠 **1-1 Huistenboschmachi, Sasebo** 🚋 **Huis ten Bosch**
🕐 **Los horarios varían, consultar web**
🌐 **huistenbosch.co.jp**

Construido en 1992 con un coste de 1.750 millones de dólares, Huis ten Bosch, uno de los mayores parques temáticos de Japón, recrea un pueblo tradicional holandés, con iglesias, casas, tiendas, molinos, granjas y canales. Destacan las réplicas del Palacio Real y de la iglesia más alta de Holanda. Mientras se recorre el parque en coche de caballos o en taxi antiguo, o se va en barca por el canal, es fácil olvidar que no se está en los Países Bajos.

Reconstrucción de un molino de viento holandés ↓ en Huis ten Bosch

③

Yufuin
湯布院

 B6 🏯 Prefectura de Oita 🚉 Yufuin ❗ En estación JR; www.yufu-tic.com

Esta ciudad balneario, conocida por su bruma, está a los pies del monte Yufudake. El complejo turístico cuenta con posadas rurales y *boutiques*, además de varios museos, entre los que se encuentran el **Museo de Arte Comico** y el **Museo Trick 3D Art de Yuifin.**

El exterior ennegrecido de la estación JR Yufuin, construida en 1990 por Arata Isozaki, emula la caldera de una locomotora. Exhibe arte en su sala de exposiciones, y el suelo está caliente gracias a un manantial termal subterráneo.

Un paseo recorre la orilla del pequeño lago Kinrin. Shitan-yu, un viejo balneario con techo de paja, está junto al lago. Los baños son mixtos.

Museo de Arte Comico
♿ 🏯 2995-1 Kawakami 🕐 9.30-17.30 diario 🌐 camy.oita.jp

Museo Trick 3D Art de Yufuin
♿ 🏯 3001-8 Kawakami 🕐 9.30-17.30 diario (mar-sep: 9.30-18.00)

---

④

Kitakyushu
北九州

 B5 🏯 Prefectura de Fukuoka 🚉 Kokura ❗ En la estación JR Kokura; www.gururich-kitaq.com

El acceso hacia el norte de Kyushu, Kitakyushu es una ciudad moderna, realzada por los proyectos de Arata Isozaki, sobre todo la bibioteca **Chuo Toshokan Kitakyushu** (1974), utilizada en muchos rodajes de cine. El conjunto –con el campo de batalla Dan no Ura, donde el clan Taira fue derrotado, y el estrecho de Shimonoseki– se ve desde aquí. Junto al castillo está el **Jardín japonés del castillo de Kokura,** que rodea una casa samurái.

Chuo Toshokan Kitakyushu
🏯 4-1 Jonai 🕐 ma-do

Jardín japonés del castillo de Kokura
♿ 🏯 2-1 Jonai 🕐 Abr-oct: 9.00-20.00 diario (nov-mar: 9.00-19.00) 🌐 kokura-castle.jp

---

⑤

Usa
宇佐

 B6 🏯 Prefectura de Oita 🚉 Usa 🚌 Se recomienda la excursión en autobús turístico

Se cree que la zona que abarca Usa y la península de Kunisaki –centro de santuarios y

→
La tradicional *torii* que marca la entrada al famoso Usa Jingu

templos de la secta Tendai consagrados a Hachiman, dios de la guerra– fue en otro tiempo núcleo de antiguos asentamientos budistas de origen coreano. El santuario más famoso, Usa Jingu, dedicado a las antiguas deidades japonesas, también se identifica con Hachiman.

Al este de Usa, hay tumbas, estatuas del periodo Heian y los relieves tallados en roca de Kumano Magaibutsu, los más grandes de Japón. El aire ancestral de la península se hace patente cerca de la cumbre del monte Futago, donde una serie de guardianes de piedra vigilan el acceso a Futago-ji, un templo excavado en un acantilado donde se venera a la encarnación

> # ¿Lo sabías?
> Hachiman, dios de la guerra, era el protector de los samuráis.

↑ La principal calle comercial de la ciudad termal de Yufuin, rodeada de montañas

KAI Beppu

Un *ryokan* termal diseñado por Kengo Kuma, con vistas al mar y comidas *kaiseki* elaboradas con productos locales.

🅰B6 🏠2-14-29 Kitahama 🌐hoshinoresorts.com/ en/hotels/kaibeppu

💴💴💴

Yufunogou Saigakukan

Este *ryokan* rural cuenta con pintorescos baños *onsen*, vistas a los picos gemelos del monte Yufudake y menús.

🅰B6 🏠2378-1 Yufuin-cho 🌐saigakukan.co.jp

💴💴💴

gemela de la montaña. La sala principal de Fuki-ji, del periodo Heian, es la construcción de madera más antigua de Kyushu y guarda frescos del paraíso budista.

❻

Beppu
別府

🅰B6 🏠Prefectura de Oita ✈Oita 🚉Beppu 🚌Desde Tokio, Osaka, Kobe e Hiroshima 🛈Estación Beppu; www.beppu-tourism. com/en

Beppu es un centro termal que parece un gran parque de atracciones. El suelo poroso de la ciudad está salpicado de aberturas de las que salen nubes de vapor. Las aguas brotan en 3.750 manantiales termales y 168 baños públicos y se desvían hasta las casas

---

 CONSEJO DK
Pies frescos

Alrededor de Beppu se hallan los *ashiyu*, que son *onsen* para los pies. Estos pequeños manantiales de agua termal están normalmente en espacios públicos y son el lugar perfecto para refrescar los pies. Suelen ser gratuitos.

---

particulares para calentar las habitaciones y avivar los hornos.

La oferta de baños es increíblemente variada. El visitante puede remojarse en bañeras a distintas temperaturas, sumergirse en piscinas termales de hidromasaje, enterrarse en arena negra caliente o sentarse con barro humeante hasta el cuello. Los baños más famosos son los **Infiernos hirvientes** (Jigoku), unas piscinas de agua oxidada y barro burbujeante. Las siete piscinas, en los barrios de Kannawa y Shibaseki, pueden recorrerse a pie. Cada una tiene una función, color y propiedad mineral diferentes. Así, las aguas del Infierno Oceánico (Umi Jigoku) son del color de un mar tropical, mientras que el Infierno del Estanque de Sangre (Chi-no-Ike Jigoku) toma su color de la arcilla.

Muchos baños están asociados a hoteles, pero abren al público en general. El popular **Suginoi Hotel,** en el extremo oeste de la ciudad, es una moderna y elegante opción para el baño. Construida en 1879 a orillas de la bahía de Beppu, la **casa de baños Takegawara** es uno de los baños públicos más antiguos de Beppu. Aquí, el visitante se entierra en arena negra antes de sumergirse en las piscinas. En las colinas del

norte de Kannawa, el **balneario Myoban** es un lugar más tranquilo que ofrece baños curativos desde hace más de mil años. Entre la estación y el Suginoi Hotel, la torre Global (125 m) ofrece una vista general de Beppu.

Infiernos hirvientes
 🏠Kannawa y Shiba 🕐8.00-17.00 diario 🌐beppu-jigoku.com

Suginoi Hotel
🏠1 Kankaiji 🕐9.00-23.00 diario 🌐suginoiorixhotelsand resorts.com

Casa de baños Takegawara
🏠16-23 Motomachi 📞(0977) 23-1585 🕐6.30-22.30 diario (desde las 8.00 para los baños de arena)

Balneario Myoban
🏠Myoban 🕐8.30-17.30 diario 🌐jigoku-prin.com

Algunos de los misteriosos budas de piedra de Usuki, de origen desconocido

7

Budas de piedra de Usuki
臼杵石仏

🅰B6 🗾Prefectura de Oita 🚉Estación Usuki, luego autobús JR a Usuki-Sekibutsu ⏰9.00-17.00 🌐sekibutsu.com

A pesar de que en todo Japón se conocen los Seki Butsu (budas de piedra) de Oita, Usuki no es muy visitado. Aunque es probable que la obra se comenzara a finales del periodo Heian y se completara a principios de la era Kamakura, no existe acuerdo sobre su origen, sobre quién encargó o ejecutó las docenas de esculturas o por qué se eligió un lugar tan apartado.

Todo ello le otorga un aire misterioso y encantador al sitio, que alcanza su clímax al atardecer, cuando el sol resalta los tonos terrosos de las caras y torsos de estos misteriosos y apacibles budas de piedra.

En la ciudad de Arita, en la prefectura de Saga, hay talleres que producen buena porcelana.

Koransha
🅰A6 🏠1-3-8 Kobira, Arita 🌐koransha.co.jp

Fukagawa Seiji
🅰A6 🏠1-1-8 Kobira, Arita 🌐fukagawa-seiji.co.jp

Arita Porcelain Park
🅰A6 🏠340-28 Toya, Arita 🌐arita-touki.com

8

Kurume
久留米

🅰A6 🗾Prefectura de Fukuoka 🚉Kurume 🛈Estación JR; www.welcome.kurume.com

La extensa ciudad de Kurume es el centro del tejido *kasuri*. Para fabricarlo se emplea la técnica *ikat*, en la que los hilos se atan y tiñen antes de tejerse. El **Centro Regional de Fomento de la Industria de Kurume** vende estos tejidos. La *rantai-shikki* es una forma de cestería local en la que se aplican capas de laca al bambú para producir cestas. Pueden comprarse en **Inoue Rantai-Shikki,** frente a la parada de autobús Honmachi-yon-chome. El **Centro Ishibashi Bunka,** a 10 minutos en autobús desde la estación, posee un museo de arte y un jardín japonés. En los pueblos de Hirokawa y Yame (a 40 minutos en autobús desde la estación de Kurume) trabajan muchos artesanos. En Hirokawa se puede visitar el **taller de Aimoriyama Kasuri,** para ver a los artesanos trabajando y quizá haciendo una mochila o una camiseta en tejido *kasuri* para el propio visitante.

Centro Regional de Fomento de la Industria de Kurume
🏠2F Centro Jibasan Kurume, 5-8-5 Higashi Aikawa ⏰10.00-17.00 diario 🌐ishibashi-bunka.jp

Centro Ishibashi Bunka
🏠1015 Nonakamachi 📞(0942) 33-2271 ⏰9.00-17.00 ma–do

Taller de Aimoriyama Kasuri
🏠109 Shindai, Hirokawa-machi 🌐aimoriyama.com (es preciso reservar) ⏰9.00-16.00 lu-sá

¿Lo sabías?

Los estudiantes visitan Dazaifu Tenman-gu para rezar por el éxito en los exámenes.

9

Onta

小鹿田

B6 Prefectura de Oita Hita, y luego autobús hasta Sarayama En la estación Hita; (0973) 23-2036

Esta aldea diminuta produce cerámica desde que un grupo de alfareros coreanos instalaron aquí sus hornos en 1705. Más tarde, maestros del movimiento *mingei* (artesano popular) como Yanagi Soetsu y Bernard Leach alabaron la cerámica de Onta. Los hornos, excavados en la colina y operados por agua, siguen en uso. Los sencillos y funcionales objetos se caracterizan por su esmaltado en colores terrosos. El segundo fin de semana de octubre tiene lugar el Festival de Cerámica Folclórica de Onta.

10

Dazaifu

大宰府

A6 Prefectura de Fukuoka Dazaifu En la estación Dazaifu; www.dazaifu.org

Dazaifu fue plaza militar importante bajo el gobierno de los Yamato *(p. 211)* y, más tarde, centro administrativo en el periodo Nara. En la actualidad, los visitantes acuden sobre todo por el **santuario Dazaifu Tenman-gu.** Situado en un tranquilo barrio cerca de la estación, está consagrado al calígrafo, erudito y poeta Sugawara Michizane, guardián del conocimiento (también conocido por su nombre divino, Tenjin), que murió en el 903 d. C.. Se puede visitar el Tesoro y, detrás, un pabellón con muñecas de arcilla de Hakata que representan escenas de la vida del sabio. El **Museo Nacional de Kyushu** está dedicado a las relaciones entre Japón y otros países de Asia. Destacan 75 cartas *Um sum* del periodo Edo.

El parque de las **Ruinas del Gobierno de Dazaifu** guarda restos medievales.

LA MEJOR FOTO

Viaje en el tiempo

Tras cruzar la *torii* del santuario de Dazaifu Tenman-gu, merece la pena parar en el estanque con forma del carácter japonés que significa "corazón" y tomar una imagen de los puentes que unen las tres islas, que representan el pasado, el presente y el futuro.

Santuario Dazaifu Tenman-gu

4-7-1 Saifu Tesoro: 9.00-16.30 ma-do dazaifutenmangu.or.jp

Museo Nacional de Kyushu

4-7-2 Ishizaka 9.30-17.00 ma-do , 9.30-20.00 vi y sá kyuhaku.jp

Ruinas del Gobierno de Dazaifu

4-6-1 Kanzeonji Sala de exposiciones: 9.00-16.30 ma-do kotodazaifu.net

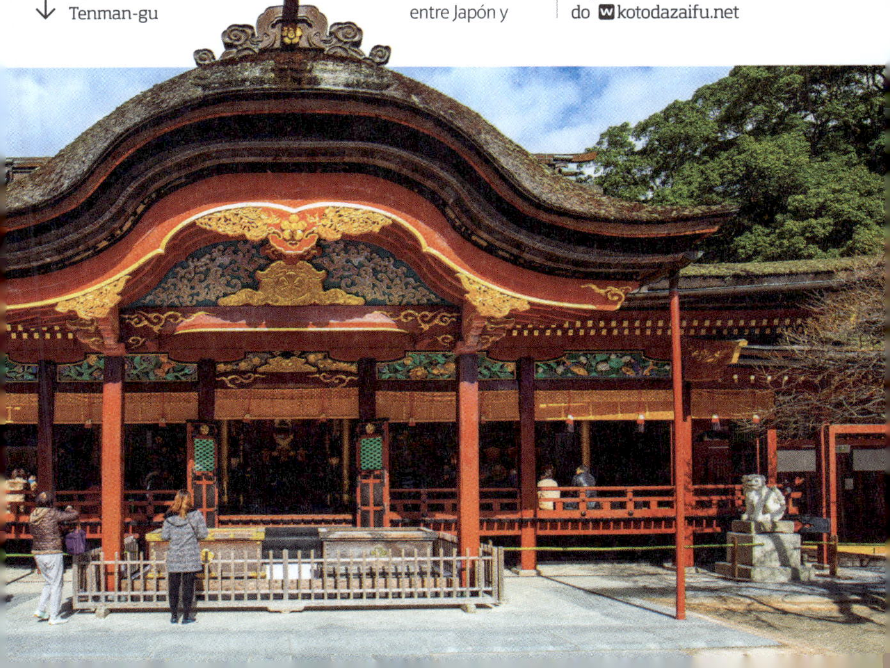

El ornamentado exterior del santuario Dazaifu Tenman-gu

Kumamoto
熊本

A6 **Prefectura de Kumamoto** **Aso**
Kumamoto
www.kumamoto-guide.jp

Kumamoto fue un importante centro de poder durante el sogunato Tokugawa (1603-1868), de cuyo periodo data su gran atracción, uno de los castillos más grandes de Japón. El principal recinto comercial y los lugares de interés de la ciudad están reunidos en una zona situada al sur del castillo.

La longevidad de los residentes de Kumamoto (la ciudad tiene varios centenarios) se asocia a su pasión por la vida y a una dieta sana que incluye *karashi renkon* (raíz de loto frita rellena de miso de mostaza) y sake elaborado con agua supuestamente purificada por la

---

CURIOSIDADES
Mundo en miniatura

El jardín Suizen-ji Jojuen *(8-1 Suizenjikoen)* recrea las 53 paradas de postas –incluidas las del monte Fuji y el lago Biwa– de la antigua ruta Tokaido, que conectaba Edo (Tokio) con Kioto durante el periodo Edo.

---

rica tierra volcánica de la zona. Desde lo alto de una colina se yergue sobre el centro de la ciudad el **castillo de Kumamoto,** que mandó edificar Kato Kiyomasa, un guerrero que luchó junto a Ieyasu Tokugawa en la decisiva batalla de Sekigahara (1600) y cuya lealtad fue recompensada con las tierras que hoy abarcan casi todo Kumamoto. El castillo se completó en 1607. A diferencia de otros castillos más ornamentados, como el de Himeji-jo *(p. 224),* el de Kumamoto choca por sus escarpadas murallas casi infranqueables. La estructura original tenía 49 torres y 29 puertas, pero fue destruida casi por completo durante la rebelión Satsuma (1877). Aunque fue reconstruida a menor escala en 1960, la torre constituye una réplica muy realista que logra evocar la grandiosidad de la original. Esta torre principal y el bellamente decorado palacio Honmaru Goten estuvieron cerrados por restauración durante varios años, tras el grave terremoto que afectó a la ciudad de Kumamoto en 2016.

Gyobu-tei, una residencia del siglo XVIII que perteneció al poderoso clan de los Hosokawa, está al noroeste del castillo. En ella se ofrece una visión de la vida que llevaba la élite feudal en el periodo Edo. Este edificio también sufrió daños graves en 2016.

Las posesiones de los poderosos clanes Kato y Hosokawa pueden verse en el **Museo de Arte de la Prefectura de Kumamoto,** un edificio moderno con un agradable salón de té. El museo atesora interesantes réplicas de antiguos túmulos funerarios y piezas arqueológicas halladas en la región.

Kumamoto es célebre también por su artesanía, sobre todo el damasquinado, las perlas de Amakusa y los farolillos de papel dorado de Yamaga, que llenan las calles de la ciudad durante el festival de agosto. El **Centro de Artesanía Tradicional de Kumamoto** cuenta con una buena selección de piezas.

Castillo de Kumamoto
⊛ **1-1 Hommaru** **9.00-17.00 diario** castle.kumamoto-guide.jp

Gyobu-tei
⊛ **3-1 Furugyocho**
(096) 352-6522
Por restauración

Museo de Arte de la Prefectura de Kumamoto
⊛ **2-2 Ninomaru**
9.30-17.15 ma-do
pref.kumamoto.jp/site/museum

Centro de Artesanía Tradicional de Kumamoto
⊛ **3-35 Chibajomachi**
9.30-17.30 ma-do
kumamoto-kougeikan.jp

Un crucero turístico
en uno de los canales
de la ciudad de Yanagawa

cos entró en erupción en 1991,
puede subirse a pie. También
puede subirse en teleférico.

Parque Histórico de Yoshinogari
吉野ケ里歴史公園

**⚠ A6 🏠 Prefectura de Saga
🚉 Yoshinogari-koen o
Kanzaki, luego 15 min a pie o
tomar un taxi ⏰ 9.00-17.00
diario (jul y ago: 9.00-18.00)
🌐 yoshinogari.jp**

Las casas semienterradas y los
cientos de urnas funerarias
excavadas en Yoshinogari
apuntan a la existencia de una
sofisticada sociedad del
periodo Yayoi (300 a. C.-300 d. C.).
El periodo conoció el
nacimiento de ingeniosos
sistemas de irrigación y cultivo
del arroz, sentando las bases
de la futura sociedad japonesa.
Hay quien cree que fue aquí
donde vivió la reina Himiko
que mencionan las crónicas
chinas del siglo III. En el lugar
se han reconstruido torres vigía
y viviendas de la época.

Yanagawa
柳川

**⚠ A6 🏠 Prefectura
de Fukuoka 🚉 Nishitetsu
Yanagawa 🛈 www.
yanagawa-net.com**

Los muelles de piedra de
Yanagawa ya no tienen actividad, pero los canales que sur-
can esta antigua ciudad amu-
rallada siguen siendo el
soporte de su economía y las
anguilas son aún la exquisitez
local. Se puede uno embarcar
en una *donkobune* (góndola)
para hacer un *kawakudari* (crucero fluvial). Las barcas avan-
zan por canales restaurados y
pasan junto a viejas villas y almacenes samuráis. Los canales
son más llamativos en primavera, la estación de la *sakura*.

También de interés son **Sui-
ten-gu,** un bello santuario de
la misma secta que el de Kurume, la residencia original de la
familia Toshima, un jardín de
té del periodo Edo y la casa
museo **Hakushu Kinenkan,**
donde nació Hakushu Kitahara
(1885-1942), un prolífico escritor célebre por sus poemas
para niños.

Hakushu Kinenkan

🖰 **🏠 55-1 Okinohatamachi
⏰ 9.00-17.00 diario 🌐 haku
shu.or.jp/index02.php**

La formidable mole del castillo
de Kumamoto, construido a
principios del siglo XVII

Península de Shimabara
島原半島

**⚠ A6 🏠 Prefectura de
Nagasaki 🚉 Shimabara
🚌 Desde Kumamoto
🛈 Balneario Unzen Onsen;
www.unzen.org; Asociación
turística de la península de
Shimabara (0957) 62-0655**

Gobernada hasta 1616 por el
señor feudal cristiano Arima, la
península vivió la persecución
que el sogunato Tokugawa ordenó contra los cristianos. Más
adelante, el balneario Unzen se
convirtió en la década de 1880
en un centro turístico para occidentales. A una altitud de 700 m
y rodeado de pinares, constituía
un refugio idóneo en verano. En
primavera florecen las azaleas, y
en otoño los arces se tiñen de
rojo. En 1934 se creó aquí el Parque Nacional de Unzen-Amaku-
sa, uno de los primeros parques
nacionales de Japón.

La mayoría de los hoteles de
Unzen Onsen cuentan con sus
propios baños termales. Lejos
de los complejos turísticos, el
visitante puede acercarse a los
sorprendentes Infiernos (Jigoku), hirvientes calderos sul-
furosos en los que 30 cristianos fueron escaldados vivos
tras la prohibición de su religión en Japón. Varias ancianas
sumergen en las aguas huevos
que luego venden cocidos a
los turistas, demostrando la
alta temperatura de las aguas.
El monte Unzen, que se creía inactivo hasta que uno de sus pi-

---

**Museo Kuma
Shochu**
El *shochu,* licor hecho de
batata, arroz o cebada, se
bebe con hielo o mezclado
con agua o zumo. En este
museo de Kumamoto se
muestra cómo se produce
y hay degustaciones.

**⚠ A6 🏠 Gonoharumachi
461-7, Hitoyoshi,
Kumamoto
🌐 denshogura.jp**

 Vapor saliendo de un cráter en el monte Aso, el volcán activo más grande de Japón

15

Monte Aso
阿蘇山

🅰B6 🏯 Prefectura de Kumamoto 🚃 Aso, luego en autobús 🚌 Autobús turístico Kyushu Odan desde Beppu o Kumamoto 🌐 asocity-kanko.jp/en

Compuesto por una serie de conos volcánicos y con una circunferencia de 130 km, el monte Aso es una de las calderas más grandes del mundo. De los cinco picos, el **monte Takadake** (1.590 m) es el más alto. El **monte Nakadake,** todavía activo, despide emanaciones sulfurosas y gases calientes y le ha ganado a Kumamoto el apodo de *hi-no-kuni* (la tierra del fuego).

Bajo los picos, la caldera está salpicada de pueblos enclavados entre bosques, praderas, campos de bambú y

---

 CONSEJO DK
De *onsen* en *onsen*

Kurokawa, la ciudad situada al pie del monte Aso, es uno de los lugares con mejores *onsen*. Un bono da acceso a varios manantiales termales con descuento *(www. kurokawaonsen.or.jp).*

---

manantiales termales. A su llegada, los autobuses turísticos pasan por una curiosa montaña denominada muy acertadamente Komezuka (montículo de arroz), y a menudo paran en la bonita pradera de Kusasenri.

Hay un servicio de autobuses que lleva a lo alto de Nakadake, que en días despejados ofrece vistas impactantes del interior del cráter y de su laguna sulfurosa. Hay un camino hasta la cima misma para verlo de cerca. Una ruta popular es la que parte desde el punto de llegada del funicular y te lleva hasta el monte Takadake bordeando el cráter, antes de descender a la garganta de Sensuikyo. El acceso al cráter depende siempre de la actividad volcánica, por lo que imprescindible consultar la web con anterioridad.

En la base del Nakadake, el **Museo Volcánico de Aso** es una fascinante introducción a la montaña, que merece la pena incluso si las emanaciones sulfurosas impiden el acceso.

Museo Volcánico de Aso

 🏯 1930-1 Akamizu 🕐 9.00-17.00 diario

16

Takachiho
高千穂

🅰B6 🏯 Prefectura de Miyazaki 🚃 Desde Kumamoto, Hakata y Miyazaki 🌐 takachiho-kanko.info/en

La leyenda sigue resonando en la región del monte Takachiho, donde los creyentes rinden culto a los antiguos dioses y diosas de Japón.

La mayoría de los lugares de interés están relacionados con la rica mitología japonesa. Hay quien sitúa aquí el origen de la *kagura,* una danza-mimo que según se dice fue representada por primera vez por la diosa del sol Amaterasu Omikami. La cueva en la que se esfumó Amaterasu, sumiendo al mundo en la oscuridad hasta que se le

 Botes de remos bajo una cascada en la garganta de Takachiho

↑ Subida al santuario Udo Jingu, construido en una cueva junto a la costa de Nichinan

convenció para que saliera, se halla frente al santuario Ama no Iwato, con forma de pabellón, que destaca por el árbol sagrado que crece en sus jardines. A un corto paseo, Ama no Yasugawara es la gruta donde, al parecer, se reunieron los dioses para idear la forma de engatusar a la diosa del sol para que abandonara su cueva. La entrada está junto a un río pedregoso de aguas claras. En ella, muchos visitantes han colocado hitos en miniatura por motivos espirituales.

Takachiho Jinja –el santuario principal de la zona– es famoso por sus antiguos cedros de Japón, un rasgo común en los recintos de los templos japoneses. Fue fundado por el XI emperador de Japón hace unos 1.900 años. El santuario ofrece por las noches durante una hora extractos de *kagura* en un marco magnífico. Muchos viajeros intentan incluir en su itinerario una travesía en barca de remos a lo largo de la garganta de Takachiho, que ofrece bellas formaciones rocosas y cascadas.

 Costa de Nichinan
日南海岸

🅰B7 🏛Prefectura de Miyazaki 🚃Línea Nichinan desde Miyazaki 🌐kankou-nichinan.jp

El paisaje costero de Nichinan es conocido por los japoneses como Onino Sentakuita (la tabla de lavar del demonio) debido al aspecto erosionado que presentan las terrazas de roca.

Un buen punto de partida para recorrer la costa es la isla de Aoshima, de apenas 1,6 km de circunferencia, que está unida a tierra firme por una pasarela. Un atractivo santuario de color rojo se eleva en el centro de esta isleta arbolada, que en verano está muy concurrida. La ciudad de Miyazaki es célebre por tener flores todo el año.

Udo Jingu, otro asombroso santuario de color rojo situado a unos 32 km al sur de Aoshima, descansa en una cueva junto al océano. Está consagrado al padre del emperador Jimmu, al que se cree que lavaron aquí cuando nació, y a quien se recurre para pedir fertilidad y felicidad en el matrimonio. El agua que gotea de las rocas con forma de pechos se compara con la leche materna, y la tienda del santuario vende caramelos de leche. Al norte de Udo Jingu se encuentra Sun-Messe Nichinan, con réplicas de moái que cuentan con la aprobación de las autoridades de la isla de Pascua. En Obi se pueden visitar las ruinas de un castillo y viviendas samuráis. Más al sur, la playa Ishinami es una extensión de suave arena blanca.

> **Al norte de Udo Jingu se encuentra Sun-Messe Nichinan, con réplicas de moáis que cuentan con la aprobación de las autoridades de la isla de Pascua.**

Iroha
Este es uno de los mejores restaurantes de Kumamoto *(p. 274)* para probar platos locales, como el *basashi,* un tipo de *sashimi* de carne de caballo.

🅰A6 🏠4-21 Suizenjikoen, Chuo, Kumamoto

18

Parque Nacional de Kirishima-Kinkowan
霧島錦江湾国立公園

🅰 **A7** 🏠 **Prefecturas de Miyazaki y Kagoshima** 🚉 **Kobayashi (línea JR Kitto), luego autobús Miyazaki Kotsu hasta Ebino Highland** 🌐 **env.go.jp/en/nature/nps/park/kirishima**

Esta región relacionada con la mitología japonesa tiene como centro la meseta volcánica Ebino-Kogen (meseta de la Gamba), rodeada de volcanes, cráteres ocupados por lagos y manantiales termales. El sendero Ebino-Kogen (la mejor de las rutas para senderistas) pasa por estanques, dos de ellos color azul cobalto. La subida al monte Karakunidake es muy popular en verano. Algunos de los mejores manantiales termales están en los *onsen* Iodani, Arayu, Hayashida y Sakura. Esta es una zona volcánica activa y algunos lugares pueden cerrarse en cualquier momento. También puede haber cortes de carreteras y senderos.

¿Lo sabías?

Cuando llueve se forma un asombroso lago azul celeste en el cráter del monte Karakunidake.

 19

Kagoshima
鹿児島

🅰 **A7** 🏠 **Prefectura de Kagoshima** 🛫🚉 **Kagoshima** 🚢 **Desde Naha y Osaka a Shibushi** ℹ️ **En la estación Kagoshima Chuo; www.kagoshima-kankou.com**

Desde el otro lado de una ancha bahía, Kagoshima enfrenta la imponente silueta del Sakurajima, un volcán activo que a veces cubre la ciudad con una capa de ceniza volcánica. Sakurajima era una isla hasta que en 1914 una erupción depositó tres mil millones de toneladas de lava en el estrecho entre la isla y la península. Desde entonces, Sakurajima está unida al continente.

Históricamente, esta ciudad disfrutó de una gran independencia. Centro del feudo de Satsuma, el clan Shimazu de Kagoshima gobernó Okinawa durante ocho siglos, absorbiendo gran parte de la cultura china y del sureste asiático transmitida a través de las islas. El legado se percibe hoy en la cocina local.

Se cree que el *shochu* –el licor de batata (aunque también puede hacerse de cebada o arroz) de Kagoshima– llegó de China o de Corea a través de Okinawa (solo en la ciudad hay más de 110 destilerías). La artesanía tradicional local, en particular la cerámica y los delicados brocados de seda, refleja una estética de raíz asiática.

El sofocante clima de Kagoshima se aprecia en el

 CURIOSIDADES
Baños de arena

Un baño de arena en Ibusuki, a 28 km al sureste de Chiran, consiste en enterrarse en arena, recalentada de forma natural por los vapores que emanan de la tierra. Tras permanecer enterrado entre 10 y 20 minutos, hay que quitarse la arena y entrar en los baños termales.

La ciudad de Kagoshima, frente al mar, con el volcán Sakurajima al fondo ↑

jardín de la casa señorial de **Sengan-en,** donde crecen plantas semitropicales junto con ciruelos y bambús alrededor de un estanque con una pequeña cascada.

También merece la pena visitar el **Museo de Arte de la Ciudad de Kagosghima** y su exposición de cerámica de Satsuma.

La ciudad también está asociada con Saigo Takamori (1827-1877), líder de la fallida rebelión Satsuma. Los visitantes japoneses le presentan sus respetos en la cueva de la colina de Shiroyama, donde se suicidó de forma ritual.

Sengan-en
 9700-1 Yoshinocho ⊙ 8.30-17.30 diario ⓦ senganen.jp/es

Acuario de Kagoshima
⊛ ⊙ 🏠 3-1 Honkoshinmachi ☎ (099) 226-2233 ⊙ 9.30-18.00 diario

Museo de Arte de la Ciudad de Kagoshima
⊛ 🏠 4-36 Shiroyamacho ⊙ 9.30-18.00 ma-do ⓦ city.kagoshima.lg.jp

↑ Aguas cristalinas en una playa salpicada de rocas de la isla de Amami Oshima

⑳

Chiran
知覧

🅰A7 🏠Prefectura de Kagoshima 🚌Desde Kagoshima ⓦchiran-bukeyashiki.com

Escondida entre plantaciones y colinas boscosas, Chiran fue una de las 113 ciudades fortificadas construidas para proteger a los señores feudales de Satsuma. Una única entrada sirve para visitar las siete casas y jardines samuráis que se conservan en la calle del Samurái. Sata combina un jardín seco, arena blanca rastrillada y montañas. La colina que se eleva sobre el pueblo sirvió de campo de entrenamiento a los pilotos *kamikaze* de la Segunda Guerra Mundial. Los cerezos están dedicados a los 1.026 hombres que despegaron desde Chiran para llevar a cabo sus misiones suicidas.

㉑

Isla Yakushima
屋久島

🅰D2 🏠Prefectura de Kagoshima ✈Desde Osaka, Fukuoka, Kagoshima 🚌Desde Kagoshima Turístico ⓦyakushimatourism.com

Yakushima, uno de los primeros lugares japoneses declarados patrimonio natural de la humanidad por la Unesco, alberga algunos de los árboles más antiguos del país. En los bosques centenarios del interior de la isla se puede contemplar el Shiratani Unsuikyo, un barranco cubierto de musgo que inspiró la película de Studio Ghibli *La princesa Mononoke,* y el Jomonsugi, un cedro que podría tener 7.000 años.

㉒

Isla Amami Oshima
奄美大島

🅰D2 🏠Prefectura de Kagoshima ✈ Desde Tokio, Osaka, Fukuoka, Kagoshima y Naha 🚌Desde Kagoshima, Naha y Osaka a Naze ⓦamami-tourism.org

Esta isla subtropical cuenta con gran riqueza de fauna y flora; de hecho, la Unesco la declaró patrimonio natural de la humanidad en 2021 junto con Tokunoshima y parte de Okinawa. Los arrecifes de coral y los islotes de Setouchi, al sur, forman parte de un parque marino protegido que ofrece excelentes oportunidades para hacer submarinismo, pescar y navegar.

Oshima Tsumugi Mura es una aldea de artesanos dedicada a la producción de *tsumugi,* una fina tela de seda para kimonos tejida a mano.

Escogiendo porcelana
en un puesto del mercado
de cerámica de Arita ↑

UN RECORRIDO EN COCHE
PUEBLOS ALFAREROS DE SAGA

Longitud 80 km **Paradas** Arita, Imari, Karatsu **Dificultad** Fácil; las carreteras están en buen estado

Los amantes de la cerámica disfrutarán en la prefectura de Saga, cuyos pueblos alfareros llevan produciendo piezas desde hace al menos 500 años. El recorrido pasa por tres pueblos principales –Arita, Imari y Karatsu–, que no están demasiado apartados entre sí, y ofrecen acceso a otros destinos interesantes. Hay que detenerse en estas poblaciones para admirar la habilidad de los ceramistas de la zona.

Mapa de situación
Para más detalles ver p. 262

Con sus 2.500 años de antigüedad, el **Parque Histórico de Yoshinogari** (p. 275) es un buen punto de partida para el recorrido.

En el mercadillo diario de **Yobuko** hay puestos de cerámica de buena calidad a precios razonables.

La cerámica de **Karatsu** se suele utilizar para la ceremonia del té. El horno Nakazato Taroemon pertenece a los descendientes de los primeros alfareros coreanos de la ciudad.

La pequeña ciudad de **Arita** tiene un santuario para los ceramistas y docenas de hornos. El Museo de Cerámica de Kyushu muestra una selección de la cerámica de la región.

La porcelana de Imari fue exportada en el siglo XVII por la Compañía Holandesa de las Indias Orientales a Europa, donde era muy apreciada. Hoy, la cerámica de **Imari** se fabrica en los hornos de Okawachi-yama.

La **ciudad de Saga**, de 228.000 habitantes y capital de la prefectura, organiza una competición de globos aerostáticos en noviembre.

¿Lo sabías?

En la década de 1950 se llevó a Kyushu a alfareros coreanos y se les concedió control total sobre los hornos.

0 kilómetros   15

N

Carretera junto a la costa llena de playas de Okinawa

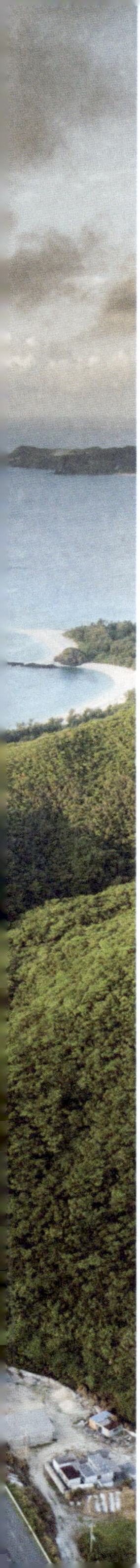

OKINAWA

La barrera de coral del archipiélago de Okinawa se extiende por el Pacífico y el mar de la China Oriental. Parte de China desde el siglo XIV, recibió el nombre de Liu-chiu (Ryukyu en japonés). Bajo el dominio chino, y más tarde como protectorado del territorio de Satsuma, las islas asimilaron diversas influencias y crearon una cultura única que todavía las distingue del resto de Japón.

Okinawa, la isla más grande y poblada del archipiélago, da nombre a la prefectura que en 1879 reunió a estas 160 islas en una entidad administrativa. En los últimos estertores de la Segunda Guerra Mundial, la isla fue el escenario de la terrible batalla de Okinawa y del suicidio en masa de miles de civiles. Naha –la ciudad principal– sufrió daños en la batalla, pero desde entonces se ha convertido en una ciudad donde se mezcla la cultura refinada con los neones brillantes. Las galerías de arte y las casas de té conviven con restaurantes estilo americano, chiringuitos de surf y bares. Más allá del bullicio urbano, el paisaje natural de Okinawa es impresionante. Aquí acuden tanto visitantes en busca de sol y playas como aquellos que quieren disfrutar de la naturaleza y de una fauna poco común.

OKINAWA

Lugares de interés

1 Naha
2 Lugares de la Batalla de Okinawa
3 Cueva de Gyokusendo
4 Ruinas del castillo de Nakagusuku
5 Casa Nakamura
6 Ie
7 Ocean Expo Park
8 Antiguo Cuartel General Subterráneo de la Marina Japonesa
9 Kume
10 Aldea de Kijoka
11 Ruinas del castillo de Nakijin
12 Cabo Hedo
13 Islas Miyako
14 Islas Yaeyama

Isla Amami, Kyushu

6 IE

RUINAS DEL CASTILLO DE NAKIJIN

11

OCEAN EXPO PARK 7   Motobu   Naki

Minnashima

Isla Sesoko   84   72

Yae-take 453 m   5

449   58

Nago

Mar Oriental de China

Bahía de Nago

3

Playa de Inbu   E58

58

Playa de Moon   Onna

329

Nakadomari   58   Kin   Ginoz

Cabo Zanpamisaki   Ishikawa   E58

329   *Bahía de Kin*

Yomitan

Isla Ikei

Uruma   Isla Miyagi

Kadena   Gushikawa

58   E58

Okinawa   10   Cabo Katsurenzaki

Chatan   330   Isla Ukibaru

5 CASA NAKAMURA   Isla Tsuken

Ginowan   4 RUINAS DEL CASTILLO DE NAKAGUSUKU

58   Urasoe

Nishihara

330   329

NAHA 1   Yonabaru

Kume   Aeropuerto de Naha   Haebaru   Azama

Tomigusuku   E58   Chinen   Isla Kudaka

ANTIGUO CUARTEL GENERAL SUBTERRÁNEO DE LA MARINA JAPONESA   8   331   507   3 CUEVA GYOKUSENDO   Nanjo

Itoman   Yaese

Museo de la Paz de Himeyuri   Colina Mabuni

2 LUGARES DE LA BATALLA DE OKINAWA

Cabo Kyan

0 kilómetros   8

N

CABO HEDO **12**

Uzahama

*Nishime-dake
420 m* △

58

70

2

Kunigami

ALDEA DE KIJOKA **10**

Ogimi

*Isla
Kauri*

Yagajishima

*Yonaha-dake
503 m* △

*Lago
Fukugami*

58

331

70

14

331

Higashi

8

Bahía de Taira

Bahía de Arume

*Bahía de
Oura*

*Isla de
Okinawa*

Kume

*Islas
Yaeyama*

*Islas
Miyako*

OKINAWA

9 Kume

**Aeropuerto
de Kumejima**

242

*Isla
Kume*

Nakadomari

*Isla
Ou*

89

Nakazato

↘ *Naha*

0 km   5

N ↑

13 Islas Miyako

⊙ *Isla
Ikema*

0 km   6   N ↑

*Isla
Irabu*

83

*Isla
Shimoji*

Hirara

*Isla
Miyako*

**Aeropuerto
de Miyako**

Shimoji

78

*Isla
Kurima*

390

*Higashi
Henna*

← *Isla Tarama*

14 Islas Yaeyama

← *Isla
Yonaguni*

206

215

Iriomote

*Isla
Ishigaki*

79

**Aeropuerto
de Ishigaki**

390

Ishigaki

*Isla
Iriomote*

215

*Isla
Kohama*

*Isla
Taketomi*

Toyohara

*Isla
Kuro*

*Isla
Aragusuku*

0 km   10   N ↑

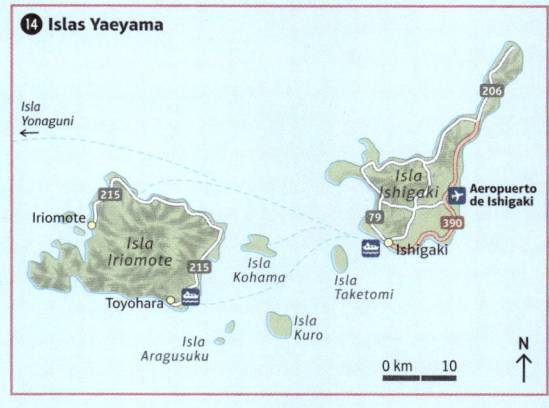

Bar Spade

Este bar de buceo en Naha atrae mucho público con copas baratas, dardos y mesa de billar.

🅰F7 🏠Yonaha Building 2F, 3-23-10 Kumoji, Naha
🆆 barspade.com

Ukishima Brewing

Este local, un clásico para amantes de la cerveza, sirve su propia producción artesanal, desde IPA a cerveza de trigo.

🅰F7 🏠3-3-1 Makishi, Naha 🆆 ukishima brewing.com

The Smuggler's Irish Pub

Un magnífico lugar para disfrutar de una pinta de Guinness y ver un partido de fútbol.

🅰F7 🏠1-9-1 Matsuo, Naha 🅲(098) 862-0124

Naha

那覇市

🅰F7 🏠Isla de Okinawa
✈🚌Naha 🚍 🅸Aeropuerto 1F; www.naha-navi.or.jp/en

Shuri fue la capital de Okinawa hasta que las islas fueron anexionadas a Japón, en 1879, momento en que la capital pasó a Naha. Desde entonces, ambas ciudades han crecido y se han fusionado. Naha prosperó gracias al comercio marítimo con otras zonas de Asia y con Occidente. La ciudad, que emergió de las ruinas de la Segunda Guerra Mundial, es un lugar bullicioso con los mejores restaurantes, locales de vida nocturna y tiendas del archipiélago.

La Kokusai-dori (calle internacional), en el centro de Naha, encarna la nueva ciudad con sus comercios y con tiendas de artesanía. El ambiente en la calle-mercado Heiwa-dori (al sur,

La imponente Shurei-mon *(derecha)* de la ciudad de Naha, que lleva al castillo de Shuri, con su Seiden (salón principal), ricamente decorado ↓

saliendo de Kokusai-dori) recuerda a la antigua Naha. El mercado, inaugurado por viudas de los caídos en la batalla de Okinawa, está repleto de callejones, puestos de arte, artesanía, baratijas y alimentos.

Al este, a lo largo de Himeyuri-dori, el barrio alfarero de Tsuboya data de finales del siglo XVII. Más de 20 talleres siguen produciendo frascas, boles para el té y *shisa* (estatuas del legendario león de Okinawa, utilizadas en toda la isla para coronar los tejados). El **Museo de Cerámica de Tsuboya** muestra algunos ejemplos.

El animado **mercado público de Makishi,** en el centro de Naha, tiene puestos de alimentación, de pescado y especialidades locales como las manitas de cerdo. Cuenta con lugares para comer.

Fotografías de víctimas de la batalla de Okinawa, en el Museo Conmemorativo de la Paz de Himeyuri

A 6 km al este de Naha, la antigua capital del siglo XVI, Shuri, alberga santuarios, templos y fortificaciones, legado del reino de Ryukyu. Los tejidos teñidos con la técnica *ryusen* y *bingata* (p. 290) son elaborados, exhibidos y puestos a la venta en el **Shuri Ryusen,** donde se tiñen. Con más de 4.000 piezas, el **Museo de la Prefectura y de Arte de Okinawa** ofrece una buena introducción a la cultura y arte local; alberga las campanas originales del castillo de Shuri y del templo Engaku-ji.

El castillo de Shuri sirvió como centro del alto mando japonés durante la guerra, de ahí que fuera destruido por completo. Shurei-mon, la puerta ceremonial del castillo, fue reconstruida en 1958. Las catástrofes naturales y la guerra han hecho necesario reconstruir en varias ocasiones el templo Benzaiten-do, al norte del parque del castillo, que fue fundado en el siglo XVI.

Museo de Cerámica de Tsuboya

⊛ ⌂ 1-9-32 Tsuboya ⌂ (098) 862-3761 ⌂ 10.00–18.00 ma-do

Mercado público de Makishi

⌂ 2-10-1 Matsuo ⌂ 8.00–22.00 lu-sá ⓦ makishi-public-market.jp

Shuri Ryusen

⌂ 1-54 Shuri Yamagawacho # ⌂ 9.00–18.00 diario ⓦ shuri-ryusen.com

Museo de la Prefectura y de Arte de Okinawa

⊛ ⌂ 3-1-1 Omoromachi ⌂ 9.00–18.00 ma-do (hasta 20.00 vi y sá) ⓦ okimu.jp

---

Lugares de la batalla de Okinawa

沖縄戦跡国定公園

⌂ F7 ⌂ 15 km S de Naha 🚌 Se recomienda la visita organizada en autobús desde Naha

En la punta sur de la isla hay diversos campos de batalla y monumentos a las víctimas y a aquellos que prefirieron el suicidio a la rendición.

El cabo Kyan fue testigo de uno de los enfrentamientos más feroces. Al noreste, el Monumento Himeyuri no To y el Museo de la Paz Himeyuri están dedicados a un grupo de jóvenes enfermeras que murieron durante la batalla de Okinawa. 136 personas fallecieron en una cueva cuando trataban de escapar de la masacre; la mayoría lo hicieron por los efectos de una bomba de gas, y otros se suicidaron. Konpaku no To, 2 km al sur, es un monumento situado en un acantilado donde yacen enterrados 35.000 soldados y civiles desconocidos.

Una de las mayores pérdidas se produjo en la colina de Mabuni, donde hoy hay un parque conmemorativo lleno de monumentos. En el **Museo Conmemorativo de la Paz** se ofrece una exposición con fotos y recuerdos de la batalla.

Museo Conmemorativo de la Paz

⊛ ⌂ 614-1 Mabuni, Itoman ⌂ 9.00–17.00 diario ⓦ peace-museum.okinawa.jp

---

LA BATALLA DE OKINAWA

Pocos conflictos en la historia moderna se han librado con tanta fiereza como la batalla de Okinawa. Comenzó con el desembarco de cinco divisiones estadounidenses el 1 de abril de 1945. Aun superados en número, los japoneses combatieron con lanzallamas, granadas, bayonetas y kamikazes (pilotos suicidas). Tras 82 días de combate, la batalla se saldó con las muertes de 13.000 estadounidenses y 250.000 japoneses.

↑ Un paseo entre las formaciones rocosas de la inmensa cueva de Gyokusendo

3

Cueva de Gyokusendo
玉泉洞

 F7
🏯 30 km SE de Naha

Este complejo de cuevas, que suma más de 460.000 estalactitas, puede recorrerse siguiendo unos resbaladizos pasadizos de madera. Se han comparado las bellas estalactitas de la cueva de Gyokusendo con bambúes, copas, tubos de órgano e incluso con estatuas de Rodin.

La cueva se puede ver visitando el popular **Okinawa World,** un parque temático y museo con una amplia colección de serpientes, incluido el reptil más venenoso de Okinawa, el *habu*.

 CURIOSIDADES
Tiempo de playa

La playa de Mibaru, situada al este de Gyokusendo, es una lengua de arena de dos km de largo. Sus aguas poco profundas la hacen ideal para el paddle o las barcas de remos. Desde aquí salen excursiones en barcos con fondo de cristal hacia el arrecife de coral cercano.

Okinawa World
🏯 1336 Tamagusuku Maekawa, Nanjo
🕐 9.00-17.30 diario
🌐 gyokusendo.co.jp/ okinawaworld

4

Ruinas del castillo de Nakagusuku
中城城跡

 F7 🏯 14 km NE de la ciudad de Naha, 10 minutos a pie desde la casa Nakamura
🕐 8.30-17.00 diario (hasta 18.00 may-sep)
🌐 nakagusuku-jo.jp/es

Construido por el señor feudal Gosamaru a mediados del siglo XV, fue uno de los primeros castillos de piedra de Japón. Las vistas de la costa oriental del centro de Okinawa son excelentes. Las únicas estructuras que han sobrevivido al paso del tiempo y a la rebelión Amawari de 1458 son las murallas. Hay pasadizos que comunican los tres complejos principales, cada uno de los cuales está rodeado de elevados muros fortificados.

→

Una perfecta reconstrucción de una casa japonesa en el Pueblo Tradicional de Okinawa

5

Casa Nakamura
中村家

 F7 🏯 14 km NE de la ciudad de Naha 🕐 9.00-17.00 vi-ma 🌐 nakamurahouse.jp

La visita a esta casa del siglo XVIII, hoy un museo dedicado a la vida diaria en Okinawa, permite conocer un estilo más refinado de arquitectura rural. Consta de cinco edificios de madera decorados con tejados de tejas rojas, situados alrededor de un patio. Frente a la entrada hay un cercado de piedra con una barrera para espantar a los malos espíritus, rasgo típico de Okinawa.

Se han comparado las bellas estalactitas de la cueva de Gyokusendo con bambúes, copas, tubos de órgano e incluso con estatuas de Rodin.

Ie
伊江島

⚑ F6
🚢 Desde el puerto de Motobu

La pintoresca islita de Ie es perfecta para hacer ciclismo. Las tiendas de alquiler de bicicletas abundan, y la isla puede explorarse al completo en menos de ocho horas. El norte acaba en acantilados escarpados, mientras que el interior es una extensión de plantaciones de caña de azúcar, tabaco y piña. Gusukuyama, la única colina de Ie, ofrece a los visitantes unas vistas espectaculares.

La Segunda Guerra Mundial no pasó desapercibida en la isla. La cueva Niya-Thiya, al suroeste, fue utilizada como refugio durante las batallas. El monumento a Ernie Pyle está dedicado al corresponsal de guerra estadounidense que murió cuando su *jeep* voló por los aires a escasas semanas del final del conflicto.

Ocean Expo Park
海洋博記念公園

⚑ F6 🚗 20 km al NO de Nago
🚌 Kinenkoen-mae 🕐 8.00–19.30 (oct-feb: hasta 18.00); algunas atracciones cierran antes 🌐 oki-park.jp/kaiyohaku

La exposición Oceánica Internacional de Okinawa se celebró aquí en 1975; desde entonces, se han añadido varias atracciones a este parque costero. Destaca el Museo de la Cultura Oceánica que relaciona la evolución del pueblo de Okinawa con la cultura marítima de Oceanía a través de exposiciones sobre pesca y navegación.

El Pueblo Tradicional de Okinawa reconstruye las viviendas tradicionales de los siglos XVII y XVIII. Hay manantiales y bosques sagrados, lugares de culto, almacenes y un arboreto. En la costa se sitúa el Tropical Dream Center, un moderno complejo de invernaderos y jardines.

Hay varias playas excelentes a unos 30 km al sur del parque, en la costa de la bahía de Nago. Entre el cabo de Busena y la playa Inbu, dentro del **Parque Marino Busena,** está uno de los mejores observatorios submarinos del mundo.

Parque Marino Busena
🐠 ⚑ 1744-1 Kise, Nago
🕐 9.00–18.00 diario (nov-mar: 9.00-17.30) 🌐 busena-marinepark.com

Antiguo Cuartel General Subterráneo de la Marina Japonesa
旧日本海軍司令部壕

⚑ F7 🚗 5 km al S de Naha
🚌 Desde terminal de autobuses de Naha Uebaru danchi-mae 🕐 9.00-17.00 diario 🌐 kaigungou.ocvb.or.jp

Se pueden visitar algunas de las salas y los túneles desde los que la Marina japonesa condujo las últimas etapas de la Segunda Guerra Mundial. El almirante de la Marina imperial fue uno de los más de 4.000 hombres que murieron suicidándose aquí el 13 de junio de 1945. Muchos utilizaron la fórmula del *seppuku* (destripamiento ritual), y otros usaron granadas de mano (las paredes de los túneles todavía conservan marcas de las explosiones).

Tatami-ishi, mosaico de roca que recuerda al caparazón de una tortuga, en la isla Ojima, frente a Kume

9

Kume
久米島

 D2 🚗 **A 90 km al O de Okinawa** ✈ **Desde Naha** 🚌 **Desde puerto Naha Tomari** ℹ **www.kanko-kumejima.com**

La isla volcánica de Kume es célebre por sus plantaciones de caña de azúcar y de piña y por la exquisita seda cruda *tsumugi*. Los autobuses llegan a muchos lugares de interés.

Nishime, al oeste, alberga una de las casas más antiguas de Okinawa, Uezu-ke, construida en el siglo XVIII en el estilo samurái de Okinawa. El pino Goeda, un extraordinario árbol que se ramifica en cinco troncos, queda a un corto paseo de la casa. Los rituales de la siembra del arroz y las oraciones pidiendo lluvia aún se celebran en Chinbei-donchi, un santuario situado al norte de Nishime. Cerca, las cuevas sagradas Yajiya-gama se utilizaron para

celebrar enterramientos hace 2.000 años.

El acantilado Hiyajo Banta (200 m), al noreste, ofrece buenas vistas de las islas Aguni y Tonaki y del arrecife de coral de más abajo.

Al este de la isla, la aldea Nakazato cuenta con varios edificios bien conservados donde se puede ver a mujeres tejiendo y tiñendo *tsumugi*. El vecino Eef Beach es el complejo costero más grande de Kume.

La isla Ojima merece el paseo de 20 minutos a través del puente que la une con el puerto Tomari de Nakazato. Al suroeste se halla el Tatami-ishi, un mosaico natural formado por más de 1.000 rocas con aspecto de caparazones de tortuga.

ARTESANÍA EN OKINAWA

Los artistas y artesanos de Okinawa tienen fama de maestros y en algunos casos llegan a la categoría de Tesoro Nacional Viviente. Los tejidos de la isla se cuentan entre los más delicados de Japón, particularmente el *bingata* y el *ryusen*, de lino teñido, el *bashofu* y el *kasuri*, una tela de alta calidad fabricada a partir de exquisitas fibras naturales. Igualmente, las lacas negras de Okinawa se fabrican desde hace más de 500 años utilizando como base la madera de un árbol autóctono denominado *deigo*.

Desde la guerra han aparecido nuevas formas de artesanía, entre las que destaca el cristal de Okinawa, de vibrantes colores.

Caja lacada decorada con esmero

10

Aldea de Kijoka
喜如嘉村

 G6 🚗 **A 25 km al N de Nago** 🚌 **67 desde Nago a Daiichi Kijoka**

La razón principal para visitar la aldea de Kijoka, en Ogimi, es poder observar la fabricación de *bashofu*, raro y ligero

idea del tamaño original del castillo construido en el siglo XIV por el rey Hokuzan, fundador del Reino de la Montaña del Norte.

La entrada, que mantiene su techo plano de piedra, sigue intacta. Al estar orientado hacia la isla sagrada de **Iheya,** se edificaron tres santuarios de madera en el castillo para que las sacerdotisas pudieran llevar a cabo sus rituales, pero ninguno ha sobrevivido. Desde el castillo hay unas vistas espectaculares de las islas del mar de la China Oriental, entre ellas Amami y Yoron.

---

⑫

Cabo Hedo
辺戸岬

🅐 G6 🚗 50 km al NE de Nago
🚌 67 de Nago a Hentona

El punto más septentrional de la isla es una zona salvaje no muy visitada y de una gran belleza natural. La meseta llega hasta el borde de un abrupto acantilado de 100 m de caída, más allá del cual se extienden los arrecifes de coral. Las vistas de las islas Yoron, Iheya e Izena son magníficas.

De camino al cabo Hedo se atraviesan varias aldeas tradicionales, como Ogimi,

tejido de fibra de bananero, usado para hacer los kimonos de Okinawa. Las etapas de producción de este tejido, cada vez más escaso, pueden verse en **Bashofu Hall,** un célebre taller.

Bashofu Hall

🅐 454 Kijoka ⏰ 10.00-17.30 ma-do (nov-mar: 10.00-17.00)
🚫 Obon, 29 dic-3 ene
🌐 bashofu.jp

---

⑪

Ruinas del castillo de Nakijin
今帰仁城跡

🅐 G6 🚗 18 km al NO de Nago
🚌 Autobús 65 o 66 desde Nago o transporte exprés desde el aeropuerto hacia Nakijin-jo Ato Iriguchi
⏰ 8.00-18.00 diario (may-ago: 8.00-19.00)
🌐 nakijinjoseki-osi.jp

Los cimientos, la puerta y los 1.500 m de murallas que se conservan pueden dar una

→

Las monumentales ruinas de piedra del castillo de Nakijin, del siglo XIV, cerca de Nago

Spice Motel Okinawa
Inspirado en Hollywood, este motel de Nagakami (Okinawa) pretende recrear el estilo clásico estadounidense de la década de 1970.

🅐 F7 🅐 1066 Kishaba, Kitanakagusuku Nakagami
🌐 spicemotel.com

Villabu Resort
Este complejo de lujo, a tan solo 15 minutos en barco desde la isla Miyako, es perfecto para el descanso.

🅐 D3 🅐 817 Irabu Miyakojima
🌐 villabu.jp

que se ha ganado la fama por su tejido *bashofu* de color amarillo pálido.

A escasa distancia al sur del cabo Hedo, el yacimiento arqueológico de Usahama-iseki guarda los restos de un asentamiento prehistórico.

13

Islas Miyako
宮古諸島

A D2 **●** 330 km al SO de Okinawa **✈** Desde Tokio, Osaka, Naha y la isla de Ishigasi **ℹ** En el aeropuerto; en.miyako-guide.net

Entre arrecifes de coral y un mar esmeralda, Miyako comprende ocho islas casi totalmente llanas. Las costumbres y el dialecto diferencian a los habitantes de Miyako de los de Okinawa. Salvadas de la devastación de la Segunda Guerra Mundial, las casas tradicionales tienen una sola planta, techo de tejas rojas y muros de coral que sirven de protección contra los tifones.

La antigua ciudad de Hirara se unió con otras de la zona para conformar Miyakojima, núcleo principal de **Miyako.** Al norte del puerto está el santuario Harimizu Utaki, dedicado a los dos dioses que se dice que crearon la isla. El mausoleo del jefe guerrero del siglo XV Nakasone Toimiya combina el estilo local con el de Okinawa, mucho más elaborado. Al noreste de Hirara, el **jardín botánico de Miyakojima** exhibe más de 40.000 árboles y casi 2.000 especies de

¿Lo sabías?

Cualquiera que fuera más alto que la piedra de Nintozeiseki (1,40 m) debía pagar impuestos.

plantas de todo el mundo. En las calles traseras de Hirara se puede ver a las mujeres secando tiras de tela *jofu* de color añil. Al norte de Hirara se halla la piedra **Nintozeiseki**, de 1,4 m, utilizada en el siglo XVII mientras la isla fue protectorado del territorio de Satsuma.

En la punta del cabo Higashi Hennazaki, en la costa oriental, se dominan el océano Pacífico a la izquierda y el mar de la China Oriental. En la costa suroccidental, frente a la isla de Kurima, la playa Yonaha Maehama es un tramo de 4 km de arena blanca que ofrece las mejores oportunidades para nadar, pescar y bucear.

Dedicada en su mayoría al cultivo de la caña de azúcar, Kurima destaca por ser parada de descanso de los halcones marinos que migran hacia Filipinas en octubre. En Ikema, frente al extremo norte de Miyako, el arrecife de Yaebishi (o Yabiji) emerge con todo su esplendor

durante las mareas bajas de primavera. Tanto a Kurima como a Ikema se puede llegar a través de un puente.

Frente a la costa occidental, y accesible en barco o por un puente a 3,5 km desde la isla Miyako, se halla Irabu, unida mediante seis puentes a la vecina Shimoji, en la cual hay dos profundos lagos verdes –Tori-ike– comunicados con el mar por un río subterráneo y un túnel.

Jardín botánico de Miyakojima

📍 1166-286 Higashinakasonezoe, Hirara **🕐** 8.30-18.00 diario

---

14

Islas Yaeyama
八重山諸島

A D2 **●** 430 km al SO de Okinawa **🌐** visitokinawajapan.com/ destinations/yaeyama-islands

Las Yaeyama son las islas más meridionales de Japón y ofrecen algunos de los mejores lugares de buceo de Asia.

Desde el aeropuerto y el puerto de la **isla de Ishigaki** se puede llegar a las demás islas del grupo. Cerca del puerto, el **Museo de Yaeyama** exhibe

El faro de Higashi Hennazaki, donde se encuentran el océano Pacífico y el mar de China Oriental ↑

Barcos con fondo transparente en la bahía de Kabira y buceo *(izquierda)* en las aguas de Ishigaki, una de las islas Yaeyama

cerámica, viejos tejidos *jofu* y canoas de tipo polinesio. No lejos está **Miyara Dunchi,** una casa nobiliaria del siglo XIX. El arrecife Shiraho, frente a la punta sureste de la isla, es la extensión de coral azul más grande del mundo. La bahía de Kabira, en la orilla norte, está salpicada de pequeñas isletas y acoge una industria de cultivo de perlas negras.

Taketomi (bambú abundante) es una isla tranquila y bien conservada. Su cuidado aspecto viene de la costumbre por la que cada vecino barre el tramo de calle que hay frente a su casa. La isla puede explorarse fácilmente a pie o en bicicleta.

Al oeste está Kondoi, la mejor playa de la isla, y también Kaiji, que tiene granos de arena en forma de estrella, fósiles de diminutos animales marinos. Sus aguas

sirven de morada a una rica vida marina tropical y las mariposas revolotean por la playa.

Iriomote es una isla compuesta en un 90% de bosques y jungla, protegidos desde 2021 como parte del patrimonio natural mundial de la Unesco. Se pueden realizar travesías por sus dos ríos más importantes –Nakama y Urauchi– y ver ostreros, manglares y árboles tropicales como la exótica palmera de Yaeyama. La isla es el último refugio del gato salvaje de Iriomote.

Yonaguni ofrece la posibilidad de pescar pez espada y bonito y beber *hanazake*, la bebida alcohólica más fuerte de Japón.

Ishigaki
✈ Desde Tokio, Osaka, Nagoya, Naha y Miyako
🌐 visitishigaki.com

Museo de Yaeyama
⊘ 📍 4-1 Tonoshiro, Ishigaki
📞 (0980) 82-4712 ⏱ 9.00–17.00 ma–do

Miyara Dunchi
⊘ 📍 178 Okawa, Ishigaki
📞 (0980) 83-5498
⏱ 9.00–17.00 mi–lu

Taketomi
🚢 Desde Ishigaki 🌐 visit-ishigaki.com/yaeyama-islands/taketomi-island

Iriomote
🚢 Desde Ishigaki 🌐 iriomote.com/top

Isla de Yonaguni
🚢 Desde Ishigaki ✈ Desde Naha e Ishigaki 🌐 yona-shoko.com/info/center

Goya
En este restaurante de Miyakojima, la *goya* se fríe, se encurte y hasta se prepara en helados.

📍 D2 📍 570-2 Hirara Nishizato, Miyakojima
🌐 zumi-goya.com

El puente Shinkyo salvando el río Daiya, en Nikko

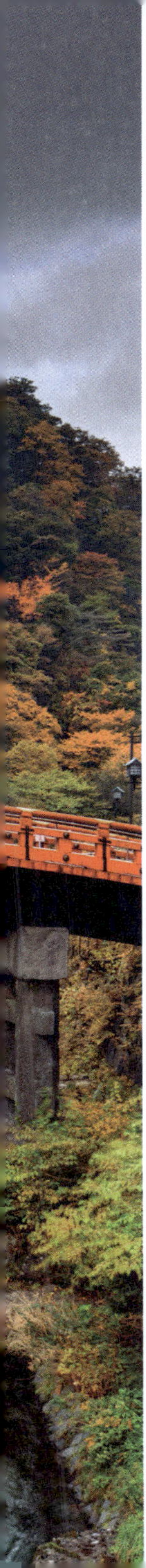

NORTE DE HONSHU

La reputación del norte de Honshu como lugar remoto no hace honor a su historia. En el pasado estuvo habitado por indígenas posiblemente del grupo ainu. En el siglo XII, Hiraizumi fue la capital del clan de los Fujiwara del norte, y en su esplendor llegó a rivalizar con Kioto. Durante el feudalismo, Morioka, Tsuruoka, Hirosaki y Aizu Wakamatsu fueron prósperas ciudades fortificadas. Más importante fue Sendai, gobernada antiguamente por el clan más poderoso del norte. Pese a estos asentamientos importantes, cuando el poeta de haikus Matsuo Basho emprendió en 1689 su ruta a pie de cinco meses hacia el norte de Japón, la comparó con un viaje a tiempos inmemoriales. Tres siglos más tarde, las líneas de *shinkansen* y rutas exprés ofrecen un acceso fácil y rápido: desde Tokio, se emplea el mismo tiempo en llegar aquí que a Osaka o Kioto.

El 11 de marzo de 2011, un terremoto de magnitud 9 y el posterior *tsunami* golpearon el norte del país. Más de 18.000 personas perdieron la vida, gran parte de la zona fue devastada y algunas áreas costeras quedaron totalmente destruidas. La central nuclear de Fukushima Daiichi también fue gravemente dañada por el *tsunami*. Gran parte del norte de Honshu ya ha sido reconstruido. Las obras de reconstrucción se han centrado en la sostenibilidad y el reconocimiento del poder de la naturaleza.

NORTE DE HONSHU

HOKKAIDO
p. 314

Minmaya · 280

339

Goshogawara

Aeropuerto de Aomori
Fukaura · *Iwaki-san 1.625 m* · 21 · E4
HIROSAKI

101

Hachimori
Odate
Takanosu
Noshiro · 7
AKITA

Gojome
PENÍNSULA DE OGA · 18 · *Moriyoshi-yama 1.454 m*
Oga · E7

Akita

KAKUNODATE · 13
Aeropuerto de Akita
Omagari · E46

Honjo
Yokote

Kisakata
Tobi-shima
Chokai-san 2.237 m
Ogachi

13 · 103

Sakata · Kaneyama

TSURUOKA · 9 · DEWA SANZAN
Mar de Japón (Mar del Este)
Atsumi · 11
Obanazawa

Sanpoku · 112
Awa-shima
Gas-san 1.984 m
Tendo
YAMAGATA

YAMADERA · 14
Asahi-dake 1.870 m
Murakami
Yamagata
Hajiki-zaki
Arakawa
E48

Aikawa · Ryotsu
113 · Oguni · Nanyo
SADO · 10
Shibata · Yonezawa

Ogi
Fukushima
Niigata · Aeropuerto de Niigata
Iide-san 2.105 m
121 · 13

Shirone
E49 · 49

Sanjo
KITAKATA · 4
Nagaoka
5 · PARQUE NACIONAL DE BANDAI-ASAHI

Kashiwazaki
AIZU WAKAMATSU · 6
Ojiya
Koriyama
Suzu
Koide
NIIGATA
Tajima
Sukagawa

Noto
Muika
FUKUSHIMA
Shirakawa

Joetsu
8
PARQUE NACIONAL DE NIKKO
Kuroiso

Itoigawa
Hiuchiga-take 2.346 m
349

Arai
E17
2
E4 · Yaita

Kurobe
8 · E8
Daigo
CENTRO DE HONSHU
p. 148
NIKKO · 1
TOCHIGI

Takaoka
Toyama
Nagano
Utsunomiya
MASHIKO
Hitachi

TOYAMA
41
GUNMA
Shibukawa
Tochigi · 3
Katsuta

Kamioka
19 · E19
Takasaki
Kasama · Mito

Furukawa
Ueda
18
Isesaki
Oyama

Oma

Sai

PENÍNSULA
DE SHIMOKITA **19**

Mutsu

Wakinosawa

338

279

Rokkasho

Hiranai

Noheji

AOMORI **20**

AOMORI

Misawa

Parque
Nacional de Towada
Hachimantai
(Sección de Towada)

E4A

Hachinohe

Lago
Towada

E45

Taneichi

103

Kazuno

Ninohe

Kuji

E4A

Kuzumaki

Fudai

PARQUE NACIONAL
DE TOWADA-HACHIMANTAI **17**

Iwaizumi

E4

MORIOKA **16**

Miyako

4

106

Todoga-saki

I W A T E

HANAMAKI

Yamada

45

TONO **15**

Kamaishi

E46

Kitakami

Ofunato

Mizusawa

HIRAIZUMI **8**

Rikuzen-Takata

Ichinoseki

Kesennuma

45

Shizugawa

Osaki

M I Y A G I

Ishinomaki

E4

MATSUSHIMA **7**

SENDAI **12**

Natori

✈ **Aeropuerto de Sendai**

Iwanuma

E6

Soma

Haramachi

6

Namie

*Otakine-yama
1.193 m*

Tomioka

E6

Iwaki

Kitaibaraki

O c é a n o
P a c í f i c o

Ou-sanmyaku

0 kilómetros   50

N

NORTE DE HONSHU

Esencial

1 Nikko

Lugares de interés

2 Parque Nacional de Nikko

3 Mashiko

4 Kitakata

5 Parque Nacional de Bandai-Asahi

6 Aizu Wakamatsu

7 Matsushima

8 Hiraizumi

9 Tsuruoka

10 Sado

11 Dewa Sanzan

12 Sendai

13 Kakunodate

14 Yamadera

15 Tono

16 Morioka

17 Parque Nacional de Towada-Hachimantai

18 Península de Oga

19 Península de Shimokita

20 Aomori

21 Hirosaki

Vistas del lago Chuzenji desde el segundo santuario Futara-san

❶

NIKKO
日光

🅰 F4 🏠 Prefectura de Tochigi 🚉 🚌 Nikko, Tobu Nikko
ℹ️ En estación Tobu Nikko; www.visitnikko.jp

Escrito con unos caracteres que significan *luz del sol*, la ciudad mística de Nikko se ha convertido en sinónimo de esplendor. En 744, el formidable sacerdote budista Shodo Shonin fundó aquí el templo Rinno-ji. Fue el primero de muchos y Nikko se convirtió en un famoso centro religioso budista sintoísta.

①

Santuario Takino-o

🏠 2310-1 Sannai 📞 (0288) 54-0535 🚌 Taiyuin Futarasan-jinja-mae 🕐 24 horas diario

Este santuario, que se cree dedicado a una deidad femenina, atrae a mujeres en busca del amor. Si se lanza una piedra desde lo alto de la *torii* y cae en el recinto, el deseo se cumplirá.

②

Puente Shinkyo

🚌 Shinkyo

A la izquierda del puente para vehículos, este puente (1904) rojo de madera laqueada se expande en arco sobre el río Daiya por el lugar donde, según la leyenda, Shodo Shonin cruzó el río sobre dos serpientes gigantes. El puente original, construido en 1636 para uso del sogún y de los mensajeros imperiales, fue destruido por una inundación.

③

Santuario Futara-san

🏠 2307 Sannai 🚌 Taiyuin Futarasanjinja-mae 🕐 8.00-17.00 diario (nov-mar: hasta 16.00) 🌐 futarasan.jp

Fundado por Shodo Shonin en 782, el santuario está consagrado a los dioses de las montañas Nantai (hombre), Nyotai (mujer) y Taro, su hijo. De hecho, se trata del santuario principal de un grupo de tres; los otros dos están en el lago Chuzen-ji y en el monte Nantai. La puerta de bronce está catalogada como patrimonio cultural. Pero lo más interesante del santuario para los visitantes es el alto farol de bronce conocido como *linterna fantasma* que, según se dice, adquiere forma de monstruo por la noche. Los cortes fueron producidos por la espada de un samurái aterrorizado que lo atacó cuando la llama empezó a parpadear. En el recinto también hay una *torii* como la de Takino-o, por donde se lanza una piedra para tener suerte, además de otros juegos de suerte o habilidad.

④

Templo Rinno-ji

🏠 2300 Sannai 🚌 Omotesando 🕐 8.00-17.00 diario (nov-mar: 8.00-16.00) 🌐 rinnoji.or.jp

Shodo Shonin fundó el primer templo de Nikko en 766 con el nombre Shihonryu-ji, que se cambió a Rinno-ji cuando pasó a manos de la secta Tendai, en el siglo XVII. El Sanbutsu-do (pabellón de los Tres Budas) es el más grande de Nikko. Las tres imágenes doradas de Buda Amida, Kannon Senju (de mil brazos) y Kannon Bato (con cabeza de caballo), a las que se consagra el pabellón, corresponden a las tres deidades montañeras que ocupan el santuario Futara-san. Pasado el pabellón, el pilar de bronce Sorinto, con sus nueve anillos, tiene en su interior 1.000 volúmenes de sutras (escrituras budistas) y un símbolo de la paz mundial.

El hermoso salón del Tesoro (Homotsuden) cuenta con una colección de piezas, muchas de ellas del periodo Edo. Detrás, el Shoyoen, un jardín de paseo decimonónico, está dispuesto para mantener su belleza todo el año. El sendero que lo atraviesa serpentea alrededor de un estanque y va dejando atrás faroles de piedra cubiertos de musgo.

← Estatua de Shodo Shonin, hallada cerca del templo Rinno-ji

⑤
Abismo Kanman-ga-Fuchi

🚌 Yasukawa-cho

Los ríos de lava de una erupción del monte Nantai combinados con las aguas del río Daiya han formado estas bellas y atípicas pozas. Entender por qué este abismo es un lugar sagrado para el budismo es muy fácil. El sendero que va junto al río está flanqueado por unas 70 estatuas de piedra de Jizo, el *bodhisattva* de los niños. Se conocen como estatuas fantasmas, pues parece que su número varía cada vez que se las mira.

⑥
Jardín Botánico de Nikko

📍 1842 Hanaishicho
🚌 Nikko Shokubutsuen
🕐 9.00-16.30 ma-do
🚫 1 dic-14 abr 🌐 bg.s.u-tokyo.ac.jp/nikko/eng

En estos jardines, que forman parte del jardín botánico Koishikawa de la Universidad de Tokio, crecen alrededor de 2.200 variedades de plantas y flores de todo el mundo. La flora del Parque Nacional de Nikko se expone en vitrinas. La mejor época para visitarlo es de abril a junio.

Nikko Yuba Zen
Este restaurante ofrece una moderna versión de la famosa *yuba* (nata de soja) de Nikko. Obligado reservar para cenas.

📍 1007 Kamihatsuishimachi, Nikko, Tochigi
🕐 ma 🌐 nikko-zen.co.jpp

💴💴💴

Hippari Dako
Un *izakaya* que sirve *yakitori* (brochetas de carne), *noodles* fritos y otras delicias japonesas. No abre por las tardes.

📍 1011 Kamihatsuishimachi, Nikko, Tochigi 📞 0288-53-2933 🚫 sá y do

💴💴💴

Gyoshintei
Rodeado de bosque, este encantador local sirve refinados menús *shojin-ryori* (vegetarianos).

📍 2339-1 Sannai, Nikko, Tochigi 🕐 ju 🌐 meiji-yakata.com/en/gyoshin

💴💴💴

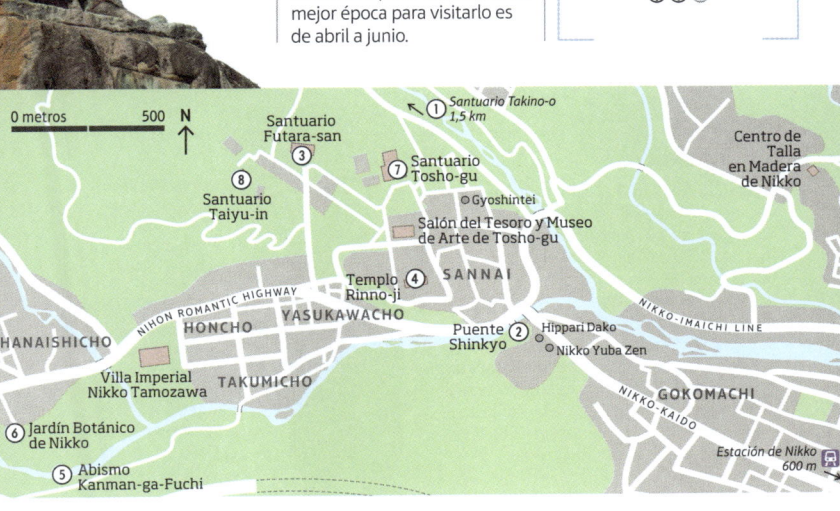

⑦ ⚐

SANTUARIO TOSHO-GU

東照宮

🏠 **2301 Sannai** 🚇 **Omotesando** 🕐 **9.00-17.00 diario (nov-mar: 9.00-16.00)** 🌐 **toshogu.jp**

Iemitsu Tokugawa construyó este impresionante mausoleo santuario para su abuelo Ieyasu Tokugawa. Durante dos años, cerca de 15.000 artesanos trabajaron construyendo, tallando, dorando, pintando y laqueando este majestuoso complejo de estilo Momoyama.

Aunque fue designado santuario sintoísta en la era Meiji, Tosho-gu conserva muchos de sus elementos budistas originales, como la biblioteca de sutras que refiere la historia del templo, la puerta Niomon y la inusual pagoda de cinco plantas con un pilar suspendido. La célebre *sugi-namiki* (avenida de cedros), que conduce al santuario, la plantó un señor feudal del siglo XVI. Es imprescindible ver la armadura Tokugawa en el salón del Tesoro o las puertas pintadas en el Museo de Arte. Recientemente se han realizado obras de renovación en algunas partes del complejo.

→

Las ornamentadas estructuras que conforman el complejo del santuario Tosho-gu

Honden (salón principal)

Haiden (sala de culto)

La puerta Yomeimon está decorada con bestias y flores.

El techo de Honji-do está pintado con el Dragón llorador, *cuyo eco resuena si se da una palmada.*

Torreón

El Rinzo contiene una biblioteca de sutras (escrituras budistas) dentro de una estructura circular.

La fuente sagrada está cubierta con un techo decorado de estilo chino. La pila de granito (1618) se utiliza para ritos de purificación.

IEYASU TOKUGAWA

Ieyasu (1543-1616) fue el taimado estratega y gran político que fundó la dinastía que gobernaría Japón durante más de 250 años. Hijo de un señor feudal de segunda fila, se pasó la vida acumulando poder hasta convertirse en sogún en 1603, a los 60 años. Construyó su capital en la aldea pantanosa de Edo (hoy Tokio) y su gobierno supuso el florecimiento de la cultura Edo. Después de su muerte se le consagró en un santuario y se le otorgó su nombre póstumo: Tosho-Daigongen, o *la gran encarnación que ilumina el Oriente.*

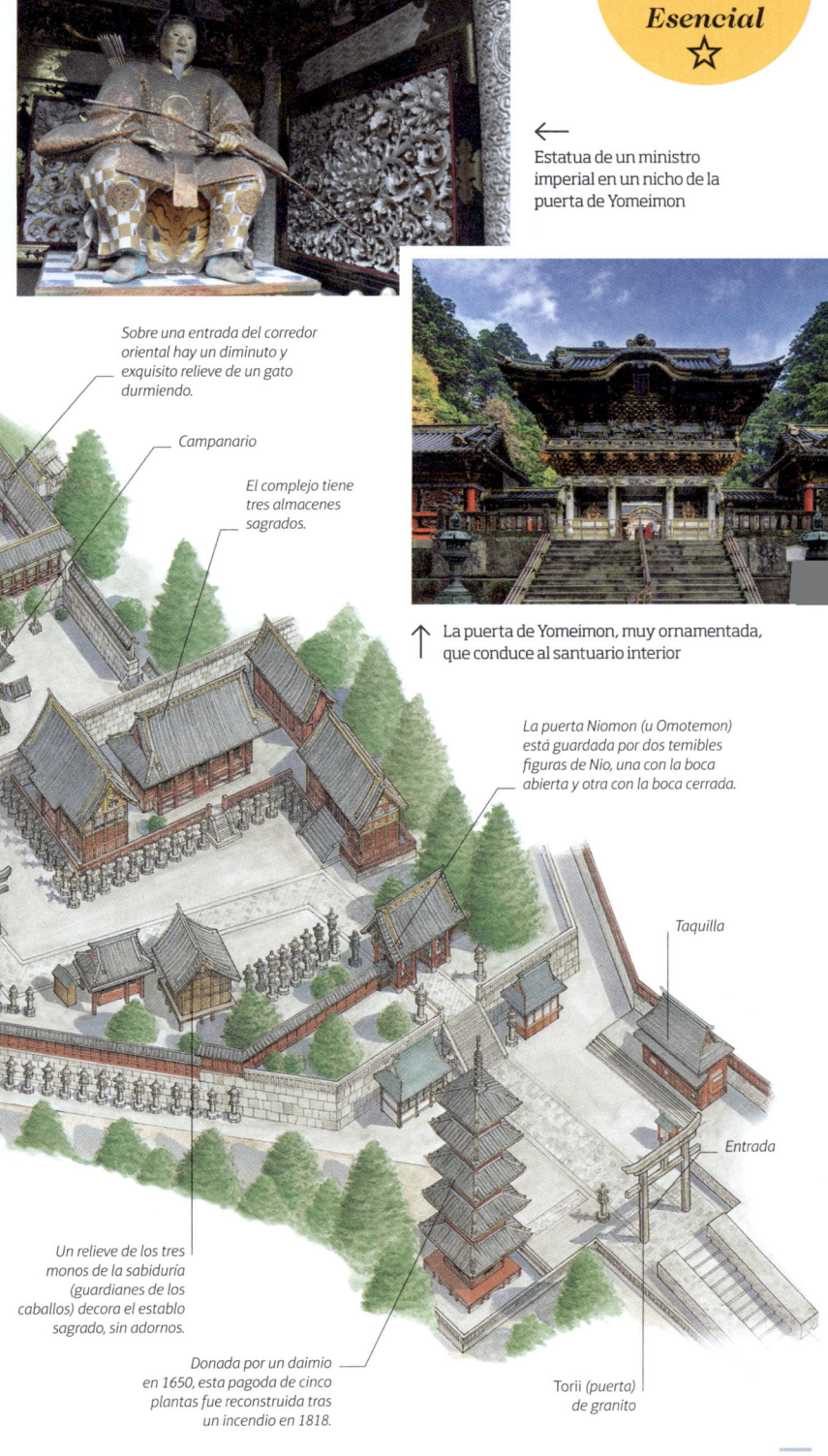

Estatua de un ministro imperial en un nicho de la puerta de Yomeimon

Sobre una entrada del corredor oriental hay un diminuto y exquisito relieve de un gato durmiendo.

Campanario

El complejo tiene tres almacenes sagrados.

La puerta de Yomeimon, muy ornamentada, que conduce al santuario interior

La puerta Niomon (u Omotemon) está guardada por dos temibles figuras de Nio, una con la boca abierta y otra con la boca cerrada.

Taquilla

Entrada

Un relieve de los tres monos de la sabiduría (guardianes de los caballos) decora el establo sagrado, sin adornos.

Donada por un daimio en 1650, esta pagoda de cinco plantas fue reconstruida tras un incendio en 1818.

Torii *(puerta)* de granito

(8)

SANTUARIO TAIYU-IN

大猷院

📍 **2300 Sannai** 🚌 **Taiyuin Futarasanjinja-mae** 📞 **(0288) 53-1567**
🕐 **8.00-17.00 diario (nov-mar: 8.00-16.00)**

Si Tosho-gu es espléndido, el santuario de Taiyu-in es sublime. Se construyó con modestia para que no eclipsara a Tosho-gu, señal de profundo respeto a Ieyasu Tokugawa. Pese a esta restricción, sigue siendo una tumba ornamentada que refleja el poder de la familia imperial.

Acabado en 1653, el santuario de Taiyu-in es el mausoleo de Iemitsu Tokugawa (1604-1651), el poderoso tercer sogún, nieto de Ieyasu Tokugawa, que cerró Japón al comercio exterior y lo mantuvo aislado del mundo durante más de 250 años. Tayuin es su nombre budista póstumo. Como sucede con Tosho-gu, el santuario de Taiyu-in ha conservado muchos de sus elementos budistas, pese a ser consagrado como santuario sintoísta en el periodo Meiji. Rodeado por un jardín de cedros, tiene una serie de puertas que ascienden hasta el *haiden* (sala de culto) y el *honden* (salón principal). Se puede admirar el interior del *haiden*, con techos artesonados y relieves, pero el *honden* suele estar cerrado al público. Las cenizas del sogún están enterradas debajo de la sexta y última puerta.

El honden *tiene un altar budista dorado con una estatua en madera de Iemitsu Tokugawa.*

Decorado con relieves de dragones, el haiden *luce pinturas de leones del siglo XVII.*

¿Lo sabías?

Para impedir que tomara el poder, Iemitsu obligó a su hermano Tadanga a hacerse el *seppuku* o *harakiri*.

1 El torreón y el campanario ya no se utilizan, pero el torreón significa nacimiento/ lo positivo, y la campana evoca la muerte/lo negativo.

2 Además de las tallas de madera de peonías, la puerta Yashamon está adornada con cuatro estatuas de Yasha, feroz espíritu guardián.

3 Un poderoso dios guerrero nio con el rostro colorado, que marca la entrada al santuario, hace guardia a ambos lados de la puerta Nio-mon, para ahuyentar a los espíritus malignos.

Entrada

Ai No Ma es una dependencia de paso muy decorada.

La puerta Karamon está adornada con delicados relieves, como una pareja de grullas.

El campanario hace pareja con el torreón adyacente.

← El complejo escalonado del refinado santuario Taiyu-in

La puerta Yashamon también es conocida como Botanmon (puerta de las Peonías) por los relieves que tienen la forma de esta flor.

Cuatro estatuas guardianas ocupan los nichos de la puerta Nitenmon.

En el techo que cubre la pila de esta fuente hay un dragón del siglo XVII pintado por Yasunobu Kano.

Los faroles de piedra fueron donados a lo largo de los años por los daimios.

Puerta Niomon

🔍 CURIOSIDADES
Escalera al cielo

Aunque permanece siempre cerrada, vale la pena ver la puerta Kokamon, que conduce a las cenizas de Iemitsu Tokugawa. La escalera serpentea tras esta puerta de estilo chino para acceder a los inmensos cedros.

LUGARES DE INTERÉS

 2

Parque Nacional de Nikko
日光国立公園

△ F4 **△ Prefecturas de Tochigi, Fukushima y Gunma** **🚌 Desde las estaciones Nikko y Tobu-Nikko** **🛈 Nikko y Tobu-Nikko Stns; www.visitnikko.jp**

El grandioso parque nacional que abarca Tosho-gu, es en su mayor parte, una meseta volcánica llena de lagos, cascadas y manantiales termales. A Oku-Nikko, el interior montañoso, se accede con un autobús que va hasta el lago Chuzenji, al oeste de Nikko. Las curvas cerradas de Irohazaka, a lo largo de la antigua subida al monte sagrado Nantai, arrancan en Umagaeshi (la vuelta de los caballos), donde los peregrinos tenían que desmontar y seguir el camino a pie. En la orilla oriental del mismo, las cascadas Kegon se precipitan 96 m hasta el río Daiya. Un ascensor sube hasta un mirador, en la base de las cascadas.

 3

Mashiko
益子

△ F4 **△ Prefectura de Tochigi** **🚆 Mashiko** **🚌 Desde estación Tobu-Utsunomiya** **🛈 Junto a estación Mashiko; http://mashiko-tourism.com**

Fue el hogar del famoso alfarero Shoji Hamada (1894-1978), uno de los fundadores del movimiento *mingei* (artesanía popular), y está repleto de talleres de alfarería. El **Museo Mashiko Sankokan** alberga el estudio de Hamada, junto con su colección de cerámica. En la esquina, junto a Toko, se halla la novena generación de **Tintes Higeta Aizome**, con sus tanques de teñido en añil hundidos en el suelo.

Museo Mashiko Sankokan

⊛ **🏠 3388 Mashiko** **🕐 9.30-17.00 ma-do** **🌐 mashiko-sankokan.net**

Tintes Higeta Aizome

🏠 1 Jonaizaka **📞 (0285) 72-3162** **🕐 8.30-17.00 ma-do**

 LA MEJOR FOTO
El puente más fotogénico

Construido en 1636, el puente Shinkyo de Nikko es uno de los más espectaculares de Japón. Su color rojo fuego en contraste con el paisaje montañoso que lo rodea es perfecto para una gran fotografía.

 4

Kitakata
喜多方

△ F3 **△ Prefectura de Fukushima** **🚆 Kitakata** **🛈 En la estación JR; www.kitakata-kanko.jp**

Los *kura* (almacenes) con paredes de barro se utilizaban para proteger el sake, el miso, el arroz y otras provisiones del fuego, los robos y los roedores. Kitakata reúne más de 2.600, incluyendo un templo de estilo *kura*. Hay varios *kura* bordeando la calle Fureai o en el distrito Otazuki

←

Las cascadas de Kegon, rodeadas del hermoso follaje otoñal, en el Parque Nacional de Nikko

↑ Rezando en el cementerio de samuráis de Byakkotai, en Ilimoriyama, cerca de Aizu Wakamatsu

Kura. El **Museo de la Destilación de Sake de Yamatogawa** ofrece visitas y degustaciones. Kitakata es también célebre por las muñecas *oki-agari*, que vuelven a su posición erguida al derribarlas.

Museo de la Destilación del Sake de Yamatogawa

 4761 Teramachi 9.00-16.30 diario (reservar antes) yauemon.co.jp

5

Parque Nacional de Bandai-Asahi
磐梯朝日国立公園

F3 Prefecturas de Yamagata, Niigata y Fukushima Fukushima, Tsuruoka o Inawashiro, luego autobús En estaciones Yamagata y Aizu-Wakamatsu; www.env.go.jp/en/nature/nps/park/bandai

El 15 de julio de 1888, una erupción del monte Bandai mató a 477 personas. La belleza del Parque Nacional de Bandai-Asahi se debe al color de los lagos y pantanos creados a partir de los depósitos de minerales. El parque, salpicado de balnearios y campings, está atravesado por cinco carreteras de peaje, entre ellas la Bandai-Azuma (abierta del 22 de abril al 5 de noviembre).

La mejor forma de recorrerlo es en coche o autobús.

Goshikinuma (pantanales de cinco colores) es un sendero de 4 km que parte de las paradas de autobuses Goshikinuma o Bandai-kogen.

6

Aizu Wakamatsu
会津若松

F3 Prefectura de Fukushima Aizu-Wakamatsu En la estación Wakamatsu; www.samurai-city.jp

Antiguo dominio del segundo clan más poderoso del norte, Aizu Wakamatsu es una ciudad orgullosa de su pasado samurái. Relacionado con los Tokugawa, el clan Aizu-Matsuaira se opuso al emperador en el siglo XIX. En la guerra de Boshin de 1868, los Byakkotai (tigres blancos), samuráis adolescentes que combatían a las tropas imperiales, creyeron que el castillo había sido conquistado y se suicidaron en Iimoriyama, la colina donde están enterrados.

Los principales lugares de interés están dispersos, por lo que se puede adquirir un abono de un día en la estación de autobuses. El **castillo de Tsuruga,** corazón de la ciudad

600 años, fue reconstruido en 1965 como museo. Al este, la **residencia samurái** (Buke-ya-shiki), una reproducción de una casa de samuráis de 38 habitaciones. Cerca, el **Oyakuen** (jardín de plantas medicinales) de una villa del siglo XVII contiene más de 200 especies. Para comprar, lo mejor es ir a Nanukamachi-dori, llena de tiendas antiguas.

Castillo de Tsuruga

 1-1 Otemachi Tsurugajo Iriguchi 8.30-17.00 diario tsurugajo.com

Residencia samurái

1 Higashiyamamachi Ishiyama Aizu Bukeyashiki-mae abr-nov: 8.30-17.00 diario; dic-mar: 9.00-16.30 diario bukeyashiki.com

Oyakuen

 8-1 Hanaharumachi Oyakuen-mae 8.30-17.00 diario tsurugajo.com/oyakuen

---

🛏

Turtle Inn Nikko
En esta apacible posada muy bien situada junto al río en el Parque Nacional de Nikko, la vajilla es de estilo *mashiko-yaki*.

F4 2-16 Takumicho, Nikko, Tochigi 321-1433 turtle-nikko.com

¥¥¥

Nikko Kanaya Hotel
Este hotel de lujo al pie del monte Daikokusan, en el Parque Nacional de Nikko, está al lado del templo budista de Rinno-ji.

F4 1300 Kamihatsuishimachi, Nikko kanaya hotel.co.jp

¥¥¥

 Comprando ostras frescas en el mercado mayorista de pescado de Shogama, en Matsushima

❼ Matsushima
松島

🅰G3 ⬥Prefectura de Miyagi 🚇Matsumisha-Kaigan ℹJunto al muelle turístico de Matsushima; www.matsushima-kanko.com

El mercado de pescado al por mayor de Shiogama, abierto desde la madrugada hasta las 13.00, es un buen lugar para hacerse una idea de la visita que realizó Matsuo Basho en 1689 a la bahía de Matsushima. El mercado es célebre por sus subastas de atún. Merece la pena comer en algún restaurante de *sushi* antes de tomar el ferri a Matsushima.

Durante el *tsunami* de marzo de 2011 Matsushima se libró de la destrucción que sufrieron algunas ciudades más al norte debido a su situación con respecto a la ola, y gracias a las numerosas islas de su bahía. Estos islotes hacen de Matsushima una de las imágenes más famosas de Japón. La mejor manera de disfrutar de la bahía es tomar un barco turístico, desde Shiogama o Matsushima. A un corto paseo desde el puerto de esta última hay lugares interesantes, como el templo Zuigan-ji, construido a principios del siglo XVII por el *daimyo* Masamune Date, o los restaurantes que sirven las preciadas ostras de Matsushima.

---

❽ Hiraizumi
平泉

🅰G2 ⬥Prefectura de Iwate 🚇Hiraizumi ℹJunto a estación JR; www.town.hirai zumi.iwate.jp/heritage/

Hace 900 años, el clan Fujiwara del norte, durante el mandato de Fujiwara Kiyohira, hizo de esta pequeña ciudad una capital cultural y económica superada solo por Kioto. Tres generaciones después, Hiraizumi era solo ruina. Yoshitsune –el arquetipo de héroe trágico japonés– se refugió aquí de Yoritomo, su hermano y primer sogún de Japón, pero fue traicionado y asesinado por Yasuhira, el último líder Fujiwara. Yoritomo se enfrentó después al propio Yasuhira y el clan fue exterminado.

En su momento álgido, Hiraizumi tuvo 100.000 habitantes. Con el deseo de crear un paraíso budista en la tierra, Kiyohira enriqueció los templos del siglo IX Chuson-ji y Motsu-ji. Chuson-ji está a cinco minutos en autobús desde la estación, tras una subida flanqueada por altísimos cedros de Japón. Conserva dos edificios originales: el pabellón Dorado, con pan de oro lacado, donde yacen los tres primeros líderes Fujiwara, y el pabellón Sutra. El salón del Tesoro guarda piezas del clan y del templo.

Todo lo que queda del Motsu-ji (a 10 minutos andando desde la estación) son los cimientos y el jardín del paraíso del periodo Heian.

---

❾ Tsuruoka
鶴岡

🅰F2 ⬥Prefectura de Yamagata 🚇Tsuruoka ℹEn el centro comercial frente a la estación JR; tsuruokacity.com

La puerta de entrada a Dewa Sanzan fue el emplazamiento

del castillo del clan Sakai. La mayor atracción de este simpático pueblo es el **Museo Chido,** al oeste del antiguo castillo, que incluye una granja *kabuto-zukuri* y maravillosas piezas folclóricas, como barriletes de sake lacados, varas de pescar hechas en bambú y *bandori* (mochilas) de paja. Al sureste está **Chidokan,** que fue una escuela para jóvenes samuráis.

Museo Chido

 10-18 Kachushinmachi (0235) 22-1199 Mar-nov: 9.00-16:30 diario; dic-feb: 9.00-16.30 ju-ma chido.jp

Chidokan

11-45 Babacho 9.00-16.30 ju-ma chido.jp

10

Sado
佐渡島

E3 Prefectura de Niigata Ferri o *hydrofoil* desde Niigata (ciudad) hasta Ryotsu 2F puerto de Ryotsu; www.visitsado.com/en

Aunque recibe más de un millón de visitantes cada año, Sado ha logrado preservar un sabor a tiempos antiguos. Durante siglos, esta delicada isla, situada a 60 km de la costa

EL GRUPO DE TAMBORES KODO

Kodo, uno de los grupos de tambores *taiko* más famosos y dinámicos, es célebre por sus conciertos de tambor, flauta, canción y danza. Kodo significa *niños del tambor* y *latido.* El corazón latente de Kodo es el *o-daiko,* un tambor convexo de madera que se toca en los festivales populares. Kodo dedica gran parte del año a actuar en Japón y en el resto del mundo. Cada año, durante tres días, la Celebración de la Tierra atrae a Sado a numerosos músicos internacionales.

noroeste de Honshu, fue lugar de acogida de exiliados políticos, incluido el emperador Juntoku en 1221, el sacerdote Nichiren en 1271 y el actor y dramaturgo de teatro *noh* Zeami, en 1433. La isla, que llegó a tener 88 teatros *noh,* conserva aún unos 35. En 1601, el descubrimiento de oro en Aikawa supuso la llegada masiva de presos, obligados a trabajar en las minas.

Hay autobuses que unen los pueblos de la isla y autocares turísticos. Al este, Ryotsu –el puerto principal– ofrece en Honma Noh representaciones de teatro *noh* al aire libre. En Aikawa, en la costa oeste, la **mina de oro Sado Kinzan** recrea las duras condiciones de trabajo.

Los tambores de **Kodo** son la atracción más famosa de la isla. El **Centro de Taiko Isla de Sado,** en Ogi, organiza talleres.

Mina de oro Sado Kinzan

1305 Shimoaikawa Hasta Aikawa Eigayosho abr-oct: 8.00-17.30 diario; nov-mar: 8.30-17.00 diario sado-kinzan.com

Centro de Taiko Isla de Sado

150-3 Ogikaneta Shinden tatakokan.jp/en

↑ El salvaje paisaje de Sado, con agrestes formaciones rocosas a lo largo de la costa

↑ La pagoda budista de cinco plantas del monte Haguro, en Dewa Sanzan

⓫ Dewa Sanzan
出羽三山

🅰F2 🅐Prefectura de Yamagata 🚌Desde la terminal de autobús S del centro comercial, cerca de la estación JR Tsuruoka 🛈En el centro comercial frente a estación Tsuruoka; data. yamagatakanko.com

Dewa es el antiguo nombre de la región, y Sanzan son las tres montañas –Haguro-san (monte del Ala Negra), Gassan (monte Luna) y Yudono-san (monte del Baño)– que Hachiko, un príncipe imperial convertido en sacerdote errante, hizo accesibles para fines religiosos hace 1.400 años.

A la cima del **monte Haguro** se llega tras subir 2.446 escalones flanqueados por cedros de Japón. Hay que tomar un autobús hasta Haguro Center para iniciar el ascenso. En la segunda etapa hay una casa de té con vistas del valle del río Mogami. Otro sendero conduce hasta las ruinas de un templo que alojó al poeta Matsuo Basho. En la cima están el santuario Dewa Sanzan, con el tejado

de paja más alto de Japón, y tumba del príncipe Hachiko. Tras la Restauración Meiji de 1868, los templos Shugendo pasaron a ser santuarios sintoístas. La única estructura budista que se conserva es la pagoda de cinco plantas que hay en la base de la escalinata.

El **monte Gassan,** coronado también por un santuario, ofrece flora alpina y esquí en verano. Hasta la cima hay un sendero de 5 km desde la parada de autobús de Hachigome. El santuario del **monte Yudono,** a 2,5 km de la parada de autobús del hotel Yudonosan, cuenta con un manantial de aguas termales. De camino a la cima se pueden ver sacerdotes momificados –ejemplos de *soku-shin jobutsu* (budas vivientes)– en los templos Dainichi-bo y Churen-ji.

Monte Haguro
🔵 Abr-nov: 8.30-16.30 diario; 9.30-16.00 diario

Monte Gassan
🔵Jul-oct

Monte Yudono
🔵Prin may-fin oct

Sendai
仙台

🅰G3 🅐Prefectura de Miyagi 🚆🚌Senzai 🛈En estación 2F JR Sendai; www.discoversendai.travel

Fundada hacia 1600 por el señor feudal Masamune Date, Sendai es la ciudad más grande del norte. El santuario Osaki Hachiman es una joya laqueada en negro ubicada al noroeste. Domina las ruinas del castillo de Aoba (1602) la estatua del guerrero Masamune, apodado "el dragón de un ojo". Las ruinas yacen en un parque al oeste de la estación, al final de Aoba-dori, al que se llega en autobús. Unas pocas paradas más allá, en Zuihoden, los mausoleos con relieves de Date fueron reconstruidos tras la guerra, imitando el estilo del periodo Momoyama.

A las afueras de la ciudad, hacia el oeste se halla la zona de Akiu Onsen, con *ryokan* y baños termales, lo que la convierte en base perfecta para explorar el entorno.

BASHO Y LA POESÍA HAIKU

El poeta Matsuo Basho (1644-1694) perfeccionó el estilo poético que llegó a ser conocido como haiku. El haiku clásico tiene 17 sílabas (en versos de 5, 7 y 5 sílabas), incluye una palabra estacional y se refiere a una imagen objetiva del presente. Basho dedicó casi toda su vida a viajar y escribir haikus. Su diario de viajes, *Por sendas de montaña,* detalla su peregrinaje de cinco meses en 1689 y, desde entonces, ha servido de inspiración para que otras personas hagan el mismo viaje.

SECTAS BUDISTAS

En los últimos 1.500 años, desde que los primeros sacerdotes de Asia continental llevaron el budismo a Japón en el siglo VI, cientos de escuelas, sectas y subsectas budistas han evolucionado en el país.

Las diferentes creencias atrajeron a distintos grupos de nobles, samuráis y súbditos, cada uno de los cuales adaptó la práctica a sus propios fines. El zen -muy practicado por los samuráis y dividido en varias sectas- es para muchos turistas actuales la religión más depurada de Japón, pero, en realidad, es uno más de entre los diferentes movimientos originados en China. Entre otras escuelas que han florecido en Japón tras la Segunda Guerra Mundial, las sectas Tendai y Shingon del budismo esotérico tienen millones de devotos.

↑ Un hombre relajándose en el jardín de un templo budista

MOVIMIENTOS BUDISTAS

Budismo zen
Esta escuela se desarrolló durante el periodo Kamakura (1185-1333). Existen tres sectas principales, Soto, Rinzai y Obaku, y todas enfatizan la importancia del *zazen* (meditación) y de la autoayuda.

Shingon
Fundada en Japón por el monje Kukai en el siglo IX, esta rama incorpora elementos hindúes como el cántico de mantras.

Tendai
Exportada a Japón en el siglo IX por el monje Saicho, Tendai insiste en la devoción abnegada. Desde su base, en el monte Hiei, promovió las sectas Jodo, Jodo Shin y Nichiren.

Shugendo
Esta secta brotada de la escuela Shingon combina creencias budistas y sintoístas con la religión popular japonesa, y promueve prácticas ascetas en retiros de montaña.

↑ La figura contemplativa de bronce del Gran Buda, en Kamakura

↑ Los cerezos en flor bordean las orillas del río Hinokinaigawa en Kakunodate

Pairon

Este restaurante de Morioka ofrece fideos *jajamen,* servidos con *niku-miso* (miso con carne picada) frito. Tras los fideos, se rompe un huevo en el caldo y se sorbe.

🗺G2 📍5-15 Uchimaru, Morioka 🌐pairon. iwate.jp/

Azumaya

Morioka es la cuna del *wanko-soba,* una forma tradicional de comer fideos. En Azumaya animan a comer tantos cuencos individuales como se pueda. El récord está en 570 cuencos.

🗺G2 📍1-8-4 Nakanohashidori, 🌐wankosoba.jp

---

⑬

Kakunodate
角館

🗺G2 📍Prefectura de Akita 🚉Kakunodate 🛈En la estación JR; https://tazawako-kakunodate.com/en

Aunque Kakunodate no conserva muchas casas de samuráis, el ambiente sigue evocando su pasado. Los más de 150 cerezos llorones que hay en el distrito de Uchimachi, traídos desde Kioto hace casi 300 años, son Tesoro Natural Nacional.

Hay muchas casas de samuráis abiertas al público. La **Aoyagi-ke** tiene colecciones de antigüedades y armaduras samurái. En la **Ishiguro-ke,** los travesaños entre habitaciones proyectan sombras a la luz de las velas. En Uchimachi, el **Museo Denshokan,** de ladrillo rojo, expone piezas y ofrece muestras de oficios artesanales, como *kabazaiku* (objetos de corteza de cerezo) o *itayazaiku* (cestas y objetos hechos con tiras de arce).

Aoyagi-ke
♻🏠😊 📍3 Omotemachi-Shimocho 🕐Abr-nov: 9.00-17.00 diario (dic-mar hasta 16.30) 🌐samuraiworld.com

Ishiguro-ke
♻📍1 Omotemachi-Shimocho 📞(0187) 55-1496 🕐9.00-17.00 diario (dic-mar: hasta 16.00) 🌐hana.or.jp/~bukeishi

Museo Denshokan
♻📍10-1 Omotemachi-Shimocho 📞(0187) 54-1700 🕐Abr-nov: 9.00-17.00 diario (dic-mar: hasta 16.30)

---

⑭

Yamadera
山寺

🗺G2 📍Prefectura de Yamagata 🚉Yamadera 🛈4495-15 Yamadera; www. rissyakuji.jp

El poeta Matsuo Basho *(p. 308),* visitó el templo de Yamadera en 1689 y escribió uno de sus clásicos haikus: "silencio/la voz de la cigarra/penetra las rocas". Conocido como "templo de la montaña" y llamado de forma oficial Risshaku-ji, a sus pies hay varios edificios, una estatua de Basho y su haiku grabado en piedra. Al templo principal se accede tras subir unos 1.000 escalones por la falda de la montaña, dejando atrás estatuas de piedra cubiertas de musgo y santuarios diminutos. Es una subida evocadora que ofrece vistas del valle.

Mientras que a Basho le llevó meses recorrer a pie el norte de Honshu, para los viajeros de hoy Yamadera es una excursión de un día desde Sendai o Yamagata.

Tono
遠野

🗺 G2 🏠 Prefectura de Iwate 🚉 Tono 🚻 Junto a la estación JR; www.tonojikan.jp/ml

En Tono, la gente conserva las tradiciones, aunque hayan cambiado desde que el folclorista Kunio Yanagita las reuniera en el libro las *Leyendas de Tono* (1910). Hoy quedan pocas *magariya* (casas en forma de L compartidas por personas y caballos), pero las montañas son igual de bellas.

A los lugares de interés es mejor ir en bicicleta, que se puede alquilar en la estación. En el centro de la ciudad, el excelente **Museo Municipal** ofrece una visión de la cultura y folclore locales, mientras que en Denshoen los expertos enseñan oficios tradicionales. Cerca, el arroyo Kappabuchi y el templo Joken-ji se consideran el hogar de los *kappa* (duendes de agua). Al noroeste de la estación está la aldea Tono Furusato, con sus seis *magariya*, en las que se muestran los trabajos artesanales. El santuario Hayachine, a 30 minutos en coche de la estación, es célebre por sus *kagura* (danzas sagradas). El monte Hayachine es ideal para escaladores.

→

El otoño en todo su esplendor en torno a las evocadoras ruinas del castillo de Morioka

MUÑECAS JAPONESAS

Hace más de mil años se cosían a la ropa de los bebés sencillas muñecas de trapo, llamadas *sarukko*, para protegerlos. Las muñecas de arcilla desenterradas en yacimientos de la era Jomon también pudieron tener una función simbólica. Estas muñecas recuerdan a las *oshirasama* -figuras muy sencillas de morera o bambú, normalmente de un caballo y una niña- que aún se encuentran y veneran en zonas del norte de Japón. Otras muñecas son las *kokeshi*, sin piernas y pintadas, que se fabrican en ciudades del norte, como Morioka; las *ohinasama*, delicadas muñecas vestidas de seda que se exponen en el Día de las Niñas (3 mar), y las *anesan ningyo* (gran muñeca hermana), hechas en papel.

MUÑECA KOKESHI

Museo Municipal

◈ 🏠 3-9 Higashidatecho 📞 (0198) 62-2340 🕐 abroct: 9.00-17.00 diario; nov-mar ma-do 🚫 Último día del mes may-oct; 24-30 nov; festivos

Morioka
盛岡

🗺 G2 🏠 Prefectura de Iwate 🚉 Morioka 🚻 2ª planta, estación JR; www.moriokahachimantai.jp

El antiguo centro del feudo de Nanbu es hoy la capital de Iwate y un nudo de transportes hacia el norte. Morioka es conocida por las *tetsubin* (teteras de hierro) de Nanbu y por el monte Iwate, el volcán que se cierne sobre ella. En octubre, los salmones remontan el río Nakatsu, uno de los tres ríos que dividen la ciudad.

Cerca de las ruinas del castillo de Morioka hay un cerezo de unos 350 años, que ha crecido en la grieta de una piedra. Sobre el río Nakatsu se halla la **herrería Suzuki Morihisa**, con magníficas piezas de hierro. Si se busca artesanía, como las bonitas muñecas *kokeshi*, se puede ir a Konya-cho (calle de los Tintoreros) y a Zaimoku-cho (calle de la Madera).

Herrería Suzuki Morihisa

🏠 1-6-7 Minamiodori 🕐 9.00-17.00 lu-vi, 10.00-16.00 sá 🌐 suzukimorihisa.com

Parque Nacional de Towada-Hachimantai

十和田八幡平立公園

G1 **Prefecturas de Akita, Aomori e Iwate** **Morioka y Aomori** **Desde las estaciones al lago Towada o Hachimantai** **En lago Towada; www.env.go.jp/en/nature/nps/park/towada**

Este parque nacional se divide en dos secciones; de estas, la montañosa Hachimantai está a 60 km al sur de la de Towada. El mejor medio para desplazarse es en coche: hay pocos trenes y los autobuses no funcionan en invierno. Hachimantai ofrece infinidad de pistas de senderismo y esquí, ríos de lava congelada, flora alpina y buenas vistas.

La zona, muy visitada por turistas locales, cuenta con carreteras panorámicas (de peaje), balnearios, estaciones de esquí y centros turísticos. El *onsen* Goshogake y la estación de esquí de Hachimantai Resort son paradas interesantes en las que se pueden hacer compras.

En la sección de Towada destaca el lago homónimo. Su símbolo, una estatua de dos chicas (1953) obra de Kotaro Takamura, se halla en la orilla sur. Más llamativa es la garganta de Oirase, que se extiende a lo largo de 9 km al este. Al norte del lago hay posadas-balneario, entre ellas el Tsuta Onsen Ryokan.

 Península de Oga

男鹿半島

F1 **Prefectura de Akita** **Oga** **Junto a estación JR; www.oga-ogata-geo.jp**

Esta península con forma de bota se adentra 20 km en el mar de Japón y posee una costa rocosa, agradables pueblitos pesqueros, buen marisco y colinas cubiertas de cedros de Akita. El mirador del monte Kanpu ofrece una vista que abarca montañas, mar y arrozales. La península destaca por su festival Namahage de Año Nuevo, en el que hombres con máscaras de demonios con cuernos y voluminosos abrigos de paja van de casa en casa asustando a los niños para que sean buenos, y a los vagos, para que trabajen. El Namahage Sedo Matsuri, la versión turística del festival, se celebra en febrero en el santuario Shinzan, en la ciudad de Oga.

 Península de Shimokita

下北半島

G1 **Prefectura de Aomori** **Shimokita** **Junto a estación JR Shimokita; www.mutsu-kanko.jp/en**

En el interior de esta bella península se eleva el despoblado Osorezan (monte Temible), una de las tres montañas consagradas a los espíritus de los muertos, con un cráter cubierto por un lago y aguas sulfurosas. Está abierto de mayo a octubre, y del 20 al 24 de julio hay médiums ciegos *(itako)* que se comunican con los espíritus. Hay un ferri que recorre la costa oeste, desde Sai hasta Hotoke-ga-ura (costa de Buda), que pasa junto a acantilados y formaciones rocosas. En el suroeste, en el puerto de Wakinosawa viven macacos de las nieves. De aquí sale un ferri a Aomori.

 Aomori

青森

G1 **Prefectura de Aomori** **Shin-Aomori, Aomori** **En estación de autobús JR; www.aomori-tourism.com/**

Aomori acoge a principios de agosto el festival Nebuta Matsuri y **Sannai-Maruyama**, un yacimiento de la era Jomon. Desde su descubrimiento, en 1993, se han hallado reliquias y ruinas de gran valor de hace 4.000-5.500 años, incluidos un saco tejido, lacas rojas y figuras de arcilla. Lo más impresionante son las casas en zanja reconstruidas y un edificio sobre pilares.

Sannai-Maruyama

5 km SO del centro de la ciudad **Desde estaciones Shin-Aomori y Aomori hasta Sannai-Maruyama** **Jun-sep: 9.00-18.00 diario; oct-may: 9.00-17.00 diario** **Último lunes de mes** **sannaimaruyama.pref.aomori.jp**

 Hirosaki

弘前

F1 **Prefectura de Aomori** **Hirosaki** **Estación de Hirosaki; www.hirosaki-kanko.or.jp/en**

El centro cultural y educativo de Aomori, Hirosaki, es una

←

Cascada durante la estación otoñal en la garganta de Oirase

El castillo de Hirosaki, rodeado por un foso, antiguo hogar del clan Tsugaru ↑

deliciosa ciudad. La mayoría de las calles conducen al parque Hirosaki, antiguo recinto del castillo de los señores de Tsugaru. El castillo fue destruido por un rayo, pero conserva su pintoresca torre principal de 1810, torres, puertas y tres fosos. Kamenokomon –la imponente puerta principal– está en el lado norte, donde permanecen en pie casas históricas de samuráis. No lejos, **Tsugaruhan Neputa Mura** expone las carrozas de Neputa que salen en desfile durante el festival de verano de Hirosaki. Los visitantes pueden hacer artesanía local y tomar lecciones de *shamisen*.

El parque del castillo es célebre por sus cerezos, que florecen a finales de abril. En el parque, el **Museo de Hirosaki** está dedicado a la historia local y organiza exposiciones. Un total de 22 templos flanquean el ac-

ceso al **templo Chosho-ji,** de la familia Tsugaru, construido sobre un risco con vistas a la llanura de Hirosaki y al monte Iwaki. La puerta de dos alturas incorpora aleros muy inclinados para soportar las fuertes nevadas. Un pabellón lateral alberga estatuas policromadas de los 500 discípulos de Buda. El cuerpo momificado del 12º señor de Tsugaru se expone en el pabellón principal.

Las calles en torno al castillo se diseñaron como un laberinto para burlar al enemigo. El gran Kankokan (centro de información municipal), al sur del parque, exhibe una exposición de artesanía local. Otro espacio artesano es Tanakaya, en la esquina de Ichiban-cho, que expone y vende lacas de Tsugaru. En Minami Sakura-cho, Miyamoto Kogei vende cestas de *akebi*, el fruto de una vid de las montañas.

Tsugaruhan Neputa Mura
⊛🕐🏠61 Kamenokomachi
🕐9.00–17.00 diario
🌐neputamura.com/en

Museo de Hirosaki
⊛🏠1-6, Shimoshiroganecho
📞(0172) 35-0700 🕐9.30–16.30 diario

Templo Chosho-ji
⊛🏠1-23-8 Nishi-Shigemori
📞(0172) 32-0813 🕐abr-nov: 9.00-16.00 diario, con cita previa cita dic-mar

 CURIOSIDADES
Arte arrocero

La aldea de Inakadate, cerca de Hirosaki, es famosa por las formas artísticas de sus arrozales; el uso de la perspectiva en sus diseños hace que los dibujos se aprecien mejor desde la plataforma de observación de 22 m.

Ichinosuke
Este *izakaya* (bar) está especializado en comida tradicional de Aomori y en *jizake,* sake local.

🅰G1 🏠1-5-19 Yasukata Aomori 🌐ichinosuke-aomori.gorp.jp

Tsugaru Joppari Isariya Sakaba
Este *izakaya* de estilo agrario en Aomori frece música *shamisen* en vivo.

🅰G1 🏠2-5-14 Honcho, Aomori 🌐maruto misuisan.jpn.com/ isariya-tugaru

A-Factory
Este lugar de moda en Aomori combina fábrica, bar y tiendas, y lo enseña todo sobre la elaboración de sidra.

🅰G1 🏠1-4-2 Yanakawa, Aomori 🌐jre-abc.com/ wp/afactory

Esquí de fondo en las montañas de Hokkaido

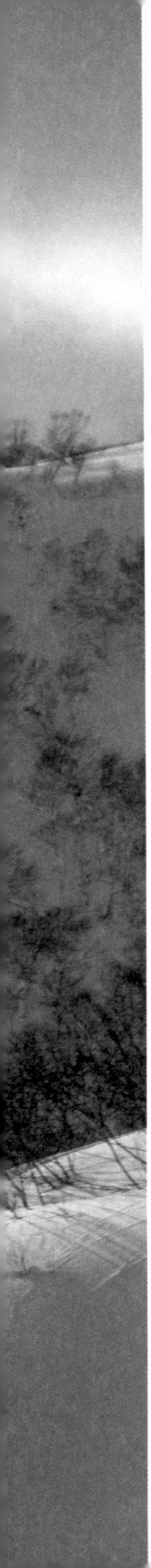

HOKKAIDO

Esta antaño remota isla del norte fue habitada por primera vez hace 20.000 años y se convirtió a partir del siglo XII en reducto del pueblo indígena ainu. Los japoneses realizaron incursiones en Yezo (tal y como se llamaba la isla), pero la consideraron una tierra remota, inhóspita y fría. Durante siglos, aparte de guerreros refugiados y criminales desterrados, pocos se aventuraron a ir hacia el norte a esta extensa isla. Sin embargo, a finales de la década de 1860, el nuevo Gobierno Meiji decidió promover el desarrollo de la isla y asimilar por la fuerza a la población ainu. A partir de entonces se conoció como Hokkaido, o camino del mar del norte.

La población hoy roza los 6 millones de habitantes. Apenas 15.000 personas en Hokkaido se identifican hoy como pertenecientes al pueblo ainu. La pesca, la agricultura, la silvicultura y la minería son las industrias principales, aunque el turismo atrae a 35 millones de visitantes al norte cada año. La animada capital de Sapporo destaca por sus festivales, mientras que los numerosos parques nacionales ofrecen campings, senderismo, actividades termales y algunas de las mejores pistas de esquí en nieve en polvo del mundo.

HOKKAIDO

Lugares de interés

1. Hakodate
2. Estación de esquí de Niseko
3. Parque Nacional de Onuma Quasi
4. Parque Nacional de Shikotsu-Toya
5. Sapporo
6. Museo Nacional Ainu de Upopoy
7. Parque Nacional de Daisetsuzan
8. Parque Nacional de Rishiri-Rebun-Sarobetsu
9. Parque Nacional de Akan-Mashu
10. Parque Nacional de Kushiro Shitsugen
11. Península de Nemuro
12. Lago Furen
13. Bahía de Akkeshi
14. Parque Nacional de Shiretoko

Mar de Japón
(mar del Este)

Isla de Rebun

Kafuka

Rishiri Island

PARQUE NACIONAL DE RISHIRI-REBUN-SAROBETSU

Wakkanai

Aeropuerto de Wakkanai

Sarufutsu

238

Toyotomi

Hamatonbetsu

Horonobe

E5

Teshio

Nakagawa

232

Enbetsu

Otoineppu

Hako-dake
1.129 m

Shosanbetsu

40

Bifuka

Haboro

Nayoro

Tomamae

Uryu-ko

275

Shibetsu

E5

232

Obira

Horokanai

Wassamu

Rumoi

275

Mashike

E62

Numata

Asahikawa

Shokanbetsu-dake
1.491 m

Fukagawa

Aeropuerto de Asahikawa

Hamamasu

Takikawa

E5

Akabira

Atsuta

Sunagawa

38

231

Bibai

Furano

Tsukigata

12

Yubari-sanchi

Shakotan

Yobetsu-dake
1.298 m

Otaru

Tobetsu

Iwamizawa

Yoichi

Ebetsu

E5A

Kamoenai

5

SAPPORO

5

E5

Iwanai

230

36

274

ESTACIÓN DE ESQUÍ DE NISEKO

Kutchan

Eniwa

Oiwake

E38

Suttsu

Yotei-zan
1.898 m

Eniwa-dake
1.320 m

Chitose

Hidaka

Kimobetsu

Lago Shikotsu

Nuevo Aeropuerto de Chitose

Mu-kawa

Kariba-yama
1.520 m

Kuromatsunai

PARQUE NACIONAL DE SHIKOTKU-TOYA

Tomakomai

237

Oshamanbe

37

Toyoura

Lago Toya

Shiraoi

MUSEO NACIONAL AINU DE UPOPOY

Biratori

Setana

229

Kunnui

Date

E5

Noboribetsu

36

235

Yakumo

Shizunai

Taisei

5

Muroran

Kumaishi

Mori

E5

Okushiri

Shikabe

Esashi

Nanae

PARQUE NACIONAL DE ONUMA QUASI

Kaminokuni

Kamiiso

5

Minami-Kayabe

HAKODATE

Aeropuerto de Hakodate

228

Kikonai

228

Fukushima

NORTE DE HONSHU
p. 294

Matsumae

Aomori

Imabetsu

0 kilómetros   40

N

Esashi

Mar de
Okhotsk

Omu

Okoppe

Monbetsu

Setouchi

238

Takinoue   Yubetsu

Tokoro

PARQUE NACIONAL
DE SHIRETOKO

Engaru

Abashiri   Utoro   Rausu-dake
1.660 m

Shirataki   Shari   Rausu

Aibetsu   Kitami   39   244   334

E39   Rubeshibe   39   335   RUSIA

39   Sounkyo   Bihoro

Asahi-dake   Tokoro-gawa   Tsubetsu   391   244   Shibetsu

2.290 m   Lago

Asahidake   Kussharo   Nakashibetsu

PARQUE NACIONAL   243   Lago Mashu   PENÍNSULA

PARQUE NACIONAL   DE AKAN-MASHU   9   DE NEMURO

DE DAISETSUZAN   Rikubetsu   Teshikaga   Bekkai

Tokachi-dake   242   Lago   O-Akan-dake   243   Nemuro

2.077 m   273   Akan   1.499 m   11

241   240   LAGO FUREN   12

Kamishihoro   PARQUE NACIONAL

HOKKAIDO   Ashoro   DE KUSHIRO   44

E61   Honbetsu   Akan   SHITSUGEN   Hamanaka

Shintoku   241   E38   Akkeshi

Shimizu   Shiranuka   Aeropuerto

38   Obihiro   Ikeda   de Kushiro   10   BAHÍA DE AKKESHI   13

Makubetsu   Onbetsu   Kushiro

Nakasatsunai   38   Urahoro

Horoshiri-dake   Aeropuerto   236

2.052 m   E60   de Tokachi-Obihiro   Océano

Taiki   236   Pacífico

Montañas Hidaka

Hiroo

Mitsuishi

Samani   236

Erimo

HOKKAIDO

LUGARES DE INTERÉS

Hakodate
函館

A3 **Prefectura de Hokkaido** **Hakodate** **Estación JR; www.hakodate.travel/en**

La ciudad de Hakodate, con su forma de abanico, fue en su día una isla que hoy descansa sobre la lengua de arena que la une a tierra firme. Su puerto fue uno de los primeros en abrirse, en 1854, y 15 años después fue el escenario de la última batalla en Japón antes de la Segunda Guerra Mundial. No lejos del centro se eleva el monte Hakodate, a cuya cumbre se llega en funicular, por carretera o a pie. Desde aquí se puede ver el mar, la montaña y la curiosa forma de la ciudad a sus pies.

El tranquilo distrito Motomachi, acurrucado en las faldas del monte Hakodate, al sur de la ciudad, es la zona más atractiva. Destacan los edificios de estilo occidental, legado de su condición de puerto abierto al exterior. Entre ellos se incluyen la antigua casa comunal, con sus elegantes listones azules y amarillos, la iglesia ortodoxa rusa, con su chapitel y sus cúpulas bulbosas y, a poca distancia, el antiguo consulado británico.

Al norte, el parque Goyokaku constituye un agradable remanso para pasear, y sus más de 1.500 cerezos ofrecen un bello espectáculo primaveral. El

UNA VISTA MAGNÍFICA
Imagen nocturna

La imagen de las resplandecientes luces de la ciudad extendiéndose entre los dos oscuros brazos de mar desde el monte Hakodate está considerada una de las mejores vistas nocturnas de Japón.

fuerte Goryokaku, de forma pentagonal, se construyó en 1864 como defensa contra los rusos, pero fue tomado por los ejércitos imperiales en 1869. La antigua oficina del magistrado se encuentra en el centro de la fortaleza.

Los entusiastas de los baños termales quedarán encantados con el complejo de Yunokawa, a 15 minutos en coche del centro. A una hora en coche al este se eleva el monte Esan, un volcán activo, con jardines de azaleas y laderas de bosques en sus alrededores.

El fuerte Goryokaku, con forma de estrella, en Hakodate, y la antigua oficina del magistrado (izquierda)
↓

Estación de esquí de Niseko
ニセコスキーリゾート

A3 Prefectura de Hokkaido Niseko
niseko.ne.jp

Los montes Niseko ofrecen algunas de las mejores pistas de esquí de Japón. Los esquiadores y los *snowboarders* frecuentan la zona por su largo invierno, el elevado número de pistas y la calidad de la nieve. En verano ofrece deportes de aventura. Cuatro grandes estaciones se unen en la cima de la misma montaña y hay autobuses que suben a los visitantes desde la base. Un único pase sirve para todas las estaciones.

La ciudad de Hirafu es muy popular entre los extranjeros, y durante la temporada de esquí su ambiente es el de un animado pueblo alpino.

Parque Nacional de Onuma Quasi
大沼国定公園

A3 Prefectura de Hokkaido Onuma-Koen
Junto a la estación; http://onumakouen.com

Los tres grandes lagos salpicados de islotes Onuma, Konuma y Junsai y los bosques que los rodean conforman este parque nacional. En los bosques viven ciervos y zorros, y los lagos son hábitat de muchas especies de aves acuáticas, en particular durante las migraciones de primavera y otoño. En verano abundan las flores silvestres, y entre las aves que visitan Onuma están el martín pescador rojizo, el águila de cola blanca y el águila del mar de Steller. Al norte, la silueta del monte Komagatake proporciona un telón de fondo impresionante. Desde la orilla norte del lago Onuma hay un sendero que sube a la montaña y ofrece una vista magnífica.

 Esquiando por las laderas de nieve en polvo de la estación de esquí de Niseko

Parque Nacional de Shikotsu-Toya
支笏洞爺国立公園

A3 Prefectura de Hokkaido Toya Toyako Onsen 142-5 Toyako Onsen, Toyako; www.toyako-vc.jp

Este parque nacional es como un museo de vulcanología al aire libre. Incluye el monte Yotei, de 1.900 m, con dos cráteres cubiertos por lagos, y las ciudades balneario Jozankey, al norte, y Noboribetsu, al sur.

Junto al lago Shikotsu se halla el popular centro termal Shikotsu Kohan y la notable garganta cubierta de musgo Kokenodomon. El lago está dominado al norte por el abrupto monte Eniwa, y al sur por el monte Fuppushi y el monte Tarumae, con su cono de ceniza.

En el lago Toya, a 40 km al suroeste, de Shikotsu se encuentran las pintorescas islas conocidas como Nakajima. No lejos se yergue el volcán más joven de Japón, el pelado Showa Shinzan (formado en 1943-1945), junto al extremadamente activo monte Usu.

Las montañas del parque son idóneas para el senderismo; los caminos están bien señalizados y las vistas desde las cimas del Eniwa y del Tarumae son maravillosas.

Mercado de pescado de Hakodate
Este famoso mercado está repleto de puestos que venden pescado, huevas de salmón, erizos, cangrejos y mucho más. Se compra algo y se come en cualquiera de las parrillas de carbón que se encuentran en la calle.

A3 9-19 Wakamatsucho, Hakodate ene-abr: 6.00-14.00; may-dic: 5.00-14.00
hakodate-asaichi.com

Umizora No Haru
Ubicado en una casa ainu tradicional, este restaurante de Sapporo tiene paredes de paja y tejidos prestados por el Museo Ainu de Shirao. La carta incluye *tataki* de salmón, venado a la brasa y buñuelos cubiertos de huevas de salmón, además de sake de mijo.

A2 5-8 Minami 4 Jo Nishi, Chuo, Sapporo
umizoranoharu-susukino.owst.jp

5

Sapporo
札幌

 A2 ⌂ **Prefectura de Hokkaido** ✈ **Shin-Chitose, Okadama** 🚇 **Sapporo** 🛈 **Sapporo International Communication Plaza, frente a la torre del reloj de Sapporo; www.sapporo.travel**

La capital de Hokkaido ocupa la llanura de Ishikari, que cruza el río Toyohira. Recorrerla es relativamente sencillo gracias a las cuatro líneas de metro, los tranvías y su planta cuadriculada. En el corazón yace el parque Odori, dominado en su extremo este por la torre metálica de la televisión y al oeste por una vista de las montañas. Una manzana al norte, frente a la torre del reloj de madera Tokeidai, el amable personal del Sapporo International Communication Plaza ofrece información sobre Hokkaido que sirve para planear el viaje y hacer las reservas. La ciudad da nombre a la famosa cerveza local, cuyo proceso de elabo-ración se muestra en el **Museo y Jardín de la Cerveza Sapporo**, al noreste de la estación. La vida nocturna se concentra en Susukino, con cientos de restaurantes y bares. Las especialidades locales incluyen el *Gengis Kan*, cordero y verduras elaboradas a la parrilla con carbón vegetal.

↑ El parque Odori de Sapporo, sede del Festival de la Nieve de Yuki Matsuri

La Sala de Exposiciones de los Pueblos del Norte, en el **Jardín Botánico**, expone una colección de piezas ainu. El jardín es un rincón tranquilo que ofrece una buena muestra de la flora autóctona. Las enormes esculturas del **Parque Artístico de Sapporo** son un buen motivo de excursión.

A 14 km al este de la ciudad, la **Aldea Histórica de Hokkaido** muestra la historia de la isla desde la década de 1860. Reúne edificios de fines del siglo XIX y principios del XX de alrededor de Hokkaido.

Museo y Jardín de la Cerveza Sapporo
🏠 9-1-1 Kita 7-Jo ⏰ Jardín de la Cerveza: 11.30–21.00 diario; Museo: 11.00–18.00 ma-do ℹ sapporobeer.jp/english/brewery/s_museum

Jardín Botánico
⌖🏠 Kita 3 Nishi 8 ⏰ 9.00–16.00 ma-do 🌐 hokudai.ac.jp/fsc/bg/index_e.html

Parque Artístico de Sapporo
🏠 2-75 Geijutsunomori ⏰ Jun-ago: 9.45–17.30 diario (sep-may hasta 17.00) 🚫 4 nov–28 abr: lu ⏰ artpark.or.jp

---

FESTIVAL DE LA NIEVE DE SAPPORO

El Festival de la Nieve (Yuki Matsuri) de Sapporo convierte a principios de febrero el parque Odori y el parque Makomanai en una tierra encantada de esculturas de hielo. Observar cómo se tallan las figuras (una semana antes del inicio del festival) resulta fascinante. Este popular evento coincide con la Iluminación Blanca de Sapporo: de mediados de noviembre a mediados de febrero, cuando el parque Odori y Ekimae-dori se adornan con luces blancas.

Aldea Histórica de Hokkaido

📍📷 50-1 Konopporo, Atsubetsu 🕐 may-sep: 9.00–17.00 diario; oct-abr: hasta 16.30 ma-do 🌐 kaitaku.or.jp

6

Museo Nacional Ainu de Upopoy

ウポポイ民族共生象徴空間

🏛 B3 📍 2-3 Wakakusa-cho, Shiraoi 🚉 Nuevo Chitose 🚌 Shiraoi 🕐 Los horarios varían, consultar web 🚫 lu 🌐 ainu-upopoy.jp

Situado a orillas del lago Poroto, el Museo Nacional Ainu de Japón es un magnífico lugar para conocer a la población autóctona del norte de Japón. El nombre *upopoy* significa "cantar juntos" en lengua ainu, lo que refleja el objetivo del museo al aire libre de crear un espacio para la comunidad. Además de conocer la historia y el modo de vida tradicional de los ainu, se pueden tomar clases prácticas de cocina, artesanía y música, y ver cómo no solo conservan su cultura sino que la enriquecen.

7

Parque Nacional de Daisetsuzan

大雪山国立公園

🏛 B2 📍 Prefectura de Hokkaido 🚉 Tokachi-Obihiro, Asahikawa 🚌 Obihiro, Asahikawa ℹ Sounkyo, Asahidake; www.daisetsuzan.or.jp

Con una extensión de 2.267 km^2, Daisetsuzan es el parque nacional más grande de Japón. Esta gigantesca meseta central rodeada de picos se convirtió en parque nacional en 1934. Asahikawa, al noroeste, y Obihiro, al sur, constituyen los mejores puntos de partida, al que se puede acceder en coche por las carreteras 39 y 273. Hay autobuses que conectan los principales *onsen*: Sounkyo, Asahidake y Tenninkyo. La garganta de Sounkyo, donde se precipitan las cascadas Ryusei y Ginga, se explora mejor en bicicleta o a pie. El teleférico de Sounkyo y el funicular de Asahidake suelen estar abarrotados, pero ofrecen un acceso rápido.

Según una leyenda ainu, los picos de las montañas Daisetsu sirven de morada a unos benévolos pero muy poderosos espíritus que, adquiriendo forma humana, prestan ayuda en los momentos de necesidad. Una red de senderos ofrece rutas para excursiones de un día o salidas de una semana. Merece la pena realizar el ascenso a pie o en funicular desde las carreteras de acceso hasta los niveles superiores para disfrutar de las vistas. El pico del monte Asahi (Asahidake), el más alto de Hokkaido (2.291 m), muestra una magnífica vista de la meseta. En junio y julio llegan las flores alpinas, mientras que los tintes del otoño alcanzan su clímax al final de agosto y septiembre. Es posible ver osos y picas (un roedor), así como ruiseñores caliope y cascanueces, entre otras especies.

Del *onsen* Sounkyo parte una excelente ruta de un día. Desde aquí se puede coger el teleférico y el funicular y andar en dirección suroeste sobre el monte Kurodake, siguiendo los senderos que conducen al monte Asahi. Una vez en la cima, el funicular desciende hasta el *onsen* Asahidake. Se tarda unas siete horas.

A 50 km al oeste del parque, cerca de la bonita ciudad de Biei, el estanque Azul muestra un color increíble.

Bar Yamazaki
Este emblemático bar de Sapporo estuvo gestionado durante más de 50 años por el legendario barman Ichiro Yamazaki. Sus aprendices todavía sirven cócteles con el estilo único de su maestro.

🏛 A2 📍 3-3 Minami 3-jo Nishi, Chuo, Sapporo 🕐 18.00-0.30 lu-sá 🌐 bar-yamazaki.com

↑ Senderistas en las montañas del parque nacional más grande de Japón, Daisetsuzan

8

Parque Nacional de Rishiri-Rebun-Sarobetsu
利尻礼文サロベツ国立公園

 A1 Prefectura de Hokkaido Wakkanai Desde Wakkanai a las dos islas www.env.go.jp/en/nature/nps/park/rishiri

El parque, que comprende la costa de Sarobetsu y las islas de Rishiri y de Rebun, se divisa desde la isla rusa de Sajalín. Las praderas costeras de la zona de Sarobetsu y las orillas

↑ Pausa en el monte Rishiri, en el Parque Nacional de Rishiri-Rebun-Sarobetsu

de las lagunas poco profundas de la llanura costera se cubren en verano de flores, como lirios amarillos y naranjas, rododendros blancos y lirios morados.

A unos 20 km de la costa, en la isla de Rishiri, los imponentes 1.720 m del cono del monte Rishiri (Rishiri-Fuji) parecen flotar sobre el mar. La carretera que rodea la costa –muy adecuada para montar en bicicleta– une varias poblaciones, como Oshidomari, el puerto principal, y Kutsugata, el segundo puerto en la vertiente oeste. Los senderos que suben hasta el monte Rishiri serpentean entre miles de flores alpinas estivales. Los que no quieran andar pueden pescar o sencillamente relajarse y disfrutar del excelente pescado fresco que sirven los restaurantes locales.

Rebun –pareja de Rishiri y la más septentrional de las islas japonesas– es más humilde en comparación, pero es conocida como la isla de las flores. Kafuka es su puerto principal; la aldea pesquera de Funadomari se encuentra en el lado opuesto, al norte de la isla. Rebun brinda fantásticas oportunidades para hacer senderismo, en especial en la costa occidental; el albergue juvenil de la isla organiza excursiones a pie con guía.

9

Parque Nacional de Akan-Mashu
阿寒摩周国立公園

 C2 Prefectura de Hokkaido Memanbetsu (Abashiri) y Kushiro Minami-Teshikaga y Kawayu-Onsen Desde Kushiro Akano Onsen; www.env.go.jp/en/nature/nps/park/akan

Este enorme parque nacional situado en el centro oriental de Hokkaido es posiblemente el más bello de Japón. Los desplazamientos están limitados: hay autobuses turísticos, pero el ciclismo o el coche de alquiler son mejores opciones.

La zona occidental, alrededor del lago Akan, está dominada por una pareja de picos volcánicos: al sureste se elevan los 1.370 m del monte O-Akan, y al suroeste el todavía activo monte Me-Akan, de 1.500 m. La subida en un día al Me-Akan desde el *onsen* Akanko y el posterior descenso por el otro lado a través de un sendero bien marcado hasta el precioso lago Oneto ofrece magníficas vistas durante todo el año, especialmente en otoño. Al este de Akan se encuentra

← El sol invernal sale sobre el gran lago volcánico Kussharo, en el Parque Nacional de Akan

Hay aguas termales al aire libre en el *onsen* Akanko, en la costa sur del lago Akan, y en el *onsen* Wakoto, en la orilla sur del lago Kussharo.

 10

Parque Nacional de Kushiro Shitsugen

釧路湿原

 C2 Prefectura de Hokkaido Kushiro Estación JR Kushiro; www. en.kushiro-lakeakan.com

Si algún animal representa a Japón, es el *tancho* (grulla roja), símbolo de la felicidad y la longevidad. Este enorme pantanal, una extensión de juncales atravesados por arroyos, es uno de los hogares principales de esta ave de 1,4 m de altura.

A principios del siglo XX, las grullas fueron casi exterminadas en Japón debido a la caza y a la pérdida de su hábitat, pero los programas de protección y de alimentación llevados a cabo en los meses de invierno han elevado su población a unos 1.800 ejemplares.

Desde diciembre a marzo, merodean por los arroyos y los límites de la marisma o vuelan hasta uno de los tres comede-

ros del norte de Kushiro: los dos del pueblo de Tsurui y el del pueblo de Akan. Estos son los mejores lugares para verlas durante todo el año. En las tardes de invierno, emiten reclamos y bailan en la nieve preparándose para el apareamiento.

En verano (de mayo a septiembre), se ciñen a un territorio, ocupando grandes zonas de anidación donde suelen criar a un polluelo (a veces dos).

¡Lo sabías?

Los armónicos sonidos creados por la presión en el hielo hacen que el lago suene como si cantara.

el lago Kussharo, en una gigantesca caldera de 57 km de perímetro. Precioso durante todo el año, el enorme lago se congela casi por completo en invierno. Los respiraderos termales horadan los pequeños agujeros en el hielo donde permanecen los cisnes cantores durante el invierno.

Algo más al este está el lago Mashu. Los acantilados del cráter alcanzan una altura de 200 m, las aguas están muy claras y el lago carece de vía de alimentación y de desaguadero. La vista desde el borde del cráter abarca el monte Shari al norte, la península de Shiretoko al noreste y el lago Kussharo y los volcanes Akan al oeste.

Los bosques del parque alojan a pájaros carpinteros y otras muchas aves, zorros rojos, ciervos japoneses y susliks manchados.

→
Elegantes grullas rojas en la nieve, Parque Nacional de los Pantanales de Kushiro

LA MEJOR FOTO
Celebrando el amanecer

El cabo Nosappu, en la península de Nemuro, es el lugar perfecto para celebrar *hatsuhinode*, la primera salida del sol del año. Se sirven gratuitamente bebidas calientes y una representación tradicional acompaña la llegada del Año Nuevo.

⑪ Península de Nemuro

根室半島

🅰C2 🏠Prefectura de Hokkaido ✈Nemuro-Nakashibetsu 🚉Nemuro 🛈En frente de la estación Nemuro; (0153) 24-3104; www.nemuro-hokkaido.com

La llana península de Nemuro comprende una meseta costera de escasa altitud con profundos barrancos horadados por arroyos. La mejor forma de explorar esta zona es en coche.

El zorro rojo es muy común en la zona, y en los bosques de los alrededores de Onetto hay numerosos ciervos japoneses.

En verano abundan las liliáceas y otras flores silvestres, mientras que en invierno se pueden ver pigargos comunes y de Steller. Frente a la costa y en muchas bahías protegidas hay bandadas de patos marinos, negrones y patos arlequín, y muchas otras aves marinas.

⑫ Lago Furen

風蓮湖

🅰C2 🏠Prefectura de Hokkaido ✈Kushiro 🚉Nemuro

Situado en la costa oriental de Hokkaido, el hermoso lago Furen sirve de refugio estacional a miles de aves: especies acuáticas migratorias en primavera y otoño, cisnes a finales de otoño, águilas marinas en invierno y grullas rojas en verano.

De casi 20 km de largo y hasta 4 km de ancho, el lago tiene tan solo 2 m de profundidad, menos en algunas zonas. Está rodeado de bosques de abetos y píceas, y de alisos y abedules en las zonas más húmedas. De Hakuchodai y Shunkunitai, en el extremo sur del lago, salen varios senderos sencillos para pasear por el bosque que resultan idóneos para observar la multitud de aves y flores silvestres de la zona. En invierno, en el lago congelado y sus alrededores se practica esquí de fondo.

⑬ Bahía de Akkeshi

厚岸湾

🅰C2 🏠Prefectura de Hokkaido ✈Kushiro 🚉Akkeshi 🛈1ª planta, Akkeshi Gourmet Park, 2-2 Suminoe, Akkeshi; (0153) 52-4139

La laguna marina protegida de Akkeshi es célebre por sus ostras. La bahía tiene numerosos criaderos y hay un templo dedicado a las ostras en un islote rocoso. En invierno, y durante las migraciones de primavera y otoño, los cisnes cantores se juntan en la bahía interior, mientras que en verano las grullas rojas crían río arriba y en el cercano pantanal de Kiritappu. La pintoresca carretera costera que hay entre Akkeshi y Kiritappu permite conocer el día a día de los pescadores y recolectores de algas de la zona. El paseo hasta el cabo que hay pasado Kiritappu es muy bonito; conviene evitar las mañanas de verano, porque la bruma suele ocultar las vistas.

> **El lago Furen sirve de refugio estacional a miles de aves: especies acuáticas migratorias en primavera y otoño, cisnes a finales de otoño, águilas marinas en invierno y grullas rojas en época de cría en verano.**

← Navegando por las gélidas aguas del estrecho de Nemuro, frente a la península del mismo nombre

Un paseo en la zona de los Cinco Lagos, en el Parque Nacional de Shiretoko

14

Parque Nacional de Shiretoko
知床国立公園

🅰 C2 🚉 Prefectura de Hokkaido ✈ Memanbetsu (Abashiri) o Nakashibetsu 🚃 Shiretoko-Shari ℹ Centro Shiretoko Shizen; www.japan.travel/national-parks/parks/shiretoko

Esta agreste lengua de tierra que se adentra en el mar de Ojotsk fue bautizada Shiretoko (el fin del mundo) por los ainu. patrimonio de la humanidad, el Parque Nacional de Shiretoko consta de una cordillera boscosa de picos volcánicos dominados por el monte Rausu (1.660 m). La península tiene una importante población de oso pardo. Se los ve poco, aunque en verano la travesía en barco desde Utoro hasta el norte del cabo hay más posibilidades de verlos, ya que merodean por la costa.

El verano es una estación propicia para ver rorcuales aliblancos, delfines y marsopas, además de aves como el arao,

el cormorán japonés y la pardela. En la península anidan varias parejas de pigargos comunes, cuyo número aumenta en invierno con la llegada de cientos de ellos desde Rusia. Llegan también parejas del águila más grande del mundo: el pigargo de Steller. Ambas especies se avistan mejor en invierno al norte de Rausu, en la costa sureste. Más raro de ver es el búho pescador de Blakiston, la especie de búho más grande del mundo.

Al norte de Utoro se encuentran los cinco bellos lagos de Shiretoko, en cuyas aguas se refleja el monte Rausu. El puerto de alta montaña (carretera 334) permanece abierto entre mayo y octubre; la vista hacia el este hasta la isla Kunashiri es espectacular. Cerca del puerto parte un sendero hacia el sur que conduce al lago Rausu y al monte Onnebetsu. Hay otro que sale hacia el norte, en dirección a los montes Rausu, Io y Shiretoko, para acabar en el cabo. La subida al Rausu constituye una buena excursión de un día. La excursión al cabo, sin embargo, requiere varios días y una planificación cuidadosa. Hay que tener en cuenta que solo se puede hacer senderismo entre junio y septiembre.

Akan Tsuruga Besso Hinanoza
Esta elegante posada junto al lago en el Parque Nacional de Akan-Mashu ofrece alimentos orgánicos, un bar hecho de troncos y baños termales.

🅰 C2 🏠 2-8-1 Akanko, Onsen, Akan, Kushiro 🌐 hinanoza.com/en

¥ ¥ ¥

Kussharo Prince Hotel
Con vistas al lago Kussharo, un hotel ideal para explorar el Parque Nacional de Akan.

🅰 C2 🏠 Onsen Kussharo, Kamikawa 🌐 princehotels. co.jp/kussharo

¥ ¥ ¥

Hotel Nemuro Kaiyoutei
Este hotel ofrece habitaciones espaciosas de estilo japonés y occidental.

🅰 C2 🏠 2-24 Tokiwacho, Nemuro, Hokkaido 087-0041 🌐 n-kaiyoutei. co.jp

¥ ¥ ¥

GUÍA ESENCIAL

Seguros de viaje

Es prudente contratar una póliza de seguros que cubra el robo, la pérdida de bienes personales, los problemas médicos, las cancelaciones y las demoras. Es importante confirmar que la póliza cubre los costes médicos, puesto que en Japón pueden llegar a ser extremadamente caros.

Vacunas

Para viajar a Japón no es necesario vacunarse, pero es aconsejable estar vacunado contra la meningitis si la estancia en el país va a durar más de un mes o si se van a visitar zonas rurales.

Para información relacionada con los requisitos de vacunación de la COVID-19, conviene consultar las recomendaciones oficiales.

Reservas de alojamiento

En Japón se pueden encontrar muchos tipos de alojamiento, incluidos hoteles de estilo occidental. Los *ryokan* son el alojamiento más tradicional. Estos alojamientos suelen tener un *onsen* y sirven desayuno y cena. En el extremo opuesto, los hoteles cápsula son modernos y ofrecen compartimentos muy baratos para dormir. Los hoteles del amor, muchos de ellos en zonas de ocio y junto a autopistas, están pensados para parejas y cobran por horas o por noches la estancia en habitaciones que suelen tener decoración temática. La **Oficina Nacional de Turismo de Japón**, **Rakuten Travel** o **Japanican** pueden ayudar a reservar alojamiento.

Japanican
w japanican.com
Oficina Nacional de Turismo de Japón
w japan.travel/es/es/
Rakuten Travel
w travel.rakuten.com

Dinero

Japón está pasando de forma rápida al sistema *contactless*. Se pueden usar tarjetas en las principales estaciones para comprar billetes de tren R y la mayoría de taxis las aceptan, pero conviene llevar algo de dinero en efectivo.

Dejar propina no es parte de la cultura japonesa. Intentar hacerlo puede llevar a confusión.

Viajeros con necesidades específicas

Las personas con discapacidad visual encontrarán muchas facilidades, pero quienes se desplacen en silla de ruedas tendrán algún problema en estaciones pequeñas y en pasos elevados o subterráneos, pese a que una ley de 2008 exige la eliminación de las barreras arquitectónicas. **Accessible Japan** informa sobre accesos para discapacitados e instalaciones.

Accessible Japan
w accessible-japan.com

Idioma

Los lugares donde se habla español son muy escasos. La lengua para tratar con extranjeros es el inglés, pero pocos japoneses lo hablan, y si lo hacen, lo pronuncian como el japonés. Por ejemplo, un taxi es un *takushi*, y un hotel, un *hoteru*.

Horarios

La pandemia de **COVID-19** demostró que todo puede cambiar repentinamente. Antes de visitar museos, monumentos u otros lugares de interés consulte los horarios actualizados y las formalidades de reserva.

Lunes Museos y muchos lugares turísticos cierran todo el día; cuando el lunes es festivo, suelen cerrar el martes.
Fines de semana Bancos, oficinas de correos y comercios cierran. Los grandes almacenes reducen el horario de apertura el domingo.
Festivos Muchos lugares de interés están cerrados.

FESTIVOS

1 ene	Año Nuevo
2º lu ene	Día del adulto
11 feb	Día de la Fundación Nacional
23 feb	Cumpleaños del emperador
20/21 mar	Equinoccio vernal (de primavera)
29 abr	Día de Showa
3 may	Día de la Constitución
4 may	Día del Verdor
5 may	Día de los Niños
3er lu jul	Día del Mar
11 ago	Día de la Montaña
3er lu sep	Día del Respeto a los Ancianos
22/23 oct	Equinoccio de otoño
2º lu oct	Día del Deporte
3 nov	Día de la Cultura
23 nov	Día de Acción de Gracias por el Trabajo

LLEGADA Y
DESPLAZAMIENTOS

Tanto si la visita es breve y a una ciudad concreta, como si se trata de un viaje por las islas, aquí está toda la información para llegar de la mejor manera al destino y viajar como un japonés.

DE UN VISTAZO

PRECIO DEL TRANSPORTE PÚBLICO

TOKIO

600¥

Billete de metro para 1 día

OSAKA

820¥

Billete de metro y bus para 1 día

KIOTO

800¥

Billete de metro para 1 día

CONSEJO

Comprar una tarjeta Suica o Pasmo recargable para ir en tren y autobús ahorra tiempo y dinero.

LÍMITES DE VELOCIDAD

AUTOPISTA

100 km/h

CARRETERAS RURALES

60 km/h

ZONAS URBANAS

40 km/h

Llegada en avión

Las principales puertas de entrada a Japón son el **Aeropuerto Internacional Narita,** alejado de Tokio, el **Aeropuerto Haneda,** más pequeño pero más cerca del centro, y el **Aeropuerto Internacional Kansai** de Osaka. Hay otros aeropuertos que operan vuelos internacionales (sobre todo desde Asia), como Naha en Okinawa, Fukuoka y Nagasaki en Kyushu, Hiroshima, Nagoya, Nigata y Sendai en Honshu y Sapporo en Hokkaido. **Iberia** opera vuelos a Tokio desde Madrid, Barcelona y Valencia.
Aeropuerto Haneda
Ⓦ tokyo-haneda.com
Aeropuerto Internacional Kansai
Ⓦ kansai-airport.or.jp
Aeropuerto Internacional Narita
Ⓦ narita-airport.jp
Iberia
Ⓦ iberia.com

Viajar en tren

La red ferroviaria de Japón es de las mejores del mundo en seguridad, eficiencia y confort. El grupo Japan Railways (JR) es el principal operador y gestiona más de 20.000 km de vías, así como el *shinkansen*. Además de los trenes bala están los *tokkyu* (expreso limitado, el siguiente más rápido), *kyuko* (expreso), *kaisoku* (mal llamado rápido) y el *futsu* (local).

Para quienes vayan a viajar mucho es muy recomendable el **Japan Rail Pass,** pero también hay muchos bonos de trenes regionales, como el **JR East Rail Pass,** útil para el nordeste de Honshu. Hay una docena de tipos de **JR West Rail Pass,** entre ellos el Sanyo-San'in Area Pass, que abarca Osaka, Kioto, Okayama, Hiroshima y Hakata (Fukuoka), y el Kansai Area Pass que incluye Osaka, Kobe, Kioto, Himeji y Nara.

Los billetes y la reserva de asientos se compran en estaciones JR, y en las agencias de viaje autorizadas. Se recomienda la reserva de asientos (que tiene un pequeño sobreprecio) para viajes largos.
Japan Rail Pass
Ⓦ japanrailpass.net
JR East Rail Pass
Ⓦ jreast.co.jp
JR West Rail Pass
Ⓦ westjr.co.jp

TRANSPORTE A/DESDE EL AEROPUERTO

Aeropuerto	Autobús	Taxi	Tren	Expreso
Tokio (Narita)	1.300¥ (70 min)	25.000¥ (70 min)	1.340¥ (90 min)	3.275¥ (60 min)
Tokio (Haneda)	1.000¥ (40 min)	9.000¥ (30 min)	535¥ (35 min)	No
Osaka (Kansai)	1.600¥ (60 min)	15.000¥ (50 min)	1.210¥ (70 min)	2.410¥ (50 min)

TRAYECTOS EN TREN

Este mapa, que marca las principales rutas de larga distancia del país, es una referencia útil para viajar en tren entre las principales ciudades de Japón. La duración de los trayectos, normalmente con los trenes *shinkansen*, aparece a continuación.

Tokio a Niigata	2 h
Tokio a Nagoya	1,5 h
Tokio a Osaka	2,5 h
Tokio a Kioto	2 h
Kioto a Kanazawa	2,5 h
Kioto a Matsue	4 h
Tokio a Sapporo	8 h
Tokio a Sendai	1,5 h
Sendai a Hakodate	3 h
Hakodate a Sapporo	4 h
Hakodate a Kushiro	7,5 h
Osaka a Hiroshima	1,5 h
Hiroshima a Fukuoka	1 h
Fukuoka a Nagasaki	1,5 h
Fukuoka a Kumamoto	40 min
Fukuoka a Beppu	2 h
Kumamoto a Kagoshima	1 h

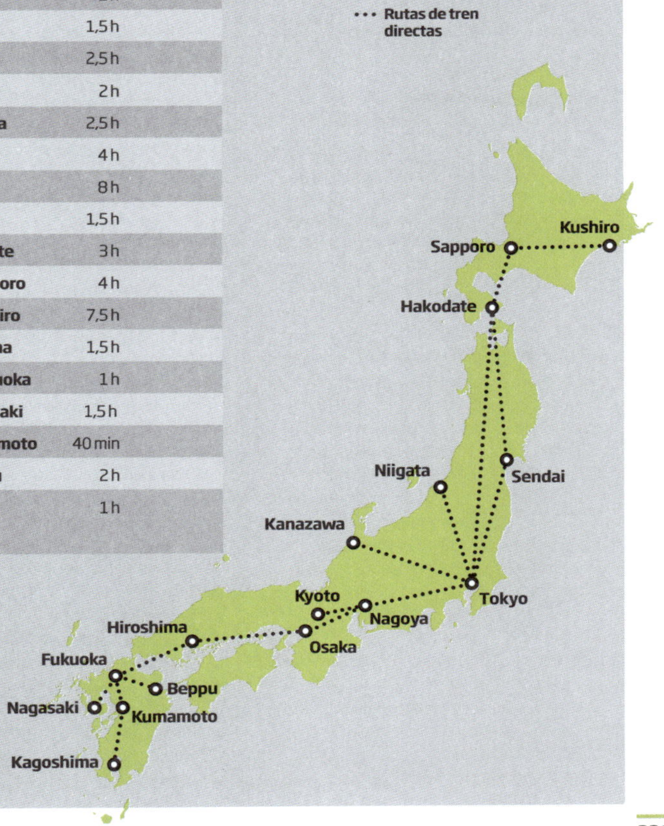

• • • **Rutas de tren directas**

Kushiro
Sapporo
Hakodate
Niigata
Sendai
Kanazawa
Kyoto
Nagoya
Tokyo
Hiroshima
Osaka
Fukuoka
Beppu
Nagasaki
Kumamoto
Kagoshima

Autobús de larga distancia

La eficiencia y el alcance de la red ferroviaria hace que pocos turistas utilicen autobuses de larga distancia, pero la red es muy amplia y, para quienes no tengan un Japan Rail Pass, el autobús es una alternativa mucho más barata que el tren. Aunque el estilo y los servicios varían, todos son confortables y suelen tener aseos. Para conocer horarios hay que contactar con los centros de información locales o consultar la web **JR Bus Kanto.**
JR Bus Kanto
🆆 jrbuskanto.co.jp

Barcos y ferris

Se puede viajar a Japón en ferri desde algunos lugares de Asia, como Pusan, en Corea del Sur, o Shanghái, en China.

Al ser un país insular, los ferris y los barcos son un magnífico modo de desplazarse en Japón. Los billetes de barco se pueden comprar en la terminal de ferris el día de la salida. A veces hay que cumplimentar un formulario que permite a la compañía de ferris elaborar una lista de pasajeros. La **Oficina Nacional de Turismo de Japón** (JNTO) confecciona un manual de viaje (en inglés) donde detalla los servicios principales.
Oficina Nacional de Turismo de Japón
🆆 japan.travel/es/es/

Transporte público

La mayoría de las ciudades gestionan servicios múltiples de transporte que comprenden redes de metro, tranvías y autobuses. En los puntos de información turística, estaciones y páginas webs municipales se obtiene información (en inglés) sobre medidas de seguridad e higiene y billetes y se pueden solicitar planos de transporte.

Billetes

Los billetes básicos para cortas distancias en tren y metro se suelen comprar en máquinas expendedoras en las estaciones. En los grandes núcleos de transportes, estas máquinas tienen una opción de traducción al inglés y aceptan tarjetas de crédito y de débito. Casi todas las máquinas aceptan billetes de 1.000 y 5.000 yenes, y algunas de 10.000, y todas dan cambio. En muchas estaciones hay planos en inglés donde se indica el precio a los diferentes destinos. Cuando hay dudas sobre el precio de un viaje, lo mejor es comprar uno barato y pagar el exceso en el destino utilizando la máquina de compensación de trayectos que hay en la barrera de salida. Esta máquina expenderá un nuevo billete. Si no hay una de estas máquinas, el personal de la estación cobrará un recargo; no hay penalización por llevar un billete por un precio equivocado.
Muchas ciudades cuentan con sus propios abonos de transportes y las oficinas de turismo ofrecen información y consejo. En Tokio hay diversas opciones, como el Free Kippu, que permite hacer viajes sin límite en la mayoría de líneas de metro, autobús y tranvía del centro de la ciudad durante 24 horas. Pero, a menos que la idea sea realizar muchos trayectos en un día, lo mejor es una tarjeta Suica o Pasmo. Estas tarjetas se pueden adquirir en máquinas expendedoras de numerosas estaciones. Se pueden recargar con dinero en efectivo o tarjeta en las propias máquinas o en los autobuses. Las tarjetas son válidas para la mayoría de modalidades de transporte urbano e incluso se pueden utilizar para pagar en muchas tiendas y máquinas expendedoras. Para utilizarla, basta con colocarla junto al lector.

Metro

El metro de Tokio está lleno de paneles con planos de las líneas con códigos de colores que coinciden con el color de los vagones. En otras ciudades, como Osaka, Nagoya, Kobe, Sendai, Yokohama, Fukuoka, Kioto o Sapporo también hay red de metro, pero su forma de operar cambia ligeramente.

El Japan Rail Pass solo se puede utilizar en determinadas líneas de metro, como la línea JR Yamanote de Tokio. Si no se tiene un pase en vigor o una tarjeta recargable, hay que comprar un billete en una máquina expendedora o en una ventanilla. Si hay alguna duda acerca de cuánto hay que pagar, lo mejor es comprar el billete más barato y pagar el resto al final del trayecto.

Los nombres de las estaciones suelen estar expuestos en carteles en los andenes, tanto en japonés como en caracteres latinos. Todos los sistemas de transporte colectivo suelen dejar de funcionar sobre medianoche y hasta las 5.00.

Tranvías

En algunas ciudades japonesas, como Hiroshima, Nagasaki, Kumamoto o Sapporo siguen funcionando tranvías modernos y antiguos. Tokio tiene la línea Toden Arakawa y el Enoden Railway de Kamakura, al sur de Tokio, también está calificado como tranvía. Los precios y los sistemas de pago de los tranvías varían de una ciudad a otra; algunos cobran un precio fijo, con independencia de la distancia recorrida, mientras que otros ajustan el precio al trayecto. La máquina expendedora está operada a veces de forma independiente. Lo mejor es imitar a los demás pasajeros cuando paguen y pagar al cobrador o en una caja.

Autobús

Las terminales de autobús *(basu noriba)* suelen estar fuera de las estaciones de tren en las ciudades. La forma de pagar puede variar. A algunos se accede por delante, y el billete, normalmente a un precio fijo, se introduce en una ranura junto al conductor, aunque la mayoría tiene lectores de tarjetas junto a esa ranura. Se sale por la puerta central del autobús.

Una segunda modalidad invita a los pasajeros a subir por el centro o la puerta trasera del autobús, donde una máquina distribuye billetes numerados. El número del billete aparece en una pantalla en la parte delantera, que corresponde al precio que hay que pagar. Antes de salir, hay que introducir la cantidad indicada en la caja que hay junto al conductor.

Taxis

Los taxis tienen diferentes colores, pero todos llevan un cartel de *taxi* en el techo. Una señal roja a la izquierda del conductor indica que está disponible. Se puede parar un taxi en la calle o buscar una parada: están siempre cerca de las principales estaciones. Son caros, el precio aumenta por cada kilómetro, el primero cuesta 500 yenes y las tarifas se incrementan cada pocos cientos de metros. Son más caros de noche y en fin de semana. Los taxistas abren y cierran las puertas desde el interior. Pocos taxistas hablan otra lengua que no sea el japonés, así que lo mejor es llevar un mapa marcado con instrucciones en japonés y el número de teléfono del destino.

En coche

Japón es un lugar en el que resulta fácil y seguro viajar en coche. Fuera de las ciudades, alquilar un coche suele ser la mejor opción para desplazarse, aunque en las ciudades puede haber atascos.

Conducir en Japón

El firme de las carreteras suele ser bueno y los coches de alquiler están en buen estado. El problema para un conductor extranjero en Japón es orientarse. Puede costar encontrar el camino por las ciudades y pueblos de Japón, que suelen tener calles de sentido único. Solo las principales carreteras tienen nombre, y, el navegador de los coches alquilados está en japonés. Los turistas deben tener permiso de conducir internacional.

Alquiler de coches

En los puertos de entrada, las principales estaciones de ferrocarril y establecimientos del ramo se pueden alquilar vehículos. Como quienes visitan Japón para poco tiempo no suelen alquilar coches, las empresas de alquiler no están acostumbradas a tratar con clientes extranjeros, pero sí ofrecen servicio de reservas *online* en inglés. En dos empresas es más probable que el personal hable inglés: **Toyota Rent a Car** y **Nippon Rent-A-Car**. También hay agencias internacionales, como **Avis, Budget** o **Hertz**.
Avis
W avisrentacar.jp
Budget
W budgetrentacar.co.jp/en
Hertz
W hertz.com

Nippon Rent-A-Car
W nipponrentacar.co.jp/en/nrglobal/
Toyota Rent a Car
W rent.toyota.co.jp/eng

Aparcamiento

Hay aparcamientos públicos, pero caros; y la tarifa aumenta cuanto más cerca se esté del centro de la ciudad. Hay aparcamientos más baratos en la periferia, pero pueden resultar difíciles de encontrar. Aparcar en la calle no está permitido en Japón y los parquímetros son una rareza. Para superar la falta de espacio, se han desarrollado soluciones de aparcamiento innovadoras, como los ascensores o las plataformas giratorias.

Normas de circulación

La Japan Automobile Federation publica las *Reglas de tránsito* en español. Se pueden comprar por 1.430 yenes en sus oficinas regionales, que aparecen publicadas en su página web (en inglés), o imprimirlas desde la página web.

Los japoneses circulan por la izquierda. Muchas veces no se puede girar a la izquierda con un semáforo en rojo y, aunque la mayoría de los conductores cumple las normas, algunos se pegan demasiado al vehículo de delante, van muy deprisa o cruzan las intersecciones cuando el semáforo ya está en rojo. No es buena idea imitarlos. Hay que estar atento al vehículo de delante y al de detrás cuando nos acercamos a un semáforo.
Japan Automobile Federation
W jaf.or.jp/e/

Alquiler de bicicletas y motos

Como indican los aparcamientos de bicicletas que hay a la entrada de las grandes estaciones y el enorme número de bicicletas aparcadas en las ciudades, pedalear es una forma muy popular de desplazarse. Es común que haya empresas de alquiler de bicicletas en las zonas turísticas, algunas también ofrecen bicicletas eléctricas. Una buena opción en la capital es **Hello Cycling.**

Los ciclistas suelen utilizar las aceras, pese a que está prohibido. Sin embargo, no se vigila especialmente y algunas ciudades prefieren que los ciclistas no utilicen las carreteras.
Hello Cycling
W hellocycling.jp

A pie

Desde peregrinaciones épicas a paseos urbanos, Japón cuida a los andarines. Las rutas y senderos están bien señalizados. En las ciudades, muchas visitas pueden hacerse a pie, lo que permite, además, empaparse del ambiente de la calle, apreciar la arquitectura y detenerse en cualquier tienda o bar que llame la atención.

INFORMACIÓN
PRÁCTICA

Conocer la información local ayuda a moverse por Japón. Aquí están todos los consejos e información esencial que pueden resultar necesarios durante la estancia.

DE UN VISTAZO

NÚMEROS DE EMERGENCIAS

GENERAL

119

GUARDACOSTAS

118

BOMBEROS Y AMBULANCIA

119

POLICÍA

110

ZONA HORARIA
JST
La diferencia horaria con respecto a España es de 7 horas de adelanto en verano y 8 horas en invierno.

AGUA DEL GRIFO
A menos que se diga otra cosa, en Japón es seguro beber agua del grifo.

PÁGINAS WEBS Y APPS
Japonismo
En www.japonismo.com se pueden consultar horarios de museos, fechas de festivales y mucho más.

Yomiwa App
Esta aplicación traduce una fotografía de cualquier texto japonés al español, sin necesidad de conexión a internet. También se puede descargar Google Translate.

Japan Travel by Navitim
Excelente para planear viajes por tren en todo Japón (en inglés).

Seguridad personal

Japón es un país seguro. Los robos son raros, aunque pueden darse acciones de carteristas en zonas muy concurridas. Caminar por la noche es, por lo general, seguro, pero hay que cuidarse en los distritos Roppongi y Kabukicho de Tokio. En caso de robo, se debe acudir a la policía durante las 24 horas siguientes, llevando pasaporte. En caso de pérdida, robo de pasaporte o delito más grave, contacte con la Embajada.

Como norma, los japoneses son tolerantes con los demás, pero incluso en las grandes ciudades se mira con curiosidad al distinto. La homosexualidad está históricamente aceptada en Japón, pero los matrimonios entre personas del mismo sexo aún no son legales. Es poco probable que los viajeros LGTBIQ+ que recorran Japón encuentren algún problema. Fuera de las grandes ciudades se deben evitar las muestras de cariño en público, también entre parejas heterosexuales. **Utopia Asia** es una guía completa para viajeros LGTBIQ+.
Utopia Asia
🔳 utopia-asia.com

Salud

Japón tiene un excelente sistema de salud, pero los costes pueden ser muy caros, por eso es importante contratar un seguro de viaje con cobertura global antes de viajar. Si alguien enferma, lo mejor es acudir a una clínica local; para problemas menores se puede acudir a la farmacia. Para hospitales y otros servicios médicos en Tokio, ver **Himawari**, el servicio de salud de la ciudad. Para información nacional, ver la guía de la Organización Nacional de Turismo de Japón (JNTO): **Safe Travels in Japan.**
Himawari
🔳 himawari.metro.tokyo.jp
Safe Travels in Japan
🔳 jnto.go.jp/emergency/eng/mi_guide.html

Tabaco, alcohol y drogas

Japón tiene una política de tolerancia cero con la posesión de narcóticos, en cualquier cantidad.

El límite de contenido alcohólico en sangre para conductores es muy estricto en Japón: 0,03 %. Si se supera este límite, la multa es cuantiosa y puede suponer hasta cinco años de prisión.

En muchos distritos de Tokio está prohibido fumar en la calle (a veces se castiga con una multa a pagar en el acto; lo normal es solo una advertencia), salvo en zonas designadas. Fumar está prohibido en autobuses y trenes (salvo en algunos trenes de larga distancia, como *shinkansen*, con espacios para fumar), así como en las estaciones, los colegios, los hospitales y edificios públicos; pero suele estar permitido en muchos bares y restaurantes.

Pasaporte

El viajero debe llevar encima en todo momento su pasaporte o, en su defecto, una fotocopia de la página que lleva la foto.

Costumbres

El saludo tradicional en Japón es una inclinación. Sin embargo, los extranjeros rara vez deben inclinarse, aunque una leve inclinación de cabeza es respetuosa. A menudo la inclinación forma parte del servicio que se recibe en un establecimiento, por ejemplo en ascensores, tiendas, restaurantes y hoteles. Se puede responder con una sonrisa.

Los zapatos son un signo de etiqueta, pero están prohibidos en el interior, sobre todo en las casas; en algunos edificios públicos sí se permiten. En los sitios en los que están prohibidos, suele haber un *genkan* frente a la puerta, donde dejar los zapatos y ponerse unas pantuflas. Si no hay, o son muy pequeñas, se puede ir con calcetines. Como norma general, sobre los tatamis no se permite ningún tipo de calzado.

Los tatuajes se han relacionado a lo largo del tiempo con la *yakuza* (mafia) y en muchos *onsen* no permiten entrar a nadie con tatuajes. Durante la Copa del Mundo de Rugby y las Olimpiadas, el Gobierno japonés animó a más propietarios de termas y baños públicos a aceptar clientes tatuados, pero siempre es mejor consultarlo antes en el *onsen* en concreto.

Turismo responsable

Se puede colaborar en la reducción de la huella de carbono usando un pase económico para desplazarse por Japón en tren, en lugar de tomar vuelos domésticos o usar coche. En las ciudades, la bicicleta de alquiler es una opción.

Al comer *sushi*, elegir las opciones más sostenibles: de temporada, marisco, de pequeño tamaño, pescado blanco. Utilice bolsas reutilizables y lleve su botella de agua. Puede encontrar puntos gratuitos para rellenarla por todo Japón en la página web de **MyMizu.**

Mymizu

w mymizu.co

Visita a templos y santuarios

El ambiente de los templos budistas y los santuarios sintoístas es informal y no hay restricciones de vestuario. Se debe mostrar respeto y no hacer ruido, pero nada que ver con las reglas de otros países budistas. Recuerde quitarse el calzado antes de entrar, cubrirse los tatuajes y seguir las indicaciones específicas (como no hacer fotos) indicadas en la entrada.

Teléfonos móviles y wifi

Los teléfonos móviles extranjeros pueden no funcionar en Japón. Hay que consultar al operador antes de viajar. Si no ofrece cobertura, se puede alquilar un teléfono móvil, una tarjeta SIM o un *router wifi* de bolsillo a empresas como **Softbank Global Rental.** Algunos cafés, atracciones turísticas y trenes ofrecen wifi gratuito o barato.

Softbank Global Rental

w softbank-rental.jp/en/

Correos

Las oficinas de correos *(yubin-kyoku)* y los buzones están identificados con este símbolo 〒. También se venden sellos en tiendas.

Impuestos y devoluciones

Los visitantes deben pagar un impuesto turístico de 1.000 yenes. En los bienes y servicios se aplica un 10 %. Reclamar la devolución es bastante sencillo; no hace falta mostrar los recibos o productos en el aeropuerto: hay mostradores a tal efecto en los centros comerciales y en los grandes almacenes para la devolución en efectivo al momento.

ÍNDICE

VOCABULARIO

La lengua japonesa está relacionada con la de Okinawa y guarda similitudes con las altaicas, como la mongola y la turca. El japonés escrito combina tres formas de escritura: los ideogramas chinos, conocidos como *kanji*, y dos sistemas alfabéticos silábicos denominados *hiragana* y *katakana*. El *katakana* se utiliza para las palabras procedentes de otras lenguas. El japonés se escribe tradicionalmente en columnas verticales de arriba a abajo y de derecha a izquierda, aunque cada vez es más frecuente el uso del sistema occidental. Existen varios sistemas de transliteración; en esta guía se utiliza como base una versión del sistema Hepburn. Para simplificarla se han omitido los símbolos fonéticos que marcan las vocales largas. La pronunciación del japonés es bastante sencilla, y muchas de las palabras han sido asimiladas de lenguas occidentales. En este vocabulario se ofrece la palabra o frase en castellano seguida de la transcripción en japonés y la transliteración.

NORMAS DE PRONUNCIACIÓN

Las sílabas llevan todas la misma entonación; si se acentúa alguna más que otra es posible que el interlocutor japonés no entienda la palabra.
Las vocales se pronuncian como en castellano.
Existen 19 consonantes que corresponden con k, s, sh, t, ch, ts, n, h, f, m, y, r, w, g, z, j, d, b, p.
La j se pronuncia como una ll fuerte con un vestigio de ch. La h como una j muy suave. La y, como una i. La w, como ua. La r, con un sonido intermedio entre la r y la l. De manera similar, la f se pronuncia con un sonido intermedio entre la f y la h. En cambio, "Si" es siempre "shi" y la v de las palabras occidentales (por ejemplo, "vídeo") pasa a ser b. La z, como el sonido intermedio entre la z castellana y una d interdental. La n puede pronunciarse como m si va seguida de las consonantes b, p o m, aunque esta regla tiene excepciones.
Todas las consonantes a excepción de la n van siempre seguidas de una o dos vocales, aunque hay palabras en que la i o la u apenas se pronuncian.

DIALECTOS

El japonés se utiliza y entiende en todo el país por personas de distintas raíces. Pero, coloquialmente, existen diferencias significativas tanto en la pronunciación como en el vocabulario, incluso entre las zonas de Tokio y de Osaka-Kioto. Los acentos rurales son muy pronunciados.

PALABRAS Y FRASES DE CORTESÍA

En la lengua japonesa hay varios niveles de cortesía, según la posición, la edad y la situación. En la conversación de todos los días, el nivel de cortesía radica sencillamente en la longitud de las terminaciones verbales (por lo general, cuanto más larga sea la terminación *masu*, más cortés), pero en la conversación formal se apreciará que se utilizan palabras y expresiones *(keigo)* completamente diferentes. Es probable que la gente intente hablar al visitante con lenguaje formal. El nivel que se ofrece en esta guía es neutral pero cortés.

EMERGENCIAS

¡Socorro!	助けて!	Tasukete!
¡Alto!	止めて!	Tomete!
¡Llame a un médico!	医者を 呼んでください!	Isha o yonde kudasai!
¡Llame a una ambulancia!	救急車を 呼んでください!	Kyukyusha o yonde kudasai!
¡Llame a la policía!	警察を 呼んでください!	Keisatsu o yonde kudasai!
¡Fuego!	火事!	Kaji!
¿Dónde está el hospital?	病院はどこに ありますか?	Byoin wa doko ni arimasu ka?
Garita de policía	交番	koban

COMUNICACIÓN BÁSICA

sí/no	はい/いいえ	Hai/iie.
... no ...	・・・ない/・・・ません	... nai/ ... masen
no lo sé	知りません。	Shirimasen
gracias	ありがとう。	Arigato
muchas gracias	ありがとう ございます。	Arigato gozaimasu
muchísimas gracias	どうもありがとう ございます。	Domo arigato gozaimasu
gracias (informal)	どうも。	Domo
no, gracias	結構です。	Kekko desu
por favor (ofreciendo algo)	どうぞ。	Dozo
por favor (preguntando algo)	お願いします。	Onegai shimasu
por favor (deme o haga algo por mí)	・・・ください。	... kudasai
no comprendo	わかりません。	Wakarimasen
¿habla inglés?	英語を 話せますか?	Eigo o hanesemasu ka?
no hablo japonés	日本語は 話せません。	Nihongo wa hanasemasen
por favor hable más despacio	もう少しゆっくり 話してください。	Mo sukoshi yukkuri hanashite kudasai
¡perdón/disculpe!	すみません。	Sumimasen!
¿podría ayudarme? (no es emergencia)	ちょっと手伝って いただけませんか?	Chotto tetsudatte itadakemasen ka?

FRASES HABITUALES

me llamo...	私の 名前は・・・です。	Watashi no namae wa ...desu
encantado de conocerle	はじめまして、 どうぞよろしく。	Hajimemashite, dozo yoroshiku
¿cómo está?	お元気ですか?	Ogenki desu ka?
buenos días	おはようございます。	Ohayo gozaimasu
hola/buenas tardes	こんにちは。	Konnichiwa
buenas tardes/noches	こんばんは。	Konbanwa
buenas noches	おやすみなさい。	Oyasumi nasai.
adiós	さよなら。	Sayonara
cuídese	気をつけて。	Ki o tsukete
que sigas bien (informal)	お元気で。	Ogenki de
igualmente	そちらも。	Sochira mo.
¿(esto) qué es?	(これは)何 ですか?	(Kore wa) nan desu ka?
¿cómo usas esto?	これをどうやって 使いますか?	Kore o doyatte tsukaimasu ka?
¿podría...? (muy cortés)	・・・をいただけますか?	... o itadakemasu ka?
¿hay... aquí?	ここに・・・が ありますか?	Koko ni ... ga arimasu ka?
¿dónde puedo conseguir...?	・・・はどこに ありますか?	... wa doko ni arimasu ka?
¿cuánto cuesta esto?	いくらですか?	Ikura desu ka?
¿qué hora es?	・・・何時ですか?	... nanji desu ka?
¡salud! (brindis)	乾杯!	Kampai!
¿dónde está el servicio/aseo?	お手洗い/おトイレは どこですか?	Otearai/otoire wa doko desu ka?
esta es mi tarjeta de visita	名刺をどうぞ。	Meishi o dozo

PALABRAS HABITUALES

yo	私	watashi
mujer	女性	josei
hombre	男性	dansei
esposa	奥さん	okusan
esposo	主人	shujin
hija	娘	musume
hijo	息子	musuko
niño	子供	kodomo
niños	子供たち	kodomotachi
hombre/mujer de negocios	ビジネスマン/ ウーマン	bijinessuman/ wuman
estudiante	学生	gakusei
Sr./Sra./Srta. ...	・・・さん	...-san

grande/pequeño	大きい／小さい	okii/chiisai
caliente/frío	暑い／寒い	atsui/samui
frío (al tacto)	冷たい	tsumetai
caliente	温かい	atatakai
bueno/	いい／	ii/
no bueno/malo	よくない／悪い	yokunai/warui
bastante	じゅうぶん／結構	jubun/kekko
gratuito	ただ／無料	tada/muryo
aquí	ここ	koko
ahí	あそこ	asoko
esto	これ	kore
eso	それ	sore
aquello	あれ	are
¿qué?	何?	nani?
¿cuándo?	いつ?	itsu?
¿por qué?	なぜ／どうして?	naze?/doshite?
¿dónde?	どこ?	doko?
¿quién?	誰?	dare?
¿por dónde?	どちら?	dochira?

SEÑALES

abierto	営業中	eigyo-chu
cerrado	休日	kyujitsu
entrada	入口	iriguchi
salida	出口	deguchi
peligro	危険	kiken
salida de emergencia	非常口	hijo-guchi
información	案内	annai
servicios, aseos	お手洗い／手洗い／	otearai/tearai/
	おトイレ／トイレ	otoire/toire
libre (vacante)	空き	aki
hombres	男	otoko
mujeres	女	onna

DINERO

¿podría cambiarme en yenes?	これを円に 替えてください?	Kore o en ni kaete kudasai?
quisiera cambiar estos cheques de viaje	この トラベラーズチェック	Kono toraberazu chekku o
cheques	を現金にしたいです。	genkin ni shitai desu
¿aceptan tarjetas de crédito/chequesde viaje?	クレジットカード／トラベラーズチェックで払えますか?	Kurejitto-kado/toraberazu-chekku de haraemasu ka?
banco	銀行	ginko
dinero en efectivo	現金	genkin
tarjeta de crédito	クレジットカード	kurejitto-kado
oficina de cambio de divisas	両替所	ryogaejo
dólares	ドル	doru
euros	ユーロ	yüro
yenes	円	en

COMUNICACIONES

¿dónde hay un teléfono?	電話はどこに ありますか?	Denwa wa doko ni arimasu ka?
¿puedo usar su teléfono?	電話を使っても いいですか?	Denwa o tsukatte mo ii desu ka?
hola, soy...	もしもし、・・・です。	Moshi-moshi, ...desu
quiero hacer una llamada internacional	国際電話、 お願いします。	Kokusai denwa, onegaishimasu
correo aéreo	航空便	kokubin
correo electrónico	イーメール	i-meru
fax	ファックス	fakkusu
postal	ハガキ	hagaki
oficina de correos	郵便局	yubin-kyoku
sello	切手	kitte
cabina de teléfono	公衆電話	koshu denwa
tarjeta telefónica	テレフォンカード	terefon-kado

COMPRAS

¿dónde puedo comprar...?	・・・はどこで 買えますか?	... wa doko de kaemasu ka?
¿cuánto cuesta esto?	いくらですか?	Ikura desu ka?

solo estoy mirando	見ているだけです。	Mite iru dake desu.
¿tienen...?	・・・ありますか?	... arimasu ka?
¿me lo puedo probar?	着てみても いいですか?	Kite mite mo ii desu ka?
Por favor, enséñeme eso	それを 見せてください。	Sore o misete kudasai.
¿Lo tienen en otros colores?	他の色も ありますか?	Hoka no iro mo arimasu ka?
agencia de viajes	旅行会社	ryoko-gaisha
amarillo	黄色	kiiro
artesanía	民芸品	mingei-hin
azul	青	ao
barato/caro	安い／高い	yasui/takai
blanco	白	shiro
boutique	ブティック	butikku
equipo de sonido	オーディオ製品	odio seihin
especialidad local	名物	meibutsu
farmacia	薬屋	kusuri-ya
grandes almacenes	デパート	depato
librería	本屋	honya-ya
mercado	市場	ichiba
mercado de pescado	魚屋	sakana-ya
negro	黒	kuro
quiosco de prensa	新聞屋	shimbun-ya
rebajas	セール	seru
rojo	赤	aka
ropa	洋服	yofuku
ropa de caballero	紳士服	shinshi fuku
ropa de señora	婦人服	fujin fuku
supermercado	スーパー	supa
tarjeta postal	絵葉書	e-hagaki
tienda de electrónica	電気屋	denki-ya
tienda de recuerdos	お土産屋	omiyage-ya
verde	緑	midori

LUGARES DE INTERÉS

¿Dónde está...?	・・・はどこですか?	...wa doko dess-ka?
¿Cómo llego hasta...?	・・・へは、どうやって いったらいいですか?	...e wa doyatte ittara ii dess-ka
¿Está lejos?	遠いですか?	Toi dess-ka?
aldea	村	mura
balneario	温泉	onsen
calle	通り	tori/dori
castillo	城	shiro/jo
centro urbano	町の中心	machi no chushin
ciudad	市	shi
distrito	区	ku
excursión, viaje	旅行	ryoko
Galería	美術館	bijitsukan
isla	島	shima/jima
jardines	庭園／庭	teien/niwa
monasterio	修道院	shudo-in
montaña	山	yama/san
mostrador de reservas	予約窓口	yoyaku-madoguchi
museo	博物館	hakubutsukan
oficina de información	案内所	annaijo
palacio	宮殿	kyuden
parque	公園	koen
prefectura	県	ken
pueblo	町	machi/cho
puente	橋	hashi/bashi
puerto	港	minato/ko
río	川	kawa/gawa
ruinas	遺跡	iseki
santuario	神社／神宮／宮	jinja/jingu/gu
templo	お寺／寺	otera/tera/dera/ji
zona comercial	ショッピング街	shoppingu-gai
zoo	動物園	dobutsu-en
norte	北	kita/hoku
sur	南	minami/nan
este	東	higashi/to
oeste	西	nishi/sei
izquierda/derecha	左／右	hidari/migi
todo recto	真っ直ぐ	massugu
entre	間に	aida ni
cerca/lejos	近い／遠い	chikai/toi

Español	日本語	Rōmaji
arriba/abajo (arriba del todo/ abajo del todo)	上／下	ue/shita
nuevo	新しい／新	atarashii/shin
viejo/antiguo	古い／元	furui/moto
superior/inferior	上／下	kami/shimo
en medio/interior	中	naka
en	に／中に	ni/naka ni
enfrente de	前	mae

DESPLAZAMIENTOS

Español	日本語	Rōmaji
autobús	バス	basu
bicicleta	自転車	jidensha
billete	切符	kippu
billete de ida	片道切符	katamichi kippu
billete de ida y vuelta	往復切符	ofuku kippu
coche	車	kuruma
ferri	フェリー	feri
motocicleta	オートバイ	otobai
oficina de billetes	切符売場	kippu uriba
sala de equipajes	手荷物 一時預かり所	tenimotsu ichiji azukarijo
taxi	タクシー	takushi

TRENES

Español	日本語	Rōmaji
¿Cuánto cuesta ir hasta...?	・・・まで いくらですか？	... made ikura desu ka?
¿A qué hora sale el tren para...?	・・・行きの電車は、 何時にでますか？	... yuki no densha wa nanji ni desu ka?
¿Cuánto dura el viaje a...?	・・・までの時間は どのくらい かかりますか？	... made jikan wa dono gurai kakarimasu ka?
Por favor, un billete para...	・・・行きの切符を ください。	... yuki no kippu o kudasai.
¿Tengo que hacer trasbordo?	乗り換えが 必要ですか？	Norikae ga hitsuyo desu ka?
Por favor, quisiera reservar una plaza	席を 予約したいです。	Seki o yoyaku shitai desu.
¿Desde qué andén sale el tren para...?	・・・行きの電車は、 何番ホームですか？	... yuki no densha wa nanban homu desu ka?
¿Qué estación es esta?	ここは、 どの駅ですか？	Koko wa dono eki desu ka?
¿Este es el tren que va a...?	・・・へは、 この電車で いいですか？	... e wa kono densha de ii desu ka?
andén	ホーム	homu
estación de tren	駅	eki
línea	線	sen
metro	地下鉄	chikatetsu
plaza no reservada	自由席	jiyu-seki
plaza reservada	指定席	shitei-seki
primera clase	一等	itto
segunda clase	二等	nito
tren	電車	densha
tren bala	新幹線	shinkansen
tren expreso *limited* (el más rápido)	特急	tokkyu
tren expreso (el segundo más rápido)	急行	kyuko
tren local	普通／各駅電車	futsu/ kaku-ekidensha
tren rápido (el tercero más rápido)	快速	kaisoku

ALOJAMIENTO

Español	日本語	Rōmaji
¿tienen habitaciones libres?	部屋がありますか？	Heya ga arimasu ka
tengo una reserva	予約を してあります。	Yoyaku o shite arimasu.
quiero una habitación con baño	お風呂付の部屋 お願いします。	Ofuro-tsuki no heya, onegaishimasu.
¿Cuál es la tarifa por la noche?	一泊 いくらですか？	Ippaku ikura desu ka?
¿El precio incluye el impuesto?	税込みですか？	Zeikomi desu ka?
¿Puedo dejar mi equipaje aquí un momento?	荷物をここに ちょっと預けても いいですか？	Nimotsu o koko ni chotto azuketemo ii desu ka?
aire acondicionado	冷房／エアコン	reibo/eakon
bañera	お風呂	ofuro
salida	チェックアウト	chekku-auto
secador de pelo	ドライヤー	doraiya
agua caliente (hervida)	お湯	oyu
hospedaje de estilo japonés	旅館	ryokan
habitación de estilo japonés	和室	washitsu
llave	鍵	kagi
recepción	フロント	furonto
habitación individual/ doble	シングル／ ツイン	shinguru/ tsuin
ducha	シャワー	shawa
hotel de estilo occidental	ホテル	hoteru
habitación de estilo occidental	洋室	yoshitsu

EN EL RESTAURANTE

Español	日本語	Rōmaji
por favor, una mesa para uno/dos/ tres, por favor	一人／二人 三人、 お願いします。	Hitori/futari/ sannin, onegaishimasu.
¿puedo ver la carta?	メニュー、 お願いします？	Menyu, onegaishimasu?
¿hay menú de precio fijo?	定食が ありますか？	Teishoku ga arimasu ka?
tomaré....	私は・・・が いいです。	Watashi wa ... ga ii desu.
¿me da uno de esos?	それをひとつ、 お願いします？	Sore o hitotsu, onegaishimasu?
soy vegetariano /vegano	私は ベジタリアンです／ ビーガン	Watashi wa bejitarian/bigan desu.
¡camarero/ camarera!	ちょっと すみません！	Chotto sumimasen!
¿qué me recomienda?	おすすめは 何ですか？	Osusume wa nan desu ka?
¿cómo se come esto?	これは、どうやって 食べますか？	Kore wa, doyatte tabemasu ka?
la cuenta, por favor	お勘定、 お願いします。	Okanjo, onegaishimasu.
nos gustaría tomar más de...	もっと・・・、 お願いします。	Motto ..., onegaishimasu
la comida estaba muy bien, gracias	ごちそうさまでした、 おいしかったです。	Gochiso-sama deshita, oishikatta desu.
almuerzo	昼食	chushoku
beber	飲む	nomu
bebida	飲み物	nomimono
bufé	バイキング	baikingu
caliente/frío	熱い／冷たい	atsui/tsumetai
cena	夕食	yushoku
comer	食べる	taberu
comida	食べ物／	tabemono/gohan
comida en caja	弁当	bento
comida japonesa	和食	washoku
comida occidental	洋食	yoshoku
delicioso	おいしい	oishii
desayuno	朝食	choshoku
dulce, templado	甘い	amai
estómago lleno	おなかがいっぱい	onaka ga ippai
menú	セット／定食	setto/teishoku
hambre	おなかがすいた	onaka ga suita
picante	辛い	karai
surtido	盛り合わせ	moriawase

ESTABLECIMIENTOS DE COMIDAS

cafetería/cantina	食堂	shokudo
restaurante chino	中華料理屋	chuka-ryori-ya
cafetería/café	喫茶店／カフェ	kissaten/ kafe
bar local	飲み屋／居酒屋	nomi-ya/izakaya
puesto de tallarines	ラーメン屋	ramen-ya
restaurante	レストラン／料理屋	resutoran/ ryori-ya
rollo de *sushi*	回転寿司	kaiten-zushi
restaurante de lujo	料亭	ryotei
restaurante vegetariano de lujo	精進料理屋	shojin-ryori-ya

COMIDA

algas:		
laver (seca)	のり	nori
kelp (gomosa)	こんぶ	kombu
alta cocina	会席	kaiseki
anguila	うなぎ	unagi
arenque	ニシン	nishin
arroz:		
cocida	ごはん	gohan
sin cocer	米	kome
azúcar	砂糖	sato
berenjena	なす	nasu
bocaditos salados	おつまみ	otsumami
boniato	里芋	sato imo
bonito, atún	かつお／ツナ	katsuo/tsuna
brotes de bambú	たけのこ	takenoko
brotes de soja	もやし	moyashi
caballa	さば	saba
calamar	いか	ika
cangrejo	かに	kani
caqui	カキ	kaki
caqui	柿	kaki
carne	肉	niku
cerdo	豚肉	butaniku
colmilleja	どじょう	dojo
dulces	お菓子	okashi
ensalada	サラダ	sarada
entremeses	オードブル	odoburu
erizo de mar	ウニ	uni
espaguetis	スパゲティ	supageti
espinacas	ほうれん草	horenso
filete	ステーキ	suteki
fruta	くだもの	kudamono
fruto de soja fermentado	納豆	natto
galleta de arroz	おせんべい	osembei
gamba	海老	ebi
hamburguesa	ハンバーガー	hambaga
hamburguesa de ternera	ハンバーグ	hanbagu
helado	アイスクリーム	aisu-kurimu
huevo	卵	tamago
jabalí	ぼたん／いのしし	botan/ inoshishi
jengibre	しょうが	shoga
judías	豆	mame
langosta	伊勢海老	ise-ebi
lucio	さんま	samma
mandarina	みかん	mikan
mantequilla	バター	bata
manzana	りんご	ringo
melocotón	桃	momo
melón	メロン	meron
mermelada	ジャム	jamu
pan	パン	pan
pasta de soja fermentada	みそ	miso
pastel	ケーキ	keki
patata	ジャガイモ	jagaimo
pato	カモ	kamo
pepinillos	漬物	tsukemono
pera japonesa	梨	nashi
pescado (crudo)	刺身	sashimi
pez dulce	鮎	ayu
pimienta	こしょう	kosho
pollo	とり／鶏肉	tori/toriniku
pulpo	たこ	tako
queso de soja (tofu)	豆腐	tofu
rosbif	ローストビーフ	rosutobifu
salchicha	ソーセージ	soseji
salmón	鮭	sake
salsa de soja	しょうゆ	shoyu
sal	塩	shio
sandía	すいか	suika
setas japonesas	まつたけ／しいたけ／しめじ	matsutake/ shiitake/ shimeji
sopa	汁／スープ	shiru/supu
sushi (mixto)	五目寿司	gomoku-zushi
sándwich	サンドイッチ	sandoichi
tallarines:		
trigo sarraceno	そば	soba
chinos	ラーメン	ramen
harina	うどん／そうめん	udon (gruesos)/ somen (finos)
ternera	ビーフ／牛肉／	bifu gyuniku
tofu frito	油揚げ	abura-age
tortilla	オムレツ	omuretsu
tostada	トースト	tosuto
trucha	鱒	masu
verduras silvestres	山菜	sansai
verdura	野菜	yasai

BEBIDAS

agua	水	mizu
agua mineral	ミネラルウォーター	mineraru uota
café (caliente)	ホットコーヒー	hotto-kohi
café helado:		
solo	アイスコーヒー	aisu-kohi
con leche	アイスオーレ	aisu-ore
cerveza	ビール	biru
cola	コーラ	kora
leche	ミルク／牛乳	miruku/ gyunyu
té con leche	ミルクティー	miruku ti
té con limón	レモンティー	remon ti
té estilo occidental	紅茶	kocha
té verde	お茶	ocha
vino	ワイン／ぶどう酒	wain/budoshu
vino de arroz (sin alcohol)	酒（甘酒）	sake (ama-zake)
whisky	ウイスキー	uisuki
zumo de naranja	オレンジジュース	orenji jusu

SALUD

asma	喘息	zensoku
dentista	歯医者	haisha
diabetes	糖尿病	tonyo-byo
diarrea	下痢	geri
doctor	医者	isha
dolor de cabeza	頭痛	zutsuu
dolor de estómago	腹痛	fukutsu
dolor de muelas	歯が痛い	ha ga itai
farmacia	薬局	yakkyoku
fiebre	熱	netsu
hospital	病院	byoin
medicina oriental	漢方薬	kampo yaku
medicina	薬	kusuri
Me duele...	・・・が痛いです。	... ga itai desu.
no me encuentro bien	気分が よくないです。	Kibun ga yokunai desu.
receta	処方箋	shohosen
Soy alérgico a...	・・・アレルギーです。	... arerugi desu.
tos	咳	seki

NÚMEROS

0	ゼロ	zero
1	一	ichi
2	二	ni
3	三	san
4	四	yon/shi
5	五	go
6	六	roku
7	七	nana/shichi
8	八	hachi
9	九	kyu
10	十	ju
11	十一	ju-ichi
12	十二	ju-ni
20	二十	ni-ju
21	二十一	ni-ju-ichi
22	二十二	ni-ju-ni
30	三十	san-ju
40	四十	yon-ju
100	百	hyaku
101	百一	hyaku-ichi
200	二百	ni-hyaku
300	三百	san-byaku
400	四百	yon-hyaku
500	五百	go-hyaku
600	六百	roppyaku
700	七百	nana-hyaku
800	八百	happyaku
900	九百	kyu-hyaku
1.000	千	sen
1.001	千一	sen-ichi
2.000	二千	ni-sen
10.000	一万	ichi-man
20.000	二万	ni-man
100.000	十万	ju-man
1.000.000	百万	hyaku-man
123.456	十二万三千四百五十六	ju-ni-man-san-zen-yon-hyaku-go-ju-roku
Una cosa	一つ	hitotsu
Dos cosas	二つ	futatsu
Tres cosas	三つ	mittsu
Cuatro cosas	四つ	yottsu
Una persona	一人	hitori
Dos personas	二人	futari
Tres personas	三人	san'nin

TIEMPO

lunes	月曜日	getsuyou
martes	火曜日	kayobi
miércoles	水曜日	suiyobi
jueves	木曜日	mokuyobi
viernes	金曜日	kinyobi
sábado	土曜日	doyobi
domingo	日曜日	nichiyobi
enero	一月	ichi-gatsu
febrero	二月	ni-gatsu
marzo	三月	san-gatsu
abril	四月	shi-gatsu
mayo	五月	go-gatsu
junio	六月	roku-gatsu
julio	七月	shichi-gatsu
agosto	八月	hachi-gatsu
septiembre	九月	ku-gatsu
octubre	十月	ju-gatsu
noviembre	十一月	ju-ichi-gatsu
diciembre	十二月	ju-ni-gatsu
primavera	春	haru
verano	夏	natsu
otoño	秋	aki
invierno	冬	fuyu
mediodía	正午	shogo
medianoche	真夜中	mayonaka
hoy	今日	kyo
ayer	昨日	kino
mañana	明日	ashita
esta mañana	今朝	kesa
esta tarde	今日の午後	kyo no gogo
esta tarde/noche	今晩	konban
todos los días	毎日	mainichi
mes	月	getsu/tsuki
hora	時	ji
tiempo/hora (duración)	時間	jikan
minuto	分	pun/fun
este año	今年	kotoshi
el año pasado	去年	kyonen
el año que viene	来年	rainen
un año	一年	ichi-nen
tarde	遅い	osoi
temprano	早い	hayai
pronto	すぐ	sugu

AGRADECIMIENTOS

La editorial quiere dar las gracias por su contribución a la edición anterior a las siguientes personas: Masumi Kamozaki, Helen Peters, Simon Scott, Matthew Wilcox

La editorial quiere agradecer a las siguientes personas, instituciones y compañías el permiso para reproducir sus fotografías:

Leyenda: a, arriba; b, abajo/al pie; c, centro; f, extremo; l, izquierda; r, derecha; t, encima.

123RF.com: 126-7t; Steve AllenUK 65br; Leonid Andronov 214t; Nattee Chalermtiragool 152t; David C rane 71c; Diego Grandi 186bl; jaimax 268bl; kawamuralucy 114tl; Sanchai Loongroong 309tr; Luciano Mortula 186crb, 217bl; mtaira 173bl; oleandra 82-3; ookinate23 39crb; Sean Pavone 235tl; PaylessImages 41crb; Chan Richie 286crb; Pandech Saleewong 34tl; Sompob Tapaopong 253t; tomas1111 132c; Yiu Tung Lee 220tr; tupungato 32cr; yusukerf 43tr.

4Corners: Massimo Borchi 136; Maurizio Rellini 326-7.

Alamy Stock Photo: Stuart Abraham 43cl; AF archive 47cl; Aflo Co. Ltd. 11br, 55tr, 59crb, 62b, 66-7t, / Nippon News 255tr / Ben Weller 70br; age fotostock 36tc / Javier Larrea 201b; All Canada Photos 38-9t; ART Collection 73cb, 224fbl; Askanioff 216clb; Gonzalo Azumendi 142bl; David Ball 310t; Mark Bassett 13br; Patrick Batchelder 8cl; Blue Jean Images 254tr, 308tl; Tibor Bognar 160br, 162bl, 242br; Dominic Byrne 322-3t; Nano Calvo / © 2010 Olafur Eliasson Colour activity house, 2010 166-7t; Jui-Chi Chan 119t; David Cherepuschak 175tr; Chon Kit Leong 202-3t; Trevor Chriss 74cb; Chronicle 75tr, 75cr, 240tr; Classic Image 73br, 74-5t; coward_lion 46-7b, 170bc, 195t, 198tl; Xavier Dealbert 198-199b; Terry Donnelly 324b; Paul Dymond 291br; EDU Vision 141bl, 241tr, 300bc, 308br; Ei Katsumata - FLP 244; Robert Evans 4, 134br; Everett Collection Historical 76tl; F1online digitale Bildagentur GmbH / D.Fernandez & M.Peck 323br; Malcolm Fairman 73tl, 190bl; FantasticJapan 157tr; Food for Thought 140bl; Fabio Formaggio 61cl; Granger Historical Picture Archive 74tl; Harry Green 87cra; Hemis 93br, 111crb, 194clb, 306tl; Brent Hofacker 61br; Camilla Hohmann 290bc; Horizon Images / Motion 231cla, 279tr; Peter Horree 111cr; Image navi - QxQ images 43crb, 140cl, 293t; imageBROKER 193tr; JeffG 88clb; Haiyun Jiang 72bc; jirobkk 312bl; Jon Arnold Images Ltd 320bc; Juite Wen 172t; Yoshiyuki Kaneko 311br; Keystone Pictures USA 86tr; Hideo Kurihara 111bl, 114br; Lebrecht Music & Arts 47tr, 73tr, 76bc; Chu-Wen Lin 318clb; Cseh Loan 197bl; LOOK Die Bildagentur der Fotografen GmbH / Axel Schwab 159b, 168b; Ivan Marchuk 72br; Iain Masterton 61tr, 63br, 107, 235br, 240b; Michael Matthews 226bl; mauritius images GmbH 22t, 92t, 196b, / Jose Fuste Raga 116-7b; Mint Images Limited 54-5b, 55br; Trevor Mogg 237tr; Moonie's World 119cra; Tuul and Bruno Morandi 243br; Geoffrey Morgan 265cl; myLAM 92bl; paolo negri 307cra; Newscom 44br, 106clb, 110-111t, / BJ Warnick 196cr; Nic Cleave Photography 233br; Niday Picture Library 72t; Old Paper Studios 75clb; Panther Media GmbH / Pius Lee 171bl; Alberto Paredes 184tr; Sean Pavone 12-3b, 118br, 135, 170t, 188bl, 194bl, 238-9b, 256br, 274b, 278-9b, 313t, 318b, 320t; Miguel A. Muñoz Pellicer 121t; Photononstop 25tr, / © Estate of George Rickey / VAGA at ARS, NY and DACS, London 2019 Three Squares Vertical Diagonal, 2007 250-1b; Prisma by Dukas Presseagentur GmbH 76crb, 130tl, 219tr, / Raga Jose Fuste 145b; PUMPKIN at Benesse Art Site Naoshima / Akira Suemori 68tl; QEDimages 200bl; Alex Ramsay 198c; Cheryl Rinzler 67cla; robertharding 67crb, 276tl, 325t, Ian Robinson 259br; Ralph Rozema 159c; Pietro Scòzzari 287tl; Alex Segre 130-1b; Skye Hohmann Japan Images 174cr; SOURCENEXT 13t, 56-7t, / MIXA 97clb; dave stamboulis 321bl, 322clb; John Steele 97b, 258clb; StockFood Ltd. 140cla; StockShot 319tr; Edmund Sumner-VIEW 109br; Jeremy Sutton-Hibbert 52bl; TCD / Prod.DB 46tl; The Picture Art Collection 68-9b, 73cla, 128crb; Top Photo Corporation 269b;

Travel 53br; travelbild-asia 128-9t; Jorge Tutor 131tr; Leisa Tyler 30crb; Lucas Vallecillos 10clb, 59tr, 71br, 90t, 115t, 192b, 202bl, 231ca, 268tr; Ivan Vdovin 128bl, 131cb; Chris Willson 12clb, 280, 293cl; Peter M. Wilson 98bl; World Discovery 70bl, 113tr, 139tl; World History Archive 216fclb, 224fbr, 287br; Masayuki Yamashita 89br, 142-3; Ka Wing Yu 271tl; Philipp Zechner 311tr; Zoonar GmbH / Vichie81 28t.

AWL Images: Jan Christopher Becke 290-1t; Marco Gaiotti 17t, 148-9; Gavin Hellier 191cra.

Bacon: 58-59t.

Bridgeman Images: Pictures from History 224bl.

Depositphotos Inc: javarman 177tr; kadsada23@gmail.com 288t; leungchopan 276br; nicholashan 30t; parody 301tl; sepavone 215cr; Torsakarin 2-3; yoshiyayo 77cb.

Dreamstime.com: Aaa187 229; Leonid Andronov 37bl; Sittichan Ausavakornthanarat 34-5ca; Kristopher Bason 21, 314-5; Beatricesirinun 24cla; Lance Bellers 36-37t; Bennnn 53cl; Bennymarty 12t, 26crb, 63cl, 116tl, 155cra, 156-7b; Shubhashish Chakrabarty 169tr; Checco 228clb; Cowardlion 11t, 45cl, 86-7b, 143bl, 163tl, 185tl, 221bl, 302clb, 302cb, 302bc, 305tl; Leo Daphne 51br, 266br; Eudaemon 115cr; Eyeblink 292b; F11photo 309b; Petr Goskov 40-41b; Pablo Hidalgo 207cra; Angela Ho 41cl; Thomas Humeau 74br; Ixuskmitl 28cr, 206bl, 272-3b; Jonkio4 87tl; Kan1234 57br, 270br; Thitichot Katawutpoonpun 275tl; Patryk Kosmider 8-9, 204bl; Erik Lattwein 49bl; Chon Kit Leong 232bl; Bo Li 65tr; Lumppini 50-1b; Luciano Mortula 218-9t; Mosaymay 32crb; Mrnovel 28bl, 216crb; Roland Nagy 8cla; Naruto4836 140br; Ngo Pang Ng 286b; Thanathorn Ngammongkolwong 306-7b; Sean Pavone 10ca, 20bl, 24-5t, 36bl, 41tr, 48bl, 49crb, 64-5b, 76-7t, 100bl, 102-3, 158-9t, 164t, 165tr, 166bl, 225, 231tl, 242-3t, 252b, 264t, 266t, 288-9b294-5, 298t, 301cra; Phuonghoto 24tl, 144-5t; Pipa100 228br; Platongkoh 32bl ; Ekaterina Polyashova 8clb; Psstockfoto 299cl; Prasit Rodphan 48-9t; Eq Roy 64tr; Somchai Sanguankotchakorn 154t; Seiksoon 39cl; Serge001 96tl; Hsu Yu Sheng 24-5ca; Siraanamwong 185cla; Ignasi Such 160-1t; Aduldej Sukaram 77cra; Alex Sun 69br; Parinya Suwanitch 108bl; Tktktk 22cr, 28crb; Jens Tobiska 50tr; Torsakarin 177cra, 226-7t; Tupungato 121cr, 309cr; Vincentstthomas 44-5t; Krisada Wakayabun 42-3t; Chun-Chang Wu 251cra.

Getty Images: a-clip 10-11b, AFP / Kazuhiro Nogi 62tl, 250clb, / Martin Bureau 54tl, 57cla, / Toshifumi Kitamura 139cra; Japan Pool 48br; Corbis Documentary / B.S.P.I. 238bc; Carl Court 77crb, 122-3; Yongyuan Dai 77tr; De Agostini Picture Library 55cl; DigitalVision / Matteo Colombo26t; Fine Art 159tr; Glowimages 224cra; Taro Karibe 60tl; John S Lander 56b, 205cra; Moment /Marser 146-7; Denis O'Regan 216fcrb; Print Collector 75br; Raga 60-1b; Stocktrek Images 76cr; Jeremy Sutton-Hibbert 193br; The Asahi Shimbun 63t, 138-9b, 139tr.

Getty Images / iStock: 7maru 42-43b; 10max 254-5b; 4X-image 132cl; AlexStoen / Yayoi Kusama Pumpkin, 1994 251tl; alisonteale24 22bl; ColobusYeti 22cr; coward_lion 74cla, 115br, 174b, 236-7b; Yongyuan Dai 101br; DanielBendjy 40tl; DavorLovincic 30cr, 32t, 277t; E+ / Eloi_Omella 18, 210; electravk 309cra, 309crb; enviromantic 185cra; finallast 224br; golaizola 112-3b; gyro 178; helovi 309cl; iconogenic 272tl; japanthings 121br; JavenLin 112-3t; kanonsky 35tr; kiennews 51tr; Korkusung 22crb, 95br; Rich Legg 13cr, 132cb; kyonntra 71clb; lisegagne 51cl; MasaoTaira 176tr; Masaru123 66b; mrtom-uk 224crb; Nayomiee 140t; nicholashan 30bl; oluolu3 197t; paprikaworks 256-7t; Sean Pavone 6-7, 120b, 222-3t, 234b, 238t; petesphotography 20t, 282-3; preuk13 304b; Ratth 133bc; recep-bg 58bl; Rixipix 106br; SeanPavonePhoto 17c, 19cb, 189t, 200tr, 209b, 260-1; somchaij 26bl; spastonov 140clb; superjoseph 186-7; chee gin tan 17bl, 180-1; tanukiphoto 34-5t; thanyarat07 71bl; TommL 16, 78-9; visual space 94tl; VittoriaChe 26cr; shih-wei 52-53t; JianGang Wang 71cl; whitewish 188cra; winhorse 99br.

Penguin Random House

Edición actualizada por

Colaboración Rob Goss

Edición sénior Dipika Dasgupta, Alison McGill

Diseño sénior Vinita Venugopal

Edición de proyecto Anuroop Sanwalia, Tijana Todorović

Diseño de proyecto Ankita Sharma

Edición Anjasi N.N.

Asistencia en documentación fotográfica Manpreet Kaur

Documentación fotográfica sénior Nishwan Rasool

Cartografía sénior Subhashree Bharat

Cartografía Ashfi, Suresh Kumar

Diseño DTP Tanveer Zaidi

Producción Kariss Ainsworth

Responsables editoriales Shikha Kulkarni, Beverly Smart, Hollie Teague

Edición de arte Gemma Doyle

Edición de arte sénior Priyanka Thakur

Dirección de arte Maxine Pedliham

Dirección editorial Georgina Dee

De la edición española

Servicios editoriales Moonbook

Traducción DK

Coordinación editorial Cristina Gómez de las Cortinas

Dirección editorial Elsa Vicente

Título original: DK Japan
Decimotercera edición, 2025

Publicado originalmente en Gran Bretaña en 2000 por
Dorling Kindersley Limited DK, 20 Vauxhall Bridge Road,
London, SW1V 2SA, UK
Copyright 2000, 2024
© Dorling Kindersley Limited, London
Parte de Penguin Random House

ISBN 978-0-241-77186-0

Impreso y encuadernado en Malasia

Ilustración:
Richard Bonson, Gary Cross, Richard Draper, Paul Guest,
Claire Littlejohn, Maltings Partnership, Mel Pickering,
John Woodcock

Para más información, visitar: www.dkimages.com

Imágenes de cubierta:
Delantera y lomo: **Alamy Stock Photo:** Sean Pavone.
Trasera: **Dreamstime.com:** Leonid Andronov ci;
Getty Images / iStock: E+ / petesphotography c, Sean
Pavone tr, **Alamy Stock Photo:** Sean Pavone b.

AWL Images: Marco Gaiotti br; **Getty Images / iStock:**
nicholashan cb; **Dreamstime.com:** Sean Pavone tc.

Solapa delantera: Alamy Stock Photo: Jui-Chi Chan cra;
Sean Pavone bl; StockShot cla;

SuperStock: age fotostock / Lucas Vallecillos 38-9b;
Mauritius / Jose Fuste Raga 19tl, 246-7; Prisma / Steve
Vidler 128bt. Andrew Vidler 128bt.

Sound Museum Vision: 59cl.

Robert Harding Picture Library: Photo Japan 205l.

Shutterstock.com: EQRoy 69cl; witaya ratanasirikulchai
69tr; Snap Stills 47bc.

**Toda la información de esta Guía Visual
se comprueba regularmente.**

Se han hecho todos los esfuerzos para que esta guía
esté lo más actualizada posible a fecha de su edición. Sin
embargo, algunos datos, como números de teléfono,
horarios, precios e información práctica, pueden sufrir
cambios. La editorial no se hace responsable de las
consecuencias que se deriven del uso de este libro, ni de
cualquier material que aparezca en los sitios web de
terceros, además no puede garantizar que todos los
sitios web de esta guía contengan información de viajes
fiable. Valoramos mucho las opiniones y sugerencias de
nuestros lectores. Por favor escriba a:
Publisher, DK Eyewitness travel guides, Dorling
Kindersley, 20 Vauxhall Bridge Road, London,
SW1V 2SA, UK, o al correo electrónico:
travelguides@dk.com

ANTES
DE PARTIR

La planificación es esencial para que el viaje sea un éxito. Hay que estar preparado para cualquier situación teniendo en cuenta los siguientes datos antes de viajar.

DE UN VISTAZO

MONEDA
Yen japonés (¥)

GASTO MEDIO DIARIO

BAJO	MEDIO	ALTO
10.000¥	**20.000¥**	**40.000¥**

AGUA MINERAL	CAFÉ	CERVEZA	CENA PARA DOS
120¥	**320¥**	**400¥**	**6.000¥**

FRASES ÚTILES

Hola	Konnichiwa
Adiós	Sayonara
Por favor	Onegaishimasu
Gracias	Arigato gozaimasu
¿Habla español?	Anata wa Supeingo o hanashimasu ka?
No comprendo	Wakarimasen

ENCHUFES
Los dos tipos de enchufe usados en Japón, A y B, precisan adaptador. Además, el aparato debe llevar la leyenda INPUT 100-240 V ~ 50/60 Hz para usarse sin problemas.

Documentación

Para estancias de un máximo de tres meses con el fin de hacer turismo, los ciudadanos españoles no necesitan visado, y pueden prolongar su estancia otros 90 días en cualquier oficina de inmigración de Japón (al menos, 10 días antes de la fecha de caducidad). A los mayores de 16 años se les toma una huella dactilar y una fotografía cuando entran en el país.

Consejos oficiales

Es importante tener en cuenta los consejos oficiales antes de viajar. Se pueden consultar las recomendaciones sobre seguridad, sanidad y otras cuestiones importantes en la web del **Ministerio de Asuntos Exteriores, Unión Europea** y **Cooperación español.**

Cada año, Japón sufre alrededor de 1.000 terremotos. La ciudad de Tokio ofrece en su página web (disponible en español e inglés) un **Manual de Prevención de Desastres** *(Disaster Preparedness Manual)*, que reúne recomendaciones a seguir en caso de temblores.
Ministerio de Asuntos Exteriores
 exteriores.gob.es
Manual de Prevención de Desastres
metro.tokyo.jp/english/guide/bosai/index.html

Información de aduanas

En la web de la **Oficina de Aduanas y Aranceles** se ofrece información sobre las leyes relativas a las mercancías y divisas que entran o salen de Japón. Está permitido llevar lo siguiente para uso personal:
Artículos de tabaco 400 cigarrillos, 100 puros o 500 g de tabaco de liar.
Alcohol Tres botellas de 760 ml de bebidas alcohólicas.
Dinero Si se pretende entrar en Japón con un millón de yenes o más en efectivo, se debe declarar al llegar.
Medicamentos Algunas medicinas sin receta médica, como analgésicos que contienen codeína están prohibidos. Los medicamentos con receta también están limitados y los relacionados con alergias y el TDAH deben declararse al entrar en el país. Para más información se recomienda contactar con la embajada japonesa.
Oficina de Aduanas y Aranceles
customs.go.jp